V&R unipress

Veröffentlichungen des Zentrums für Interkulturelle Islamstudien der Universität Osnabrück

Band 3

Herausgegeben von

Bülent Ucar, Martina Blasberg-Kuhnke, Michael Bommes,

Rauf Ceylan und Arnulf von Scheliha

Bülent Ucar (Hg.)

Imamausbildung in Deutschland

Islamische Theologie im europäischen Kontext

Mit 2 Abbildungen

V&R unipress

Universitätsverlag Osnabrück

UNIVERSITÄT OSNABRÜCK

„Dieses Hardcover wurde auf FSC-zertifiziertem Papier gedruckt. FSC (Forest Stewardship Council) ist eine nichtstaatliche, gemeinnützige Organisation, die sich für eine ökologische und sozialverantwortliche Nutzung der Wälder unserer Erde einsetzt."

Lektorat: Bettina Kruse-Schröder

Bibliografische Information der Deutschen Nationalbibliothek

Die Deutsche Nationalbibliothek verzeichnet diese Publikation in der Deutschen Nationalbibliografie; detaillierte bibliografische Daten sind im Internet über http://dnb.d-nb.de abrufbar.

ISBN 978-3-89971-669-6

Veröffentlichungen des Universitätsverlags Osnabrück erscheinen im Verlag V&R unipress GmbH.

Gedruckt mit freundlicher Unterstützung des Bundesministerium des Innern und des Bundesverwaltungsamts.

Printed in Germany.
Titelbild: Bosnien Tekke Sarajevo. Mit freundlicher Genehmigung der Islamischen Religionspädagogik der Universität Osnabrück.

Gedruckt auf alterungsbeständigem Papier.

Inhalt

Rechtliche und historische Rahmenbedingungen

Politische und soziologische Rahmenbedingungen

Imamausbildung im Vergleich

Hochschulcurriculare Rahmenbedingungen

Berufsbild Imam

Bülent Ucar

Imamausbildung in Deutschland? Aus- und Einsichten zur Aus- und Weiterbildung islamischer religiöser Bediensteter an deutschen Universitäten

Die Tagung »Imamausbildung in Deutschland. Islamische Theologie im europäischen Kontext« fand an der Universität Osnabrück vom 25. bis 27. Februar 2010 statt und beleuchtete das Thema aus den Blickwinkeln: Rechtliche und historische Rahmenbedingungen, politische und soziologische Rahmenbedingungen, Imamausbildung im Vergleich, Inhalte und Voraussetzungen der Imamausbildung, hochschulcurriculare Rahmenbedingungen und Berufsbild Imam. Dies mag wissenschaftlich trocken klingen, dennoch verbergen sich in allen Aspekten sehr praktische und menschliche Vorschläge und Wünsche, wie eine Imamausbildung in Deutschland aussehen kann, damit der Imam in einer deutschen Durchschnittsmoschee seine Aufgaben zukunftsweisend füllen kann.

Religion und religiöse Zugehörigkeiten wirken auf unterschiedlichen Ebenen, auf denen sie gefestigt, hinterfragt und weiterentwickelt werden wollen, angefangen bei der individuell persönlichen, über die Familie, die Glaubensgemeinschaft vor Ort bis hin zum großen gesellschaftlichen Kontext, national, international, global.

Auf all diesen Ebenen bedarf es sprach- und Empathie fähiger Experten, die gelebten Glauben vorleben, artikulieren und beratend einsetzen können. Dazu bedarf es einer Ausbildung, die Anwärter oder bereits Praktizierende befähigt, sich mit Einzelnen, der Gemeinde, dem sozialen Umfeld und/oder auf höheren Ebenen auszutauschen.

Die Hauptzuständigkeit eines Imams liegt – und um diesen Berufsstand drehte sich schließlich die Tagung – natürlich in seiner Gemeinde. Doch auch dieses Alltagsgeschäft wird ihm sicherlich leichter fallen, wenn er neben einer guten theologischen Fundierung das gesellschaftliche Umfeld und die alltäglichen Nöte und Sorgen seiner Gemeinde entsprechend gut verstehen und nachvollziehen kann. All dies vermag eine zu entwickelnde bodenständige universitäre Ausbildung vor Ort, die all die notwendigen Aspekte einschließt, sicherlich auf den Weg zu bringen.

Dieser Tagungsband konnte nur durch die rege Teilnahme engagierter Wissenschaftler an der Veranstaltung selbst und ihre bereitwillige Verschriftlichung zu den Tagungsaspekten entstehen. So entstand eine Artikelsammlung mit einer breiten Vielfalt an Perspektiven bezüglich einer Imamausbildung. Hierfür gilt allen vortragenden und schreibenden Autoren mein Dank, darüber hinaus danke ich den Mitarbeitern unseres Teams, die an dieser Veröffentlichung beteiligt waren: Bettina Kruse-Schröder, Anja Mehrmann, Jörg Ballnus, Esnaf Begic, Ahmet Cankurtaran und Hureyre Kam.

Aus unterschiedlichen Gründen konnten einige Referenten leider keinen schriftlichen Beitrag zu diesem Band beitragen. Genannt seien hier die Panelleiter: Prof. Dr. Patrick Franke, Prof. Dr. Udo Steinbach, Prof. Dr. Stefan Reichmuth und Prof. Dr. Lähnemann; und die Referenten Prof. Dr. Harry Harun Behr und Prof. Dr. Kücükcan. Zum Überblick über die Themen der Panels und Vorträge empfiehlt sich ein Besuch unserer homepage[1].

Allen Vortragenden, Teilnehmenden und Interessierten gilt mein Dank.

1 Informationen zur Tagung auf: http://www.islamische-religionspaedagogik.uni-osnabrueck.de/images/Tagung_-_Imamausbildung_-_Februar_2010.pdf (letzter Zugriff 14.07.2010).

Einleitung

Martina Blasberg-Kuhnke
Vizepräsidentin für Studium und Lehre der Universität Osnabrück

Grußwort zur Internationalen Tagung »Imamausbildung in Deutschland. Islamische Theologie im europäischen Kontext«

Ich begrüße Sie alle ganz herzlich im Namen der Universität Osnabrück! Unsere Universität hat das Thema der Imamausbildung nicht erst jüngst entdeckt, seit der Wissenschaftsrat nachdrücklich empfiehlt, »an zwei bis drei staatlichen Universitäten, an denen bereits andere religionsbezogene Wissenschaften etabliert sind, institutionell starke Einheiten für islamische Studien aufzubauen. Diese sollten Zentren islamisch-theologischer Forschung werden und eine zentrale Rolle bei der Förderung des wissenschaftlichen Nachwuchses in islamischen Studien spielen. Zugleich übernehmen sie die Aufgabe, islamische Religionslehrer und -lehrerinnen auszubilden, und ermöglichen darüber hinaus eine wissenschaftlich fundierte Ausbildung von Religionsgelehrten im staatlichen Hochschulsystem. Um die dazu erforderliche Zusammenarbeit zwischen staatlichen Hochschulen und muslimischen Glaubensgemeinschaften auf eine verlässliche Grundlage zu stellen, schlägt der Wissenschaftsrat vor, an den entsprechende Studiengänge anbietenden Hochschulen theologisch kompetente Beiräte für islamische Studien einzurichten, die bei der Berufung von Professoren und Professorinnen sowie bei der inhaltlichen Ausgestaltung des Lehrangebots mitwirken.‹[1] Dieser Kongress – und sein Vorläufer zur islamischen Religionslehrerbildung im Dezember 2009 – waren längst geplant, als uns die Empfehlungen des Wissenschaftsrates erreichten, die uns nachdrücklich in unserem nunmehr etwa 10-jährigen Engagement für Islamischen Religionsunterricht an öffentlichen Schulen und die Etablierung islamischer Theologie unterstützen und zur Weiterarbeit ermutigen.

In der Öffentlichkeit des Landes Niedersachsen und darüber hinaus ist die Einrichtung des Lehrstuhls für Islamische Religionspädagogik und der Aufbau des Erweiterungsmasters Islamische Religionspädagogik als wichtiger Meilenstein für die Integration muslimischer Schülerinnen und Schüler wahrgenommen worden. An dieser Stelle ist Herr Kollege Peter Graf, nunmehr seit wenigen Jahren emeritiert, anlässlich dieser Tagung aber unter uns, den ich besonders

1 WR vom 29.1.2010, S. 7 f.

herzlich begrüße, namentlich zu nennen, auf dessen Vision und Engagement und vielfältige Forschungsarbeiten die Entwicklung hin zu einem Islamischen Religionsunterricht nach Art. 7,3 Grundgesetz wesentlich aufruhen.

Es sind aber zusammen mit ihm und engagierten Kolleginnen und Kollegen aus den beiden theologischen Instituten für evangelische und katholische Theologie, aus der Erziehungswissenschaft und dem Institut für Migrationsforschung (IMIS) vor allem die Studierenden des Pilotprojektes der Bund-Länderkommission »Islamischer Religionsunterricht in deutscher Sprache« (in den Jahren 2004 – 2006) gewesen, die uns immer wieder motiviert haben, an der Einrichtung der Islamischen Religionspädagogik zu arbeiten.

Inzwischen hat nicht nur das Zentrum für Interkulturelle Islamstudien (ZIIS) seine Arbeit aufgenommen. Das Zentrum forscht zu den Beziehungen der abrahamischen Religionen – Judentum, Christentum und Islam – und bindet die Theologien der Religionen an ihre pädagogisch-religionspädagogische Vermittlung. Themen der Migrationsforschung und Studien zu interreligiös angelegten Grundlagen der islamischen Theologie und Religionspädagogik werden forschend unterstützt. Inzwischen hat das ZIIS einen wissenschaftlichen Beirat bekommen, der in die vom Wissenschaftsrat vorgeschlagene Richtung eines Beirats für islamische Studien weiterentwickelt werden kann, der bei der Berufung von Professorinnen und Professoren und bei der inhaltlichen Ausgestaltung des Lehrangebots mitwirkt.

Nun geht unsere Universität einen bedeutenden Schritt weiter mit der Einrichtung des universitären Weiterbildungsprogramms für Imame, das im kommenden Wintersemester beginnt. Ohne das Insistieren von Herrn Minister Uwe Schünemann wäre die Initiative zu einer interministeriellen Arbeitsgruppe aus Innenministerium, Wissenschaftsministerium und Kultusministerium, die seit Anfang des letzten Jahres an einer universitären Imamausbildung, zunächst als Weiterbildung, hoffentlich ab 2012/13 als Bachelorstudiengang arbeitet, so nicht zustande gekommen.

Wer über Imamausbildung in Deutschland nachdenkt – und die Vertreterinnen und Vertreter der Institute, die das tun, sind zahlreich unter uns! –, will sicher die Etablierung eines der vom Wissenschaftsrat empfohlenen Institute für islamische Theologie an deutschen Universitäten, vorrangig aber geht es um die theologische Beheimatung von 4 Mio. Muslimen in der Bundesrepublik. Wir wollen die islamische Theologie auf gleicher Augenhöhe mit unseren Instituten für katholische und evangelische Theologie. Diese setzt Imamausbildung an der Universität voraus. Wir brauchen eine in der Bundesrepublik beheimatete islamische Theologie, die auf akademischer Ebene Theologie treibt, die den hier lebenden Musliminnen und Muslimen Antworten auf ihre vielfältigen Fragen im Leben geben kann und welche die Integration der hier lebenden Muslime positiv unterstützt und fördert. Dabei spielt die Sprachfähigkeit der Imame gewiss eine

Rolle; Ziel ist es aber vorrangig, eine nach europäischen Maßstäben konzipierte islamische Theologie zu etablieren, die sich den Menschenrechten und der Demokratie verpflichtet fühlt.

Daran werden wir in den drei Kongresstagen arbeiten: Zur Bedeutung und Notwendigkeit der Imamausbildung in Europa ebenso, wie zu ihren rechtlichen, historischen, politischen und soziologischen Rahmenbedingungen im europäischen Vergleich, bis hin zu den Erfordernissen einer universitären Imamausbildung, die sich am Berufsbild des Imams orientieren muss.

Ich wünsche uns allen gehaltvolle und herausfordernde Diskussionen, die uns im Blick auf das Ziel einer Imamausbildung in Deutschland im Kontext einer islamischen Theologie in Europa ein gutes Stück voranbringt.

Arnulf von Scheliha
Direktor des Instituts für Evangelische Theologie Osnabrück

Grußwort anlässlich der Eröffnung der Konferenz »Imamausbildung in Deutschland«

Auch von meiner Seite, als dem Direktor des Instituts für Evangelische Theologie und stellvertretenden Vorsitzendes des Zentrums für Interkulturelle Islamstudien seien Sie sehr herzlich willkommen an der Universität Osnabrück.

Dass ich bei dieser Tagung ein Grußwort sprechen darf, soll deutlich machen, dass wir die wissenschaftlichen Vorhaben unserer islamischen Kollegen nicht nur ausdrücklich unterstützen, sondern auch als eine *gemeinsame* Aufgabe betrachten. Die deutsche und europäische Gesellschaft steht vor der Herausforderung, eine friedliche Religionskultur aufzubauen, in der Juden, Christen und Muslime tolerant und dialogbereit miteinander leben. Diese muss auch auf der Universität abgebildet werden, dazu hat der Wissenschaftsrat in seinen »Empfehlungen zur Weiterentwicklung von Theologien und religionsbezogenen Wissenschaften an deutschen Hochschulen« am 29. Januar 2010 Stellung genommen. Für uns in Osnabrück bedeutet das schon jetzt, dass künftige christliche und muslimische Religionslehrerinnen und -lehrer die je andere Religion aus deren eigener Perspektive kennenlernen und dialogisch studieren. Daher kooperieren die beiden theologischen Institute sehr eng mit den beiden Fachvertretern für Islamische Religionspädagogik. Wenn uns diese dialogorientierte Lehre gelingt, wird diese Kooperation auch auf die Schulen und den Religionsunterricht dort ausstrahlen. Mit der Tagung zur Imam-Ausbildung betreten wir heute gemeinsam wissenschaftliches Neuland. Auch das ist eine große Herausforderung. Das Tagungsprogramm ist ebenfalls dialogisch angelegt, denn wir wollen wissenschaftlich voneinander lernen. In diesem Sinne wünsche ich uns allen eine spannende und ergebnisreiche Tagung!

Thomas de Maizière
Bundesminister des Innern

Grußwort anlässlich der Eröffnung der Konferenz »Imamausbildung in Deutschland«

Ich grüße Sie herzlich und möchte hier meiner Wertschätzung Ausdruck verleihen, weil Sie sich hier des wichtigen Themas der Ausbildung von islamischen Religionsbediensteten – kurz Imame – in Deutschland widmen. Mit dieser Konferenz reihen Sie sich in die stetig wachsende Zahl von Initiativen in Deutschland ein, die das Ziel verfolgen, die Integration des Islam beziehungsweise der Muslime in diesem Land voranzubringen. Eine theologisch fundierte Ausbildung von islamischen Religionsbediensteten an deutschen Hochschulen, die ja eng verknüpft ist mit der Etablierung islamisch-theologischer Forschungs- und Lehrangebote, ist dabei ein zentraler Baustein.

Die Deutsche Islam Konferenz hat bereits in der vergangenen Legislaturperiode Empfehlungen zu diesen Themen erarbeitet und im Juni 2009 verabschiedet. So gilt es immer zu berücksichtigen, dass Einsatz und Ausbildung von religiösem Personal unter das verfassungsrechtlich gewährleistete Selbstbestimmungsrecht der Religionsgemeinschaften fallen. Umso positiver ist es aus Sicht des Bundesministeriums des Innern, dass unter den muslimischen Teilnehmern der Islamkonferenz Einigkeit bestand, dass mittel- bis langfristig *vor allem in Deutschland aufgewachsene und auch hier ausgebildete Personen* als Religionsbedienstete in den Moscheen arbeiten sollen. Ebenfalls bestand dahingehend Übereinstimmung, dass diese Religionsbediensteten *eine akademisch-theologische Ausbildung* erhalten sollen. Diese Ausbildung soll sie befähigen, die mit dem religiösen Amt verbundenen Aufgaben angemessen wahrzunehmen und auch nach außen entsprechend zu vermitteln.

Die Schaffung von Aus- und Fortbildungseinrichtungen für muslimische Religionsbedienstete in Deutschland wurde daher von der Islamkonferenz ausdrücklich begrüßt. Zudem wurde empfohlen, islamisch-theologische Forschungs- und Lehrangebote im staatlichen Hochschulsystem einzurichten und entsprechende Rahmenbedingungen möglichst zeitnah zu schaffen. In diesem Zusammenhang wurde insbesondere die *integrative Wirkung einer in der Mitte der deutschen Gesellschaft verorteten islamischen Theologie* hervorgehoben. Sie soll die in unserem Land lebenden Muslime in die Lage versetzen, angemessene Antworten auf Fragen des muslimischen Lebens in Deutschland zu finden.

Diese Empfehlungen der Islamkonferenz wurden unter anderem dem Wissenschaftsrat zur Berücksichtigung übermittelt. Umso erfreulicher ist es, dass dieser nun detaillierte Empfehlungen für die Etablierung theologisch orientierter islamischer Studien veröffentlicht hat.

Auch wenn die Planungen für die zweite Phase der Deutschen Islam Konferenz noch nicht abgeschlossen sind, steht bereits jetzt für das Bundesministerium des Innern fest, dass die Etablierung islamisch-theologischer Forschungs- und Lehrangebote in Deutschland in Verbindung mit der Aus- und Fortbildung von Imamen einer der thematischen Schwerpunkte sein wird. Dieser Prozess soll im Rahmen der Möglichkeiten und gemeinsam mit den Ländern begleitet und unterstützt werden. Die gemeinsame Förderung dieser Tagung hier in Osnabrück durch das Bundesinnenministerium und das Innenministerium des Landes Niedersachsen führt ganz praktisch vor Augen, dass wir hier an einem Strang ziehen.

Eröffnungsvorträge

Ismet Bušatlić
Aus dem Bosnischen von Esnaf Begić und Kerim Kudo

Zur Bedeutung der Ausbildung von Imamen in Europa

Als erstes möchte ich mich bei der Universität Osnabrück und beim Zentrum für interkulturelle Islamstudien bedanken. Mein Dank geht auch an Herrn Professor Bülent Ucar für die Organisation dieser bedeutenden Tagung sowie für die Einladung daran teilnehmen zu dürfen.

Ich möchte vorweg meinen Optimismus und meine Hoffnung bekunden, dass diese Tagung ein guter Schritt auf dem Weg zur Beantwortung einer, sowohl für Deutschland als auch für Europa, wichtigen Frage ist. Um gemeinsam diesen Weg beschreiten zu können, müssen wir zuerst wissen, wohin und wie wir diesen Weg gehen wollen.

Aus diesem Grund sind wir drei Tage hier, mit dem Ziel, in einem offenen Dialog die wichtigen Fragen auf dem Weg zur Imamausbildung durchzudiskutieren, und das sollte durch einen uneigennützigen Austausch von Ideen und Erfahrungen geschehen.

Die Vergangenheit

Erlauben Sie mir, verehrte Teilnehmer, Sie ein wenig in die Vergangenheit zu entführen, in der wir auf folgende Fakten stoßen. Seit der Überquerung der Meerenge von Gibraltar durch Ṭāriq ibn Ziyād (711 n.Ch.) bis zum heutigen Tage lebten und wirkten Imame auf europäischem Boden. Lediglich ihr Wirkungsfeld und ihre Herkunft waren einem Wandel unterzogen:

Auf der Iberischen und Apenninischen Halbinsel waren es Araber, auf dem Balkan die Türken, in Polen, also hier in der Nachbarschaft, die Tataren. Heute sind hier in Deutschland all diese genannten und einige andere mehr. Hier stellt sich die Frage: Sind das alles die »gleichen« Imame?

In manchen Ländern machten die Imame mit verschiedenen gesellschaftlichen Systemen (wie z. B. Feudalismus, Kapitalismus, Sozialismus, Tyrannei und Demokratie) sowie Machtstrukturen, die sich auf verschiedene Theologien und Ideologien stützten, ihre Erfahrungen.

Zum Beispiel in Bosnien, und das ist nicht das einzige Beispiel, haben die Imame einige Zeit unter der osmanisch-islamischen Herrschaft (1463–1878) gearbeitet, in der nächsten geschichtlichen Epoche wirkten sie unter einer christlich-katholisch geprägten österreichisch-ungarischen Herrschaft. In der dritten Epoche, in der Zeit des Königreiches Jugoslawien (1918–1945), unter einer christlich-orthodoxen Herrschaft und, schließlich, in der vierten Epoche (1945–1992), unter einer sozialistischen, pro-atheistischen Herrschaft. Hier noch eine Frage: Haben die Imame unter all diesen Umständen auf die gleiche Art und Weise gewirkt?

Die gegenwärtige Realität

Nach diesem kleinen Exkurs in die Vergangenheit, kehren wir doch zurück in die deutsche oder irgendeine beliebige europäische Realität.

Den Imam werden wir in der Moschee vorfinden, er steht dort den Muslimen oder anderen Interessierten zur Verfügung. Parallel hierzu nimmt die Zahl der Muslime und der Moscheen in Deutschland und Europa stetig zu.

Auch wenn Sie nicht das Bedürfnis oder das Interesse haben in die Moschee zu gehen, werden die Medien den Imam, von Zeit zu Zeit, ohne Ankündigung zu Ihnen nach Hause bringen.

Die Medien werden Ihnen oft einen Menschen präsentieren, der negative Vorfälle und Skandale hervorruft, der an kriminellen Handlungen beteiligt ist, der terroristische Taten oder ihre ausführenden Kräfte vorbereitet ... Hier die nächste Frage: Wofür brauchen Sie einen solchen Menschen in ihrem Leben?

Wir alle wissen, dass die Medien an Sensationen interessiert sind, Sie selbst wiederum sehen sich nicht als Personen an, die alles so hinnehmen, wie es Ihnen präsentiert wird. Weiterhin verstehen Sie sich bestimmt als verantwortungsvolle Personen, die daran interessiert sind, was in der Welt, und besonders in ihrer Umgebung passiert. Somit werden Sie sicherlich das Bedürfnis haben, selbst zu erfahren und zu erforschen, wer oder was wirklich ein Imam ist.

Ich nehme daher an, Sie werden ein Lexikon der Allgemeinbildung nehmen, und dort lesen, dass ein Imam etwas anderes ist bzw. etwas anderes sein sollte, als jenes was Ihnen dazu präsentiert wurde. Dort werden Sie zum Beispiel lesen:

> Ein Imam ist Führer, Anführer, Vorbeter, Gebetsleiter, Vorbild, Vorsteher, Gelehrter. Im Hinblick auf die schiitische Ausrichtung des Islam kommt noch die Bedeutung des Oberhaupts der Gesamtgemeinschaft der Muslime hinzu.

Aus diesem Grund werden Sie womöglich denken, dass Sie nicht das richtige Lexikon zur Hand haben und arbeiten sich daher von Lexikon zum Lexikon durch, bis Sie merken, dass es sich beim Stichwort »Imam« um verschiedene

Variationen des gleichen Themas handelt. Wenn Sie weiterhin das Interesse verspüren von der Bedeutung des Begriffs »Imam« mehr zu erfahren, werden Sie höchstwahrscheinlich ein Lexikon des Islam nehmen und auch dort dasselbe wie in anderen Lexika vorfinden, nur in einer ausführlicheren Form.

Schließlich wird Ihnen klar, dass die Medien und die Lexika nicht von ein und demselben Imam sprechen. Der Imam aus dem Lexikon ist der Imam aus der Vergangenheit, und dort, in der Vergangenheit soll er auch bleiben. Der Imam aus den Medien ist ein Imam, der sich in unsere Gegenwart verirrt hat. So einen Imam brauchen Sie definitiv nicht, und man muss kein Muslim sein, um wissen zu wollen, wie und wer der Imam in Berlin, München, Osnabrück oder anderswo in Deutschland oder in der globalisierten Welt ist. Meine nächste Überlegung: Was für Imame hat Europa heute?

Die Antwort auf diese Frage setzt ein systematisches Einsammeln der Informationen und ihre detaillierte Analyse voraus. Erst dann wäre man in der Lage, eine brauchbare Schlussfolgerung ziehen zu können. Auf diese Antwort werden wir wohl einige Zeit warten müssen, denn es existieren – nach meiner Kenntnis – auf diesem Gebiet nur lokale und fragmentierte Studien. Diese Herausforderung drängt sich aber auf und ich hoffe, dass sich jemand dieser annehmen wird, und dabei auch von den entsprechenden Institutionen die nötige Unterstützung bekommen wird.

Bis dahin, ausgehend von der Grundlage des gegenwärtigen Wissenstandes und dessen, was gelegentlich geschieht und großen Schaden anrichtet, kann man Folgendes sagen:

In der Tat gibt es Imame in Europa, die ihre Arbeit ernsthaft verrichten, zur Zufriedenheit der Gemeinde der sie angehören und zum Wohle der Gesellschaft, in welcher sie wirken. Ebenso kann man sagen, dies ist eher das Ergebnis eigener Anstrengung der Imame, ihres Charakters und ihres Platzes in der Gesellschaft, als das einer geplanten und nach geregeltem Programm laufenden Ausbildung oder einer Vorbereitung für solche Imamtätigkeit. Aber ebenso kann nicht bestritten werden, dass es auch Imame gibt, dessen Arbeit Unzufriedenheit in der Gemeinde, die sie anführen, und Auflehnung in der Umgebung, in der sie wirken, hervorruft. Wenn diese Imame für ihre Arbeit kritisiert werden, dann verstecken sie sich hinter ihrem ungeregelten wirtschaftlichen und sozialen Status, hinter dem Unverständnis der »Phobie-behafteten« Umgebung für die Eigenart ihrer Mission, Stellung usw.

Die Imame für Europa bilden sich hauptsächlich außerhalb Europas und nach Programmen, welche nicht für Europa gemacht worden sind. Diese Imame werden von Professoren ausgebildet, die sich kaum mit dem allgemeinen europäischen »Geist« auskennen, und im Speziellen sind sie unwissend gegenüber der Eigenart des Landes, in welchem ihre Schüler später tätig sein sollen.

Die Imame in Europa, so auch in Deutschland, werden heutzutage durch die

Institutionen, die ihre Zentren und Autoritäten außerhalb Europas haben, benannt oder von ihrer Imam-Tätigkeit abberufen.

In europäischen Staaten ist bis jetzt bedauerlicherweise wenig dafür getan worden, diesen Zustand zum Besseren zu verändern. Auf der anderen Seite, werden glücklicherweise neue Initiativen ins Leben gerufen, welche die Bereitschaft signalisieren, diesen Zustand doch zu verändern.

Die Veranstaltung vor einigen Monaten in Wien und diese hier in Osnabrück bestätigen dies und wecken diesbezüglich einen gerechtfertigten Optimismus.

Die Zukunft

Die für die Perspektive aus meiner Sicht entscheidende Frage ist: Was soll getan werden und vor allem, wer soll was tun?

Ein Imam in Europa verrichtet auch diejenigen Tätigkeiten, die in seinem Herkunftsland besondere und spezielle Einrichtungen übernehmen. In der Moschee wickeln sich Aktivitäten ab, für die in islamischen Ländern besondere Institutionen existieren. So ist eine Moschee im Westen nicht nur ein Gotteshaus, sondern auch (um Ivan Jazbek Hadad zu paraphrasieren)

- ein Zentrum gesellschaftlicher Aktivitäten,
- ein Zentrum der Erkenntnis und der Ausbildung,
- eine Oase, ein Zufluchtsort, der ein Gefühl von Sicherheit in schweren Zeiten bietet, in Zeiten der Diskriminierung und Unterdrückung, ein Ort, der den Menschen ein Gefühl der Selbstachtung gibt,
- ein Ort, wo Erfahrungen ausgetauscht und Werte und Verhaltensregeln gefestigt werden,
- ein Ort, an dem die Menschen ihre eigene Identität stärken, im Kreis der Familie, der Freunde und der Glaubensgemeinschaft. Als solche ist die Moschee ein Zentrum der Bestätigung und Verbreitung gemeinsamer gesellschaftlicher und zivilisatorischer Werte, ein Zentrum, in dem sich die Gemeinde formt und zur Geltung kommt, wo gemeinsame Interessen und Visionen ausgetauscht und aufs Neue bestätigt werden.

Die Relevanz des Raumes der Moschee führt zur Entstehung einer besonderen »Moschee-Kultur«, in welcher der Imam eine verantwortungsvolle Persönlichkeit und/oder die antreibende und ausführende Kraft ist. Hierfür benötigt er das entsprechende Wissen und die notwendigen Fähigkeiten. Aus diesem Grund sollte das Curriculum eines europäischen Imams aus drei Segmenten zusammengesetzt sein: theologischen, pädagogisch-psychologischen und dem humanistischen Segment. Das ist nur eine Idee, die auf der bosnisch-herzegowinischen Erfahrung der Imamausbildung beruht:

- Das theologische Segment würde die Grunddisziplinen des Islams einbeziehen, die Geschichte des Islams und der Kirchen und Glaubensgemeinschaften im betreffenden Land,
- Das pädagogisch-psychologische würde Disziplinen beinhalten, die Imame für die Arbeit mit Kindern, Jugendlichen, alten Menschen, Arbeitern usw. befähigt,
- Das humanistische würde die offizielle Sprache, Kultur und das gesellschaftlich-politische System des betreffenden Landes mit einbeziehen.

Jedes der genannten Segmente sollte von den Experten aus den entsprechenden Gebieten näher spezifiziert werden. Die Ergebnisse dieser Spezifizierung müssten wiederum von der Islamischen Gemeinschaft und dem jeweiligen Land verifiziert werden.

In jedem europäischen Land existieren personelle Ressourcen für zwei Teile des hier skizzierten Programms und für den dritten würde man in kurzer Zeit personelle Strukturen ausbilden können. Somit könnte man die aufgetretenen Probleme langfristig beseitigen oder wenigstens verringern.

Uwe Schünemann
Niedersächsischer Minister für Inneres, Sport und Integration

Wozu brauchen wir eine Ausbildung islamischer Theologen in Deutschland?

Als Integrationsminister des Landes Niedersachsen freue ich mich sehr, dass an der Universität Osnabrück die internationale Tagung »Imamausbildung in Deutschland« stattfindet.

Ich bin fest davon überzeugt: Wir brauchen eine Imamausbildung in Deutschland. Sie ist aus integrationspolitischer Sicht dringend geboten.

Das Vorhaben, in Deutschland aufgewachsene und sozialisierte junge Muslime an deutschen Universitäten zu Imamen auszubilden, stößt auf breite Zustimmung von Parteien, Gewerkschaften, Kirchen und muslimischen Verbänden.

Es entspricht den Wünschen vieler Muslime insbesondere der dritten und vierten Generation – und es trägt dazu bei, den Islam in Deutschland zu beheimaten. Dies ist für die vier Millionen Muslime in Deutschland integrationspolitisch ein wichtiges Signal.

Das Weiterbildungsangebot für Imame

In Niedersachsen haben wir uns entschieden, zunächst – quasi als Einstieg in die grundständige universitäre Ausbildung – ein universitäres Weiterbildungsangebot anzubieten.

Es soll bereits ab dem WS 2010/11 hier an der Universität Osnabrück starten.

Das Weiterbildungsangebot richtet sich an schon ausgebildete Imame, die ihr Amt in einer Moscheegemeinde in Deutschland ausüben.

Es richtet sich sowohl an diejenigen, die von der türkischen Religionsbehörde Diyanet nach Deutschland entsandt werden, als auch an die Imame, die beispielsweise vom islamischen Verband VIKZ in Deutschland ausgebildet werden.

Zudem sollen insbesondere auch interessierte muslimische Frauen, die beispielsweise als Seelsorgerinnen in muslimischen Gemeinden in Deutschland tätig sind, für dieses Weiterbildungsprogramm gewonnen werden.

Seine modulare Struktur wird den unterschiedlichen Voraussetzungen und den individuellen Interessen der Teilnehmerinnen und Teilnehmer Rechnung tragen.

Schwerpunkte der Weiterbildung bilden die Themenkomplexe:

- anwendungsorientierte Vertiefung der deutschen Sprachkenntnisse;
- Politik und Gesellschaft;
- praktisch-theologische und interreligiöse Inhalte.

Dieses Weiterbildungsprogramm ist, wie Sie erkennen, darauf ausgelegt, Imame mit den Rahmenbedingungen unseres freiheitlichen und demokratischen Gemeinwesens besser vertraut zu machen. Das soll sie auch für die Integrationsbedürfnisse von Muslimen in Deutschland stärker sensibilisieren.

Der Dialog mit den islamischen Verbänden

Das Weiterbildungsprogramm wird von einer Arbeitsgruppe unter Federführung meines Hauses vorbereitet. Ihr gehören neben Vertretern der niedersächsischen Wissenschafts-, Kultus- und Innenministerien und des BAMF auch Frau Prof. Blasberg-Kuhnke und Herr Prof. Ucar von der Universität Osnabrück sowie zwei weitere Wissenschaftler an.

Diese Arbeitsgruppe steht bei der Ausgestaltung des Curriculums für das Weiterbildungsprogramm im engen Dialog mit islamischen Verbänden.

Es haben bereits zwei Sitzungen mit Vertretern folgender Organisationen stattgefunden:

- Schura Niedersachsen - Landesverband der Muslime in Niedersachsen e.V.;
- Türkisch-Islamische Union der Anstalt für Religion DITIB e.V.;
- Religionsattachée des Türkischen Generalkonsulats;
- Verband der Islamischen Kulturzentren VIKZ;
- Zentralrat der Muslime in Deutschland e.V.;
- Islamische Gemeinschaft der schiitischen Gemeinden Deutschland IGS;
- Islamische Gemeinde e.V.

Diese haben auch ihre Vorstellungen eingebracht.

Alle Verbände begrüßen die Einrichtung des geplanten Weiterbildungsangebotes ausdrücklich.

Wir werden in dieser Sache weiterhin mit ihnen im Gespräch bleiben. Nach Durchführung der ersten universitären Weiterbildungsangebote soll gemeinsam ausgelotet werden, ob Änderungen erforderlich sind. Die Zusammenarbeit mit den islamischen Verbänden wird also fortgesetzt.

Auch an der Ausgestaltung der grundständigen universitären Imamausbildung, mit der im günstigsten Fall schon ab WS 2012/13 begonnen werden kann, werden die islamischen Verbände beteiligt sein.

Hier muss sogar ein noch intensiverer Dialog geführt werden. Ob dazu die Form des vom Wissenschaftsrat empfohlenen Beirates oder eine alternative Struktur gewählt wird, ist jetzt noch nicht entschieden. Grundsätzlich wird es von großem Vorteil sein, dass wir in Niedersachsen bereits auf gute Erfahrungen mit dem »Runden Tisch ›Islamischer Religionsunterricht‹« zurückgreifen können.

Diese gewachsene Zusammenarbeit mit den islamischen Verbänden für die Erprobung des islamischen Religionsunterrichtes wird in den Empfehlungen des Wissenschaftsrates zur Weiterentwicklung von Theologien und religionsbezogenen Wissenschaften vom 29. Januar 2010 hervorgehoben und als »gelungen« bezeichnet.

Wir verfügen in Niedersachsen also auch mit Blick auf den bereits bewährten Dialog mit islamischen Verbänden über beste Voraussetzungen.

Wir gestalten am so genannten Runden Tisch den Interessenausgleich zwischen Staat und den islamischen Verbänden.

Das ist notwendig, weil dem Staat von islamischer Seite – anders als bei den beiden großen christlichen Kirchen – in Deutschland zurzeit noch kein einheitlicher rechtsfähiger islamischer Gesprächspartner gegenüber steht.

Dieser wäre für die Einrichtung einer grundständigen Imamausbildung aber wünschenswert, weil es hier um theologische Positionen und Richtungen geht.

Die Entwicklung dahin liegt jedoch allein in der Hand der islamischen Verbände. Von Seiten des Staates können wir lediglich an sie appellieren, in diesem Sinne ihre »Hausaufgaben« zu erledigen. Noch weisen die Verbände große Unterschiede auf.

Sie sollten aufeinander zugehen und sich einigen, das erwarten wir.

»Wozu brauchen wir eine Ausbildung islamischer Theologen in Deutschland?«

Aus meiner Sicht gibt es gleich mehrere Gründe, die für eine Ausbildung islamischer Theologen in Deutschland sprechen – und zwar theologische wie politische.

Auf die theologischen will ich nicht näher eingehen, sondern nur darauf hinweisen, dass auch eine theologische Ausbildung nicht im »luftleeren Raum« geschieht. Ihre Ausrichtung und Qualität wird immer mit bestimmt von dem sozialen, kulturellen und politischem Umfeld, in dem sie stattfindet. Insbesondere theologische Teildisziplinen, in denen der Mensch und das Gemeinwesen insgesamt im Mittelpunkt stehen, werden in ihrer konkreten theologischen Ausrichtung nachhaltig vom jeweiligen soziokulturellen Hintergrund bestimmt.

Das gilt zum Beispiel für die praktische Theologie wie Diakonie und Seelsorge sowie für den Bereich der Systematik mit den Spezialgebieten Ethik und Ökumene. Diese Zusammenhänge zwischen theologischer Ausbildung und gesellschaftlichem Kontext sprechen für eine Ausbildung von Imamen in Deutschland.

Kommen wir zu den politischen Gründen, meine sehr verehrten Damen und Herren, die für eine Ausbildung islamischer Theologen in Deutschland sprechen:

- Universitäre islamisch-theologische Institute an deutschen Universitäten bieten die beste Voraussetzung, um radikale Prediger zu verhindern. Der Abgleich staatlicher und religionsgemeinschaftlicher Interessen bei der Besetzung des Lehrpersonals würde islamistischen Lehrkräften bzw. Strömungen vorbeugen. Als Innenminister, der ja auch für die innere Sicherheit zuständig ist, habe ich diesen Aspekt immer mit im Blick. Und ich bin davon überzeugt:
- Universitäre islamisch-theologische Institute bieten die beste Voraussetzung, einen modernen, offenen und dialogbereiten Islam zu fördern. Dies ist ein ganz entscheidender Grund, weshalb das Vorhaben mir sehr am Herzen liegt, eine Ausbildung islamischer Theologen in Deutschland – besonders natürlich an der Universität Osnabrück – zu etablieren.
- Universitäre islamisch-theologische Institute würden außerdem einen entscheidenden Beitrag zum wissenschaftlichen religionsübergreifenden Diskurs und somit zur Ökumene leisten. Der gesamtgesellschaftliche Diskurs der Werte- und Normenvergewisserung würde durch eine Imamausbildung im öffentlichen Hochschulbereich bereichert werden. Vor dem Hintergrund von rund vier Millionen Muslimen in Deutschland ist es überfällig, dass der Islam sich wie die beiden großen christlichen Konfessionen im universitären Kontext am wissenschaftlichen, interdisziplinären Diskurs beteiligt.
- Die Ausbildung islamischer Theologen in deutscher Sprache sowie Studieninhalte in den genannten Bereichen der praktischen und systematischen Theologie, die sich unmittelbar auf die Situation in Deutschland beziehen, würden die potenzielle Brückenfunktion von Imamen im Dialog mit dem Gemeinwesen und anderen Religionsgemeinschaften fördern.
- An deutschen Universitäten ausgebildete islamische Theologen können eine bedeutende Rolle bei der religiösen und kulturellen Erziehung in Deutschland aufgewachsener muslimischer Kinder und Jugendlicher wahrnehmen. Wir sind es der jungen Generation von Muslimen schuldig, eine Imamausbildung in deutscher Sprache an deutschen Universitäten anzubieten.

Langfristig betrachtet muss es in Deutschland einen Islam geben, der hier wirklich zu Hause ist, der in der Mitte der Gesellschaft angekommen ist, und der gegen islamistische Strömungen immun ist.

Imame und Moscheegemeinden müssen sich vor Ort in den Kommunen, im Kontakt mit lokalen Institutionen, in der unmittelbaren Nachbarschaft in das Gemeinwesen einbringen.

Sie müssen außerdem in der Lage sein, einen intensiven interreligiösen Dialog auf Augenhöhe mit den christlichen Kirchen und den jüdischen Gemeinden sowie mit anderen Religionsgemeinschaften zu pflegen.

Wir sind bereits auf einem guten Weg.

Manches geschieht bereits jetzt. Im Projekt »Moscheegemeinden in niedersächsischen Kommunen« organisieren kommunale Leitstellen für Integration Begegnungs- und Informationsveranstaltungen zwischen Imamen sowie Moscheevorständen und integrationsrelevanten Institutionen.

Andernorts haben die christlichen Kirchen Dialogangebote an die Muslime gerichtet und längst zu einem fruchtbaren Austausch gefunden.

Für Osnabrück ist der »Arbeitskreis der Religionen in Osnabrück« als positives Beispiel zu erwähnen.

Auch der »Tag der offenen Moschee«, zu dem von muslimischer Seite jedes Jahr am 03. Oktober eingeladen wird, ist ein gelungener Ansatz, um sich über den Islam zu informieren, Vorurteile und Ängste abzubauen.

In Zukunft sollten alle in Deutschland tätigen Imame in der Lage und daran interessiert sein, einen aktiven Beitrag im Dialog der Religionen und mit gesellschaftlichen Institutionen zu leisten.

Dies ist integrationspolitisch von zentraler Bedeutung. Voraussetzung dafür ist, dass islamische Theologen an deutschen Universitäten ausgebildet werden.

Es ist an der Zeit, dass der Islam hier bei uns im Integrationsland Deutschland an den Hochschulen ankommt und im religionsübergreifenden und interdisziplinären Diskurs beheimatet wird.

Ich bin froh, dass der Universitätsstandort Osnabrück mit dem Lehrstuhl für Islamische Religionspädagogik, dem Zentrum für interkulturelle Islamstudien sowie dem Institut für Migration und Interkulturelle Studien ideale Voraussetzungen bietet, um hier mittelfristig eine universitäre Ausbildung islamischer Theologen zu etablieren.

Uns allen wünsche ich viel Erfolg auf dem eingeschlagenen Weg!

Ich danke für Ihre Aufmerksamkeit.

Bülent Ucar

Einführungsrede »Imamausbildung in Deutschland. Islamische Theologie im europäischen Kontext«

Imame sind religiöse Repräsentanten ihrer islamischen Gemeinden, deren unmittelbare theologisch wissenschaftliche Instanzen, die Hauptakteure religiöser Dienste, lokale Vertreter der universalen islamischen Gelehrsamkeit, das Fachpersonal für gottesdienstliche Aufgaben, die Gemeindebetreuung und religiöse und wissenschaftliche Vertretung des Islam nach außen, sowie für die religiöse Bildung und Erziehung der Gemeindemitglieder. Sie sind Repräsentanten des muslimischen Lebenswegs und der islamischen Bildungstradition und verfügen so – legitimiert durch die Kette der Überlieferer authentischen islamischen Wissens bis zur Anfangszeit und damit der ursprünglichen Lehre des Propheten – über die Befugnis religiöse Inhalte festzulegen und darüber Auskunft zu geben.

Nun sind Musliminnen und Muslime in Deutschland nach einer Durststrecke mit mangelndem politischen Interesse auf dem Weg, ein gleichberechtigter Bestandteil der Gesellschaft neben anderen Religionsgemeinschaften zu sein. Bisher wurden Imame häufig durch muslimische Gemeinden aus den Herkunftsländern »importiert«. Mit dem Zuwachs an politischem Interesse in den letzten Jahren rückte die Frage nach der Anerkennung muslimischer Religionsgemeinschaften und der damit verbundenen Rechte – der Einführung von Islamischem Religionsunterricht, Theologischer Fakultäten etc. – in den Interessenfokus.

Nun plant die niedersächsische Landesregierung hierfür einen entsprechenden universitären Studiengang an der Universität Osnabrück einzurichten. Unter der Federführung des Innenministeriums arbeitet eine interministerielle Arbeitsgruppe seit einiger Zeit mit ausgewählten Wissenschaftlern (u.a. dem Autoren) daran, die Grundlagen für die Ausbildung von islamischen Theologinnen, Theologen und Imame zu diskutieren und auszuarbeiten.

Der dringende Bedarf nach einer universitär eingebundenen, in deutscher Sprache erfolgenden Imamausbildung in Deutschland, welche die Möglichkeit eröffnet, eine Islamische Theologie auf Augenhöhe mit den christlichen Theologien zu entwickeln, wird in diesem Zusammenhang offensichtlich. Eine allgemein anerkannte Islamische Theologie wird sowohl für die Beheimatung und das Selbstverständnis deutscher Muslime als auch für den Dialog, die Öffnung und das Miteinander förderlich sein und damit das Ankommen des Islam in Deutschland nicht nur unter der Oberfläche, sondern auch in der täglichen Begegnung unterstützen.

1. Auf dem Weg zu einer Islamischen Theologie

Die Theologie als Wissenschaftsdisziplin hat zunächst eine vorchristliche, griechische Prägung. Man bezeichnete ursprünglich jene, die sich mit den Mythen der Götter beschäftigten, diese philosophisch-kritisch beleuchteten und auf das Leben der Menschen bezogen, als Theologen. Hier besteht also eine Wechselbeziehung zwischen einem Mythos und dem Versuch diesen durch die Vernunft bzw. reflektierend zu erfassen[1]. Inwieweit dieses Verständnis von Theologie auf den Islam übertragbar ist, wäre zu prüfen. Dennoch zeigt die historische Entwicklung, dass zumindest deskriptiv auch muslimische Theologen (*mutakallimūn*) unter dem Einfluss der griechischen Philosophie auf der Basis von Koran und Sunna mithilfe der Vernunft über Gott – und zwar sehr ausführlich – gesprochen haben und sich damit auseinandersetzten.

Zugleich ist der Islam eine eher praxisbezogene Religion und folglich Erkenntnis nur Vorstufe für deren Umsetzung. Intellektuelle Auseinandersetzung und fromme Umsetzung religiöser Vorgaben und Quellen bekommen im Islam eine stärkere Gewichtung des letzteren Aspekts.

2. Eine Theologie in Kooperation

Eine Einbindung Islamischer Theologie in das akademische Feld fördert die strukturelle Gleichstellung und inhaltliche Integration und wirkt einer Parallelität in der Ausbildung von Theologen entgegen. Die Existenz von Theologischen Fakultäten macht in Deutschland nicht nur eine historisch bedingt Größe aus, sondern hat auch nachvollziehbare Legitimationsstränge, an denen sich auch die Muslime orientieren können. In diesem Zusammenhang halte ich die Mitwirkungsrechte der Religionsgemeinschaften nicht nur aus praktischen Gründen, sondern grundsätzlich für evident wichtig. Denn sonst beanspruchte der Staat über die unabhängigen einzelnen Wissenschaftler in den Berufungskommissionen, Theologie personell und letztlich damit auch inhaltlich zu bestimmen. Dies wäre mit dem Prinzip der weltanschaulichen und religiösen Neutralität des

1 H. Waldenfels, »*Christliche Theologie*«, in: A. T. Khoury, *Lexikon religiöser Grundbegriffe. Judentum, Christentum, Islam*, Wiesbaden [2]2007, S. 1042.

Staates nicht vereinbar. Da andererseits Inhalte und Lehre der theologischen Fachdisziplinen transparent sind, wird an der Universität einer Subkultur vorgebeugt und wissenschaftlicher Fortschritt ermöglicht.

3. Akademisch-institutionelle Planung eines Studiums zur Imamausbildung

Für die oben erwähnten Aufgaben von Imamen muss ein Studium, das diese auszubilden beabsichtigt, solide Kenntnisse in den »Islamischen Wissenschaften«, Erfahrungen in der religiösen Praxis sowie pädagogische, soziale, kulturelle und sprachliche Kompetenzen vermitteln. Anzustreben ist eine der Priester-, Pfarrer- oder Rabbinerausbildung adäquate Imamausbildung. Natürlich müssen diese nicht kopiert werden, vielmehr sollten sie eine Hilfestellung bei der Planung solcher Studiengänge bieten.

Ein sechs-semestriges fachwissenschaftliches BA-Studium kann für ein Lehramtsstudium im Islamischen Religionsunterricht an Grund-, Haupt- und Realschulen ausreichend sein und sich als aufbaufähig für das Lehramt an Gymnasien erweisen, nicht jedoch für eine solide akademische Ausbildung zu islamischen Theologinnen und Theologen.

Auf diesem Studium zum Zwecke der Imamausbildung ein Masterstudium aufzubauen, wird nicht qualitativ überzeugend sein, weil es im Falle der »Islamischen Theologie« keine ausreichend vertieften und aufbaufähigen Kenntnisse, sondern höchstens erweiterte Grundkenntnisse vermitteln kann. Allein eine solide Sprachkompetenz im Arabischen mit mindestens 30 Semesterwochenstunden (SWS) und eine unabdingbare Fähigkeit in der Koranrezitation mit mindestens 10 SWS, die als Grundqualifikationen eines Imams gelten, sprengen den zeitlichen Rahmen eines sechs-semestrigen BA-Studiums (mit insgesamt etwa 56 SWS im Durchschnitt).

Daher scheint ein acht-semestriger Einfach-BA in der »Islamischen Theologie«, ergänzt mit einem 2-jährigen Masterstudium für die Ausbildung der Imame der überzeugendste Weg für eine Imamausbildung zu sein.

Im Master, liegt das Ziel in der Vertiefung der Fächer *fiqh*- (Lehre der praxisrelevanten Normen im Islam) und *tafsīr* (Wissenschaft für die Exegese des Koran) – und *ḥadīṯ*-Wissenschaften (Wissenschaft, die sich mit den Aussprüchen, Handlungen und Billigungen des Propheten Muhammad [s.a.s.] beschäftigt) und einer begleitenden Imam-Praxis in den Gemeinden.

Zum Solidieren der Sprachkompetenzen wäre das ein oder andere Auslandssemester an einschlägigen Fakultäten zu empfehlen. Der Abschluss erfolgt in einer wissenschaftlichen Standards entsprechenden Masterarbeit im letzten

Semester des Studiums sowie mündlichen und schriftlichen Prüfungen in ausgewählten Themenschwerpunkten.

Imame in Ländern mit muslimischer Minderheitsbevölkerung benötigen zusätzliche Kompetenzen in Religion und Kultur des jeweiligen Landes. Außerdem weisen Imame in islamischen Ländern sehr oft vor ihrem theologischen Studium grundlegende religiöse Kenntnisse vor, die sie durch die Bildung im Vorfeld an islamisch religiösen Berufsgymnasien oder *madrasas* usw. erwarben. All diese zusätzlich benötigten Kompetenzen und meist fehlende theologische Vorkenntnisse erfordern sechs Jahre für ein fachlich und religiös anerkanntes Studium für Imamausbildung in den Ländern mit muslimischer Minderheit.

4. Inhalte des Studiums für die Ausbildung von Imamen

a) Basisfächer:

- Koranexegese und ihre Methodologie sowie Rezitation des Koran,
- *ḥadīṯ*-Wissenschaft (Wissenschaft der Prophetentradition) und ihre Methodologie,
- *fiqh*-Wissenschaft und ihre Methodologie,
- *ʿaqīda*- und *kalām*-Wissenschaft (Glaubensgrundlagen und ihre ausführliche Darlegung),
- Prophetenbiographie,
- Islamische Geschichte (Geschichte der islamischen Völker und Staaten),
- Islamische Philosophie und Geistesgeschichte,
- Islamische Mystik (*taṣawwuf*),
- Islamische Morallehre,
- Geschichte der islamischen Rechts- und Glaubensschulen,
- Klassisches Arabisch und weitere Sprachen der Muslime (Sprachen der weiteren wichtigen wissenschaftlichen Quellen, wie Persisch und Osmanisch),
- Gemeindearbeit und Praktikum in einer Moschee (ca. 6 Monate).

b) Weitere Fächer (zum Teil als Wahlfächer zu betrachten):

- Religionspädagogik (Moscheepädagogik, Medienpädagogik, Sozialpädagogik, pädagogische Psychologie und Soziologie) und Fachdidaktik,
- Rhetorik des Arabischen,
- Redekunst,
- Islamisch-religiöse Kunst und Musik,
- Geschichte der Religionen (Schwerpunkt: Große Weltreligionen),
- Religionssoziologie (Religion und Modernität, Religion und Globalisierung),

- Religionspsychologie (religiöse Wahrnehmung und Entwicklung, Religion und Alter, religiöse und psychologische Betreuung der Kranken),
- Geschichte der muslimischen Migration in Europa und europäische Geschichte, Kultur und Rechtsystem (Organisationsrecht, Staatskirchenrecht),
- Modernes Persisch, Türkisch, Urdu oder eine andere Sprache der Muslime (wahlweise),
- Islam für die interessierte Öffentlichkeit (Islam und Medien, Moscheeführung, Information für nichtmuslimische Mitbürger, interreligiöse Begegnung),
- Logik (*mantiq*).

Fazit

Imame üben seit jeher großen Einfluss auf das individuelle und gesellschaftliche Leben der Musliminnen und Muslimen aus. Deren wirkliche Integration in die Gesellschaft wird auch über die religiöse Integration in entsprechende Strukturen möglich sein und dies unterstreicht die Wichtigkeit einer wissenschaftlich verantwortbaren Aus- und Fortbildung muslimischer Theologen an historisch gewachsenen und bewährten Einrichtungen.

Die Existenz von Theologischen Instituten bzw. Fakultäten an staatlichen Hochschulen in Deutschland bildet eine mögliche Ausbildungsstätte für die akademische Grundbildung der Imame. Extremismen werden durch die Einbindung an die Universität verhindert, da diese Ausbildung in der Regel durch Staatsverträge Regelung findet und eine gemeinsame Aufgabe von Staat und Religionsgemeinschaft ist (*res mixta*).

Ob kurzfristig eine zu begrüßende, gleichberechtigte Regelung auf der Basis von Staatsverträgen möglich ist, wird zu klären sein. Die zweitbeste Lösung wäre eine Kooperation mit Kompromissen für eine Übergangszeit, da berechtigte jedoch nicht eingelöste Maximalforderungen eine schlechtere Alternative bilden. Übergangsmodelle müssten, um Dauerlösungen auf Sparflamme zu verhindern, zeitlich befristet sein. So müssen mit Fingerspitzengefühl Fakten geschaffen werden und spätestens am Ende dieser Entwicklung – besser vorher – muss die Beziehung staatsvertraglich geregelt werden. Der Wissenschaftsrat hat hierzu erste Empfehlungen gegeben.

Wie theologisches Wissen produziert wird, hat nämlich ernst zu nehmende Auswirkungen auf die Wahrnehmung, Akzeptanz und Umsetzung von religiösen Überzeugungen. Integration gelingt vornehmlich über Partizipation und strukturelle Einbindung, eine *nihil obstat*-Regelung würde Vertrauen schaffen und die Akzeptanz bei Musliminnen und Muslimen erleichtern. Akademische Einrichtungen, die Theologen und Imame, welche in den Moscheen keine Akzeptanz haben, werden ins Leere laufen und eine Fehlinvestition bleiben. Außerdem gebietet schon die Gleichberechtigung die Beteiligung und Mitwirkung islamischer Religionsgemeinschaften an der Ausbildung der Imame an staatlichen Hochschulen.

Große Bedeutung kommt auch dem Verhältnis von Religionsgemeinschaft, Staat und dem Personal an den universitären Einrichtungen, sowie das Curriculum zu. Inwieweit diese Beziehung den Interessen und den Anforderungen der hier lebenden Musliminnen und Muslimen momentan bzw. perspektivisch entspricht, wird gesondert erörtert werden müssen. Die rechtlichen Ausgangsbedingungen scheinen jedoch so plural angelegt zu sein, dass sie auch religiöse Minderheiten ausreichend Entfaltungsmöglichkeiten bieten. Inwiefern der Status quo wiederum den normativen Vorgaben in Bezug auf islamische Einrichtungen an staatlichen Strukturen entspricht, fällt in ein weiteres Diskussionsfeld.

Neben Theologischen Fakultäten bzw. Instituten im Rahmen von Fachbereichen könnte eine eigenständige islamische Hochschule parallel zu katholischen, evangelischen oder jüdischen Hochschulen eingerichtet werden. Allerdings würde eine solche Parallelstruktur meines Erachtens eine Integration und den interdisziplinären Austausch vermutlich erschweren. Was wir benötigen, sind zwei Islamisch-Theologische Fakultäten in Deutschland. So könnten Synergie-Effekte zwischen den Einrichtungen geschaffen und genutzt werden.

Unterschiedliche Landesinteressen und -kompetenzen erschweren jedoch die Koordination und Erarbeitung eines solchen Masterplans für Gesamtdeutschland. Da ein Imam zahlreiche Texte und Gebete auswendig lernen muss und die Liturgie zu beherrschen hat, ebenso die Beherrschung der arabischen Sprache im frühen Alter besser erlernt werden kann, wäre zudem äquivalent zu den Imam-Hatip-Schulen der Aufbau von Imam-Gymnasien an bestimmten ausgewählten Orten erforderlich.

Diese Ausbildung wird sich, will sie auf Augenhöhe mit christlichen Theologien agieren, an bestimmten Maßstäben zu orientieren haben. Bekenntnisorientierung geht mit dialogischer Offenheit einher, konfessionelle Gebundenheit richtet sich zugleich auf interreligiöse Komponenten, Kontroversität orientiert sich am Konsens, schließlich bezieht sich die Ganzheitlichkeit auf die Korrelation. Islamische Theologen sind nicht nur aufgrund der Interessen der deutschen Musliminnen und Muslime auszubilden, sondern auch, um sich qualitativ an gesellschaftlichen und ethischen Debatten beteiligen zu können. Die Voraussetzung hierfür liegt wiederum in der Orientierung an den aufgezählten Kriterien.

Literatur

Rauf Ceylan, *Islamische Religionspädagogik in Moscheen und Schulen – Ein sozialwissenschaftlicher Vergleich der Ausgangslage, Inhalte und Ziele unter besonderer Berücksichtigung der Auswirkungen auf den Integrationsprozess der muslimischen Kinder und Jugendlichen*, Schriftenreihe der Universität Osnabrück zur islamischen Religionspädagogik, Bd. 2, Kovac, Hamburg 2008.

Ders., *Prediger des Islam – Imame in Deutschland. Wer sie sind, was sie denken und was sie wollen*, Herder, Freiburg 2010.

Bülent Ucar, »*Islamische Theologie in Deutschland? Die Ausbildung von Religionslehrern und Theologen an staatlichen Hochschulen*«, in: Herder Korrespondenz Spezial. Die unbekannte Religion. Muslime in Deutschland [2]2009, S. 31 – 35.

Ders., »›*Die Gelehrten sind die Erben der Propheten*‹: *Auf dem Weg zu einer Imamausbildung an der Universität Osnabrück*«, (EPD-Dokumentation 6. April 2010 Nr. 13 – 14, Frankfurt S. 4 – 11), ebenso in verkürzter Form auf der Internetseite der Heinrich Böll Stiftung http://www.migration-boell.de/web/integration/47_2466.asp (letzter Zugriff 15.07.2010).

Hans Waldenfels, »*Christliche Theologie*«, in: A. T. Khoury, *Lexikon religiöser Grundbegriffe. Judentum, Christentum, Islam*, Wiesbaden [2]2007, S. 1041 – 1043.

Rechtliche und historische Rahmenbedingungen

Andreas Pott

Rechtliche und historische Rahmenbedingungen

Wie andere soziale Ereignisse findet auch die Ausbildung von Imamen nicht im luftleeren Raum, sondern stets unter spezifischen gesellschaftlichen Rahmenbedingungen statt. Dass diese variieren und Imamausbildung nicht gleich Imamausbildung ist, zeigt die vergleichende Perspektive. Sowohl im regionalen Ländervergleich als auch mit Blick auf die historische Entwicklung werden verschiedene Ausprägungen sichtbar und verständlich. Je nach Land und geschichtlicher Entwicklung trifft man auf unterschiedliche Traditionen, Erfahrungen und Formen der Ausbildung von (islamischen) Theologen. Ebenso wie Verfassungen und Rechtsordnungen können sich auch die Beziehungen von Religion und (wissenschaftlicher) Theologie sowie von Wissenschaft und Schule mehr oder weniger deutlich unterscheiden. Ein Nachdenken über die Imamausbildung in Deutschland sollte nicht nur berücksichtigen, dass der Migrantenanteil in diesem Land mittlerweile etwa ein Fünftel seiner Bevölkerung (ca. 16 Mio.) ausmacht und dass seine muslimische Bevölkerung auf ca. drei bis vier Mio. Menschen geschätzt wird. Es ist eben auch von der Kontingenz der Imamausbildung auszugehen. Daher kann die Vergewisserung ihrer gesellschaftlich präformierten Bedingungen und Besonderheiten nicht nur vor falschen Erwartungen warnen, sondern vielmehr anschlussfähige Möglichkeitsspielräume einer zeitgemäßen Ausbildung von Imamen aufzeigen.

Fragt man konkreter nach den gesellschaftlichen Kontextbedingungen und Erfahrungen, auf welche die Imamausbildung in Deutschland trifft, so sind neben dem politischen und sozialen Kontext (siehe Kapitel »Politische und soziologische Rahmenbedingungen«) insbesondere die rechtlichen und historischen Rahmenbedingungen (siehe Kapitel »Rechtliche und historische Rahmenbedingungen«) bedeutsam. Zwar ist die Ausbildung von Imamen in Deutschland eine historisch sehr junge bzw. gerade erst im Entstehen begriffene Erscheinung. Doch natürlich gibt es eine lange gesellschaftliche Tradition und Erfahrung mit der Ausbildung von christlichen Theologen. Diese in einem über 500jährigen Prozess herausgebildete Erfahrung, über die der Beitrag von Claus-Dieter Osthövener »Wie hat sich die Ausbildung der Theologen in Deutschland entwickelt?« informiert, geht heute in die Möglichkeiten und Erwartungen ein, die auch an die theologische Ausbildung von Imamen geknüpft werden. Auch die gegenwärtigen rechtlichen Vorgaben für eine Imamausbildung haben sich historisch entwickelt. Die nachfolgend von Hans Michael Heinig in seinem Beitrag »Was sind die rechtlichen Vorgaben für eine Imamausbildung?« rekonstruierten rechtlichen Rahmenbedingungen und Besonderheiten einer staatsfreien theologischen Ausbildung in Deutschland sind das Produkt eines historisch gewachsenen Verhältnisses eines zur Lehrerausbildung verpflichteten und für die Religion seiner Bürger offenen Staates, seiner Universitäten und seiner Religionsgemeinschaften.

Eine moderne und mit Augenmaß betriebene Ausbildung von Imamen in einer heute multiethnischen und multireligiösen Gesellschaft kann von der gründlichen Beschäftigung mit den rechtlichen Rahmenbedingungen und der historischen Entstehung der theologischen Ausbildung in Deutschland nur profitieren.

Hans Michael Heinig

Was sind die rechtlichen Vorgaben für eine Imamausbildung?

I. Einleitung

Mit seinen Empfehlungen zur Weiterentwicklung von Theologien und religionsbezogenen Wissenschaften an deutschen Hochschulen vom 29. Januar diesen Jahres hat der Wissenschaftsrat angeregt, »institutionell starke Einheiten für Islamische Studien« an zwei bis drei staatlichen Universitäten aufzubauen. Diese Einheiten sollen »Zentren islamisch-theologischer Forschung werden«. Ihnen wird die Aufgabe zugewiesen, islamische Religionslehrer auszubilden. Sie sollen aber auch »eine wissenschaftlich fundierte Ausbildung von Religionsgelehrten im staatlichen Hochschulsystem ermöglichen.[1]

Der Wissenschaftsrat ist nicht irgendwer in Deutschland, sondern der korporatistische Zusammenschluss von Bund, Ländern und staatlichen Universitäten und Fachhochschulen, also ein bedeutender politischer Player.

Mit seinen Empfehlungen will der Wissenschaftsrat einen einschneidenden Wandel in der Ausbildung von Imamen in Deutschland einleiten. Denn anders als bei den beiden großen christlichen Kirchen wurde das geistliche Personal der muslimischen Gemeinden bisher nicht in speziell darauf zugeschnittenen Studiengängen an deutschen Hochschulen ausgebildet. Ein Großteil der in den Moscheegemeinden tätigen Prediger stammt aus dem Ausland, insbesondere der Türkei. Teilweise werden aber auch Absolventen religions- oder islamwissenschaftlicher Studiengänge in Deutschland verbandsintern fortgebildet. Von anderen Verbänden schließlich heißt es, sie bilden ihre Geistlichen selbst grundständig, also ohne vorheriges Hochschulstudium, in Deutschland aus.

Je nachdem, welche dieser vier unterschiedlichen Möglichkeiten einer Imamausbildung man nun näher betrachtet, divergieren auch die rechtlichen Vorgaben.

Für innerverbandliche Aus- und Weiterbildung bestehen keine besonderen

1 Wissenschaftsrat, *Empfehlungen zur Weiterentwicklung von Theologien und religionsbezogenen Wissenschaften an deutschen Hochschulen*, Dr. 9678 – 10 vom 29. Januar 2010, S. 7 f.

Vorgaben durch das staatliche Recht. Staatliche Regulierungen wären für diesen Bereich von Verfassungs wegen ausgeschlossen. Schließlich vergeben die Religionsgemeinschaften ihre Ämter »ohne Mitwirkung des Staates oder der bürgerlichen Gemeinde«, wie es im Grundgesetz heißt. Die Religionsgemeinschaften ordnen und verwalten ihre eigenen Angelegenheiten selbst. Religionsgesellschaften wie religiöse Vereine genießen zudem das Grundrecht der Religionsfreiheit.

Von sich aus darf der Staat deshalb keine Bestimmungen für die organisationsinterne Ausbildung von Imamen erlassen. Denkbar wäre allenfalls eine freiwillige Vereinbarung zwischen Staat und Religionsgemeinschaften über Ausbildungsstandards in Form von Staatskirchenverträgen, wie sie teilweise seitens der evangelischen und katholischen Kirche geschlossen wurden. So sind die evangelischen Landeskirchen in Niedersachsen mit Art. 8 und 9 des Loccumer Vertrages die Verpflichtung eingegangen, im Regelfall nur Geistliche mit einem mindestens dreijährigen theologischen Studium anzustellen. Doch an entsprechenden rechtsverbindlichen Selbstverpflichtungen seitens der muslimischen Gemeinden fehlt es bislang, da es noch zu keinem Abschluss eines Staatskirchenvertrags mit einer muslimischen Religionsgemeinschaft gekommen ist.

Interessant wird die Frage nach den rechtlichen Vorgaben für eine Imamausbildung also eigentlich nur, soweit man mit dem Wissenschaftsrat eine dezidiert theologisch ausgerichtete Ausbildung an staatlichen Hochschulen im Blick hat.

II. Glaubens-, Bekenntnis- und Konfessionsbindung als Spezifikum der »Theologie« als verfassungsrechtliche Kategorie

Was man genau aus Sicht der jeweiligen Religionskulturen unter »Theologie« zu verstehen hat, kann divergieren. Der Wissenschaftsrat spricht deshalb bewusst auch von jüdischen und islamischen Studien, die er aber von der sonstigen Judaistik und Islamwissenschaft absetzen will. Einem solchen Sprachgebrauch entspricht das verfassungsrechtliche Verständnis von »Theologie« in einem rechtstechnischen Sinne.

Denn das Verfassungsrecht knüpft an die traditionelle Unterscheidung zwischen Theologie und anderen Formen der Geistes-, Kultur- und Religionswissenschaften an und rezipiert sie bei der Ausbildung eines juristisch geprägten

Begriffs der Theologie.[2] Dieser juristische »Theologie«-Begriff ist zwar für die Entwicklung des fachdisziplinären Selbstverständnisses offen, ruht zugleich aber als Begriff des »säkularen Rahmenrechts« (*Martin Heckel*) normativ auf der Differenz zwischen theologischer und sonstiger Religionsforschung. Konstitutiv für diese Unterscheidung ist eine wie im Detail auch immer geartete Glaubens-, Bekenntnis- und Konfessionsbindung.

Aus dieser Besonderheit theologischer Forschung und Lehre, der Glaubens-, Bekenntnis- und Konfessionsbindung, resultieren verfassungsrechtliche Folgeprobleme: Darf der moderne, durch Religionsfreiheit und Diskriminierungsverbote zur Neutralität angehaltene Staat an seinen Hochschulen ein solches Fach überhaupt betreiben? Und wenn ja, muss er es vielleicht sogar? Und unter welchen Bedingungen?

III. Darf und muss Theologie sein?

Anders als die Weimarer Reichsverfassung kennt das Grundgesetz keine ausdrückliche Garantie für eine universitär betriebene Theologie. Doch kann daraus nicht der Rückschluss gezogen werden, theologische Forschung und Lehre an staatlichen Hochschulen sei unter dem Grundgesetz unzulässig. Einige Kollegen in der Staatsrechtslehre sehen das so. Doch sie verkennen, dass sich das Grundgesetz (indirekter) Aussagen über die Wissenschaft vom Göttlichen nicht enthält. Schließlich garantiert Art. 7 Abs. 3 GG den Religionsunterricht als ordentliches Lehrfach, wodurch der Staat Unternehmer des Religionsunterrichts wird. Er hat damit auch Sorge für eine hinreichende akademische Ausbildung der Lehrer zu tragen, soweit das Schulfach in der Praxis seitens der Eltern und Schüler abgefragt wird. Da aber der Religionsunterricht »in Übereinstimmung mit den Grundsätzen der Religionsgemeinschaften«, also bekenntnisgebunden zu erteilen ist, muss auch die Ausbildung der Lehrer in entsprechender Weise erfolgen. Denn Inhalt des Unterrichts und Ausbildung der unterrichtenden Lehrer korrespondieren. Art. 7 Abs. 3 GG begründet damit gleichsam eine staatliche Gewährleistungsverantwortung für die akademische Ausbildung von Religionslehrern und setzt die verfassungsrechtliche Zulässigkeit der Theologie an staatlichen Universitäten gleichsam voraus.[3]

Daneben streitet aber auch die Wissenschaftsfreiheit, in Art. 5 Abs. 3 GG verankert, für Pluralität innerhalb der Religionsforschung, mithin für Theologie an staatlichen Universitäten. Zuweilen wird der Wissenschaftscharakter der

2 Vgl. näher Heinig, »*Wie das Grundgesetz (vor) Theologie an staatlichen Hochschulen schützt*«, in: Der Staat 48 (2009), S. 616 (618 f.).

3 Ebd. S. 619 ff.

Theologie bestritten. Doch das Grundrecht auf Wissenschaftsfreiheit ist nicht dafür da, einen solchen wissenschaftstheoretischen Grundsatzstreit zu entscheiden, sondern ihn zu ermöglichen. Die Theologie gehört zum klassischen Fächerkanon der universitas litterarum. Sie zielt auf methodisch angeleiteten Erkenntnisgewinn und bedient sich dabei klassischer geisteswissenschaftlicher Methoden. Von Funktion und Herkommen her ist die Theologie deshalb selbstredend von der Wissenschaftsfreiheit geschützt.[4]

Und schließlich passt sich eine universitär betriebene Theologie nahtlos in das Gesamtsystem des deutschen Staatskirchenrechts ein: Der Staat ist offen für die Religionen seiner Bürger und vermeidet gerade hierdurch, selbst religiös oder weltanschaulich zu werden. Er nimmt die unterschiedlichen Religionen der Gesellschaft wahr und lädt sie zu einer gleichberechtigten Teilhabe an unterschiedlichen Formen der Förderung und Kooperation ein.

Diesen bundesverfassungsrechtlichen Rahmen füllt der Landesgesetzgeber in vielfältiger Weise aus und konkretisiert ihn durch Landesverfassungsrecht und Staatskirchenverträge. Diese garantieren den vertragsschließenden Religionsgemeinschaften grosso modo den gegenwärtigen Bestand theologischer Fakultäten.

Für die Ausbildung vom Imamen in theologischen Studiengängen an deutschen Hochschulen folgt aus dem Gesagten dreierlei:

1.) Das Grundgesetz gestattet dem zur religiös-weltanschaulichen Neutralität verpflichteten Staat, an seinen Hochschulen Einrichtungen für die theologische Lehre und Forschung zu errichten.
2.) Soweit auf Verlangen der Eltern und ihrer Religionsgemeinschaft Religionsunterricht nach Art. 7 Abs. 3 GG eingerichtet wird, ist der Staat zur Schaffung geeigneter theologischer Ausbildungskapazitäten an seinen Hochschulen sogar verpflichtet.
3.) Darüber hinaus garantiert der Staat gegenüber den beiden großen Kirchen die Möglichkeit, ihre Geistlichen an staatlichen Hochschulen auszubilden. Eine vergleichbare Selbstbindung ist er bisher gegenüber den Moscheegemeinden in Deutschland nicht eingegangen, was im Hinblick auf den Grundsatz der Parität, dem religiös-weltanschaulichen Gleichbehandlungsanspruch, Rückfragen aufwirft. Voraussetzung für einen solchen Gleichbehandlungs*anspruch* in stricto sensu wäre allerdings eine hinreichende Vergleichbarkeit zwischen den christlichen Kirchen und den muslimischen Moscheegemeinden bzw. Dachverbänden und über das Vorliegen einer solchen Vergleichbarkeit lässt sich trefflich streiten.

4 Ebd. S. 621 ff.

Fazit: Der Staat darf theologische Studiengänge zum Zwecke der Imamausbildung an staatlichen Hochschulen einrichten, muss dies bislang aber nicht. Gleichwohl wäre er gut beraten, das Seine dazu beizutragen. Denn die Gründe, die ihn dazu bewogen haben, Ende des 19. Jahrhunderts gegenüber der katholischen Kirche auf eine staatliche Hochschulbildung der Priester zu dringen, und die ihn bis heute veranlassen, beachtliche Ressourcen für die theologischen Fakultäten zur Verfügung zu stellen, greifen auch in Bezug auf die Muslime: Theologie an staatlichen Hochschulen ist öffentliche Theologie. Sie steht im Konzert mit anderen Fächern. Sie dient den Religionskulturen als institutionalisierte Reflexion ihrer Glaubenspraxis und erzeugt hierdurch einen nicht unerheblichen Modernisierungsdruck. Theologie als universitär betriebene Wissenschaftsdisziplin bildet so gesehen ein probates Instrument der neutralitätskompatiblen Stimulierung der »guten« Seiten der Religionen und damit zugleich der freiheitsschonenden Gefahrenprävention. Mal ganz abgesehen davon, dass gute Theologie auch den Wissenschaftsdiskurs selbst bereichert – ein wissenschaftsinternes Argument, dass Hochschulpolitiker freilich heutzutage in der Regel nicht sonderlich beeindruckt.

IV. Theologie als eigene Angelegenheit einer Religionsgemeinschaft

Ich sagte gerade, der Staat wäre gut beraten, dass Seine zur Etablierung akademisch betriebener islamischer Studien an deutschen Hochschulen beizutragen. Damit ist zugleich impliziert, dass er darüber nicht alleine verfügen kann. Denn er kann wegen seiner Neutralitätsverpflichtung nicht selbst für die theologischen Inhalte verantwortlich zeichnen. Wiewohl an staatlichen Hochschulen betrieben, muss Theologie wegen ihrer Glaubens- und Bekenntnisbindung gleichsam staatsfrei fungieren.

Die Wissenschaftsfreiheit, die Universitäten und Fakultäten gegenüber dem Staat genießen, kann das alleine nicht hinreichend garantieren. Denn – abstrakt gesprochen – in der Theologie kreuzen sich, systemtheoretisch gesprochen, zwei Systemcodierungen: der Code der Wissenschaft (wahr/unwahr) und der der Religion (Glaube/Unglaube). Die Wissenschaftsfreiheit flankiert nur die funktionale Ausdifferenzierung der Wissenschaft, nicht aber die der Religion. Sie bezieht sich nur auf den Code eines, des wissenschaftlichen, Systems. Als glaubensbezogene Wissenschaft verlangt die Theologie aber eine additive Aktivierung der Religionsfreiheit in ihrer Funktion als verfassungsrechtlich intendiertem Autonomieschutz. Diese Aktivierung erfolgt über die religionsfreiheitlich begründeten Mitwirkungsrechte der Religionsgemeinschaften.

Darüber hinaus berührt Theologie an staatlichen Hochschulen »die eigenen Angelegenheiten einer Religionsgemeinschaft«. Diese ohne staatliche Einwirkung wahrnehmen zu können, garantiert Art. 140 GG i.V.m. Art. 137 Abs. 3 WRV. Der Staat sucht über die Einrichtung theologischer Lehrstühle und Fakultäten ja durchaus (in freiheits- und neutralitätsverträglicher Weise) mittelbar auf die jeweiligen Religionskulturen einzuwirken. Nochmals: Theologie ist institutionalisierte Reflexion. Glaube und Dogma haben sich hier den aus den heutigen Wissensbeständen resultierenden Anfragen zu stellen. So ausgebildete Geistliche prägen auch die religiöse Praxis. Theologie wirkt zurück auf ihren Gegenstand. Damit aber nun aus der freundlichen Einladung zur Förderung von Religionen durch den Staat – u.a. in Form universitärer Ausbildung des geistlichen Personals – keine feindliche Übernahme wird, ist die freiheitssichernde Mitwirkung der betroffenen Religionsgemeinschaften als Korrelat unverzichtbar.[5]

Freilich bestehen Mitwirkungsrechte nur punktuell, soweit religionsspezifische Fragen zu lösen sind. Sie betreffen die Frage, ob eine bestimmte Glaubenslehre überhaupt Gegenstand universitär betriebener theologischer Forschung und Lehre wird – also die Frage der Einrichtung entsprechender theologischer Lehrstühle und Fakultäten. Sie betreffen aber auch die Frage, welches Personal berufen wird und schließlich Fragen der Studien- und Prüfungsordnungen. Wie sich diese Mitwirkung im Detail gestaltet sowie welche rechtlichen Vorgaben und Grenzen dafür bestehen, wäre im Einzelnen darzulegen, wofür hier die Zeit fehlt.[6] Doch das Grundschema, warum und wie nach der Verfassung eine theologische Ausbildung von Geistlichen an staatlichen Hochschulen erfolgen darf bzw. muss, dürfte klar geworden sein.

V. Mitwirkung über Beiräte: Chancen und Gefahren

Wenn die Dinge – bis hierhin – aus rechtswissenschaftlicher Sicht so klar sind, warum haben wir nicht schon lange Zentren für islamische Studien an unseren Universitäten, wie sie nun vom Wissenschaftsrat gefordert werden? Warum tun wir – Regierungen und ihre Ministerien, Universitäten, Verbände, Gemeinden – uns mit ihrem Aufbau so schwer? Und warum schlägt der Wissenschaftsrat vor, anstelle der für die christliche Theologie praktizierten Form der verfassungsgebotenen Mitwirkung über die kirchlichen Verwaltungsbehörden für die jeweiligen Zentren einen Beirat einzurichten, der die theologietypischen und verfassungsrechtlich gebotenen Mitwirkungsrechte wahrnehmen soll?

5 Ebd. S. 624 ff.
6 Vgl. ebd. S. 625 ff.

Warum? Aus vielerlei Gründen. Wohl aus den gleichen vielen Gründen, wieso wir bislang keinen flächendeckenenden dem Art. 7 Abs. 3 GG entsprechenden Religionsunterricht an öffentlichen Schulen haben.

Aus rechtlicher Sicht ist aus diesen vielen einer herauszuheben.[7] Es fehlt an innermuslimischen Organisationsstrukturen, die den überkommenen verfassungsrechtlichen Anforderungen *ohne weiteres* genügen. Die über die individuelle Religionsfreiheit hinausgehenden Garantien des deutschen Religionsverfassungsrechts knüpfen an das Vorliegen einer »Religionsgemeinschaft« oder »Religionsgesellschaft« an. Darunter versteht man herkömmlich eine Vereinigung von Menschen gleichen oder verwandten Glaubens zum Zwecke der allseitigen Religionspflege. Aus unterschiedlichen, internen und externen, theologischen und milieuspezifischen, machtpolitischen und kulturellen Gründen fällt es den Muslimen in Deutschland schwer, sich eine solche gleichsam kirchenanaloge Organisationsstruktur zu schaffen.

Auf diesen Befund kann man durch Veränderung der Anforderungen oder durch Änderungen der bisherigen Organisationsformen reagieren. Sinnvoll erscheint mir beides zugleich; auch die Politik scheint seit einigen Jahren diese Linie zu verfolgen.

Die Feinjustierung bei den rechtlichen Anforderungen lässt sich auf dem Wege der Norminterpretation vornehmen. Denn für das Vorliegen einer Religionsgemeinschaft sind nach Sinn und Zweck der Bestimmungen des Grundgesetzes keine überzogenen Anforderungen zu stellen; das herkömmliche Verständnis des Begriffs ist deshalb zu überdenken. Für eine Integration der verschiedenen Religionskulturen in den staatskirchenrechtlichen Besitzstand fordert das Grundgesetz bei rechtem Verständnis keine »Verkirchlichung«. Vielmehr ist das Religionsverfassungsrecht offen für divergierende religiöse Selbstverständnisse. Es kann deshalb berücksichtigen, dass unterschiedliche Religionen auch divergierende Organisationsgrade verlangen mögen. Das hat Auswirkungen für das, was man für das Vorliegen einer Religionsgesellschaft verlangen kann. Der Begriff der Religionsgesellschaft ist offen für eine dynamische Interpretation, soweit diese Sinn und Zweck der Anknüpfung staatskirchenrechtlicher Kooperationsbeziehungen an das Vorliegen einer Religionsgesellschaft berücksichtigt.[8] Tieferer Sinn der Anknüpfung an Religionsgemeinschaften ist der Schutz der religiös-weltanschaulichen Neutralität des Staates: Dieser braucht Ansprechpartner, die religiöse Belange ihrer Mitglieder wahrnehmen und für diese sprechen und entscheiden können. Sinn und Zweck

7 Vgl. insg. zur Problematik Janke, *Institutionalisierter Islam an staatlichen Hochschulen. Verfassungsfragen islamischer Lehrstühle und Fakultäten*, 2005; Nolte, »*Islamische Theologie an deutschen Hochschulen?*«, in: Die Öffentliche Verwaltung 2008, S. 129 ff.

8 Heinig, »*Religionsgesellschaft*«, in: EvStL, Neuausgabe 2005, Sp. 2012 ff.

dieser Regelungsform ist aber auch der Schutz der negativen Religionsfreiheit von Nichtmitgliedern. Mitgliedschaft spiegelt Zugehörigkeit gemäß eigenem Willen wider. Daran kann der Staat anknüpfen – bei der Kirchensteuer oder bei der Schulpflicht für den Religionsunterricht, aber auch um die gesellschaftliche Bedeutung einer Gruppierung zu bemessen.

Wie eine sinnvolle, dem Selbstverständnis der Muslime in Deutschland entgegenkommende und doch den verfassungsrechtlichen Anliegen genügende Neuinterpretation aussehen kann, hat die Deutsche Islamkonferenz in Bezug auf den Religionsunterricht anschaulich aufgezeigt.[9] Unverzichtbar ist das personale Substrat, also eine mitgliedschaftliche Struktur zum Zwecke der Religionsausübung in einer gewissen Umfänglichkeit. Exklusivität und Repräsentativität sind nicht erforderlich. Mehrere solcher Religionsgemeinschaften können sich zusammenfinden, um die ihnen zustehenden Rechte gemeinsam auszuüben. Die hierdurch entstehende Organisationsstruktur wird selbst nicht eo ipso zu einer Religionsgemeinschaft.

Die Deutsche Islamkonferenz hat damit dem organisierten Islam in Deutschland konstruktive Hinweise gegeben, wie sie die ihm obliegende Bringschuld hinsichtlich einer den verfassungsrechtlichen Anforderungen entsprechenden Organisationsform genügen kann, also die bisherigen Strukturen fortentwickeln kann, ohne diese Anforderungen selbst unnötig zu überspannen.

Mit seinen Empfehlungen hat der Wissenschaftsrat nun, anstatt den von der Islamkonferenz vorgezeichneten Weg auch in Bezug auf die Einrichtung von Lehrstühlen für islamische Theologie konsequent weiterzuverfolgen, eine alternative Struktur für die Mitwirkung nichtstaatlicher Akteure in den Zentren für islamische Studien vorgeschlagen. Nicht Religionsgemeinschaften im rechtstechnischen Sinne, sondern Beiräte sollen die theologietypischen Mitwirkungsrechte wahrnehmen. Die genaue Zusammensetzung und die Entscheidungsverfahren der Beiräte sollen variieren können; Mitglieder sollen jedenfalls sowohl aus den Reihen der vorhandenen islamischen Verbände, aus den Reihen der internationalen scientific community sowie aus der, wie es heißt, »Mehrheit nichtorganisierter Muslime« rekrutiert werden.

Nach meinem Dafürhalten sind die Vorschläge des Wissenschaftsrates zur Einrichtung von Zentren islamischer Studien grundsätzlich zu begrüßen. Doch das vorgeschlagene Mitwirkungsmodell lässt viele Fragen offen:

- Wer bestimmt die Mitglieder der Beiräte? Der Wissenschaftsrat stellt sich vor, dass wechselseitiges Einvernehmen zwischen allen Beteiligten erzielt werden kann. Er setzt damit auf ein best-case-Szenario. Doch die bisherigen Erfah-

9 DIK, *»Verfassungsrechtliche Rahmenbedingungen eines islamischen Religionsunterrichts«*, Anlage aus: *Zwischen-Resümee der Arbeitsgruppen und des Gesprächskreises der Deutschen Islamkonferenz* (DIK), Vorlage für die 3. Plenarsitzung der DIK, 13. März 2008.

rungen, etwa in Münster, haben gezeigt, dass sich dieses nicht notwendigerweise einstellt.

- Schafft sich der Staat mit den Beiräten einen ihm wohlgefälligen Kooperationspartner? Soweit der Staat selektiv Beiratsmitglieder aus dem Kreis des organisierten Islam bestimmen wollte, würde das zu einer Art Staatsislam führen, dem das Grundgesetz klare Grenzen setzt.
- Warum sollen nichtorganisierte Muslime in den Beiräten mitwirken? Wer legitimiert diese? Wem gegenüber rechtfertigen sich diese? Die Beteiligung von Persönlichkeiten des öffentlichen Lebens mit muslimischem Hintergrund, die sich keinem der größeren Verbände angeschlossen haben, macht für die Deutsche Islamkonferenz als einem Konsultationsgremium ohne Entscheidungskompetenz sicherlich Sinn. Anders stellt sich die Lage bei Beiräten dar, die grundgesetzlich gebotene Beteiligungsrechte wahrnehmen. Denn diese Beteiligungsrechte kommen nur Religionsgesellschaften zu. Sollten diese nun gar vor die Alternative gestellt werden, entweder der Berufung von organisationsexternen Persönlichkeiten zuzustimmen oder auf die Einrichtung islamisch-theologischer Lehrstühle verzichten zu müssen, entspräche das nicht gerade dem verfassungsrechtlichen Ideal freiheitlich-paritätischer Kooperation. Zudem lässt sich gegenüber dem organisierten Islam kaum vermitteln, dass dieser sich den Anforderungen des Grundgesetzes gemäß in Religionsgemeinschaften strukturieren muss, wenn andere Muslime ohne Rückbindung an eine mitgliedschaftlich verfasste Korporation wichtige Mitspracherechte eingeräumt bekommen. Mittelfristig könnten auf diese Weise die bekannten und bewährten, auf Religionsgemeinschaften zugeschnittenen Strukturen des kooperativ-fördernden Staatskirchenrechts in Frage gestellt werden. Es droht gar die Ausbildung eines Sonderstaatskirchenrechts für Muslime, was das grundlegende Gleichheitsversprechen der Verfassung für alle Religionen und Weltanschauungen in eklatanter Weise verletzen würde.

Das vom Wissenschaftsrat vorgeschlagene Beiratsmodell ist deshalb nur eigentlich nur als »Brückenlösung« akzeptabel, um überhaupt eine politische und gesellschaftliche Dynamik zu entfalten, die ermöglicht, in nennenswertem Umfang Lehrstühle für islamische Theologie einzurichten. Freilich ist zu besorgen, dass ein solches Provisorium auf Dauer gestellt wird, wenn es denn erfolgreich funktioniert, was ja gerade die Bedingung dafür ist, dass die intendierte Dynamik sich entfalten kann.

Sie sehen: So klar die rechtlichen Vorgaben für eine Imamausbildung an staatlichen Hochschulen sind, so schwierig ist ihre praktische Realisierung. Es liegt noch ein ausgesprochen steiniger Weg vor uns. Der Erfolg des Vorhabens ist ungewiss. Davon lassen darf man deshalb freilich nicht.

Literatur

DIK, »*Verfassungsrechtliche Rahmenbedingungen eines islamischen Religionsunterrichts*«, Anlage aus: *Zwischen-Resümee der Arbeitsgruppen und des Gesprächskreises der Deutschen Islamkonferenz* (DIK), Vorlage für die 3. Plenarsitzung der DIK, 13. März 2008.

Heinig, Hans Michael »*Wie das Grundgesetz (vor) Theologie an staatlichen Hochschulen schützt*«, in: Der Staat 48 (2009), S. 616 (618 f.).

Ders., »*Religionsgesellschaft*«, in: EvStL, Neuausgabe 2005, Sp. 2012 ff.

Janke, Katrin, *Institutionalisierter Islam an staatlichen Hochschulen. Verfassungsfragen islamischer Lehrstühle und Fakultäten*, 2005.

Nolte, Jakob Julius, »*Islamische Theologie an deutschen Hochschulen?*«, in: Die Öffentliche Verwaltung 2008, S. 129 ff.

Wissenschaftsrat, *Empfehlungen zur Weiterentwicklung von Theologien und religionsbezogenen Wissenschaften an deutschen Hochschulen*, Dr. 9678 - 10 vom 29. Januar 2010.

Heinrich de Wall

Wie können Imame im säkularen Staat staatlich gefördert werden?

1. Einleitung

Die staatliche Förderung von Imamen oder anderen Religionsdienern (im Folgenden wird der Einfachheit halber nur der Begriff »Imam« verwandt) kann unterschiedliche Formen annehmen. Sie kann ideeller oder aber materieller Natur sein. Eine ideelle Förderung, die Imamen zugute kommen kann, ist etwa die aufenthaltsrechtliche Privilegierung für vorwiegend aus religiösen Gründen Beschäftigte.[1] Die universitäre Ausbildung von Imamen, wie sie durch den Wissenschaftsrat empfohlen und derzeit intensiv diskutiert wird, ist eine andere Form der ideellen Förderung, die freilich mit erheblichen finanziellen Belastungen für den Staat verbunden ist. Dieser Beitrag behandelt nicht solche ideellen Fördermaßnahmen, sondern die finanzielle Unterstützung der Tätigkeit von Imamen.

Dabei geht es offensichtlich nicht um die Voraussetzung und die Inhalte einer islamischen Theologie an staatlichen Bildungseinrichtungen, insbesondere den Universitäten, mit der sich die gegenwärtige Debatte vorrangig beschäftigt. Die Förderung von Imamen hat nur mittelbar mit der Ausbildung von Imamen zu tun. Aber nur von seiner universitären Ausbildung allein kann kein Imam leben. Die Forderung nach einer akademischen Vorbildung der Imame bleibt vermutlich Wunschdenken, wenn nicht am Ende der Ausbildung eine konkrete berufliche Perspektive steht, und zwar eine solche Perspektive, die auch den Lebensunterhalt der Ausgebildeten sichert. Einiges spricht auch für die Vermutung, dass ohne eine Vergütung, die dem üblichen Niveau für Berufe mit akademischer Vorbildung entspricht, nicht genügend Bewerber für eine solche Imamausbildung zu finden sein werden, jedenfalls nicht genügend Bewerber mit der wünschenswerten Qualifikation. Insofern hat die Frage, inwiefern in einem

1 Nach § 18 II S. 1, 42 AufenthG i.V.m. § 9 Nr. 2 BeschV bedarf es für die Erteilung eines Aufenthaltstitels für diesen Personenkreis keiner Zustimmung der Bundesagentur für Arbeit.

säkularen Staat Imame finanziell gefördert werden können, Bezug zu den Problemen der Etablierung islamischer Theologie an staatlichen Universitäten.

2. Bezahlung der Imame durch den Staat?

Die einfachste Methode finanzieller Förderung durch den Staat wäre es, wenn die Imame für ihre Tätigkeit unmittelbar durch den Staat bezahlt würden. Ein solches System ist im westlichen Europa nicht unbekannt. Nach Art. 117 der Belgischen Verfassung gehen die »Gehälter und Pensionen der Religionsdiener [...] zu Lasten des Staates; die dazu erforderlichen Beträge werden jährlich in den Haushaltsplan aufgenommen«. Durch einen Staat bezahlte Imame gibt es auch in Deutschland. Sie werden allerdings nicht durch die Bundesrepublik oder die Länder entlohnt, sondern durch den türkischen Staat, der sie zur Tätigkeit hierzulande entsendet. Um die besonderen Probleme dieser Form des »Imports« von Religionsdienern aus dem Ausland soll es hier nicht gehen. Vielmehr wird in der gegenwärtigen Debatte ja gerade die Etablierung einer islamisch-theologischen Ausbildung in Deutschland diskutiert, die einen solchen Import von außen auf längere Sicht überflüssig machen kann. Daher stellt sich zunächst die Frage, ob nicht, ähnlich wie in Belgien, der deutsche Staat die Imame für muslimische Moscheegemeinden bezahlen könnte.

Dagegen bestehen aber durchgreifende verfassungsrechtliche Bedenken. Nach Art. 137 Abs. 1 der Weimarer Reichsverfassung (WRV), der gem. Art. 140 des Grundgesetzes (GG) als dessen Bestandteil weiter gilt, besteht eine Staatskirche nicht. Mit diesem Verbot der Staats*kirche* sind selbstverständlich nicht nur organisatorische und sonstige Verknüpfungen zwischen dem Staat und den christlichen Kirchen verboten, sondern auch zwischen dem Staat und anderen Religionsgemeinschaften. Das Verbot der Staatskirche umfasst daher auch den Islam und islamische Organisationen und Verbände. Das Grundgesetz ordnet mit dem Verbot der Staatskirche nicht nur das Gebot einer organisatorischen Trennung von Staat und Kirche bzw. anderen Religionsgemeinschaften an. Das Bundesverfassungsgericht hat vielmehr aus Art. 137 I WRV auch ein Verbot der Einführung »staatskirchlicher Rechtsformen«[2] hergeleitet.

Die Besoldung von Religionsdienern durch den Staat wird man aber ohne weiteres als eine solche staatskirchliche Rechtsform bezeichnen können. Sie ist geradezu idealtypisch für eine Verbindung von Staat und Religion, wie sie durch Art. 137 Abs. 1 WRV i.V.m. Art. 140 GG gerade untersagt wird. Auch die Pfarrer der christlichen Kirchen werden in Deutschland nicht unmittelbar durch den

2 Entscheidungen des Bundesverfassungsgerichts (BVerfGE) Bd. 19, 206 (216); BVerfGE 123, 148 (179).

Staat besoldet, sondern durch die Kirchen. Dies entspricht dem Grundsatz der Trennung von Staat und Religionsgemeinschaften und der Neutralität und Säkularität des Staates.

Scheinbare Durchbrechungen dieses Grundsatzes durch die so genannten Staatsleistungen, die nach manchen Verträgen zwischen den Bundesländern und den Kirchen gerade der Besoldung von Geistlichen dienen[3], sind durch die Besonderheiten des Rechts dieser Staatsleistungen, die sogleich noch in anderem Zusammenhang zu behandeln sind, gerechtfertigt. Auch ansonsten ist die unmittelbare staatliche Beschäftigung und Besoldung von Religionsdienern durch den Staat möglich, wenn dies durch andere verfassungsrechtliche Garantien gedeckt ist. So werden die Militärseelsorger als Bundesbeamte auf Zeit beschäftigt. Das wäre auch bei islamischen Militärseelsorgern denkbar. Ähnliches gilt für die Gefängnis- oder die Krankenhausseelsorge. Aber das betrifft nur diese speziellen Bereiche und ist aufgrund der sachlichen und rechtlichen Besonderheiten dieser Bereiche (etwa wegen Art. 141 WRV i.V.m. Art. 140 GG) verfassungsrechtlich zulässig.

Für den Regelfall ist die Bezahlung der Geistlichen der Religionsgemeinschaften, also auch der Imame, durch den Staat indes ausgeschlossen. Sie würde im Übrigen auch gleichheitsrechtliche Folgerungen mit sich bringen: Wenn der Staat die Religionsdiener einer Religionsgemeinschaft bezahlt, dann könnte er es den anderen nicht verweigern. Das wäre ein Verstoß gegen das Verbot der Benachteiligung wegen des Glaubens in Art. 3 Abs. 3 GG.

Rechtlich unmöglich sind dessen ungeachtet auch direkte staatliche Zahlungen an Personen, die (auch) Imame sind, nicht. Aus religionsverfassungsrechtlicher Sicht denkbar wäre es beispielsweise, dass eine Person, die einer Beschäftigung im öffentlichen Dienst des Staates nachgeht und dafür entlohnt wird, in ihrer Freizeit bzw. als Nebentätigkeit auch als Imam tätig ist. Sie könnte auch als Religionslehrer in Teilzeit (mit entsprechend geringerer Vergütung) beim Staat beschäftigt und im Übrigen in einem anderen Beschäftigungsverhältnis als Imam bei einer Moscheegemeinde tätig sein. In diesen Fällen würde es nicht um die Bezahlung des Imams als Imam durch den Staat gehen, sondern er würde in einer anderen Funktion für den Staat tätig sein. Dabei sind die allgemeinen verfassungs-, arbeits- und dienstrechtlichen Regeln, etwa das Verbot der Bevorzugung oder Benachteiligung wegen der Religion oder das Nebentätigkeitsrecht, zu beachten.

3 Siehe Art. 10 des Bayerischen Konkordats und Art. 21 des Bayerischen Kirchenvertrags.

3. Finanzielle Förderung von religiösen Vereinigungen

Näher als eine Bezahlung von Imamen durch den Staat liegt eine andere Form der finanziellen Förderung, die den Imamen indirekt zugute kommen kann, nämlich die Förderung der Religionsgemeinschaften oder sonstigen Vereinigungen, die die Imame beschäftigen. Insofern verschiebt sich die Frage darauf, inwiefern der Staat Religionsgemeinschaften und andere religiöse Vereinigungen fördern und sie damit in die Lage versetzen darf, ihre Religionsdiener zu entlohnen.

3.1 Arten finanzieller Zuwendungen des Staates an Religionsgemeinschaften

Finanzielle Zuwendungen des Staates an Religionsgemeinschaften sind in Deutschland in vielfältiger Form bekannt.[4] Inwieweit entsprechende Zuwendungen auch an islamische Vereinigungen gezahlt werden können, wäre jeweils im Einzelfall rechtlich genau zu analysieren. Im Rahmen dieses Überblicks kann nur eine grobe Orientierung über die Arten und rechtlichen Rahmenbedingungen finanzieller Leistungen des Staates an Religionsgemeinschaften und andere religiöse Organisationen, sowie deren Übertragbarkeit auf bisher noch nicht begünstigte, namentlich islamische Religionsgemeinschaften, gegeben werden.

Drei Grundtypen finanzieller Zuwendungen an Religionsgemeinschaften lassen sich unterscheiden: Staatsleistungen, Subventionen und Entgelte. Dabei sind Überschneidungen nicht ausgeschlossen.[5] Alle diese Zuwendungen sind in einem weiten Sinne Leistungen des Staates an Religionsgemeinschaften.

Als »*Staatsleistungen*« werden im Religionsverfassungsrecht aber in einem engeren Sinn die in Art. 138 Abs. 1 WRV i.V.m. Art. 140 GG geregelten Zuwendungen bezeichnet. Nach Art. 138 Abs. 1 Satz 1 WRV werden »die auf Vertrag, Gesetz oder besonderen Rechtstiteln beruhenden Leistungen des Staates an die Religionsgesellschaften [...] durch die Landesgesetzgebung abgelöst«, sie

4 Vgl. dazu nur Gerhard Robbers, »*Förderung der Kirchen durch den Staat*«, in: Josef Listl u. a. (Hg.), *Handbuch des Staatskirchenrechts der Bundesrepublik Deutschland*, Bd. 1, Berlin ^{2}1994, S. 867–890; Wolfgang Clement, »*Politische Dimension und Praxis der staatlichen Förderung der Kirche*«, in: Heiner Marré u.a. (Hg.), *Die staatliche Förderung von Gesellschaft und Kirche, Essener Gespräche zum Thema Staat und Kirche 28*, 1994, S. 41–57; aufschlussreich in den Einzelheiten, wenn auch mit generell skandalisierender Tendenz Carsten Frerk, *Finanzen und Vermögen der Kirchen in Deutschland*, Aschaffenburg ^{3}2004.

5 Die Einbeziehung kirchlicher Einrichtungen in die sozialen Sicherungssysteme, in das Jugendhilfewesen etc. ist Grundlage sowohl für Subventionen als auch von Gegenleistungen für Leistungen dieser Einrichtungen.

sollen also gegen Entschädigung beendet werden. Dazu bedarf es aber nach Art. 138 Abs. 1 Satz 2 WRV einer Regelung der Grundlagen der Ablösung in einem Reichs- bzw. Bundesgesetz, zu dem es bisher nicht gekommen ist. Bis dahin sind daher die Staatsleistungen verfassungsrechtlich garantiert.[6] Sie beruhen auf in der Vergangenheit vor der Weimarer Republik, also vor 1919 liegenden Grundlagen. Sie wurzeln daher in früheren Epochen des Verhältnisses von Staat und Kirche, die eine engere – auch finanzielle – Verbindung dieser beiden Größen, aber auch spezifische Formen des Übergriffs des Staates in den Bereich der Kirche kannten – z.B. in Form von Säkularisationen (d.h. der Enteignung von Kirchengut) und darauf beruhender Entschädigungsverpflichtungen.

Subventionen stellen dagegen eine ganz andere Form der finanziellen Förderung von Religionsgemeinschaften dar. Sie beruhen nicht auf solchen älteren Rechtstiteln, die auf frühere Beziehungen zwischen Staat und Kirche zurückzuführen sind, sondern sind Zuwendungen, die im Hinblick auf gemeinwohlfördernde Tätigkeiten für einen bestimmten öffentlichen Zweck gewährt werden. Beispiele für solche Subventionen können z.B. Zuschüsse für diakonische Zwecke oder für die Jugendarbeit sein. Solche Subventionen zur Erfüllung gemeinwohlfördernder Zwecke werden selbstverständlich nicht nur an Religionsgemeinschaften geleistet. Sie können aber auch an diese ausgezahlt werden.

Eine dritte Form von staatlichen Zuwendungen sind *Entgelte* als Gegenleistungen für Leistungen, die die Religionsgemeinschaften an den Staat erbringen. Wenn beispielsweise eine Kirche dem Staat ihre Pfarrer als Lehrkräfte zur Erteilung von Religionsunterricht an öffentlichen Schulen zur Verfügung stellt, erbringt der Staat dafür eine Gegenleistung in Form einer Zahlung an die Religionsgemeinschaft: denn schließlich ist der Staat Träger und »Unternehmer« des Religionsunterrichts und muss daher die Kosten für die Lehrkräfte tragen.

Nicht zu den staatlichen Leistungen an die Religionsgemeinschaften gehört die Kirchensteuer. Diese wird nur von den jeweiligen Religionsangehörigen an die steuererhebende Religionsgemeinschaft entrichtet. Es handelt sich dabei um eine besondere Form der Erhebung eines Mitgliedsbeitrages, also um eigene Mittel der Religionsgemeinschaft, nicht um staatliche Förderung. Der staatliche Einzug der Kirchensteuer wird wiederum von den Kirchen dadurch vergütet, dass dafür ein bestimmter Prozentsatz der Kirchensteuer von der Finanzverwaltung einbehalten wird.

6 Siehe zu den Staatsleistungen Josef Isensee, »*Staatsleistungen*«, in: Josef Listl u.a. (Hg.), *Handbuch des Staatskirchenrechts der Bundesrepublik Deutschland*, Bd. 1, Berlin ²1994, S. 1009–1063, Axel v. Campenhausen/Heinrich de Wall, *Staatskirchenrecht*, München ⁴2006, S. 281 ff.; Peter Unruh, *Religionsverfassungsrecht*, 2009, S. 284 ff.; ausführlich Michael Droege, *Staatsleistungen an Religionsgemeinschaften im säkularen Kultur- und Sozialstaat*, Berlin 2004.

Inwiefern sind nun die genannten Arten der Förderung von Religionsgemeinschaften auch für muslimische Vereinigungen denkbar?

3.2 Staatsleistungen i. e. S. an islamische Religionsgemeinschaften?

Aus der Definition und dem Wesen der so genannten Staatsleistungen ergibt sich, dass entsprechende Leistungen an sich an muslimische Verbände nicht entrichtet werden können. Sie sind sachlich ausgeschlossen, handelt es sich doch gerade um Leistungen, deren Rechtsgrund bei Inkrafttreten der Weimarer Reichsverfassung bestand und die in früheren Beziehungen zwischen dem Staat und den Kirchen wurzeln. Entsprechende Leitungsverpflichtungen gegenüber islamischen Religionsgemeinschaften bestehen nicht.

Dennoch können auf indirekte Weise auch sie in den Genuss entsprechender Leistungen gelangen. Es bleibt dem Staat nämlich unbenommen, aus dem Grundsatz der Gleichbehandlung der Religionen und Religionsgemeinschaften die Konsequenz zu ziehen, dass nicht nur die Kirchen, zu deren Gunsten die in Art. 138 Abs. 1 WRV genannten Staatsleistungen bestehen, sondern auch andere Religionsgemeinschaften eine finanzielle Förderung erhalten, die den Staatsleistungen entspricht. Eine entsprechende Regelung besteht etwa im Freistaat Bayern: Dort wird ein staatlicher Zuschuss zur Besoldung der »Seelsorgegeistlichen« in Form eines bestimmten, geringen Beitrags pro Mitglied an alle Religions- und Weltanschauungsgemeinschaften geleistet, die Körperschaften des öffentlichen Rechtes sind, nicht nur an diejenigen, die von der »alten« Rechtsgrundlage dieser Leistung erfasst werden. Dies geschieht ausdrücklich aus Gründen der Gleichbehandlung.[7]

Allerdings ist eine solche Förderung aus Gründen der Gleichbehandlung zwar erlaubt; auf der anderen Seite besteht aber kein Anspruch bisher nicht begünstigter Religionsgemeinschaften auf die Gewährung solcher gleichheitshalber geleisteter Zahlungen. Denn der rechtfertigende Grund für die Leistung gerade und allein an die ursprünglich begünstigten Religionsgemeinschaften besteht in der Garantie des Art. 138 Abs. 1 WRV selbst. Es verstößt daher nicht gegen den Gleichheitssatz, wenn eine solche Staatsleistung nur an die ursprünglich begünstigten Religionsgemeinschaften gezahlt wird. Der Gleichheitssatz erlaubt daher zwar einen entsprechenden Ausgleich an andere Religionsgemeinschaften, gebietet ihn aber nicht.

---

7 So ausdrücklich (»aus Paritätsgründen«) die Vorbemerkung zu Titel 05 52 des Doppelhaushaltes 2009/2010 für den Freistaat Bayern; siehe auch Heinrich de Wall, »*Die Fortwirkung der Säkularisation im heutigen Staatskirchenrecht*«, in: Heiner Marré u. a. (Hg.) *Säkularisation und Säkularisierung, Essener Gespräche zum Thema Staat und Kirche 38*, 2004, S. 53–82 (70 f.).

3.3 Subventionen an islamische Religionsgemeinschaften

Dass auch Religionsgemeinschaften Subventionen für ihre gemeinwohlfördernden Tätigkeiten vom Staat erhalten können, ist bereits erwähnt worden. Ein kirchlicher Jugendclub, ein Kindergarten, andere Aktivitäten können durch Staat und Kommunen gefördert werden. Rechtlich grundsätzlich zulässig wäre es, wenn der Staat beispielsweise besondere Aktivitäten und Leistungen von Religions- oder anderen Gemeinschaften bei der Integration von Menschen mit Migrationshintergrund zum Anlass einer finanziellen Förderung nähme. Von einer solchen Leistung, deren Voraussetzungen und Konsequenzen im Detail zu prüfen und zu regeln sind, könnten dann indirekt auch die Imame profitieren. Sie würden die geförderten Gemeinschaften in die Lage versetzen, eigene Religionsdiener zu beschäftigen.

Dabei ist freilich der (religiöse) Gleichheitssatz besonders zu beachten. Wenn die eine Religionsgemeinschaft subventioniert wird, dann darf einer anderen Religionsgemeinschaft, welche die gleiche Tätigkeit entfaltet, die Subvention nicht verweigert werden. Differenzierungen gerade wegen der Religion sind nicht erlaubt. Differenzierungen aufgrund anderer Kriterien sind dagegen zulässig, wenn dafür ein rechtfertigender Grund besteht. So kann sich selbstverständlich die Höhe der Subventionierung nach dem Umfang der gemeinwohlfördernden Tätigkeit richten. Eine Religionsgemeinschaft, die einen kleinen Kindergarten betreibt, braucht dafür nicht den gleichen Förderungsbetrag zu erhalten wie eine Religionsgemeinschaft mit einem großen Kindergarten.

In der verfassungsrechtlichen Diskussion nicht ganz unumstritten ist, ob der Staat auch religiöse Tätigkeiten als solche, d. h. unabhängig von der (Mit)verwirklichung anderer, säkularer Gemeinwohlzwecke subventionieren darf. Da der Staat in vielen Bereichen Hilfe zur Grundrechtsverwirklichung leistet, wäre es schwer zu begründen, dies gerade im Bereich der Religionsfreiheit des Art. 4 Abs. 1, 2 GG für verfassungsrechtlich verboten zu halten. Auch Religionspflege als Aspekt der Kulturpflege und Grundrechtsförderung ist insofern dem Staat nicht grundsätzlich verwehrt. Materielle Religionsförderung ist deshalb nicht grundsätzlich ausgeschlossen.[8] Allerdings sind dabei der religiöse Gleichheitssatz und die religiös-weltanschauliche Neutralität des Staates strikt zu wahren.

8 S. Josef Isensee, »*Staatsleistungen*«, in: Josef Listl u. a. (Hg.), *Handbuch des Staatskirchenrechts der Bundesrepublik Deutschland*, Bd. 1, Berlin ²1994, S. 1009 – 1063 (1060) mit Nachw. zu abweichenden Auffassungen; Dietrich Pirson, »*Die Förderung der Kirchen als Aufgabe des säkularen Staats*«, in: Heiner Marré u.a. (Hg.), *Die staatliche Förderung von Gesellschaft und Kirche, Essener Gespräche zum Thema Staat und Kirche 28*, 1994, S. 83 – 100; Axel v. Campenhausen/Heinrich de Wall, *Staatskirchenrecht*, München ⁴2006, S. 289; Michael Droege, *Staatsleistungen an Religionsgemeinschaften im säkularen Kultur- und Sozialstaat*, Berlin 2004, S. 431 und passim.

Wenn christliche Religionsausübung gefördert wird, kann dies muslimischer Religionsausübung nicht verweigert werden. In vielen Fällen wird die religiöse Aktivität ohnehin auch gleichzeitig säkulare Gemeinwohlzwecke mit erfüllen, sodass eine Förderung jedenfalls wegen solcher Aspekte nicht ausgeschlossen ist. Indes ist generell einzuschränken: Zwar lässt sich wie gezeigt begründen, dass der Staats religiöse Aktivitäten fördern *darf.* Ein Anspruch von Individuen oder (Religions-)Gemeinschaften auf Subventionen ist aber aus der Religionsfreiheit und den anderen Grundrechten nicht herzuleiten. In jedem Fall bedarf es für die Subventionierung der Religionsgemeinschaften, wie bei anderen Gemeinschaften und Individuen auch, der jeweils erforderlichen Rechtsgrundlage: Sei es durch Zur-Verfügung-Stellung der Mittel im Haushaltsplan und entsprechender Subventionsrichtlinien, sei es durch ein formelles Gesetz.

Staatsleistungen und Subventionen ist gemeinsam, dass sie ohne konkrete Gegenleistungen der begünstigten Gemeinschaften gewährt werden. Subventionen haben zwar einen Subventionszweck, sie werden aber nicht als Entgelt für eine Leistung entrichtet. Subventionen und Staatsleistungen sind daher ohne weiteres als staatliche »Förderung« zu bezeichnen. Wie gesehen können islamische Gemeinschaften Subventionen ebenso erhalten wie die Kirchen oder andere Verbände, wenn sie entsprechend gemeinwohlfördernd tätig werden. Von Staatsleistungen können sie profitieren, wenn der Gesetzgeber aus Gleichheitsgründen Zahlungen in Anlehnung an die Staatsleistungen an die Kirchen anordnet. Das Bundesverfassungsgericht hat in jüngerer Zeit die staatliche Förderung der jüdischen Gemeinden in Mecklenburg-Vorpommern im Grundsatz ohne weiteres für zulässig erachtet – ob als Subvention oder als paritätshalber im Hinblick auf Staatsleitungen an die Kirchen geleistete Zahlung ist dabei offen geblieben.[9]

3.4 Entgelte für Leistungen der Religionsgemeinschaften

Für eine indirekte Förderung der Imame recht nahe liegend ist die dritte Form finanzieller Leistungen an Religionsgemeinschaften, nämlich die Entgelte als Gegenleistung für von den Religionsgemeinschaften selbst erbrachte Leistungen. Ein Beispiel ist bereits genannt worden: Wenn eine Religionsgemeinschaft eigenes Personal zur Verfügung stellt, das im Rahmen des staatlichen Religionsunterrichtes eingesetzt wird, dann erhält die Religionsgemeinschaft dafür ein Entgelt als Gegenleistung. In vielen Bundesländern sind auf solcher Grundlage Pfarrer oder andere kirchliche Amtsträger als Religionslehrer tätig. Für die Pfarrer zählt die Erteilung von Religionsunterricht zu ihren Dienst-

9 BVerfGE 123, 148 (184 f.).

pflichten gegenüber ihrer Kirche. Diese Pfarrer selbst bekommen für ihre Tätigkeit ihre Besoldung durch die Kirche. Die Kirchen erhalten dann durch den Staat ein Entgelt dafür, dass sie die Pfarrer als Lehrkräfte zur Verfügung stellen. Die Einzelheiten, etwa die erforderliche Vorbildung der Lehrkräfte und die Höhe der Gegenleistung, werden in Vereinbarung der Länder mit den Kirchen geregelt, auf deren Grundlage dann z. T. sog. »Gestellungsverträge« über die Lehrkräfte abgeschlossen werden.

Eine solche »Förderung« wäre auch für islamische Gemeinschaften vorstellbar, wenn diese Imame für den Unterricht abstellen. Voraussetzung aus staatlicher Sicht ist dabei, dass die Imame eine entsprechende akademische Vorbildung haben, um jeweils mit vergleichbarer Qualifikation wie ein sonstiger Lehrer eingesetzt werden zu können. Auch insofern liegt die universitäre Ausbildung der Imame an staatlichen Universitäten im gemeinsamen Interesse sowohl des Staates als auch islamischer Vereinigungen. Im Übrigen gilt hier wie in vielen anderen Bereichen: Der Königsweg, damit zusammenhängende Fragen und Einzelheiten zu regeln, sind Verträge zwischen dem Staat und den betreffenden Gemeinschaften.

4. Fazit

Dieser knappe und notwendigerweise kursorische Überblick zeigt: Eine direkte Beschäftigung und Besoldung von Imamen durch den Staat ist ausgeschlossen. Das schließt aber keineswegs aus, dass der Staat Religionsgemeinschaften in den hier beschriebenen Arten und Weisen fördert und ihnen dadurch ermöglicht oder erleichtert, den Unterhalt ihrer Religionsdiener zu sichern. Die Voraussetzungen und Grenzen müssen aber jeweils im Einzelfall genau geprüft werden.

Literatur

Axel v. Campenhausen/Heinrich de Wall, *Staatskirchenrecht*, München [4]2006.

Wolfgang Clement, »*Politische Dimension und Praxis der staatlichen Förderung der Kirche*«, in: Heiner Marré u.a. (Hg.), *Die staatliche Förderung von Gesellschaft und Kirche, Essener Gespräche zum Thema Staat und Kirche 28*, 1994, S. 41 – 57.

Michael Droege, *Staatsleistungen an Religionsgemeinschaften im säkularen Kultur- und Sozialstaat*, Berlin 2004.

Carsten Frerk, *Finanzen und Vermögen der Kirchen in Deutschland*, Aschaffenburg [3]2004.

Josef Isensee, »*Staatsleistungen*«, in: Josef Listl u. a. (Hg.), *Handbuch des Staatskirchenrechts der Bundesrepublik Deutschland*, Bd. 1, Berlin [2]1994, S. 1009 – 1063.

Josef Listl u. a. (Hg.), *Handbuch des Staatskirchenrechts der Bundesrepublik Deutschland*, Bd. 1, Berlin [2]1994.

Heiner Marré u.a. (Hg.), *Die staatliche Förderung von Gesellschaft und Kirche, Essener Gespräche zum Thema Staat und Kirche 28*, 1994.

Dietrich Pirson, »*Die Förderung der Kirchen als Aufgabe des säkularen Staats*«, in: Heiner Marré u.a. (Hg.), *Die staatliche Förderung von Gesellschaft und Kirche, Essener Gespräche zum Thema Staat und Kirche 28*, 1994, S. 83 – 100.

Gerhard Robbers, »*Förderung der Kirchen durch den Staat*«, in: Josef Listl u. a. (Hg.), *Handbuch des Staatskirchenrechts der Bundesrepublik Deutschland*, Bd. 1, Berlin ²1994, S. 867 – 890.

Peter Unruh, *Religionsverfassungsrecht*, Baden-Baden 2009.

Heinrich de Wall, »*Die Fortwirkung der Säkularisation im heutigen Staatskirchenrecht*«, in: Heiner Marré u. a. (Hg.), *Säkularisation und Säkularisierung, Essener Gespräche zum Thema Staat und Kirche 38*, 2004, S. 53 – 82.

Claus-Dieter Osthövener

Wie hat sich die Ausbildung der Theologen in Deutschland entwickelt?

In meinem Beitrag skizziere ich die Entwicklung der Theologenausbildung in Deutschland. Dabei werde ich vorwiegend auf die Ausbildung protestantischer Theologen eingehen und dem Thema entsprechend den europäischen Kontext weitgehend ausblenden.[1] Wichtig ist es mir, einen Überblick über den *gesamten* Zeitraum seit der Reformation zu geben und bei dieser Gelegenheit besonders solche Entwicklungen und Problemfelder anzusprechen, die mir für die hier zu führende Diskussion um eine Imamausbildung hilfreich erscheinen.

Eine Vorbemerkung sei noch gestattet: Sofern man das Thema der Theologenausbildung unter die umfassendere Perspektive der Entwicklung einer wissenschaftlich anschlussfähigen kirchlichen und theologischen Rationalitätskultur stellt, dann handelt es sich keineswegs um eine genuin neuzeitliche Entwicklung, da das Christentum sich dieser Herausforderung seit seinen frühesten Zeiten gestellt hat. Sowohl die Spätantike in der alles überragenden Person des Augustinus als auch das hohe Mittelalter mit Thomas von Aquin, der die Existenz der Theologie im Rahmen der neu entstehenden Universitäten rechtfertigte, haben die Theologie mit dem Anspruch höchster Wissenschaftlichkeit betrieben und innerhalb der Rationalitätsstandards ihrer Zeit gerechtfertigt.

1 Historisch gesehen haben die protestantischen Kirchentümer die hier vorgestellte Entwicklung zuerst vollzogen. Die römisch-katholische Kirche hat Vieles, wenngleich in der Regel mit einiger zeitlicher Verzögerung, ebenfalls in ihre Theologenausbildung integriert. Einer eigenen Untersuchung bedürften die Freikirchen und Sondergemeinschaften. Sie haben sich in ihrer Geschichte nicht nur von den großen Kirchen abgesondert, sondern sich oft genug auch von den Universitäten ferngehalten und häufig eigene Ausbildungsstätten ins Leben gerufen.

1. Reformation und frühe Neuzeit

Die Reformation des frühen 16. Jahrhunderts brach radikal mit vielen großen Traditionen des Christentums, vor allem mit den in langen Jahrhunderten herausgebildeten Institutionen: der Kirche, der Geistlichkeit, den Sakramenten. Eine strikte Konzentration auf das Verhältnis des Individuums zu Gott steht im Mittelpunkt des neuen Verständnisses von Religion und Theologie. Diese Nicht-Entlastbarkeit des Subjekts bedeutet auch eine Abkoppelung von institutionellen Repräsentationen. Jeder Christ und jede Christin ist in Glauben und Leben unmittelbar und eigenverantwortlich vor Gott gestellt.

Das hat nun erhebliche Auswirkungen auf das Verständnis der Kirche, der Gemeinde, der Theologie und eben auch des Theologen und des Pfarrers.[2] In Kürze: entsprechend der Individualisierung der Frömmigkeit steht nun auch die Gemeinde, nicht die Großkirche, im Mittelpunkt der Aufmerksamkeit, wenn es um die Sozialgestalt des Glaubens geht. Und innerhalb der Gemeinde übernimmt der Pfarrer eine Funktion, die grundsätzlich jeder (und jede) übernehmen könnte (Priestertum aller Gläubigen). Es sind vor allem pragmatische und organisatorische Gesichtspunkte, die zur Herausbildung eines Berufsbild des Pfarrers (und des Theologen) führen. Zugleich entwickelt sich in Deutschland, im Bereich des Luthertums zumal, eine enge Bindung an die politische Obrigkeit (landesherrliches Kirchenregiment), die bis ins 20. Jahrhundert Bestand haben wird und erst in der Weimarer Reichsverfassung grundsätzlich neu gestaltet wird.

Wenn wir also von Theologen und Pfarrern in Deutschland sprechen, dann ist es wichtig, sich die Konstellationen deutlich zu machen, in denen der Pfarrer steht. Er ist zum einen ein religiöses Individuum wie andere auch. Er ist zweitens seiner Gemeinde verantwortlich und übernimmt ihr gegenüber verschiedene Funktionen, die ich gleich noch näher charakterisieren werde. Er ist der Kirche gegenüber verantwortlich wie auch der mit dieser verbundenen politischen Obrigkeit. Und er ist, das ist für die Ausbildung sehr wichtig, auch eine intellektuelle Rechenschaft schuldig, sich selbst, seiner Gemeinde und seiner Kirche. Darin ist die Verbindung zur Theologie und damit zur Universität begründet.

Sobald die Reformation grundsätzliche Klarheit über Religion und Theologie erlangt hatte, also seit Beginn der 1520er Jahre, mussten sich die Territorien, in denen diese neue Ausprägung des Christentums herrschend war, auch mit praktischen und organisatorischen Fragen beschäftigen. Hierfür aber war zu-

2 Eine informative und gelungene Darstellung bietet Paul Drews, *Der evangelische Geistliche in der deutschen Vergangenheit*, Jena 1905. Einen Überblick über die neuere Forschung geben Luise Schorn-Schütte/Walter Sparn (Hgg.), *Evangelische Pfarrer. Zur sozialen und politischen Rolle einer bürgerlichen Gruppe in der deutschen Gesellschaft des 18. bis 20. Jahrhunderts*, Stuttgart/Berlin/Köln 1997.

nächst einmal Klarheit über den tatsächlichen Zustand der Gemeinden und ihrer Pfarrer erforderlich, die durch sogenannte »Visitationen« hergestellt wurde. Das Ergebnis war ernüchternd.[3] Nicht nur unter der Bevölkerung, sondern auch im Pfarrerstand waren erhebliche Lücken in der Kenntnis auch nur der wichtigsten Glaubensgegenstände und Lebensregeln festzustellen. Aus diesem Grund verfasste Martin Luther Ende 1529 seine beiden Katechismen. Den »kleinen« für das einfache Volk, den »großen« für die Pfarrer, die daraus das Wichtigste des christlichen Glaubens herausziehen sollten.

Die Reformation war in ihren Anfängen eine städtische und universitäre Bewegung (Wittenberg) und sie blieb in der Folgezeit stets in besonderer Weise mit den Universitäten und dann auch mit der Stadt, im Unterschied zum Land, verbunden. Diese Unterscheidung von Stadt- und Landgeistlichen spielte für viele Jahrhunderte eine wichtige Rolle, insbesondere in der Ausbildung. Während der Stadtgeistliche zumeist ein reguläres Theologiestudium an einer Universität absolviert hatte und teils sogar selbst die theologische Wissenschaft beförderte, war der Landgeistliche oftmals nur unzureichend ausgebildet und hat häufig genug nie eine Universität besucht, oder doch nur für kurze Zeit. Eine allgemeine verbindliche Regelung des Ausbildungsganges gab es noch nicht. Das hing nicht zuletzt mit der rechtlichen und politischen Zersplitterung in Deutschland zusammen. Selbst innerhalb eines politischen Territoriums gab es doch immer eine ganze Fülle von Herrschaftsbereichen und von Rechtsverhältnissen. Und da für die Besetzung der ländlichen Pfarre in der Regel die jeweiligen Grundbesitzer verantwortlich waren (Patrone), konnten diese auch nach eigenem Gutdünken über die Eignung der Amtsbewerber entscheiden. Erst gegen Ende des 18. Jahrhunderts entwickelte sich zugleich mit einer zunehmenden Vereinheitlichung des Rechts (Allgemeines preußisches Landrecht) auch eine allgemeine Verbindlichkeit der theologischen Ausbildung.

Im 17. Jahrhundert hatten sich die protestantischen Kirchentümer so weit ausgeformt, dass man sich mit Recht auf Augenhöhe mit der hochmittelalterlichen Rationalitätskultur gesehen hat. Der Pfarrer war in seiner Gemeinde vielerlei zugleich: 1) Er war kirchliche Obrigkeit und handhabte die Kirchen-

---

3 »Diesen Katechismum oder christliche Lehre in solche kleine, schlechte, einfältige Form zu stellen, hat mich gezwungen und gedrungen die klägliche elende Noth, so ich neulich erfahren habe, da ich auch ein Visitator war. Hilf, lieber Gott, wie manchen Jammer habe ich gesehen, dass der gemeine Mann doch so gar nichts weiss von der christlichen Lehre, sonderlich auf den Dörfern! Und leider viel Pfarrherren ganz ungeschickt und untüchtig sind zu lehren; und sollen doch alle Christen heissen, getauft sein und der heiligen Sacramente geniessen; können weder Vaterunser, noch den Glauben, oder Zehn Gebote; leben dahin, wie das liebe Vieh und unvernünftige Säue; und nun das Evangelium kommen ist, dennoch fein gelernt haben, aller Freiheit meisterlich zu missbrauchen« Martin Luther, »*Der kleine Katechismus fur die gemeine Pfarrherr und Prediger*«, in: *Die Bekenntnisschriften der evangelisch-lutherischen Kirche*, Göttingen [9]1982, S. 501 – 527, hier S. 501 f.

zucht (Stichwort Sozialdisziplinierung). 2) Er war Seelsorger, der die ihm anvertrauten Menschen durch alle religiösen Nöte hindurch zum ewigen Heil führen sollte. 3) Er war Prediger und Lehrer, der auf die »richtige Lehre«, die Orthodoxie zu sehen hatte und diese besonders gegen die Kritik aus der römisch-katholischen Kirche sicherstellen musste (Kontroverstheologie). Im Mittelpunkt des Theologiestudiums stand das Studium der Heiligen Schrift, Alten und Neuen Testaments, in den jeweiligen Grundsprachen, daneben das Studium der grundlegenden Bekenntnisse sowie der wichtigsten theologischen Kontroversen.[4]

2. 18. und 19. Jahrhundert

Das Zeitalter der Aufklärung brachte demgegenüber eine ganze Reihe von Umschichtungen hervor, die bis zum heutigen Tage in Europa ihre Wirkung tun.[5] Gegenüber dem 17. Jahrhundert ist eine zunächst eine starke Betonung der Wissenschaft zur verzeichnen. Und damit eben auch die Hervorhebung der Funktion des Lehrers, die ein Pfarrer in seiner Gemeinde innehat. Er soll selbst gebildet sein und auch zur Bildung seiner Gemeinde beitragen. Daneben wird nach wie vor Wert auf die Seelsorge gelegt, aber ebenfalls mit einem starken lehrhaften Anteil. Dasselbe gilt für die obrigkeitliche Funktion des Pfarrers. Die noch im 17. Jahrhundert stark im Vordergrund stehende Kirchenzucht tritt in ihrer Bedeutung zurück. Stattdessen wird der Pfarrer im aufgeklärten Absolutismus und im entstehenden Beamtenstaat in hohem Maße zur Loyalität verpflichtet.

Auch der Aufbau und die Ausrichtung des Theologiestudiums wurde nun grundsätzlich einer kritischen Revision unterzogen. Exemplarisch sei hier aus den in der Theologie der Aufklärung vielfältigen Bemühungen um eine zeitgemäße Ausbildung der Pfarrer eine markante Beobachtung zitiert. Sie stammt von Johann Lorenz von Mosheim, einem der Bahnbrecher eines neuen Verständnisses der Predigt, der Kirchengeschichte und der Theologie insgesamt. Er schreibt:

> »heut zu Tage, wenigstens in der Christenheit, sind die Menschen geschliffner, klüger, heller, und man muß also mit ihnen anders umgehen und mehr wissen. In den Zeiten

4 Eine detaillierte Darstellung am Beispiel der Rostocker Universität gibt Thomas Kaufmann, *Universität und lutherische Konfessionalisierung. Die Rostocker Theologieprofessoren und ihr Beitrag zur theologischen Bildung und kirchlichen Gestaltung im Herzogtum Mecklenburg zwischen 1550 und 1675*, Gütersloh 1997, bes. S. 251–433; vgl. auch Luise Schorn-Schütte, *Evangelische Geistlichkeit in der Frühneuzeit. Deren Anteil an der Entfaltung frühmoderner Staatlichkeit und Gesellschaft*, Gütersloh 1996, bes. S. 152–226.

5 Vgl. Albrecht Beutel, *Aufklärung in Deutschland*, Göttingen 2006.

> gleich nach der Reformation [...] mußte man schon mehr wissen, als die wahre Lehre des Heilandes einfältig vorzutragen. Die Papisten bestritten dieselbe, und eiferten dagegen. Man mußte also auch eine Geschicklichkeit haben, dieselben widerlegen zu können. [...] In unseren Zeiten sind alle Bande der Freydenkerey zerrissen, und es ist fast keine Gelehrsamkeit, daraus sich der Feind der Lehre Christi nicht Waffen nimmt, dieselbe zu bestreiten; man darf denken, was man will, und es fehlet uns nie die Gelegenheit, unsere Träume auch gedruckt zu lesen, und solche unter die Menschen auszubreiten. Daher kömmt es, daß heutiges Tages ein Lehrer der göttlichen Wahrheiten weit mehr wissen muß, als zu unserer Väter Zeiten, und es ist nie die theologische Gelehrsamkeit so weitläuftig gewesen, als itzo«.[6]

Man sieht hier sehr schön, wie sich die Anforderungen an einen Pfarrer verschoben haben. Nicht mehr die Kontroverstheologie, die Auseinandersetzung mit dem römischen Katholizismus, steht im Vordergrund, sondern die ganz neu entdeckte Freiheit des Denkens und Glaubens, die eben auch die Möglichkeit eines Lebens ohne Religion einschloss, eine Option, die freilich im 18. Jahrhundert noch eine seltene Ausnahme war. Zweitens ist sehr deutlich das ebenfalls neue Phänomen der Öffentlichkeit zu bemerken. Es gibt eine Debatte nicht nur unter den Gelehrten, in der traditionellen Sprache dieser Gruppe, dem Lateinischen, sondern eine öffentliche Debatte, an der prinzipiell jeder des Schreibens und Lesens Kundige teilnehmen kann. Darauf muss ein Pfarrer sich einstellen und mit entsprechendem Rüstzeug versehen sein.

In Preußen wird im Jahr 1736 »die Universitätsbildung obligatorisch und die Studiendauer auf ein Minimum von zwei Jahren festgelegt«.[7] Sprachliche Kenntnisse im Lateinischen, Griechischen und Hebräischen werden verlangt. Auch das kirchliche Examen wird nun stärker reguliert. Doch nicht die Lehre steht im Vordergrund, sondern der rechte Glaube des Kandidaten. Auf ihm liegt nach wie vor ein starkes Gewicht. Es sollte aber noch geraume Zeit dauern, bis diese Regulierungen auch tatsächlich allgemein umgesetzt wurden. Ende des 18. Jahrhunderts wird der gesamte Ausbildungsgang nochmals neu ausgerichtet, nicht zuletzt im Blick auf das nun eingeführte Abiturzeugnis.

Die wissenschaftstheoretische Grundlegung der modernen Theologie verdanken wir Friedrich Schleiermacher (1768–1834), der im Jahre 1811 eine »Kurze Darstellung des theologischen Studiums« vorlegte.[8] Sie ist in den

---

6 Johann Lorenz von Mosheim, »*Kurze Anweisung, die Gottesgelahrtheit vernünftig zu erlernen*«, in: *akademischen Vorlesungen vorgetragen, Nach dessen Tode übersehen und zum Drucke befördert durch Christian Ernst von Windheim. Zwote und vermehrte Auflage*, Helmstedt 1763, S. 8/10.

7 Oliver Janz, *Bürger besonderer Art. Evangelische Pfarrer in Preußen 1850–1914*, Berlin/New York 1994, S. 110.

8 Friedrich Schleiermacher, *Kurze Darstellung des theologischen Studiums (1811/1830)*, hrsg. von Dirk Schmid, Berlin/New York 2002, zit. als KD; vgl. Hans-Joachim Birkner, »*Schleier-*

Grundzügen auch heute noch aktuell und in vielerlei Hinsicht immer noch unausgeschöpft. Schleiermacher beschrieb die Theologie als eine »positive Wissenschaft«, also als ein solches Ensemble von wissenschaftlichen Disziplinen, die ihre Einheit einem praktischen Zweck verdanken, nämlich der Ausbildung von Pfarrern.[9] Großen Wert legte er auf eine ausgewogene Balance von Wissenschaftlichkeit und Kirchlichkeit der Theologie.[10]

Eine weitere wichtige Weichenstellung bestand in der Einbindung der Theologie in die allgemeine Bildungs- und Wissenslandschaft. Die ehemals so leidenschaftlich gepflegte Polemik wurde kurzerhand umdefiniert und zu einer Aufgabe der Selbstreinigung von Kirche und Christentum erklärt. Dieser kritischen Richtung nach *innen* entsprach dann eine konstruktive Richtung nach *außen*, in Form der Apologetik. In ihr positioniert sich das Christentum als eine gesellschaftlich anschlussfähige Gestalt der Religion. Gerade im Blick auf den Staat und auf die Wissenschaft hält Schleiermacher unmissverständlich fest: »niemandem könnte zugemuthet werden die Gültigkeit des Christenthums anzuerkennen, wenn es durch sein Wesen einem von diesen entgegenstrebte«.[11] Daher ist das Wesen des Christentums so zu bestimmen, dass seine politische und wissenschaftliche Anschlussfähigkeit aber auch Unabhängigkeit garantiert ist.

Das theologische Studium umfasst in Schleiermachers Konzeption insgesamt drei Teile. Die *philosophische Theologie* beinhaltet die eben skizzierten Disziplinen der Apologetik und der Polemik. Die *historische Theologie* schlägt einen weiten Bogen von der Frühzeit des Christentums (Exegetische Theologie) über den Gesamtverlauf seiner Geschichte (Kirchengeschichte) bis in die Gegenwart (Dogmatik und Statistik, eine Art Vorläuferin der heutigen Religionssoziologie). Die *praktische Theologie* schließlich ist in besonderer Weise auf die Kirchenleitung bezogen. Aber auch dieses auf die Kirche bezogene Handeln muss sich nach Schleiermacher jederzeit im »wissenschaftlichen Geiste« vollziehen, da es sonst nicht »besonnene Leitung« wäre, sondern bloß »verworrene Einwir-

---

machers »Kurze Darstellung« als theologisches Reformprogramm«, in: ders., *Schleiermacher-Studien*, Berlin/New York 1996, S. 285–305.

9 »Die Theologie ist eine positive Wissenschaft, deren verschiedene Teile zu einem Ganzen nur verbunden sind durch die gemeinsame Beziehung auf eine bestimmte Religion; die der christlichen also auf das Christenthum« KD, S. 63.

10 »Je mehr die Kirche sich fortschreitend entwikkelt, und durch je mehr Sprach- und Bildungsgebiete sie sich verbreitet, um desto vieltheiliger und zusammengesezter organisiert sich auch die Theologie. [...] Die christliche Theologie ist der Inbegrif derjenigen wissenschaftlichen Kenntnisse und Kunstregeln, ohne deren Anwendung ein christliches Kirchenregiment nicht möglich ist. [...] Dieselben Kenntnisse ohne diese Beziehung hören auf theologische zu sein, und fallen jede einer anderen Wissenschaft anheim« KD, S. 63 f.

11 Ebd. S. 158.

kung«.[12] Keine einzige theologische Disziplin darf sich der allgemeinen wissenschaftlichen Kritik entziehen. Die stets aufs Neue zu bewährende Vermittlung zwischen dem Wesen der christlichen Religion und der allgemeinen Wissenschaftskultur ist eine fortdauernde Aufgabe.

Das 19. Jahrhundert diskutierte dann vor allem das Selbstverständnis der Kirche in der sich ausprägenden modernen Bürgergesellschaft heftig und lotete das Selbstverständnis der Theologie in der doppelten kritischen Debattenlage von Naturwissenschaft und historischen Geisteswissenschaften aus. Beides kulminierte in der vorwiegend historisch orientierten Theologie der Wende zum 20. Jahrhundert, die in Personen wie Julius Wellhausen (der ja auch zu den Klassikern der Islamwissenschaften gehört) und Adolf von Harnack ihren weithin beachteten Ausdruck fand. Hier fand nun auch die bislang letzte wesentliche Debatte um die Theologie und die Ausbildung der Theologen statt, indem die neu ausgebildeten Religionswissenschaften die Berechtigung besonderer und mit Sonderrechten ausgestatteter theologischer Fakultäten in Frage stellten.[13] Das Ergebnis dieser Debatten bestand kurz gesagt darin, dass es keineswegs zwingend notwendig ist, theologische Fakultäten an den Universitäten einzurichten, dass es aber nach Lage der Dinge auch nicht notwendigerweise der Wissenschaftlichkeit der Theologie Abbruch tut. Mit dem Beginn des 20. Jahrhunderts ist die protestantische Theologie endgültig heimisch geworden in der modernen akademischen Wissenschaftskultur.[14] Ich möchte jedenfalls hervorheben, dass diese akademische Beheimatung in teils heftigsten Debatten, kirchlichen, wissenschaftlichen und gesellschaftlichen, erstritten wurde. Insbesondere die historische Kritik der Schriften des Alten und besonders des Neuen Testaments hat die Gemüter nahezu ein Jahrhundert lang in Atem gehalten. Grundsätzlich neue Gesichtspunkte sind seither nicht hervorgetreten, so wechselhaft auch manche Entwicklung gewesen sein mag.[15] Nach wie vor wird

12 Ebd. S. 144.

13 Vgl. Hartmut Kreß (Hg.), *Theologische Fakultäten an staatlichen Universitäten in der Perspektive von Ernst Troeltsch, Adolf von Harnack und Hans von Schubert*, Waltrop 2004.

14 Vgl. die prägnante Zusammenfassung durch Adolf von Harnack: »Die Hauptaufgaben der evangelischen Theologie in der Gegenwart sind folgende: [...] Sie soll ihren im Prinzip anerkannten wissenschaftlichen Charakter schützen und an allen Punkten bewähren. 1) Weder die Autorität noch das subjektive Bedürfen, sondern nur die Wirklichkeit hat die Erkenntnisse der theologischen Wissenschaft zu formen. 2) Der wissenschaftliche Charakter der Theologie fordert, alles von Anfang an zu prüfen, bis zu Ende durchzuprüfen und keiner Untersuchung aus dem Wege zu gehen. 3) Dabei sollen auch neue Betrachtungsweisen (psychologische, wirtschaftliche usw.) angewandt werden; denn die Wissenschaft darf vor keiner Betrachtungsweise zurückscheuen, wenn sie Förderung der Erkenntnisse verspricht« Adolf von Harnack, *»Die evangelische Theologie (Leitsätze)«*, in: Franz Koehler (Hg.), *Frei und gewiß im Glauben. Beiträge zur Vertiefung in das Wesen der christlichen Religion*, Berlin 1909, S. 1–3.

15 Zum gegenwärtigen Stand der Dinge vgl. die *Empfehlungen zur Weiterentwicklung von*

die Ausbildung in zwei Phasen vollzogen, deren erste an den Universitäten stattfindet und von den Pfarramtsstudierenden mit einem kirchlichen (oder kirchlich anerkannten) Examen abgeschlossen wird. Die Wahl der ausbildenden Universitäten ist den Studierenden freigestellt. In der zweiten (kirchlichen) Ausbildungsphase werden dann vorwiegend gemeindebezogene Aufgaben und Kompetenzen in den Mittelpunkt gestellt. Die Universitätstheologie selbst ist durch eine Vielzahl oftmals sehr unterschiedlicher Positionen gekennzeichnet, die sich im Schutze der grundgesetzlich garantierten Freiheit von Wissenschaft und Forschung ausbilden und auf diese Weise im Dialog miteinander bleiben.

3. Fazit

Bereits der oben zitierte Aufklärungstheologe Mosheim hat darauf hingewiesen, »daß sich keine so allgemeine Einleitung zu der theologischen Gelahrtheit geben lasse, die zu allen Zeiten gleich brauchbar und gleich nützlich ist«.[16] Insofern hält jede Zeit und jede Gegenwart ihre ganz eigenen Herausforderungen bereit. Doch lässt sich das Besondere jeder Gegenwart eben auch erst dann erkennen, wenn man es mit den früheren Zeiten vergleicht. Das habe ich hier versucht. Es ergeben sich in meiner Sicht der Dinge folgende Grundsätze für die christliche Theologie, die dann vielleicht (in Abgrenzung und Vergleich) auch hilfreich sein mögen für die Einschätzung der Bedürfnisse der islamischen Theologie.

1.) Die Ausbildung von Theologinnen und Theologen, gleichviel ob für die Schule oder für die Gemeinde, kann auf einen fachwissenschaftlichen Anteil nicht verzichten.
2.) Die Kirchen selbst haben ein Interesse daran, ihre Funktionseliten innerhalb eines allgemeinen Wissenschaftssystems ausbilden zu lassen.
3.) Sowohl in der Gemeinde als auch in der Schule stehen Theologinnen und Theologen in einer mehrfachen Verantwortung: Gegenüber dem Rechtsstaat, gegenüber der Religionsgemeinschaft und gegenüber den ihnen anvertrauten Individuen. Für alle drei Verantwortungsfelder bedarf es einer methodisch kontrollierten Reflexion auf die Glaubensüberzeugungen, wie sie in der wissenschaftlichen Ausbildungsphase erworben und in der Berufstätigkeit stetig ausgebaut und bewährt wird.
4.) Theologinnen und Theologen sind in besonderem Maße mit den weltanschaulichen und religiösen Modernisierungsfaktoren vor allem der Plura-

Theologien und religionsbezogenen Wissenschaften an deutschen Hochschulen, Berlin 2010, bes. S. 15–31.

16 Johann Lorenz von Mosheim, »*Kurze Anweisung, die Gottesgelahrtheit vernünftig zu erlernen*«, S. 10.

lisierung und der Individualisierung konfrontiert. Sie bedeuten Chance und Herausforderung zugleich. Sofern die *religiöse Selbständigkeit* zu den Grundimpulsen einer aufgeklärten Frömmigkeit gehört, ist jede Funktion in Schule und Gemeinde daraufhin zu befragen, ob sie eine solche individuelle Glaubens- und Lebensgestaltung zu befördern vermag.

5.) Zugleich sind christliche Religionsgemeinschaften immer auch geprägt durch je eigene, charakteristische Konstellationen von Glaubensüberzeugungen, Handlungsoptionen, rituellen und liturgischen Praktiken, es sind je bestimmte *konfessionelle Ausprägungen* des Christentums. Damit ermöglichen sie es dem sich christlich-religiös verstehenden Individuum, eine Art spiritueller Heimat zu finden, bzw. eine religiöse Identität auszubilden.

6.) Gerade der verantwortliche Ausgleich zwischen den spannungsreichen Polen von Individualität (4) und Identität (5) bedarf der wissenschaftlich begleiteten und gestützten Reflexionskultur.

Der heutige Stand der Dinge in der Ausbildung christlicher Theologen in Deutschland ist das Ergebnis einer jahrhundertelangen Entwicklung. Sie vollzog sich unter teils erheblichen Spannungen, wurde begleitet von leidenschaftlichen Debatten und hat oft erst auf Umwegen zu einer tragfähigen Problemlösung gefunden. Dass die christliche Theologie sich nach wie vor im Rahmen der universitären Wissenschaften behaupten muss, ist ganz sicher für sie selbst, vermutlich aber auch für die Universität im Ganzen sinnvoll und förderlich. Von einer stärkeren Präsenz islamischer Theologie in den Universitäten könnte sie ebenfalls nur profitieren.

Literatur

Beutel, Albrecht, *Aufklärung in Deutschland*, Göttingen 2006.

Birkner, Hans-Joachim, »*Schleiermachers »Kurze Darstellung« als theologisches Reformprogramm*«, in: Ders., *Schleiermacher-Studien*, Berlin/New York 1996, S. 285 - 305.

Drews, Paul, *Der evangelische Geistliche in der deutschen Vergangenheit*, Jena 1905.

Empfehlungen zur Weiterentwicklung von Theologien und religionsbezogenen Wissenschaften an deutschen Hochschulen, Berlin 2010.

Harnack, Adolf von, »*Die evangelische Theologie (Leitsätze)*«, in: Koehler, Franz (Hg.), *Frei und gewiß im Glauben. Beiträge zur Vertiefung in das Wesen der christlichen Religion*, Berlin 1909, S. 1 - 3.

Janz, Oliver, *Bürger besonderer Art. Evangelische Pfarrer in Preußen 1850 - 1914*, Berlin/New York 1994.

Kaufmann, Thomas, *Universität und lutherische Konfessionalisierung. Die Rostocker Theologieprofessoren und ihr Beitrag zur theologischen Bildung und kirchlichen Gestaltung im Herzogtum Mecklenburg zwischen 1550 und 1675*, Gütersloh 1997.

Kreß, Hartmut (Hg.), *Theologische Fakultäten an staatlichen Universitäten in der Perspektive von Ernst Troeltsch, Adolf von Harnack und Hans von Schubert*, Waltrop 2004.

Luther, Martin, »*Der kleine Katechismus fur die gemeine Pfarrherr und Prediger*«, in: Ders., *Die Bekenntnisschriften der evangelisch-lutherischen Kirche*, Göttingen [9]1982, S. 501 – 527.

Mosheim, Johann Lorenz von, »*Kurze Anweisung, die Gottesgelahrtheit vernünftig zu erlernen*«, in: Ders., *akademischen Vorlesungen vorgetragen, Nach dessen Tode übersehen und zum Drucke befördert durch Christian Ernst von Windheim. Zwote und vermehrte Auflage*, Helmstedt 1763.

Schleiermacher, Friedrich, *Kurze Darstellung des theologischen Studiums (1811/1830)*, hrsg. v. Dirk Schmid, Berlin/New York 2002.

Schorn-Schütte, Luise, *Evangelische Geistlichkeit in der Frühneuzeit. Deren Anteil an der Entfaltung frühmoderner Staatlichkeit und Gesellschaft*, Gütersloh 1996.

Dies./Sparn, Walter (Hgg.), *Evangelische Pfarrer. Zur sozialen und politischen Rolle einer bürgerlichen Gruppe in der deutschen Gesellschaft des 18. bis 20. Jahrhunderts*, Stuttgart/Berlin/Köln 1997.

Politische und soziologische Rahmenbedingungen

Roland Czada

Politische und gesellschaftliche Rahmenbedingungen einer staatlichen Imamausbildung

In Deutschland ist das Verhältnis von Politik und Religion von historischen Weichenstellungen im Verlauf der Herausbildung des modernen Staates nachhaltig bestimmt worden. Es basiert auf korporativen Gruppenrechten staatlich anerkannter Religionsgemeinschaften, die den liberal-demokratischen Idealen individueller Bürgerrechte und einer staatsunabhängigen pluralistischen Organisationsgesellschaft eigentlich zuwider laufen. Die Einbeziehung des Islam in dieses »korporatistische« Modell wirft einige Fragen zum Verhältnis von Politik und Religion auf, die nicht zuletzt im Zusammenhang mit der Ausbildung des Personals von Religionsgemeinschaften von Belang sind.

1. Liberale Demokratie und Autonomie der Religionsgemeinschaften

Religiöse und weltanschauliche Bekenntnisfreiheit, eine pluralistische Gesellschaftsordnung und die staatskirchenrechtliche Privilegierung von Religionsgemeinschaften sind in Deutschland eine historische Verbindung eingegangen, die als bewährt und bewahrenswert erachtet wird. Die etablierten Kirchen sind Körperschaften des Öffentlichen Rechts. Als solche bilden sie intermediäre Verbände, die hochgradig autonom sind und zugleich eine Mittlerrolle zwischen ihren Mitgliedern und dem Staat einnehmen. Ob dies ein zukunftsweisendes Modell für die Integration des Islam darstellt, hängt nicht zuletzt davon ab, wie die Muslime und ihre religiöse Eliten zu diesem System stehen und sich darin zurechtfinden. Den Imamen gebührt in dieser Hinsicht eine besondere Rolle. Als Vorsteher der Moscheegemeinden haben sie auf das Gesellschaftsbild der Gläubigen großen Einfluss. Und daraus folgt die politische Forderung nach Übernahme öffentlicher Verantwortung, der sich die Imame stellen sollen. Die Imamausbildung an den staatlichen Hochschulen kann zudem als Vorstufe zu einer weiter reichenden Einbindung des Islam in bestehende korporatistische

Beteiligungsformen an Schulen und Hochschulen, öffentlich-rechtlichen Medien und in der freien Wohlfahrtspflege gesehen werden.

Wie zukunftsfähig ist angesichts neuer Herausforderungen das deutsche Modell von »*religious governance*«? Skepsis besteht in zweierlei Hinsicht. Erstens lässt sich der vom Staat verliehene besondere öffentlich-rechtliche und damit auch politische und gesellschaftliche Status von Religionsgemeinschaften aus der Sicht einer liberalen Demokratietheorie und Verfassungslehre nicht ohne Weiteres rechtfertigen. Zweitens resultiert aus der intermediären Stellung der kirchlichen Organisationseliten ein Spannungsverhältnis zwischen ihren Aufgaben der Repräsentation und Seelsorge einerseits und ihrer Kooperations- und Rechenschaftspflicht im direkten Umgang mit Politik- und Verwaltungsakteuren andererseits.

Was das Verhältnis einer pluralistischen liberaldemokratischen Verfassungsordnung zum korporatistischen Staatskirchenrecht betrifft, besteht eine Minimalforderung in der Anerkennung des Vorranges der politischen Verfassung und der allgemeinen Bürgerrechte vor Glaubensregeln und Geboten von Religionsgemeinschaften, die damit möglicherweise kollidieren könnten[1]. Mit der einhergehenden säkularen Subordination haben sich die in Deutschland etablierten Kirchen in Jahrhunderte langen Kämpfen abgefunden. Die Geschichte der europäischen Glaubenskriege und ihrer Nachwehen verdeutlicht, dass die in Westmitteleuropa gefundenen konfessionspolitischen Friedensformeln und Institutionen des Staatskirchrechts mehr aus der Not historischer Kompromisse als aus einem vernünftigen Plan entstanden ist[2].

Was uns in Deutschland als religionspolitischer »Stein der Weisen« erscheinen mag, ist im internationalen Vergleich die Ausnahme. Das in den USA gültige »Marktmodell« der Religionen behandelt die Vielzahl religiöser Gruppen und Verbände als Teil eines staatsfreien pluralistischen Universums, in dem allerdings politische Einflusskonkurrenz und Lobbying erlaubt und sogar erwünscht sind. Das weit verbreitete, in vielerlei Abstufungen praktizierte laizistische Modell versucht gerade diesen politischen Einfluss zu verhindern, indem es eine strikte Trennung von Staat und Religion vorschreibt. Die südafrikanische Verfassung toleriert religiös begründete Gruppenrechte mit der Folge, dass in muslimischen Gemeinden das Familien- und Erbrecht auf den Grundsätzen der Scharia aufbaut. In Malaysia gelten der Islam als Staatsreligion und die Scharia als vorherrschende Rechtsquelle, wobei für die ausgesprochen multireligiöse nicht-muslimischen Bevölkerungshälfte weitreichende Ausnahmen erlaubt

1 Bader, Veit, »*Religious Diversity and Democratic Institutional Pluralism*«, in: Political Theory 31, 2/2003, S. 265–294, hier S. 282.

2 Vgl. Lehmbruch, Gerhard, »*Die korporative Verhandlungsdemokratie in Westmitteleuropa*«, in: Schweizerische Zeitschrift für Politische Wissenschaft, 2, No. 4, 1996, S. 19–41.

sind. Die genannten Beispiele beziehen sich auf Gesellschaften mit hochgradiger religiöser Vielfalt, wie wir sie in Europa bislang so nicht gekannt haben.

2. Das deutsche Modell

Die deutsche Religionsverfassung beruht wie die der Schweiz, der Niederlande und Österreichs auf einem Institutionengefüge, das auf die konfessionellen Friedensschlüsse im Gefolge der Reformation zurückgeht. Es gewährt den Konfessionen korporative Autonomie und zwingt ihnen zugleich in politisch relevanten Fragen eine von Parität bestimmte Verpflichtung zur Kooperation auf. Die Grundstruktur dieses Arrangements wird im Osnabrücker Friedensvertrag von 1648 deutlich: Das *Instrumentum Pacis Osnabrugense* garantiert den konfessionellen Körperschaften, sich selbst zu regieren und verpflichtet sie in Glaubensfragen von öffentlichem Interesse zu gütlichem Einvernehmen. Die Regelungen finden ihren Ausdruck in den Friedensformeln »*Itio in Partes*«, die den konfessionellen Parteien Autonomie und das Recht getrennter Beratung und Entscheidung im Vorfeld des Reichstages zubilligt, und »*Amicabilis Compositio*«, das ein auf Parität gegründetes Einvernehmen im Überschneidungsbereich von Konfessionspolitik und allgemeiner Politik einfordert. Die gelegentlich anzutreffende Interpretation, der Westfälische Frieden habe die Trennung von Staat und Kirche eingeleitet, ist vor diesem Hintergrund mehr als missverständlich. Vielmehr geht es um ein geregeltes Miteinander, weil die vertragsschließenden Parteien offenbar davon ausgingen, dass an eine umfassende Entkonfessionalisierung der Politik realistischerweise nicht zu denken ist.

Tatsächlich erwiesen sich Vorstellungen einer fortschreitenden Säkularisierung und Trennung von Staat und Religion wiederholt als Mythos. Allein die im historischen und internationalen Vergleich höchst verschiedenen Modelle der Religionsverfassung und der Religionspolitik[3] zeigen, dass eine juristisch und politisch »saubere« Trennung von Politik und Religion keineswegs eine dauerhafte Lösung darstellt. Die Krise des republikanischen Laizismus in Frankreich, der Türkei oder in Ägypten belegen dies ebenso wie Erfahrungen zum Staat-Religionsverhältnis in den ehemals sozialistischen Staaten des Ostblocks. Der Osnabrücker Konfessionsfrieden von 1648 mit seiner Grundidee eines geregelten, von wechselseitiger Anerkennung und Kooperation getragenen Verhältnisses von Staat und Religion wird insofern von späteren historischen Erfahrungen wiederholt bestätigt. Ob sich diese Konstruktion in einem multireligiösen, zunehmend auch areligiösen Umfeld, also unter ihr historisch fremden

3 Vgl. Martin, David, *A general theory of secularization*, Harper & Row, New York 1978; Bader, »*Religious Diversity and Democratic Institutional Pluralism*«, S. 268.

Rahmenbedingungen, auch weiterhin bewähren kann, bleibt offen. Ganz praktische Probleme, wie die Gründung neuer theologischer Lehrstühle, auf denen die verschiedenen Richtungen des Islam Platz finden oder die Vermehrung der Klassen im schulischen Religionsunterricht, treffen sich mit politischen Herausforderungen und Widersprüchen, die uns aus der Korporatismusforschung, der Verfassungsrechtssprechung und der Religionssoziologie vertraut sind. Sie werden im nächsten Abschnitt kurz angerissen.

3. Spannungen im Staat-Religionsverhältnis

Da sich zwischen den Institutionen von Staat und Kirche bzw. zwischen den Funktionssystemen von Politik und Religion beständig Zonen der Interferenz bilden, erscheint die Idee, sie strikt zu trennen, tatsächlich wirklichkeitsfremd. Dies ändert allerdings nichts an den Problemen, die das geregelte, auf vertragliche Inkorporation von Glaubensgemeinschaften gestützte Miteinander aufwirft. Eines dieser Probleme besteht in der Akzeptanz und Unterstützung der Gläubigen und des religiösen Personals insbesondere der »mittleren Funktionärsebene«, also im Fall des Islam auch der Imame, für eine auf der Ebene von Staats- und Verbandseliten vertragliche eingeforderte Kooperationspflicht. Es zählt zu den Gemeinplätzen der Korporatismusforschung, dass intermediäre Verbandseliten in einem dauernden Zwiespalt zwischen binnenorganisatorischen Aufgaben im Verkehr mit ihren Mitgliedern und externen Kompromisszwängen im Austausch mit der Politik gefangen sind[4]. Die Bewältigung dieses »Spagats« verlangt von den beteiligten Religionen organisatorische Anstrengungen, deren Erfüllung erfahrungsgemäß eine hierarchisch-bürokratische Kirchenverfassung voraussetzt. Nur so scheinen die staatliche Forderung nach einem einheitlichen Ansprechpartner und die damit einhergehende Verpflichtungsfähigkeit und Autorität von Religionsverbänden gewährleistet. Neuere Ansätze zum Beispiel in Niedersachsen, den Zusammenhang zwischen Inkorporation und Organisation zu lockern, indem staatliche Akteure mit den muslimischen Religionsgemeinschaften eine Vertragsbeziehung neuer Art eingehen, müssen vor dem Hintergrund der historisch gewachsenen (Macht-)Verhältnisse zwischen Staat und Kirchen gesehen werden.

Im modernen liberal-demokratischen Staat hat die Freiheit der Religion Verfassungsrang. Die mit dem modernen Staat verbundene Souveränitätsidee

4 Czada, Roland, »*Konjunkturen des Korporatismus: Zur Geschichte eines Paradigmenwechsels in der Verbändeforschung*«, in: Politische Vierteljahresschrift, Sonderheft 25, 1994, S. 37–64; ders., »*Vertretung und Verhandlung. Aspekte politischer Konfliktregelung in Mehrebenensystemen*«, in: Benz, A./Seibel, W., *Theorieentwicklung in der Politikwissenschaft – eine Zwischenbilanz*, Baden-Baden, Nomos 1997, S. 237–260.

verlangt aber zugleich eine Entpolitisierung der Religionsgemeinschaften. Diese Konstruktion ist aus theologischer, (macht-)politischer und organisationssoziologischer Sicht höchst voraussetzungsvoll, weil die Werte und Glaubensinhalte von Religionen sich nicht auf das rein Private beschränken und nur schwerlich politisch indifferent bleiben können. Der Spannung zwischen interner Mitgliedschafts- und äußerer Einflusslogik im Handeln von Verbandseliten[5] gilt für inkorporierte Glaubensgemeinschaften umso mehr, als sie – anders als die an materiellen Verteilungsfragen interessierten weltliche Interessengruppen – keine beliebigen politischen Tauschgeschäfte, Junktims und »package-deals« mit Regierungen, Behörden oder anderen Verbänden eingehen dürfen. Aufgrund ihrer prinzipiellen Wertorientierung können sich Kirchenobere die Zustimmung für eine ethisch bedenkliche Gesetzgebung nicht für einen Steuervorteil oder öffentliche Subvention »abkaufen« lassen. Soweit Werte und Glaubenswahrheiten tangiert sind, setzt dies der Kooperation von Staat und Religion Grenzen. Dies erscheint aktuell wenig problematisch, weil die Kirchen im Verlauf der jüngeren Geschichte immer weniger imstande waren, ihre Gläubigen in politischen und sozialmoralischen Fragen etwa der Sonntagsruhe, der Schulpolitik oder des Schwangerschaftsabbruchs wirksam zu mobilisieren. Das deutsche Staatskirchenrecht hat insofern eine Trennung von Politik und Religion durchaus befördert. Ob aber die Minbar der Moschee unter dem Eindruck von öffentlichen Religionsverträgen ebenso wie zuvor die Kirchenkanzel zu einem Ort relativer politischer Enthaltsamkeit oder gar Besänftigung werden kann, ist offen. Dies hängt gewiss von der Imamausbildung ab, aber nicht nur von ihr. Der gesellschaftliche Wertewandel und die gesamtgesellschaftliche Integration der Muslime dürften dabei eine ebenso wichtige Rolle spielen. Vor allem aber ist es das Verhältnis des religiösen Glaubens und der Schrift zur weltlichen Autorität des Staates, von dem die Chancen und Hürden der Integration und der Kooperation abhängen.

Die Ansicht ist weit verbreitet, dass die christliche Theologie basierend auf Matthäus 22,21 (»Gebt dem Kaiser, was des Kaisers ist, und gebt Gott, was Gottes ist!«) und dem Römerbrief des Paulus (»Jedermann sei untertan der Obrigkeit, die Gewalt über ihn hat [...]«, Römer 13,1–7) politische Subordination ausdrücklich befürworte, während der Islam am Vorrang der Schrift und religiöser Regelwerke festhalte. Recherchiert man aber in 10.000 seit 1998 in evangelischen Kirchen gehaltenen Predigten, die in einer Internetdatenbank frei verfügbar sind, wird deutlich, dass die Wahrnehmung staatlicher Autorität in den christ-

5 Streeck, Wolfgang, »*Vielfalt und Interdependenz. Überlegungen zur Rolle intermediärer Organisationen in sich ändernden Umwelten*«, in: Kölner Zeitschrift für Soziologie und Sozialpsychologie 39, 3/1987, S. 471–495; Czada, »*Vertretung und Verhandlung. Aspekte politischer Konfliktregelung in Mehrebenensystemen*«.

lichen Kirchen keineswegs von einem Verständnis der Subordination bestimmt ist. So predigte zum Beispiel Pfarrer Manfred Kock beim Eröffnungsgottesdienst der 2. Tagung der 9. Synode der EKD am 2. Nov. 1997:

»In unserem demokratisch verfassten Gesellschaftssystem spricht man gerne von der Partnerschaft zwischen Kirche und Staat. Das ist wohl, wenn es um ein in vernünftiger Weise geordnetes Verhältnis von Institutionen und Systemen geht, auch eine passende Begrifflichkeit. Aber Gott und Kaiser sind keine Partner. Gleichwertige Konkurrenz gibt es zwischen ihnen nicht. Gott ist grenzenlos. Die irdische Macht, sei sie tyrannisch oder demokratisch oder irgend etwas dazwischen, ist immer nur abgeleitet, ist immer begrenzt.«

Jede Theologie wird letztlich die irdische Macht, die sie akzeptiert und mit der sie sich einlässt, als von Gott gegeben betrachten müssen. Um welches Bekenntnis es sich auch handelt und wie immer seine Stellung zum Staat verfasst ist: Das Verhältnis von Politik, Gesellschaft und Religion erfordert von den Beteiligten stets einen Balanceakt. Auch wenn es hierzulande, beginnend mit dem Osnabrücker Konfessionsfrieden von 1648, über Jahrhunderte hinweg hochgradig institutionalisiert wurde, bleibt dieses Verhältnis ein *Punktiertes Gleichgewicht*, das relativ instabil in sich geordnet ist. Wenn darüber unter veränderten gesellschaftlichen Rahmenbedingungen ein politischer Konflikt aufbricht, kann es rasch in einen neuen religionspolitischen Entwicklungspfad einmünden.

Literatur

Bader, Veit, »*Religious Diversity and Democratic Institutional Pluralism*«, in: Political Theory 31, 2/2003, S. 265-294.

Czada, Roland, »*Konjunkturen des Korporatismus: Zur Geschichte eines Paradigmenwechsels in der Verbändeforschung*«, in: Politische Vierteljahresschrift, Sonderheft 25, 1994, S. 37-64.

Ders., »*Vertretung und Verhandlung. Aspekte politischer Konfliktregelung in Mehrebenensystemen*«, in: Benz, A./Seibel, W., *Theorieentwicklung in der Politikwissenschaft – eine Zwischenbilanz*, Baden-Baden, Nomos 1997, S. 237-260.

Lehmbruch, Gerhard, »*Die korporative Verhandlungsdemokratie in Westmitteleuropa*«, in: Schweizerische Zeitschrift für Politische Wissenschaft, 2, No. 4, 1996, S. 19-41.

Martin, David, *A general theory of secularization*, Harper & Row, New York 1978.

Streeck, Wolfgang, »*Vielfalt und Interdependenz. Überlegungen zur Rolle intermediärer Organisationen in sich ändernden Umwelten*«, in: Kölner Zeitschrift für Soziologie und Sozialpsychologie 39, 3/1987, S. 471-495.

Christoph Bochinger

Imamausbildung in Deutschland? Gründe, Chancen und Probleme der Verankerung im deutschen Wissenschaftssystem

Im folgenden Beitrag möchte ich aus religionswissenschaftlicher Sicht etwas zu den beiden Bestandteilen des Tagungstitels »Imamausbildung in Deutschland« und »Islamische Theologie im europäischen Kontext« sagen. Hinter den ersten Teil des Titels habe ich ein Fragezeichen gesetzt, weil ich deutliche Zweifel daran habe, ob eine universitäre Imamausbildung in Deutschland in näherer Zukunft realistisch und überhaupt wünschenswert ist. Mit dem zweiten Teil, dem Aufbau einer Islamischen Theologie im europäischen Kontext, kann ich mich dagegen voll identifizieren. Beides werde ich in meinem Vortrag begründen. Ich hatte den Titel schon formuliert, bevor die Empfehlungen des Wissenschaftsrats zur Weiterentwicklung von Theologien und religionsbezogenen Wissenschaften an deutschen Hochschulen erschienen. Hätte ich das früher gewusst, hätte ich ihn wohl anders formuliert. Ich möchte deshalb im folgenden Vortrag auch keine Kommentierung dieser Empfehlungen betreiben, sondern nur an einzelnen Stellen auf sie Bezug nehmen.

Mein Vortrag umfasst vier Abschnitte: Ich werde zunächst kurz einiges zur Funktion von Theologie sagen, im zweiten Abschnitt zu den Anforderungen an eine Islamische Theologie in Deutschland, im dritten dann einige Probleme benennen und im letzten konkrete Vorschläge machen, wie man sie lösen könnte.

1. Zur Funktion von Theologien in religionswissenschaftlicher Perspektive

Aus religionswissenschaftlicher Sicht sind Theologien ein wichtiger Bestandteil der jeweiligen Religionsgemeinschaft oder Konfession, zu der sie gehören. Das gilt für christliche Theologien, z. B. die protestantischen, die katholische(n), die orthodoxen oder die der orientalischen Kirchen, ebenso wie für die Theologien des Judentums, des Islam und anderer Religionen. Man könnte genauso auch von einer »Theologie des Buddhismus« sprechen, auch wenn das Wort »Theologie« da sicher nicht angebracht ist. In modernen, ausdifferenzierten Gesellschaften sind Theologien, systemtheoretisch gesehen, die Reflexionsebene der betreffenden Religion, zu der sie gehören: Religionen brauchen diese Reflexionsebene, sie brauchen Theologien, und zwar vor allem aus zwei Gründen: Zum einen zur Sicherung und Weitergabe der eigenen Lehrtradition auf die nächste Generation, zum anderen zur Neubestimmung dieser Tradition angesichts veränderter Rahmenbedingungen.

Bei der Diskussion über die Islamische Theologie in Deutschland ist zurzeit vor allem das zweite Element im Blick: Minister Schünemann hat in diesem Sinne in seinem Beitrag zur Tagungseröffnung als Zielbestimmung von einem Islam gesprochen, der *hier in Deutschland* zuhause ist. Um dieses Ziel zu erreichen, braucht es eine Islamische Theologie, die sich in Deutschland verortet, die deutsche Sprache benutzt und für ihre Zwecke weiterentwickelt. Sie muss auf die Fragen reagieren, die sich für Muslime in Deutschland stellen. Aber sie muss auch in der Lage sein, an die theologischen Traditionen anzuknüpfen, die sich im Islam seit vielen Jahrhunderten entwickelt haben. Hieraus ergibt sich ein ziemlich grundsätzliches Problem: Es gibt bisher kaum islamische Theologen, die in den Traditionen dieses Fachs in einem islamischen Land ausgebildet und gleichzeitig in der Lage sind, diese Traditionen in deutscher Sprache auf die hiesige Situation anzuwenden. Die bisherigen Professuren in Deutschland für Islamische Theologie (oder wie sie auch benannt sein mögen) sind überwiegend mit Kollegen besetzt, die einen ganz anderen akademischen Weg gegangen sind als den einer klassischen theologischen Ausbildung. Sie haben sich z. B. durch ein sozialwissenschaftliches oder juristisches Studium qualifiziert. Ich halte das unter den gegebenen Bedingungen auch für richtig. Allein was hier in Osnabrück schon entstanden ist, zeigt ja, dass das der richtige Weg war. Aber wenn man nun den nächsten Schritt gehen will, darf man nicht außer Acht lassen, einen qualifizierten Anschluss an die theologischen Traditionen des Islam zu finden. Man kann eine Theologie nicht einfach neu erfinden. Das gilt nicht nur für die christliche, sondern ebenso auch für eine Islamische Theologie.

2. Anforderungen an eine Islamische Theologie in Deutschland

Durch die Migrationssituation, zunehmend aber auch durch Konversionen, stellt sich für Muslime in Deutschland vieles sehr anders dar als in den jeweiligen Herkunftsländern:

- Muslime machen in Deutschland ganz andere Erfahrungen als in den Ländern, aus denen ihre Vorfahren stammen. Sie sind Erfahrungen der Fremdheit, anderen Lebensgewohnheiten usw. ausgesetzt. Das führt zu Verständigungsschwierigkeiten zwischen den Generationen und auch zwischen Muslimen und Nichtmuslimen.

- Viele Muslime machen z. B. erst in Deutschland die für sie fremde Erfahrung, dass es zahlreiche verschiedene Traditionen *innerhalb* des Islam gibt. Für viele ist es schwer, damit umzugehen, weil sie es gewohnt sind, Religion, Ethnizität und Nationalität miteinander zu identifizieren. Türkisch sein, bedeutet für sie z. B. zugleich, Muslim zu sein, und wer nicht Türke oder Türkin ist, kann nach dieser Sicht auch nicht Muslim sein. Oft empfinden das gerade Menschen in der Migrationssituation in verstärktem Maße, z. B. Kinder, weil beides, die religiöse und die ethnische oder nationale Identität, sie von den anderen Kindern unterscheidet und deshalb von ihnen als zusammengehörig empfunden wird.
- Auch die Traditionsweitergabe innerhalb des Islam ist prekär. Schon die erste Generation der Zuwanderer, umso mehr die zweite, dritte und vierte, weiß im Durchschnitt wenig über ihre Religion, auf die sie von der nicht-muslimischen Mehrheitsgesellschaft aber ständig angesprochen wird. Auch hier gibt es sprachliche Barrieren: Die Jüngeren sprechen z. B. häufig kaum mehr Türkisch (um nochmals die türkischen Muslime als Beispiel zu nehmen). Deshalb beschloss z. B. ein deutschkundiger Imam einer Ditib-Moschee, am Ende des Freitagsgebets, der Hudba, einige Sätze auf Deutsch zu sprechen, um auch die anwesenden jüngeren Muslime adressieren zu können. Ältere Muslime beschwerten sich daraufhin über ihn beim zuständigen Generalkonsulat, weil in der Moschee Türkisch, wenn nicht Arabisch gesprochen werden müsse. An solchen Stellen werden Brüche zwischen den Generationen sichtbar, die nur schwer zu überwinden sind.

Deshalb muss eine Islamische Theologie unter deutschen Bedingungen einen Spagat bewältigen, wenn sie die beiden genannten Charakteristika einlösen will: Einerseits die Sicherung der Tradition und ihre Weitergabe an die nächste Generation, andererseits die Neubestimmung angesichts der veränderten Rahmenbedingungen.

3. Probleme bei der Einrichtung einer Islamischen Theologie und Imamausbildung

3.1 Zur Imamausbildung

Ich möchte nun das Fragezeichen im Titel meines Beitrags erklären: Imame werden, ebenso wie Pfarrer bzw. Pastoren, in Deutschland nicht vom Staat, sondern von den Religionsgemeinschaften angestellt. Bisher entspricht die Bezahlung der Imame, anders als die der Pfarrer bzw. Pastoren, sicher nicht dem üblichen akademischen Niveau. Es fragt sich also, ob jemand, der hier Abitur macht und studieren will, überhaupt Interesse daran hat, den Beruf des Imam zu ergreifen.

Ein Weiteres kommt hinzu: Die Moscheen in Deutschland gehören größtenteils zu Verbänden, und Imame werden von Verbänden angestellt. Ein Verband wie DITIB wird sicher Wert darauf legen, auch in Zukunft seine Imame selbst auszubilden. Zu diesem Zweck unternimmt zurzeit z. B. Diyanet, die türkische Mutterorganisation von DITIB, selbst erhebliche Reformbemühungen. So gibt es in Ankara und in Istanbul an den theologischen Fakultäten eigens einen internationalen BA-Studiengang für Studierende aus dem Ausland, der mit Stipendien und anderen Fördermaßnahmen ausgestattet ist. Die meisten Studierenden kommen aus Deutschland und werden nach ihrem Theologiestudium wieder hierher zurückkommen. Ich habe einige der Studierenden kennen gelernt. Es sind hoch motivierte junge Leute, die sich in der Türkei an die türkische theologische Tradition anschließen und diese dann nach Deutschland bringen, sie in den deutschen Kontext »übersetzen« wollen. Auch das ist ein Reformmodell, und sicher bemühen sich nicht nur Diyanet bzw. DITIB um solche Schritte. Man muss also damit rechnen, dass eine vom deutschen Staat an den deutschen Universitäten organisierte Imamausbildung nicht das einzige Modell darstellen wird.

Dennoch wäre es sicher verfehlt, die Entwicklung einer Islamischen Theologie einfach den muslimischen Verbänden zu überlassen. Sie sind dazu schon finanziell keinesfalls in der Lage, ohne auf ausländische Ressourcen zurückzugreifen. Das kann aber nicht im Interesse des deutschen Staates sein. Wie die Studie von Dr. Tunger-Zanetti für die Schweiz zeigt,[1] ist es auch nicht im Sinne der meisten Muslime: Sie wollen eine Theologie, die hierzulande heimisch und unabhängig von ausländischen Einflüssen ist.

---

1 Vgl. seinen Beitrag im vorliegenden Band; vgl. auch den Schlussbericht dieses aktuellen Projekts zur Imamausbildung in der Schweiz im Rahmen des Nationalen Forschungsprogramms 58 des Schweizer Nationalfonds, auf: http://www.nfp58.ch/files/news/43_Imame_Schlussbericht_deutsch.pdf (letzter Zugriff 11.3.2010).

3.2

Ich sehe ein weiteres Problem, das ich persönlich für besonders schwierig zu lösen finde: Wenn der deutsche Staat an seinen Universitäten nach Kriterien, die er selbst festlegt, Professuren für Islamische Theologie besetzt, dann ist bei den Muslimen der Verdacht nicht weit, der Staat würde so etwas wie einen deutschen ›Staatsislam‹ züchten: Staat und Universitäten würden einen ›Schulterschluss‹ gegenüber den gewachsenen muslimischen Strukturen versuchen, die sich bisher weitgehend fern von staatlichen wie akademischen Strukturen entwickelten. Die Muslime werden entsprechend reserviert reagieren, wenn solche Befürchtungen entstehen (die Entwicklungen in Münster im vergangenen Jahr machen sehr deutlich, wovon ich spreche).

Der Staat muss sich daher auf die muslimischen Menschen einstellen, die hier leben; er darf ihnen nicht vorschreiben, wie sie ihre Religion leben sollen – solange sie nicht gegen staatliche Gesetze verstoßen, andere in ihrer Selbstentfaltung beeinträchtigen und Ähnliches. Er darf ihnen auch nicht ein Religionsmodell als Vorbild vorschreiben (z. B. das des protestantischen Christentums und seiner Theologie), das ihren Eigenarten nicht gerecht wird. Er darf dabei auch nicht nur die Verbände im Auge behalten. Es gibt viele religiös aktive Muslime, die nicht den Verbänden angehören. Auch sie sollten die Möglichkeit haben, sich religiös zu bilden. Z.B. gibt es viele Frauen, die sich für ein solches Studium interessieren würden. Eine akademische Imamausbildung von Männern für Männer ist hier kaum die richtige Lösung.

Daraus ergibt sich ein weiterer Spagat, den nicht nur die muslimische Theologie selbst, sondern auch der deutsche Staat bewältigen muss: Er muss sich neutral zur Religion verhalten und dennoch aktiv eingreifen, damit in Deutschland eine brauchbare und handlungsfähige islamisch-theologische Struktur entsteht.

3.3

Damit hängt noch ein weiterer Problemkomplex zusammen: Neben den zu erwartenden innerislamischen Spannungen zwischen verschiedenen Richtungen, ethnisch-nationalen Hintergründen und Verbänden muss man um das Gefälle zwischen theologisch Gebildeten und einfachen Gläubigen wissen und es ernst nehmen. Es gibt dieses Gefälle nicht nur im Islam. Auch im christlichen Bereich gibt es seit Jahrhunderten Spannungen zwischen der akademischen Theologie und z. B. den Erweckungsbewegungen auf protestantischer Seite oder den traditionalistischen Laienbewegungen auf katholischer Seite.

Gerade auch innerhalb der muslimischen Bevölkerung gibt es eine große

Spannbreite zwischen Laien, die einfach nur ihre Religion praktizieren wollen, Funktionären und anderen Aktiven in den Verbänden, die selbst jedoch nicht über eine akademische theologische Bildung verfügen, und der intellektuellen Elite der Muslime, die zurzeit im Entstehen ist. Schon jetzt entsteht bei einfachen Muslimen immer wieder der Verdacht, allzu intellektuelle Muslime seien »verdorben«, sie würden nicht mehr beten und auch die übrigen Regeln der islamischen Lebensführung nicht mehr beachten. Auch wenn das vielleicht oft nur Vorurteile und Klischees sind, muss man ihre Existenz doch berücksichtigen. Eine zu stark forcierte Entwicklung einer Islamischen Theologie könnte Gräben aufreißen, die im Ergebnis der Integration der muslimischen Minderheit in Deutschland eher entgegen wirken könnte. Die weniger gebildeten Muslime müssen die Chance haben, sich mit der entstehenden theologischen Elite identifizieren zu können. Sie müssen sie »nostrifizieren« können. Ziel darf es daher nicht sein, eine theologische Elite heranzuziehen, die mit den einfachen Muslimen nicht mehr kommunizieren kann.

Andererseits braucht es, wie ich eingangs schon betont habe, theologische Bildung auf hohem, modernem Niveau. Dieser dritte Spagat lässt sich sicher nur überbrücken, wenn man situationsbedingt mit verschiedenen Instrumenten arbeitet und diese aufeinander bezieht. Wünschenswert wäre z. B. ein Angebot islamisch-theologischer Elemente auf der Fachhochschulebene, weil dort viele muslimische Studierende eingeschrieben sind, die teilweise, z. B. im Bereich der Sozialpädagogik, auch mit religiösen Fragen zu tun haben bzw. sich dafür interessieren. Evtl. lässt sich das durch Öffnung und öffentliche Bewerbung von Lehrangeboten im Bereich der islamisch-theologischen Zentren an den Universitäten erreichen.

4. Vorschläge für die Ausbildung in Islamischer Theologie oder Religionsgelehrsamkeit

4.1

Mein erster Vorschlag geht dahin, sich bei der geplanten Ausbildung muslimischer Theologinnen und Theologen nicht zu eng am Vorbild der protestantischen Theologenausbildung in Deutschland zu orientieren, sondern eher ein Modell anzustreben, wie es z. B. in der Ausbildung evangelisch-reformierter Pfarrer in den meisten deutschsprachigen Schweizer Kantonen üblich ist[2] (das

2 Vgl. das »*Konkordat betreffend die gemeinsame Ausbildung der evangelisch-reformierten Pfarrerinnen und Pfarrer und ihre Zulassung zum Kirchendienst*« vom 28. 11. 2002, auf: http://www.rechtsbuch.tg.ch/pdf/100/187_21c1neu.pdf (letzter Zugriff 11. 3. 2010).

wäre vielleicht auch für die christliche Theologie in Deutschland das zukunftsfähigere Modell): Während in Deutschland in den meisten Bundesländern schon der universitäre Studiengang organisatorisch mit der betreffenden Landeskirche verbunden ist (z.B. absolvieren protestantische Theologinnen und Theologen in Bayern zum Abschluss ihres Universitätsstudiums kein universitäres, sondern ein kirchliches Examen, durchgeführt von der Ev.-Lutherischen Kirche in Bayern; sie müssen sich vom ersten Semester an dafür einschreiben), erwerben Theologiestudierende in den Schweizer Universitäten einen normalen universitären Abschluss, unabhängig von der Kirche oder Religionsgemeinschaft, für die sie später vielleicht tätig sein möchten. Die eigentliche Pfarrerausbildung erfolgt erst anschließend im Rahmen des Vikariats. Sie ist unabhängig von der Hochschullehre und wird von den betreffenden Landeskirchen selbständig organisiert. Anders als in Deutschland, wo an den meisten Universitäten nur Protestanten (Angehörige einer Kirche der ACK, der Arbeitsgemeinschaft christlicher Kirchen) einen Abschluss im Fach Ev. Theologie machen können (nach Auskunft von Experten ist das verfassungsrechtlich wohl sehr fragwürdig, aber noch nie hat ein Student konkret dagegen geklagt), gibt es solche Restriktionen an den Universitäten in Zürich oder Basel nicht.

Ähnlich wie an den genannten Schweizer Theologischen Fakultäten könnte man sich auch eine Imamausbildung vorstellen: Die Hochschule bildet nach diesem Modell nicht selbst die Imame aus, sondern sie bietet einen Studiengang für Islamische Theologie an, der den Studierenden eine reflektierte islamische Binnenperspektive auf dem hiesigen wissenschaftlichen Niveau vermittelt. Eine solche Ausbildung würde die Studierenden für die spätere Tätigkeit als Imame zwar hervorragend vorbereiten, aber noch nicht direkt dafür qualifizieren. Die Verbände könnten eine eigenständige, darauf aufbauende Imamausbildung entwickeln, für die sich die Absolventen bewerben können (entsprechend dem Vikariat). Eine solche Arbeitsteilung zwischen Universität und Verbänden würde viele potenzielle Spannungen und Konkurrenzsituationen vermeiden und den Verbänden die nötigen Handlungsspielräume einräumen. Wenn eine solche universitäre Ausbildung gut organisiert ist, wären ihre Absolventen hervorragend qualifiziert, die besonderen Probleme muslimischer Gemeinden in Deutschland professionell anzugehen. Diese Probleme sehen auch die Verbände, die sich zumindest längerfristig einer solchen akademischen Vorbildung der Imame aus eigenem Interesse vermutlich nicht verschließen würden. Dazu gehört sicherlich ein universitäres Lehrprogramm, das neben den klassischen Disziplinen Islamischer Theologie auch pädagogische, psychologische u.a. Bestandteile enthält. Das sollte die Universität leisten können!

Wenn man das Wort »Theologie« ernst nimmt, setzt die Durchführung eines Studiengangs für Islamische Theologie auch in diesem Fall einen muslimischen Beirat (gemäß der Konzeption des Wissenschaftsrats) bzw. einen Staatsvertrag oder Ähnliches voraus, der die Beteiligung der Muslime an der Berufung von Professoren und an der Gestaltung der Studiengänge regelt. Wie das Schweizer Beispiel zeigt, braucht das aber nicht mit einer Beteiligung des Beirats bzw. der Verbände am Examen verbunden zu sein. Auch gäbe es dann keine konfessionellen Restriktionen, wer überhaupt den Studiengang studieren und akademisch abschließen kann. Eine solche Restriktion würde erst dann greifen, wenn die Verbände über die Anstellung von Absolventinnen und Absolventen entscheiden müssen. Das wird dem deutschen Religionsrecht vermutlich besser gerecht als ein Studiengang für eine rein männliche Spezialklientel für den Imamberuf, zumal auch die Zugehörigkeit einzelner Studierender zum Islam sicher schwerer rechtskräftig festzustellen ist als die von christlichen Kirchenmitgliedern zu ihrer Religionsgemeinschaft (es wäre eine eigentümliche Vorstellung, wenn Studierende vor dem vermutlich nicht-islamischen Dekan und zwei weiteren Zeugen die Šahāda, das Islamische Bekenntnis, vorsprechen müssten, bevor sie ihr Examen abschließen können).

Die Studierenden würden dadurch nicht nur für den Imamberuf, sondern auch für andere Berufe qualifiziert. In den Verbänden selbst, aber auch in vielen staatlichen Einrichtungen, braucht es zunehmend Kompetenz in Islamischer Theologie. Bisher werden an entsprechender Stelle zumeist christliche Theologen beschäftigt (oder z. B. Sozialarbeiter, die an einer kirchlichen Fachhochschule studiert und dadurch gewisse theologische Kenntnisse erworben haben). Das Spektrum reicht von Staatsinstituten für Bildungsforschung über Krankenhaus- oder Gefängnisverwaltungen bis hin zu Ausländerbehörden. Es wäre gut, wenn es auch für solche Funktionen künftig theologisch ausgebildete Muslime gäbe. *Daher würde ich empfehlen, nicht zu eng eine Imamausbildung anzustreben, sondern das Thema breiter anzugehen. Ein solches Studium der Islamischen Theologie wäre für alle interessant, die als Muslime für den Islam in Deutschland etwas tun wollen.*

4.2

Damit hängt ein weiterer Punkt zusammen: Es wäre sehr sinnvoll, ein Studium in Islamischer Theologie so anzulegen, dass es auch in Kombination mit anderen Fächern studierbar ist. Wie erwähnt, gibt es zunehmend gebildete Musliminnen und Muslimen, die von ihrem Studium her Soziologen, Politologen, Pädagogen, Orientalisten, Religionswissenschaftler oder Germanisten sind, aber ein starkes Interesse an Islamischer Theologie haben. Gerade wegen des noch nicht etablierten Arbeitsmarktes in Deutschland wäre es sehr attraktiv, wenn sie muslimische Theologie künftig auch im Nebenfach studieren könnten. Entsprechendes gilt für Fortbildungsmodelle.

4.3

Zur inhaltlichen Struktur des Studiums empfehle ich als Religionswissenschaftler ganz bewusst, sich durchaus an traditionellen Vorstellungen Islamischer Theologie oder Religionsgelehrsamkeit zu orientieren: Muslimische Theologinnen und Theologen werden in Deutschland selbst und darüber hinaus, besonders in der islamischen Welt, nur ernst genommen werden, wenn sie in den Grundlagen der Usūl ud-Dīn, wie der Koranwissenschaft, Hadithwissenschaft, Fiqh usw., ausgebildet sind. Es ist keine Alternative, diese grundlegende Ausbildung in interreligiöse Studien aufzulösen. Zielsetzung ist es nicht in erster Linie, muslimische Experten für den interreligiösen Dialog zu produzieren, sondern muslimische Experten für den Islam und die muslimische Gemeinschaft in Deutschland heranzubilden (natürlich ist dafür im deutschen Kontext auch, aber nicht nur, interreligiöse Kompetenz erforderlich). Das erfordert sicherlich auch Importmodule aus anderen Fächern, z. B. Soziologie, Philosophie, Kulturwissenschaften, Religionswissenschaft, vielleicht auch aus der christlichen Theologie (wünschenswert wäre dann ein wechselseitiger Austausch von Lehrelementen). Aber es handelt sich dabei um Zusatzmodule, nicht um den Kern des Studiums, der von islamischen Gelehrten getragen sein muss.

Literatur

»*Konkordat betreffend die gemeinsame Ausbildung der evangelisch-reformierten Pfarrerinnen und Pfarrer und ihre Zulassung zum Kirchendienst*« vom 28.11.2002, auf: http://www.rechtsbuch.tg.ch/pdf/100/187_21c1neu.pdf (letzter Zugriff 11.3.2010).

Schlussberichts dieses aktuellen Projekts zur Imamausbildung in der Schweiz im Rahmen des Nationalen Forschungsprogramms 58 des Schweizer Nationalfonds, auf: http://www.nfp58.ch/files/news/13_Imame_Schlussbericht_deutsch.pdf (letzter Zugriff 11.3.2010).

Tunger-Zanetti, Andreas, »*Imamausbildung im europäischen Kontext – das Beispiel Schweiz*« im vorliegenden Band.

Wolfram Weiße, »*Erfordernisse einer Theologie im Plural für die Ausbildung vom Imamen in Deutschland*« im vorliegenden Band.

Wolfram Weiße

Erfordernisse einer Theologie im Plural für die Ausbildung von Imamen in Deutschland

1. Einleitung: Neue Bedeutung von Religion und Gesellschaft

Der Themenbereich Religion ist in den vergangenen Jahren im akademischen Diskurs wie in der öffentlichen Diskussion in Deutschland mit exponentiell steigender Zunahme beachtet worden[1]. An den Universitäten werden Exzellenzzentren zu Religion und Gesellschaft und zu Fragen des interreligiösen Dialogs gegründet. Internationale Institutionen wie die UNO oder die UNESCO (2007) sowie der Europarat (Council of Europe 2008) weisen in politisch hochrangigen Erklärungen auf die große Bedeutung von Religionen für den Zusammenhalt in Gesellschaften und die Lösungsmöglichkeiten von sozialen Konflikten hin. Politiker, die ansonsten keine ausgeprägte Position zur Frage von Religion hatten, äußern sich seit einigen Jahren öffentlich zur gesellschaftlich-politischen Relevanz von Religion. Als Beispiel sei auf die Rede des ehemaligen Bundeskanzlers Helmut Schmidt im Hamburger Rathaus vom 5. September 2008 verwiesen, in der er in einer auf zentrale Themen der Weltpolitik gerichteten Rede unterstrich, dass religiöse Toleranz im 21. Jahrhundert für das Zusammenleben der Menschheit wichtiger sei als je zuvor.[2] Für diese generelle Entwicklung mag auch das Interesse des Philosophen Jürgen Habermas seit seiner Rede bei der Verleihung des Preises des deutschen Buchhandels im Herbst 2001 gelten. Vorher hat sich Habermas nicht zu religiösen Fragen geäußert. Seit Jahren redet und publiziert er dazu und bringt die Diskussion aus philosophi-

1 Im internationalen Bereich ist diese Diskussion schon vorher in die Wege geleitet worden, vgl. Casanova, J., *Public Religions in the Modern World.* The University of Chicago Press, Chicago/London 1994.

2 Diese Aussage hat der Autor des vorliegenden Beitrages mitgeschrieben. Siehe aber auch die folgende Aussage von H. Schmidt in seiner 7. Weltethosrede, gehalten im Mai 2007 in Tübingen: »Wer aber Frieden zwischen den Religionen will, der sollte religiöse Toleranz und Respekt predigen. Respekt gegenüber dem anderen setzt ein Minimum an Kenntnis des anderen voraus.«, vgl. Helmut Schmidt, *Zum Ethos des Politikers, 7. Weltethosrede*, 8.5.2007, Tübingen, S. 11, auf: http://www.uni-tuebingen.de/uni/qvo/highlights/download/h52-weltethosrede2007.pdf (letzter Zugriff 15.06.2010).

scher Warte und im Interesse an öffentlichen Fragen entscheidend weiter. Für die Gegenwart sieht Habermas eine Herausforderung darin, zur Überwindung eines »säkularistisch verhärteten und exklusiven Selbstverständnisses«[3] in der westlichen Moderne beizutragen. Religiöse Überlieferungen seien notwendig, um Bewusstseinsdefizite zu überwinden.[4] Schließlich sieht Habermas ein besonderes Potenzial in religiöser Toleranz, die er als »Schrittmacher für einen richtig verstandenen Multikulturalismus und die gleichberechtigte Koexistenz verschiedener kultureller Lebensformen innerhalb eines demokratisch verfassten Gemeinwesens« bezeichnet[5].

Die Frage, inwieweit Religionen eine Ressource für wechselseitige Verständigung bilden können – wo aber auch religiös bedingte Konfliktpotenziale liegen – erlangt gegenwärtig eine immer stärkere Bedeutung. Transformationsprozesse in allen europäischen Gesellschaften verlangen neue Antworten, damit die religiös-kulturelle Vielfalt eine Ressource für menschliches Zusammenleben und nicht einen Faktor für Missverständnisse, Spaltung und Feindschaft bildet. Hierfür langt es nicht, ein Nebeneinander von Menschen unterschiedlicher sprachlicher, kultureller und religiöser Zugehörigkeiten zu dulden; vielmehr ist es mehr denn je notwendig, auf die Anerkennung des Anderen zuzugehen, wie es jüngst Paul Ricoeur herausgestellt hat. Ihm ist beides wichtig: den Anderen in seiner Andersheit anzuerkennen und sich selbst als verantwortliches und handelndes Subjekt zu erkennen, um in wechselseitiger Anerkennung zu einer Gewissheit der eigenen Identität zu gelangen[6]. Er plädiert damit für eine Identitätsfindung, die nicht auf die Wahrung der eigenen Identität durch Abschluss von anderen, sondern nur im Bezug zu ihnen zu finden ist. Dieser Ansatz birgt weit reichende Konsequenzen auch für die Frage eines angemessenen Verständnisses von Identität[7] und für angemessene theologische Ansätze. Wenn das eigene nicht isoliert, sondern nur in Bezug zu anderem begründet werden kann, dann könnte der grundlegende Gedanke von Paul Ricoeur auch für die Frage

3 Habermas, J., *Zwischen Naturalismus und Religion. Philosophische Aufsätze*, Suhrkamp, Frankfurt am Main 2005, S. 145.

4 »Religiöse Überlieferungen leisten bis heute die Artikulation eines Bewusstseins von dem, was fehlt. Sie halten eine Sensibilität für Versagtes wach. Sie gewahren die Dimensionen unseres gesellschaftlichen und persönlichen Zusammenlebens, in denen noch die Fortschritte der kulturellen und gesellschaftlichen Rationalisierung abgründige Zerstörungen angerichtet haben, vor dem Vergessen« ebd. S. 13.

5 Ebd. S. 263 f.

6 Vgl. Ricoeur, Paul, *Wege der Anerkennung. Erkennen, Wiedererkennen, Anerkanntsein*, Suhrkamp, Frankfurt a.M. 2006.

7 Peukert, H., *»Identität«*, in: P. Eicher (Hg.) *Neues Handbuch theologischer Grundbegriffe*, Bd. 2, München 2005, S. 184–192.

eines Theologisierens in Zeiten des religiösen und weltanschaulichen Pluralismus[8] bedeutsam sein.

Im Folgenden geht es um die Frage, wie die Herausbildung theologischer Entwürfe in der Gegenwart gedacht werden kann und inwieweit der Dialog dafür eine Rolle spielt.

2. Neue akademische Ressourcen im Bereich der Weltreligionen

An mehr und mehr Standorten von Universitäten Deutschlands ist seit Jahren gefordert worden, zusätzlich zu den Professuren im Bereich christlicher Theologie nun auch akademische Ressourcen im Bereich der Theologien der Weltreligionen, allen voran dem Islam einzurichten. Es ist beeindruckend, dass nach jahrzehntelanger Abstinenz seit einigen Jahren Ressourcen im Bereich Islamischer Theologie und/oder Religionspädagogik an deutschen Universitäten eingerichtet werden: In Osnabrück, Nürnberg/Erlangen, Frankfurt und Münster. Und an der Universität Hamburg sind wir auch seit einigen Jahren dabei, Forschung und Lehre für eine »Theologie im Plural«[9] zu installieren.

Nun wird es auf der Grundlage der »Empfehlungen zur Weiterentwicklung von Theologien und religionsbezogenen Wissenschaften an deutschen Hochschulen« des Wissenschaftsrates vom 29. Januar 2010 einen weiteren Druck- oder Sogeffekt geben, Professuren für den Islam oder auch für das Judentum einzurichten. Das ist gut so und wie sollten wir eine solche Entwicklung nicht begrüßen?

Und dennoch bleiben Fragen. Ich möchte nicht auf den Vorschlag eingehen, welche Konkurrenzeffekte der Vorschlag nach sich ziehen könnte, dass »an zwei bis drei staatlichen Universitäten, an denen bereits andere religionsbezogene Wissenschaften etabliert sind, institutionell starke Einheiten für islamische Studien« aufgebaut werden sollen[10]. Vielleicht belebt die Konkurrenz ja das Geschäft? Auf jeden Fall sollte meiner Meinung nach eine Stärkung von zwei oder drei Zentren nicht eine Schwächung der übrigen Standorte für islamische oder jüdische Studien nach sich ziehen.

8 Berger, P.L., »*Die Pluralisierung der Religion in Zeiten der Pluralisierung*«, in: W. Weiße (Hg.) *Theologie im Plural. Eine akademische Herausforderung*, Waxmann, Münster 2009, S. 13–19.

9 Knauth, T./Weiße, W. (Hgg.), *Akademie der Weltreligionen. Konzeptionelle und praktische Ansätze*, Hamburg 2002; Neumann, U. (Hg.), *Islamische Theologie. Internationale Beiträge zur Hamburger Debatte*, hrsg. in Zusammenarbeit mit P. Kappert, O. Schumann und W. Weiße, edition Körber-Stiftung, Hamburg 2002; Weiße, W. (Hg.), *Theologie im Plural. Eine akademische Herausforderung*, Waxmann, Münster 2009.

10 Wissenschaftsrat, *Empfehlungen zur Weiterentwicklung von Theologien und religionsbezogenen Wissenschaften an deutschen Hochschulen*, Berlin 29.1.2010, Drs. 9678–10, S. 7.

Ich möchte mich auf die Frage beziehen, wie die vorgeschlagenen Einheiten für islamische oder jüdische Studien strukturell in die Hochschullandschaft eingebettet werden sollen. Sollen sie in sich ruhen und zunächst einmal für sich selbst arbeiten, was auf Grund der angestrebten Größe ja durchaus möglich wäre? Oder sollen sie sich in die bestehenden Strukturen hineinweben und mit bestehenden Instituten/Fachbereichen für evangelische und katholische Theologie sowie anderen theologischen sowie weiteren akademischen Disziplinen eng kooperieren?

Ich sehe eine Tendenz in den Empfehlungen des Wissenschaftsrates, erst einmal bestehende Einheiten für islamische Studien zu stärken und weniger darauf abzuzielen, dass sie sich von Anfang an mit anderen Disziplinen vernetzen. Allerdings: Es gibt einen Hinweis, der eine derartige Vernetzung – im Zusammenhang mit der Religionswissenschaft, aber vielleicht nicht nur auf diese bezogen – empfiehlt. Es heißt in der Kurzfassung der Empfehlungen des Wissenschaftsrates im vorletzten Absatz: »Um dem zunehmenden religiösen Pluralismus gerecht zu werden, sollten die Anstrengungen zu fächer- und fakultätsübergreifenden Kooperationen verstärkt werden.«[11].[12]

An diesem letzten Punkt setze ich an und möchte ihn auch für die Ausbildung von Imamen stark machen. Meine These, die ich im Folgenden erläutern möchte, lautet: Weder für Lehramtsstudierende noch für die Ausbildung von Imamen ist es hinreichend, sich auf die Islamische Theologie bzw. islamische Studien allein zu beziehen. Vielmehr ist es erforderlich, in einer solchen Ausbildung von vorne herein auch eine pluralistische Perspektive zu verankern. Dies ist notwendig, damit Studierende, die Imame werden wollen, sich nicht nur auf die »eigene« Religion konzentrieren und damit ihre Perspektive verengen, sondern sich zwei Dinge vergegenwärtigen:

1.) Der Islam – so wie andere (abrahamische) Religionen – erlaubt einen Ansatz des religiösen Pluralismus, und
2.) es gibt hinreichend Überschneidungspunkte von Theologien zumindest im Bereich der abrahamischen Religionen.

Zum ersten Punkt könnte ich auf zahlreiche Literatur zurückgreifen[13]. Ich konzentriere mich aus pragmatischen Gründen zu dieser Frage auf grundle-

11 Ebd. S. 8.

12 Und es heißt im Text weiter: »An Standorten, die über mindestens drei der hier behandelten religionsbezogenen Disziplinen in hinreichender Stärke verfügen, sollte angestrebt werden, fächerübergreifende Forschungs- und Lehrkooperationen zu fördern und dazu gemeinsame Zentren theologischer und religionsbezogener Forschung einzurichten.« Ebd. S. 8.

13 Vgl. z.B. Esack, Farid, *Qur'an, Liberation and Pluralism: Towards an Islamic Perspective of Inter-Religious Solidarity Against Oppression*, Oneworld Publications, Oxford 1997.

gende Erwägungen von Abdulkader Tayob, Professor für Islamstudien an der University of Cape Town in Südafrika.

Zum zweiten Punkt möchte ich auf drei Ansätze rekurrieren, die des islamischen Theologen, Abdoldjavad Falaturi, die des christlichen Theologen, Hans-Jochen Margull, und auf Grundgedanken des jüdischen Philosophen, Emmanuel Lévinas.

Zu den genannten Ansätzen lassen sich schnell und leicht entschiedene Gegenpositionen finden. Im Bereich christlicher und jüdischer Theologie gab und gibt es klare Abgrenzungen und Verurteilungen aller anderen Religionen außer der eigenen. Und dasselbe gilt für den muslimischen Bereich. Für den interreligiösen Dialog erscheinen mir die Ansätze von Margull, Falaturi und Lévinas bis heute als richtungsweisend. Meines Wissens haben sich die drei Genannten nie persönlich getroffen. Aber es gibt einen untergründig verlaufenden »roten Faden«, der es rechtfertigt, die drei miteinander ins Gespräch zu bringen. Das soll im Folgenden ansatzweise versucht werden.

3. Eine Frage der Wahl: Islam und Dialog

Zunächst zum Ansatz des international renommierten südafrikanischen Wissenschaftlers in Islamlehre, Abdulkader Tayob[14]. Er geht von der Vielfalt des Islam als Religion, Kultur und Weltanschauung in Geschichte und Gegenwart aus und unterstreicht, dass es deswegen nicht möglich sei, ganz einfach und en bloque vom »Islam« zu sprechen: »Die Muslime [...] sind mehr oder minder geprägt von islamischem Denken und islamischen Werten. Die sind auch vielfältig und befinden sich teilweise in Spannung zueinander«[15]. Dasselbe gelte auch für den Dialog, der vielfältige Formen besitze und auch den Konflikt mit beinhalte, der manchmal als Durchgangspassage für den Dialog notwendig sei. Tayob unterstreicht, der Islam sei »durch und durch geprägt von Dialog. Der Islam kam geschichtlich aus den Schatten von verschiedenen Religionen und Weltanschauungen«[16]. Er bezieht auch essentialistische Vorstellungsformen von Islam in seine Überlegungen mit ein, die eher auf Abgrenzung zu anderen Religionen bedacht seien. Diese hält er wissenschaftlich für problematisch. Tayob

14 Tayob, A., in: W. Weiße (Hg.), *Interreligiöser Dialog in Schule und Gesellschaft. Ergebnisse des europäischen Großforschungsprojektes REDCo und Perspektiven des Interdisziplinären Zentrums Weltreligionen im Dialog: Auf dem Weg zur Akademie der Weltreligionen.* Dokumentation einer Veranstaltung an der Universität Hamburg am 26.11. 2009, vgl. www.redco.uni-hamburg.de (letzter Zugriff 12.3.2010), S. 35–37; Tayob, A., *Religion in mondern islamic discourse*, C. Hurst&Co., London 2009.

15 Tayob, »*Islam und Dialog. Analyse und Perspektiven*«, S. 35.

16 Ebd.

plädiert für einen Ansatz, der auch Fragen erlaubt und die Entstehung des Islam nicht in Isolation von anderen Strömungen der damaligen Zeit begreift: »Die Erstehung vom Koran wirft viele Fragen auf, die mit der modernen Zeit in den Blick kamen. Im Koran gibt es Figuren, Symbole und Werte, die nicht von den zeitgenössischen Religionen getrennt werden können. Die Auseinandersetzung mit Anderen ist deutlich im Koran angelegt. Wir hören beides, Gemeinsamkeiten und Gegensätze zwischen der neuen Offenbarung und den älteren Traditionen«[17].

Auf der Grundlage dieser Überlegung ergeben sich nach Tayob zentrale Themen, die jene Fragen nach der Beziehung zwischen Islam, Judentum und Christentum ebenso aufnehmen wie die schwierige Thematik, dass islamische Gruppen zum Teil in Spannung oder gar in Feindschaft zueinander standen und stehen.

Für Tayob ergeben sich einschneidende Veränderungen durch die Globalisierung, welche die Menschen auf allen Ebenen näher zusammenbringe. Muslime haben, so Tayob, in der Gegenwart weniger Austausch und Dialog, als sie es früher hatten. Diese Einstellung gelte es zu überdenken. Es gebe in verschiedenen Ländern und Regionen durchaus tragfähige Ansätze von Dialog auf Seiten von Muslimen. Aber hierfür, so Tayob, müsse man sich auch bewusst entscheiden: »Es gibt mit Bezug auf die Vergangenheit und im Blick auf die Zukunft viele Gründe für Dialog. Wählen wir den Weg des Dialogs!«[18].

So weit die Argumentation und das Plädoyer von Abdulkader Tayob. Deutlich wird, dass es sich nicht selbstläufig um eine dialogische Öffnung oder einen selbstgenügsamen Abschluss in der Islamischen Theologie handelt, sondern um einen Akt der Wahl. Dies trifft auch für die im Folgenden zu umreißenden Ansätze zu.

4. Dialog in theologischen Entwürfen des Christentums und des Islam sowie im Judentum

4.1. Hans Jochen Margull: Theologie entsteht im Dialog

Hans Jochen Margull (1925–1982) hat lange Zeit im Ökumenischen Rat der Kirchen in Genf gewirkt, bevor er Professor für Missions- und Ökumenewissenschaft in Hamburg wurde. Ich möchte an dieser Stelle nur in Stichworten daran erinnern[19], worum es ihm ging:

17 Ebd. S. 36.
18 Ebd. S. 37.
19 Vgl. ausführlicher Weiße, Wolfram (Hg.), *Vom Monolog zum Dialog. Ansätze einer dialo-*

Drei Voraussetzungen sind für seinen Ansatz prägend. Die erste besteht darin, dass er Religionen als geschichtlich vermittelt und auf Zukunft hin offen ansieht. Damit wendet er sich gegen ein Grundverständnis von Religion, das von fixierten Formen und Vorstellungen des Glaubens ausgeht[20]. Die zweite Voraussetzung betrifft die Einschätzung religiöser Absolutheitsansprüche im Spannungsfeld zwischen Universalität und Partikularität. Margull ging davon aus, dass in dem unteilbaren Wahrheitsanspruch jeder Religion ein Absolutheitsanspruch enthalten sei, den er auf der Ebene subjektiver Heilsgewissheit zu Recht verankert sah. Objektive Absolutheitsansprüche sah er hingegen als unangemessen an, zumal sich diese im Rahmen der Absolutheitsansprüche verschiedener Religionen als partikular erwiesen hätten[21]. Die dritte Voraussetzung markierte Margull mit dem Terminus der »Verwundbarkeit«. Im Dialog tritt die Einsicht, dass das Christentum – so wie alle Weltreligionen – eine partikulare Einheit ist, als Kränkung des eigenen Selbstbewusstseins zutage. Der Schmerz über die christliche Partikularität ist aber nichts anderes als der Schmerz, den auch die anderen Religionen zu erleiden hätten.

Auf diesem Hintergrund ergaben sich für Margull folgende Prioritäten für den Dialog:

1. Begegnung in Gleichberechtigung: Unter interreligiösem Dialog verstand Margull die Begegnung und das Gespräch zwischen gleichberechtigten Menschen mit unterschiedlichem religiösem Hintergrund. In Anlehnung an Martin Buber sah er als Grundbedingung und Grunderfahrung solcher Begegnungen die Tatsache an, »dass nichts weniger und vielleicht auch nichts schmerzlicheres als Gleichberechtigung und Achtung die Voraussetzung für einen echten Dialog ist«[22]. Dies sollte sich schon in der Terminologie ausdrücken. Statt von einem Dialog *mit* anderen Religionen (mit der implizit gesetzten Vorrangstellung der eigenen Religion) forderte er einen Ansatz, der den Dialog *zwischen* Menschen verschiedener religiöser Tradition im Zentrum sah.

2. Christliche Identität ist nicht monologisch, sondern dialogisch: Margull wies die Vorstellung einer exklusiven christlichen Identität unter Ausblendung von Welt und Weltreligionen als »Rundturm des Monologs« zurück. Menschen anderer Traditionen sollten »von Anfang an in unseren theologischen Überlegungen mitwirken«[23]. Begegnung und Dialog mit Menschen anderen Glaubens

gischen Religionspädagogik, Reihe: Jugend – Religion – Unterricht, Beiträge zu einer dialogischen Religionspädagogik, 1, Münster ^{2}1999.

20 Margull, H. J., *Zeugnis und Dialog. Ausgewählte Schriften mit Einführungen von Th. Ahrens, L. Engel, E. Kamphausen, I. Lembke, W. Ustorf, W. Weiße und J. Wietzke,* Perspektiven der Weltmission Bd. 13, Ammersbek bei Hamburg 1992, S. 270.

21 Ebd. S. 303.

22 Ebd. S. 310.

23 Ebd. S. 323–27.

sind damit nicht ein mehr oder minder notwendiger Zusatz oder gar eine Gefahr für die »eigene« christliche Identitätsfindung, sondern gehören schon im Kern zu christlicher Theologie hinzu.

3. Die Gemeinsamkeiten der Menschen, nicht die Unterschiede der Religionen sind zentral: Die entscheidende Perspektive für den Dialog bestand nach den Erfahrungen des interreligiösen Gespräches für Margull nicht in den Unterschieden religiöser Traditionen, sondern im Bewusstsein der Gemeinsamkeiten aller Menschen, die für jüdisches und christliches Denken in der Ebenbildlichkeit Gottes gründet. Entscheidend waren für ihn nicht die Lehrgebäude von Religionen, sondern die Begegnungen mit Menschen anderen Glaubens. Menschen sollten nicht von außen bestimmt werden, auch nicht durch ihre formale Religionszugehörigkeit.

4. Interreligiöser Dialog fördert nicht den Synkretismus: Aus konkreten Erfahrungen heraus konnte Margull die oft genannte Befürchtung entkräften, dass der interreligiöse Dialog zum Synkretismus führe oder auf eine Welteinheitsreligion ziele.

5. Dialog und Schweigen: Der Dialog bestehe nicht darin, dass unablässig geredet werde. Zum Dialog gehöre auch das Schweigen. Gerade auf dem Hintergrund der historischen Dominanz des Christentums ergebe sich für europäisch-nordamerikanische Christen eine Zurückhaltung in der Begegnung mit Menschen anderen Glaubens: »Dialog heißt für uns [westliche Christen, W.W.] zunächst einmal, auf lange Strecken hin zuzuhören, weil gerade wir dem Makel entgehen müssen, nicht zuhören zu können«[24].

6. Theologie gründet sich nicht auf den Besitz von Wahrheit, sondern entsteht im Dialog: Im dargestellten Ansatz ist es nicht möglich, christliche Identität allein oder auch nur vorwiegend mit Bezug auf die Kirche zu bilden. Ökumenische Theologie, wie sie von Margull vertreten wird, geht davon aus, dass die Zusagen Gottes sich an alle Menschen, ungeachtet ihres Glaubens, richten. Eine Wahrung des Christentums oder anderer Religionen durch den Rückgriff auf Wahrheit in Form einer zeitlosen Lehre bildet auf diesem Hintergrund keinen gangbaren Weg. Vielmehr steht in diesem Ansatz Dialog für einen unabdingbaren Prozess, in dem sich die eigene Identität nicht unter Ausgrenzung anderer Menschen und ihrer religiösen und weltanschaulichen Überzeugungen herausbildet, sondern in Begegnung mit ihnen.

24 Ebd. S. 287.

4.2. Abdoldjavad Falaturi: Notwendigkeit der Gründung einer neuen Theologie

Professor Abdoldjavad Falaturi (1926 – 1996) ist einer der bekanntesten muslimischen Gelehrten, der lange Zeit in Köln gewirkt hat und dort z. B. in Zusammenarbeit mit Udo Tworuschka eine umfangreiche Analyse deutscher Schulbücher zum Islam durchgeführt hat. Sein Plan, in Hamburg eine islamische Akademie aufzubauen, ist nach kurzer Zeit durch seinen Tod im Jahre 1996 gescheitert. Auch hier kann es nur darum gehen, seinen Ansatz grob zu kennzeichnen.

Als Voraussetzung für den Dialog geht Falaturi von zwei Faktoren aus: Zum einen sollte sich jeder bemühen, »den anderen annähernd so zu verstehen und zu begreifen, wie jener sich selbst versteht und seine eigene Religiosität empfindet.«[25]. Zum anderen solle jeder Dialogpartner versuchen, den anderen in die Lage zu versetzen, »von dem anderen so verstanden und nachempfunden zu werden, wie er sich in seinem eigenen religiösen Bewusstsein begreift«[26]. Sechs Punkte führt Falaturi auf, die für einen erfolgreichen Dialog notwendig sind:

1.) *Überwindung des Absolutheitsanspruches:* Wichtigste Bedingung für einen interreligiösen Dialog sei es, »sich von dem Beharren auf den Besitz einer exklusiven Wahrheit zu distanzieren.« Wer sich selbst im Besitz der Wahrheit dünkt und den anderen nur auf dem Irrweg sieht, entziehe dem Dialog von vorneherein seine Basis: »Die Vorstellung von alleiniger Seligkeit für die Anhänger seines eigenen Glaubens und von Verdammnis für alle anderen ist nichts als eine einäugige Einengung der göttlichen Liebe und Barmherzigkeit und eine egozentrische Bevormundung Gottes; Himmel bzw. Paradies und Hölle unter den Menschengruppen zu verteilen, bzw. sich als Pförtner von Himmel und Hölle aufzuspielen, zeugt von einer naiven Vorstellung der Mensch-Gott-Beziehung.«[27].

2.) *Selbstkritische Haltung und Unvollkommenheit:* Die Haltung der Öffnung für die »Wahrheit des anderen« habe eine Konsequenz, die für den Dialog unerlässlich sei: »d. h. die Bereitschaft, selbstkritisch und differenziert mit den eigenen Glaubensinhalten umzugehen und den Mut zu haben, die Schwächen und Fehlentwicklungen in der Geschichte der eigenen Religion zuzugeben«[28] Muslime, Buddhisten, Christen und Juden hätten einzugestehen, dass sie nicht hundertprozentig gemäß ihrer Religion lebten, weil die

25 Falaturi, A., »*Hermeneutik des Dialoges aus islamischer Sicht*«, in: Ders., *Der Islam im Dialog. Aufsätze von Professor Abdoldjavad Falaturi*, 5. erw. Aufl., IWA, Hamburg 1996, S. 156 – 172, hier S. 156.

26 Ebd. S. 157.

27 Ebd.

28 Ebd.

eigenen Kräfte hierfür nicht ausreichten. Dies müsse wechselseitig zugegeben werden, damit eigenes religionswidriges Fehlverhalten von anderen nicht für die Praxis der eigenen Religion gehalten werde[29].

3.) *Gleichberechtigung und Respekt:* Voraussetzung der ersten beiden – der wichtigsten – Dialogbedingungen sei eine gleichberechtigte Partnerschaft unter den Dialogparteien. Sei dies nicht der Fall, drohe Hochmut und Bevormundung. Gegenseitiger Respekt und die Anerkennung des Gesprächspartners in seiner vollen Identität seien hierfür unabdingbar.

4.) *Bereitschaft, vom anderen zu lernen und Alltagsprobleme wahrzunehmen:* Eine weitere Voraussetzung wird in der Bereitschaft, ja Neugierde gesehen, »von dem Gesprächspartner zu lernen, nicht nur von seinen positiven Lebenswerten, sondern auch von seinem Umgang mit Alltagsproblemen und seinen Lösungsversuchen«[30].

5.) *Gemeinsame Verantwortung für alle Menschen der Welt:* Als grundlegend ist die Zielrichtung des Dialogs als Instrument des Friedens anzusehen. Wichtig sei »die Überzeugung der beiden Dialogpartner von einer gemeinsamen Verantwortung für die Welt und für alle Menschen ohne Unterschied«[31]. Dies sei zwar eine schwer erfüllbare, aber »unerläßliche« Anforderung.

6.) *Schaffung einer neuen Theologie auf beiden Seiten:* Für den Dialog zwischen Christentum und Islam hat die Religionsphänomenologie nur wenig zum wechselseitigen Verständnis beitragen können. Falaturi plädiert deswegen: »Eins könnte höchstwahrscheinlich hilfreich sein: Die Gründung einer neuen Theologie auf beiden Seiten auf der Grundlage eines gegenseitigen Verständnisses für das Selbstverständnis des Gegenüber. Langfristig kommen weder die Christen noch die Muslime darum herum, wenn sie es mit dem Dialog – im genannten Sinne – ernst meinen«[32].

Falaturi hat sich – ebenso wie Margull – auch mit den Schwierigkeiten des Dialogs befasst, so mit den unterschiedlichen Ansätzen islamischer und christlicher Christologie. Falaturi führt zudem eine beeindruckende Reihe von 11 Punkten auf, in denen er erläutert, wo der Dialog lediglich als Legitimationsmittel benutzt wird, faktisch aber ein »Scheindialog« vorliegt: Gegenseitige Skepsis, negative Einschätzung der Anderen, Überheblichkeit, Geringschätzung, Vorurteile, Feindbilder, Missionierungshoffnung werden aufgeführt, die einen wahren Dialog verhindern. Und noch etwas: Scheindialoge würden geführt, »wo extreme Ereignisse, wie z. B. aktuelle politische Anlässe verbunden

29 Ebd. S. 158.
30 Ebd. S. 158 f.
31 Ebd. S. 159.
32 Ebd. S. 171.

mit Gewalt (Revolution, Golfkrieg, lokale kriegerische Auseinandersetzungen, Radikalismus etc.) als Anlass dienen, eine Veranstaltung nach der anderen anzuberaumen, ohne das mindeste Interesse an der gesamten, mit dem jeweiligen Ereignis verbundenen Problematik, bei denen der Dialog dazu dienen soll, bestimmte aktuelle Erscheinungen aus dem Kontext der Lehre, der Geschichte, und dem Überzeugungsfeld herauszugreifen und ein verzerrtes und wahrlich verabscheuungswürdiges Bild von der Religion und der Kultur des anderen zu konstruieren (das geschieht besonders häufig zum Nachteil des Islam)«[33]. Das hört sich wie eine berechtigte Mahnung zu einem Einschnitt an, den Falaturi nicht mehr erlebt hat, den Anschlägen auf die Twin-Towers und weiteren Anschlägen in der Folgezeit.

Falaturi weist klar auf die Grundlagen des Korans, die für einen Dialog und die – bei allen Unterschieden – für eine gemeinsame Anstrengung von Juden, Christen und Muslimen spricht. Sein Rat lautet: »So gesehen werden Christen und Muslime, sofern sie es mit dem Dialog ernst meinen, gut daran tun, wenn sie in ihren Begegnungen und Gesprächen auf jeder Ebene und in jeder Situation von der gemeinsamen, funktionsgleichen Wurzel, Liebe und Barmherzigkeit, ausgehen würden, um die sich die Mensch-Gott- und Gott-Mensch-Beziehung dreht, und von dieser Basis aus füreinander Gefühle entwickeln würden mit dem Ziel, ihrer gemeinsamen Verantwortung für die Welt und alle Menschen in der Gegenwart und der Zukunft in Frieden und Eintracht nachzukommen«[34].

Theologisch gibt es klare Begründungen für den Dialog, die sich im Kern bei Margull und Falaturi nicht unterscheiden. Die Möglichkeiten des Dialoges sind, wie wir bei beiden gesehen haben, an folgende Voraussetzungen gebunden:

- Abschied vom Absolutheitsanspruch,
- Respekt vor dem anderen,
- Gleichberechtigung,
- Offenheit, vom anderen zu lernen,
- andere nach ihrem Selbstverständnis zu verstehen,
- nicht mit Unterstellungen zu arbeiten,
- keine Vollkommenheit zu erwarten,
- auf den Prozess der Weiterentwicklung von Theologie zu setzen, die den Menschen und dem Frieden insgesamt dient.

Solche Grundideen sind nicht nur für kleine Expertenkreise (Dialog von oben), sondern auch für dialogorientierte Begegnungen z. B. im Bildungsbereich von Bedeutung (Dialog von unten). Der Dialog »von oben« und der Dialog »von unten« weisen dabei unterschiedliche Qualitäten und Möglichkeiten auf. Wäh-

33 Ebd. S. 161.
34 Ebd. S. 171 f.

rend der erstere davon ausgeht, dass die Dialogpartner einen religiösen Standpunkt schon gefunden haben und ihn repräsentativ vertreten, geht der letztere davon aus, dass der Dialog den Rahmen darstellen kann für Lern- und Kommunikationsprozesse, bei denen sich eine religiöse und weltanschauliche Orientierung erst im Wachsen befindet. Generell ist zu betonen, dass es sich bei beiden Formen um einen Dialog zwischen Menschen verschiedenen Glaubens handelt und nicht um den abstrakten Dialog zwischen Glaubenssystemen.

4.3. Emmanuel Lévinas: Nachbarreligion

Es geht – wie oben gesagt – ganz zentral um die Frage, wie Religionen in ihrer Vielfalt eine Ressource für menschliches Zusammenleben darstellen können und nicht Ursache für starre Abgrenzung bilden. Hierfür reicht es nicht aus, sich mit einem gesellschaftlichen Nebeneinander von Menschen unterschiedlicher sprachlicher, kultureller und religiöser Zugehörigkeiten zu bescheiden. Vielmehr ist es mehr denn je notwendig, auf die Anerkennung des anderen zuzugehen. Hierfür bietet das Denken von Emmanuel Lévinas entscheidende Anstöße[35].

Emmanuel Lévinas unterstreicht, dass sich unsere gesamte Ethik auf die Relation zum Anderen, zum Nächsten, zum Nachbarn gründet, ja er definiert[36] die Verantwortung für den Anderen als Voraussetzung für die Herausbildung der eigenen Subjektivität. Hierbei steht die Verantwortung für den anderen im Vordergrund, die Verantwortung »pour autrui« – und dies kann sowohl mit »Nachbar« als auch mit »Nächster« übersetzt werden. Diese Verantwortung ist nach Lévinas ohne Grenzen, kann nicht als Schuld verstanden werden, die man abtragen könne. Diese Verantwortung geht bis ins eigene Mark: »Et c'est là la subjectivité du moi.«[37] Die Verantwortung für den anderen ist damit die Voraussetzung für die eigene Subjektivität. Der Kern der eigenen Identität, so könnte man mit Lévinas sagen, liegt in der Verantwortung für den Anderen, für den Nächsten, für den Nachbarn. Das Eigene kann erst durch den Anderen – den Nachbarn, den Nächsten – entdeckt, entwickelt und ausgeformt werden.

35 Meir, E., *Levinas Jewish thought. Between Jerusalem and Athens*, the Hebrew University Magnes Press, Jerusalem 2008; ders., »*Das Abrahamitische Abenteuer (Er)Leben*«, in: W. Weiße (Hg.), *Theologie im Plural. Eine akademische Herausforderung*, Waxmann, Münster 2009, S. 33–40; Goodman-Thau, »*Jerusalem in Athen. Zur Frage des jüdischen Erbes Europas*«, in Weiße, W./Gutmann, H.-M. (Hgg.), *Religiöse Differenz als Chance?*, Waxmann, Münster u.a., im Druck.

36 »L'ethique est relation evec autrui, avec le prochain«, in: Lévinas, E., »*Penser Dieu à partir de l'éthique*«, in: ders., *Dieu, la Mort et le Temps*, Paris 1993, S. 154–164, hier S. 156.

37 Ebd. S. 157.

In diesem Votum steckt eine Sprengkraft, die eine Simplifizierung im Verständnis des Eigenen im Sinne einer von Besitzvorstellungen geprägten »Eigentümlichkeit« aufbricht. Identität ist nicht als das fertig gepackte und umschnürte Paket von Tradition und Organisation zu denken, sondern als unabschließbares und auf Gnade verwiesenes Sehnen, in dem das Eigene nicht ohne den Anderen Gestalt gewinnen kann.

Daraus folgt die Notwendigkeit, dass Angehörige aus unterschiedlichen Weltreligionen von den jeweils Anderen nicht »fremd« gemacht werden mit all den Stereotypen und Abgrenzungen, die damit verbunden sind, sondern dass sie als Menschen, als Nachbarn, als Nächste angesehen werden. Emmanuel Lévinas ermöglicht es uns, ja fordert uns, den Nachbarn als unseren Nächsten zu sehen – in allen Bereichen des Alltagslebens, der Universität, der Gesellschaft. Dieser grundlegenden Herausforderung haben wir uns zu stellen. Es erscheint als unabdingbar, einen grundlegenden Perspektivenwechsel vorzunehmen: Von den Fremdreligionen über die Weltreligionen hin zu den Nachbarreligionen – den Nachbarn und Nächsten mit ihren jeweiligen religiösen und kulturellen Orientierungen, die man kennen lernen und respektieren muss, die aber nicht als Ausgangspunkt für Trennungen und Diskriminierung dienen dürfen. Infolgedessen haben wir dafür Sorge zu tragen, dass es möglich ist, sich von der angstbesetzten oder überlegenheitsorientierten Abgrenzung gegenüber »Fremden« freizumachen und in Wahrnehmung der Unterschiede wie der Gemeinsamkeiten den Blick auf die Nachbarn im Land, im Stadtteil und in der Schule zu richten, der über alle religiösen, kulturellen und ethnischen Zuordnungen eines zentral wahrnimmt: Das Antlitz des Nächsten.

5. Abschluss

Den grundlegenden Ansatz einer Ethik der Anderen und eines daraus abzuleitenden Ansatzes von Nachbarreligionen haben wir Emmanuel Lévinas zu verdanken, er liegt aber auch auf der Linie von Hans-Jochen Margull und Abdoldjavad Falaturi. Wie bemerkt, kannten sich die drei vermutlich nicht persönlich und es ist auch unsicher, ob sie sich literarisch wechselseitig zur Kenntnis genommen haben. Und dennoch: Es liegt ein »roter Faden« in ihren jeweiligen Ansätzen vor, der Mut macht, den Dialog zwischen Menschen verschiedener Religionen und den Dialog als Grundelement von Theologie nicht zu unterschätzen, auch und gerade nicht im je »eigenen Interesse«.

Deutlich ist, dass es eben nicht die »absolute« Theologie gibt, weder im Islam, noch im Christentum oder im Judentum. Vielmehr geht es um die Herausarbeitung und die Wahl von theologischen Ansätzen, die im engeren Sinn für die jeweilige Theologie angemessen und im weiteren Sinn für deren Dialogoffenheit mit anderen Religionen tragfähig sind. Damit soll beides möglich sein: Die Wahrnehmung des spezifisch Eigenen und die des Gemeinsamen; der Rückgriff auf Traditionen mit einem Bezug auf die gegenwärtigen Lebensbedingungen; die Aufnahme von Visionen für gelingendes Leben unter Einbezug des Wissens, dass alle Religionen auch Schattenseiten haben. Diese Pole gilt es auszuhalten und für die Weiterentwicklung und Herausbildung von theologischen Entwürfen im Islam, Christentum und Judentum fruchtbar zu machen.

Résumée: Wenn Tayob Recht hat, ist Dialog Teil von islamischem Selbstverständnis. Wenn Falaturi und Margull Recht haben, dann ist der wechselseitige Dialog unabdingbar für die Weiterentwicklung der Theologie. Wenn Lévinas Recht hat, dann ist es nicht nur legitim, sondern notwendig, die einzelnen Menschen, den Anderen/die Andere in den Blick zu nehmen, und zwar sowohl ethisch als auch religiös. Hiermit ist der Perspektivwechsel von den Fremd- über die Welt- hin zu den Nachbarreligionen angelegt.

Wenn alles dies Plausibilität besitzt, dann kann weder Islamische Theologie noch die Ausbildung von Imamen in einem islamischen »Binnenraum« erfolgen. Dann muss sich die Produktivität und Notwendigkeit des Einbezugs anderer Religionen – zumindest der abrahamischen – auch und gerade in der Ausbildung von Imamen bei uns zeigen. Sind wir auf diesem Weg?

Literatur

Berger, P.L., »*Die Pluralisierung der Religion in Zeiten der Pluralisierung*«, in: W. Weiße (Hg.), *Theologie im Plural. Eine akademische Herausforderung*, Waxmann, Münster 2009, S. 13 – 19.

Casanova, J., *Public Religions in the Modern World.*, The University of Chicago Press, Chicago/London 1994.

Council of Europe, *White Paper on Intercultural Dialogue »Living Together as Equals in Dignity«*, launched by the Council of Europe Ministers of Foreign Affairs at their 118th Ministerial Session, Strasbourg, 7 May 2008, Strasbourg, Council of Europe 2008.

Esack, Farid. *Qur'an, Liberation and Pluralism: Towards an Islamic Perspective of Inter-Religious Solidarity Against Oppression*, Oneworld Publications, Oxford 1997.

Falaturi, A., »*Hermeneutik des Dialoges aus islamischer Sicht*«, in: ders., *Der Islam im Dialog. Aufsätze von Professor Abdoldjavad Falaturi*, 5. erw. Aufl., IWA, Hamburg 1996, S. 156 – 172.

Goodman-Thau, »*Jerusalem in Athen. Zur Frage des jüdischen Erbes Europas*«, in Weiße, W./Gutmann, H.-M. (Hgg.), *Religiöse Differenz als Chance?*, Waxmann, Münster u. a., im Druck 2010.

Habermas, J., *Zwischen Naturalismus und Religion. Philosophische Aufsätze*, Suhrkamp, Frankfurt am Main 2005.

Knauth, T./Weiße, W.(Hgg.), *Akademie der Weltreligionen. Konzeptionelle und praktische Ansätze*, Hamburg 2002.

Lévinas, E., »*Penser Dieu à partir de l'éthique*«, in: ders., *Dieu, la Mort et le Temps*, Paris 1993, S. 154–164.

Margull, H.J., *Zeugnis und Dialog. Ausgewählte Schriften mit Einführungen von Th. Ahrens, L. Engel, E. Kamphausen, I. Lembke, W. Ustorf, W. Weiße und J. Wietzke*, Perspektiven der Weltmission Bd. 13, Ammersbek bei Hamburg 1992.

Meir, E., *Levinas Jewish thought. Between Jerusalem and Athens*, the Hebrew University Magnes Press, Jerusalem 2008.

Ders., »*Das Abrahamitische Abenteuer (Er)Leben*«, in: W. Weiße (Hg.), *Theologie im Plural. Eine akademische Herausforderung*, Waxmann, Münster 2009, S. 33–40.

Neumann, U. (Hg.), *Islamische Theologie. Internationale Beiträge zur Hamburger Debatte*, hrsg. in Zusammenarbeit mit P. Kappert, O. Schumann und W. Weiße, edition Körber-Stiftung, Hamburg 2002.

Peukert, H., »*Identität*«, in: P. Eicher (Hg.), *Neues Handbuch theologischer Grundbegriffe*, Bd. 2, München 2005, S. 184–192.

Ricoeur, Paul, *Wege der Anerkennung. Erkennen, Wiedererkennen, Anerkanntsein*, Suhrkamp, Frankfurt a.M. 2006.

Tayob, A., »*Islam und Dialog. Analyse und Perspektiven*«, in: W. Weiße (Hg.), *Interreligiöser Dialog in Schule und Gesellschaft. Ergebnisse des europäischen Großforschungsprojektes REDCo und Perspektiven des Interdisziplinären Zentrums Weltreligionen im Dialog: Auf dem Weg zur Akademie der Weltreligionen, Dokumentation einer Veranstaltung an der Universität Hamburg am 26.11. 2009*, auf: www.redco.uni-hamburg.de (letzter Zugriff 12.3.2010), S. 35–37.

Ders., *Religion in mondern islamic discourse*, C. Hurst&Co, London 2009.

Weiße, Wolfram (Hg.), *Vom Monolog zum Dialog. Ansätze einer dialogischen Religionspädagogik*, Reihe: Jugend – Religion – Unterricht, Beiträge zu einer dialogischen Religionspädagogik 1, Münster ²1999.

Ders. (Hg.), *Dialogischer Religionsunterricht in Hamburg. Positionen, Analysen und Perspektiven im Kontext Europas*, Waxmann, Münster u.a. 2008.

Ders. (Hg.), *Theologie im Plural. Eine akademische Herausforderung*, Waxmann, Münster u.a. 2009.

Wissenschaftsrat, *Empfehlungen zur Weiterentwicklung von Theologien und religionsbezogenen Wissenschaften an deutschen Hochschulen*, Berlin 29.1.2010, Drs. 9678–10.

Imamausbildung im Vergleich

Rauf Ceylan

Imamausbildung im Vergleich

Wie aus den bisherigen Beiträgen ersichtlich wurde, gestaltet sich das Feld der Imamausbildung mannigfaltig und in vielen Ebenen. Um dieser Komplexität Herr werden zu können, lohnt sich ein Blick in die Länder, die auf diesem Gebiet bereits tätig sind. Die folgenden Artikel geben dementsprechend Einblick in die Entwicklung und Durchführung der Imamausbildung in der Schweiz, der Türkei, in Norwegen und Bosien-Herzegowina.

Andreas Tunger-Zanetti beginnt den Vergleich in seinem Beitrag, »*Imamausbildung im europäischen Kontext – das Beispiel Schweiz*«, indem er zuerst Gemeinsamkeiten zwischen Deutschland und der Schweiz hervorhebt und dann Besonderheiten der Letzteren benennt. Hier führt er Beispiele aus anderen europäischen Ländern an, die mögliche Wege zur Einrichtung und Durchführung einer nationalen Imamausbildung beleuchten. Die Situation in der Schweiz bildet jedoch den Kern seiner Ausarbeitung. Was wollen die Bürger in der Schweiz? Was die Muslime? Und was geschieht auf dem gemeinsamen Weg.

Sinasi Gündüz setzt den Vergleich mit seinem Artikel »*Die Ausbildung muslimischer Theologen in der säkularen Türkei*« fort. Er gibt einen Überblick zur historischen Entwicklung religiöser Bildung und Ausbildung über den Zeitraum der letzten Jahrzehnte des Osmanischen Reiches, über die Religionspolitik und religiöse Institutionen zu Beginn der Republik und die Gestaltung des Religionsunterrichts im Einklang mit den Richtlinien der neu gegründeten Republik, beleuchtet die Zeit der Freiheit in der akademischen religiösen Bildung, den Wiederaufbau und die Reorganisation derselben und die Auseinandersetzung um die akademische religiöse Bildung. All dies anschaulich untermauert mit der detaillierten Ausführung der jeweiligen Studieninhalte und den ihnen zugedachten Studienanteilen.

Oddbjørn Leirvik lässt den Leser mit seinem Beitrag »*Die Ausbildung von Imamen und interreligiöse Bildung in Norwegen*« an der norwegischen Entwicklung teilhaben, indem er Themenaspekte wie »Islam und interreligiöse Beziehungen in Norwegen«, »Die Frage der Islamwissenschaft und der Ausbildung von Imamen in Norwegen« und »Weiterbildung in einem interreligiösen

Rahmen« erläutert. Wie aus dieser kurzen Themenübersicht bereits deutlich wird, scheint in Norwegen der interreligiöse Zugang und die interreligiöse Legitimation der Imamausbildung eine große Rolle zu spielen.

Fadil Fazlic rundet den Imamausbildungsvergleich mit seiner Darstellung »*Die Tradition der einheimischen Imamausbildung in einem europäischen multireligiösen Land am Beispiel Bosnien-Herzegowinas*« ab. Auch er schickt einer Beschreibung der aktuellen Situation eine Zusammenfassung der geschichtlichen Entwicklung voraus. Angefangen in der Zeit des Osmanischen Reiches, über die Zeit der österreichisch-ungarischen Verwaltung in Bosnien-Herzegowina, die der Königreiche der Serben, Kroaten und Slowenen und des Königreichs der Jugoslawen, die Zeit des sozialistischen Jugoslawiens, bis hin zur Zeit im unabhängigen Bosnien-Herzegowina. Abschließend stellt er die Fakultät der islamischen Wissenschaften in Sarajevo und deren Arbeitsweise vor.

Zusammenfassend kann gesagt werden, dass diese Blicke über den Tellerrand in verschiedene Richtungen eines sehr deutlich machen. Die Entwicklung einer Imamausbildung in Deutschland findet nicht im luftleeren Raum oder unter den Bedingungen eines abgeschlossenen Glashauses statt. Die Einbindung und Vernetzung der Erfahrungen anderer Nationen sollte für unser Bestreben nicht nur hilfreich sein, sondern selbstverständlich werden, damit eine Entwicklung Hand in Hand mit gegenseitiger Unterstützung, wechselseitigem Feedback und internationaler Offenheit möglich ist. Unterschiedliche rechtliche Vorgaben erschweren sicherlich eine Gleichschaltung, die allerdings aufgrund der jeweils einzigartigen historischen Entwicklung auch nicht wirklich erstrebenswert ist. Dennoch wird aus den Beiträgen von Andreas Tunger-Zanetti, Sinasi Gündüz, Oddbjørn Leirvik und Fadil Fazlic deutlich, dass die Bedeutung einer Imamausbildung im jeweiligen Land im Wachsen begriffen ist, was die These »Wir brauchen eine Imamausbildung in Deutschland« eindeutig untermauert.

Andreas Tunger-Zanetti

Imamausbildung im europäischen Kontext – das Beispiel Schweiz

Der folgende Beitrag bettet das Thema der Imam-Ausbildung bzw. der öffentlichen Diskussionen darüber in den westeuropäischen Zusammenhang ein. Bezogen auf die Schweiz werden Ergebnisse einer groß angelegten Befragung von Muslimen und von Institutionen der Mehrheitsgesellschaft präsentiert. Der Beitrag versucht zu zeigen, dass und warum die Diskussionen um Imamausbildung in den Ländern Westeuropas viele Gemeinsamkeiten haben, dass es aber keine Einheitslösung geben kann. Deutlich wird dabei auch, dass die Institutionen der Schweiz ähnlich wie in andern Ländern mit dem Thema umgehen und die Schweizer Muslime in ihren Haltungen womöglich schweizerischer sind, als sie selbst und die übrigen Schweizer meinen.

Der Titel des vorliegenden Beitrags wie auch der gesamten Tagung nimmt Bezug auf den »europäischen Kontext«. Das lateinische Verb *texere* heißt weben. Aus welchen Fäden ist dieser europäische Kontext gewoben? Worin besteht die »Kette«, wie in der Weberei die längs aufgespannten, fixierten Fäden heißen, und worin der variabel eingewobene »Schuss«?

1 Gemeinsamkeiten

Europa ist ein kleiner Kontinent, die Distanzen sind kurz. Westeuropäer neigen dazu, *West*europa für den maßgeblichen Teil Europas zu halten. Das hat sprachliche und historische Gründe, und es hat das verbreitete Gefühl begünstigt, es gebe so etwas wie ›europäische Werte‹. Auf der Internetseite des Europarates heißt es etwa:

> »Menschenrechte... Demokratie... Rechtsstaatlichkeit
> Diese Werte bilden die Grundlage einer toleranten und zivilisierten Gesellschaft und sind unentbehrlich für die europäische Stabilität, das Wirtschaftswachstum und den sozialen Zusammenhalt.«[1]

1 Europarat, »*Unsere Ziele*«, auf:

Egal wie es in der Realität um diese und andere häufig genannte ›europäische Werte‹ bestellt ist, sie werden von der großen Mehrheit der Menschen akzeptiert und geteilt. Schon dieser Umstand ist ein bedeutsames Faktum.

Zu den immer wieder angeführten Merkmalen Europas gehört auch seine große kulturelle Vielfalt auf relativ kleinem Raum. Religiöse Vielfalt ist ein Aspekt davon. Kann man noch darüber streiten, ob die Türkei und der dortige Islam europäisch seien – im Falle Bosniens und des bosnischen Islams kann man es nicht.

Beim Stichwort Migration zeigt sich, dass der hier verhandelte Kontext tatsächlich ein westeuropäischer Kontext ist. Es ist Westeuropa, das in den 1950er und 60er Jahren bewusst Arbeitskräfte aus Südeuropa, der Türkei und dem damaligen Jugoslawien angeworben hat. In Frankreich und Großbritannien kam die koloniale Vergangenheit als zusätzlicher Motor für Migration hinzu. Dem Anwerbestopp folgte der Familiennachzug. Repression und die Kriege am Westbalkan brachten sodann – gerade auch in die Schweiz – Flüchtlinge, die oft schon Verwandte im Ausland hatten. Die Summe dieser Wanderbewegungen hatte Folgen: Erstens wurde die Bevölkerung Westeuropas sprachlich, kulturell und religiös noch vielfältiger. Zweitens wurde die politische Bewältigung der neuen Situation in ganz Westeuropa zum öffentlichen Thema.

Nicht weniger brisant ist der Befund in Sachen Religion. Lange hatte sich (West-)Europa für christlich und Religion für ein Auslaufmodell gehalten. Seit einigen Jahren aber stellt es fest:

- Es gibt nicht nur römisch-katholische Christen und solche der diversen protestantischen Traditionen, sondern z. B. auch orthodoxe. Überdies gibt es einen langsam, aber stetig wachsenden Anteil von Personen, die sich zu keiner Religion bekennen. Diese Gruppe dürfte in den meisten Ländern weit mehr als doppelt so hoch sein wie der Anteil der Muslime.[2]
- Religion hat bei manchen Migranten und sogar bei manchen ihrer Kinder und Enkel einen anderen, höheren Stellenwert als in der Mehrheitsgesellschaft.

---

http://www.coe.int/aboutCoe/index.asp?page=nosObjectifs&l=de (letzter Zugriff 12.02.2010).

2 Im Jahr 2000 waren es in der Schweiz gemäß Volkszählung 11,1 %, analysiert in Claude Bovay, *Religionslandschaft in der Schweiz*, Neuchâtel, Bundesamt für Statistik 2004, S. 53–62, auf: http://www.bfs.admin.ch/bfs/portal/de/index/themen/01/22/publ.Document.50514.pdf, (letzter Zugriff 05.04.2010). Ein vergleichbarer Wert (11,4 %) war in der Bundesrepublik Deutschland bereits 1987, also noch vor der Wiedervereinigung, zu verzeichnen, siehe: http://fowid.de/fileadmin/datenarchiv/Religionszugehoerigkeit_Bevoelkerung__1950–2008.pdf (letzter Zugriff 05.04.2010). Auch in der Schweiz dürfte der Anteil seither weiter gewachsen sein.

Das lässt die Annahme, Religion sei aufgrund fortschreitender ›Säkularisierung‹ zum Absterben verurteilt, fragwürdig werden.[3]

– Dieser neuen Situation ist gesellschaftspolitisch in sinnvoller Weise zu begegnen, nicht zuletzt im Namen der Religionsfreiheit, die – siehe oben – als »europäischer« Wert nach wie vor hochgehalten wird.[4]

Ein weiterer Faden im Kontext ist der Diskurs: Ob über Migration, Steuerpolitik oder Tennis geredet wird, es gibt in Westeuropa einen gemeinsamen Diskursraum, der sich aus zwei Umständen ergibt: Erstens weisen viele gesellschaftliche Indikatoren, u.a. in Sachen Religion, in den westeuropäischen Staaten eine vergleichbare Aussagekraft und Entwicklung auf; man kann also vom Gleichen reden. Zweitens sind in diesen Ländern relativ viele Menschen so weit fremdsprachenkundig, dass sie die Entwicklung in den andern Ländern mitverfolgen können; man kann sich verständigen. Für Behörden, Politiker, Fachleute oder Medienschaffende liegt der Blick ins benachbarte Ausland stets nahe.[5] Dieser Diskurs findet an Treffen wie dem gegenwärtigen statt, ganz wesentlich aber auch in den Massenmedien und im Internet.

Die Medien sind teils Vehikel, eben: Medium, für den Austausch im erwähnten Diskursraum, teils aber selbst Akteur. Sie stellen einen kräftigen eigenen Faden im hier relevanten Kontext dar, sind es doch konkrete Medienredaktionen und Medienschaffende, die das Wort »Hassprediger« eingeführt und durch wiederholten nachahmenden Gebrauch zu gängiger Münze gemacht haben.[6] Wie bei andern suggestiven Wörtern verwenden manche Medien das

---

3 Die fragwürdig gewordene Annahme beruht auf einem sehr vagen Verständnis von ›Säkularisierung‹. Die Religionswissenschaft hatte diese Annahme immer sehr skeptisch beurteilt.

4 So war es den Verfechtern des Minarettverbots in der Schweiz im Abstimmungskampf stets äußerst wichtig zu betonen, die Umsetzung der Initiative tangiere die Religionsfreiheit in keiner Weise ([Anonymus], *Argumentarium »JA zur Minarettverbots-Initiative«* (Stand 23.09.2009), auf: http://minarette.ch/pdf/argumentarium_minarettverbot.pdf (letzter Zugriff 05.04.2010). Dies trifft nicht zu, denn zur Religionsfreiheit gehört auch »die Freiheit, seine Religion oder Weltanschauung allein *oder in Gemeinschaft mit anderen, öffentlich* oder privat durch Lehre, Ausübung, Gottesdienst und Kulthandlungen zu bekennen« (Art. 18 der Allgemeinen Erklärung der Menschenrechte; Hervorhebung ATZ; ähnlich Art. 15 der Schweizerischen Bundesverfassung). Zur Ausübung aber gehören würdige Kultstätten, gestaltet nach den Auffassungen der betreffenden Religion.

5 Ob diese Möglichkeit immer genügend genutzt wird, ist eine andere Frage. Zur Rolle transnationaler Expertennetzwerke, vgl. Sandra Lavenex/Frank Schimmelfennig, *»EU rules beyond EU borders: theorizing external governance in European politics«*, in: Journal of European Public Policy, 16 (6), 2009, S. 791–812, bes. S. 798.

6 Da das Wort ab 2004 gehäuft auftrat, sah sich die Duden-Redaktion veranlasst, das Wort in die 2006 erschienene 24. Auflage des Dudens aufzunehmen: *Die deutsche Rechtschreibung*, Mannheim, Bibliographisches Institut 2006. Die inflationäre Verwendung des Wortes betrifft Deutschland, Österreich und die Schweiz gleichermaßen.

Etikett »Hassprediger«, ohne es näher zu begründen.[7] Die Realität weist stets noch etliche Graustufen und Details auf, die aber im Medienbetrieb nicht zum Zug kommen, sodass zwangsläufig ein bis zur Unkenntlichkeit vergröbertes Bild entsteht. So entstehen Abziehbilder und Chiffren, die das Publikum als Abbild der Realität nimmt, die aber meist eher Projektionen als korrekte Informationen sind. Anhand solcher Abziehbilder versucht eine Mehrheitsgesellschaft sich ihrer selbst zu vergewissern, und sei es nur, indem sie feststellt, was ganz sicher *nicht* zu ihr gehören soll. Wer sowohl den Medienbetrieb und als auch den in ihm dargestellten Islam zusätzlich aus eigener Anschauung kennt, durchschaut diese Mechanismen und gelangt zu einem differenzierteren Urteil. Gleichwohl haben die Diskussionen und Aktionen der Fachleute zu berücksichtigen, dass außerhalb ihres Kreises die Landschaft medial erzeugter Projektionen als Realität gilt.

2 Besonderheiten

Worin besteht nun der Schuss, der in die gemeinsamen Kettfäden eingewoben ist? Es sind die nationalen Besonderheiten in Demographie, Recht und Politik.

Demografie: Zwar liegt der Anteil der muslimischen Bevölkerung in den meisten Ländern Westeuropas in einer vergleichbaren Größenordnung (zwischen 2 und 10 %, oft um 4 % herum). Ihre Zusammensetzung ist jedoch je nach Land sehr verschieden. Während es in Frankreich gut zwei Drittel (ca. 70 %) aller Muslime nordafrikanischer Herkunft sind[8], hat in Deutschland ein etwa gleich großer Anteil (63,2 %) türkische Wurzeln[9]. In den Niederlanden wiederum stellen Muslime mit türkischen (ca. 38 %) und marokkanischen (ca. 31 %) Wurzeln je etwa ein Drittel[10]. In der Schweiz bekannten sich in der

7 So bspw. die Schweizer Boulevardzeitung *Blick* (online-Ausgabe) vom 15.12.2009: »*Hassprediger Pierre Vogel: Im Januar darf er wieder in die Schweiz einreisen*«, auf: http://www.blick.ch/news/schweiz/im-januar-darf-er-wieder-in-die-schweiz-einreisen-135784 (letzter Zugriff 27.03.2010). Aber auch im Titel (nicht aber im Lauftext!) eines Beitrags der sonst als seriöser geltenden Zeitung Tages-Anzeiger: »*Hassprediger in Schweizer Moscheen*«, 26.10.2009, auf: http://www.tagesanzeiger.ch/schweiz/standard/Hassprediger-in-Schweizer-Moscheen/story/25912759 (letzter Zugriff 27.03.2010).

8 Errechnet auf der Basis von: Haut Conseil à l'intégration, *L'islam dans la République*, Paris 2000, S. 26. auf: http://lesrapports.ladocumentationfrancaise.fr/cgi-bin/brp/telestats.cgi?brp_ref=014000017&brp_file=0000.pdf (letzter Zugriff 05.04.2010).

9 Sonja Haug/Stephanie Müssig/Anja Stichs, »*Muslimisches Leben in Deutschland*«, Nürnberg, Bundesamt für Migration und Flüchtlinge 2009, S. 96ff, auf: http://www.deutsche-islam-konferenz.de/SharedDocs/Anlagen/DE/DIK/Downloads/Plenum/MLD-Voll version,templateId=raw,property=publicationFile.pdf/MLD-Vollversion.pdf (letzter Zugriff 05.04.2010). Die türkischstämmigen Aleviten werden von den Autorinnen den Muslimen zugerechnet; sie machen rund einen Sechstel aus.

10 Centraal Bureau voor de Statistiek, »*More than 850 thousand Muslims in the Netherlands*«,

Volkszählung des Jahres 2000[11] bei einer Gesamtbevölkerung von 7 288 010 Personen insgesamt 310 807 Personen oder 4,3 % der Bevölkerung zum Islam. Von diesen hatten 56,4 % die Staatsangehörigkeit eines der Nachfolgestaaten des ehemaligen Jugoslawien, 20,2 % die türkische und 11,7 % die schweizerische (von Geburt an oder durch Einbürgerung). Die Muslime aller übrigen Nationalitäten machten ebenfalls 11,7 % aus.[12] Der Schweizer Islam ist also stark von Geschichte und Traditionen des Westbalkans geprägt.

Recht/Verfassung: Jedes Land hat seine Verfassung (und sei es eine ungeschriebene, wie in Großbritannien), seine Rechtstradition und seine Gesetze. Dieser Umstand sorgt für unterschiedliche Ausgangslagen, Chancen und Schwierigkeiten im Umgang mit Religionsfragen. So steht Deutschland wegen Art. 7 Abs. 3 des Grundgesetzes unter einem gewissen Zwang, die Frage des islamischen Religionsunterrichts in einer ganz bestimmten Weise zu lösen. In der Schweiz hingegen fehlt eine solche Klausel. Dadurch kommt in der sonst in vielem vergleichbaren föderalen Struktur die Zuständigkeit der Kantone für Belange von Bildung und Religion stärker zum Tragen, und der gerne übertreibend gebrauchte Satz »Bei uns ist das von Kanton zu Kanton verschieden« trifft weitgehend zu.[13] Österreich wiederum fand sich, als die Gastarbeiter kamen, überraschend in der Lage, dass der Islam bereits seit 1912 als Religion staatlich anerkannt war - ein historisches Relikt, das der Gesetzgeber gewissermaßen wegzuräumen unterlassen hatte, auf dem sich aber für die neuen Aufgaben aufbauen ließ.

Politik: Dieser Bereich, ebenfalls stark von den Traditionen jedes Landes geprägt, sei am Beispiel Frankreichs illustriert. Das Prinzip der Laizität, festgeschrieben in Art. 1 der Verfassung von 1958, hat hier einen Status der Unantastbarkeit, der seinerseits beinahe religiöse Dimensionen aufweist. Doch es gibt auch noch die Politik, in der sich in den letzten Jahren gezeigt hat, dass die strikte Trennung von Staat und Religion keineswegs in Stein gemeißelt ist: Der Zentralismus - ein weiteres Merkmal des französischen Staates - konnte sich in

Den Haag 2007, auf: http://www.cbs.nl/en-GB/menu/themas/vrije-tijd-cultuur/publicaties/artikelen/archief/2007/2007-2278-wm.htm (letzter Zugriff 05.04.2010).

11 Neuere Zahlen sind nicht für die ganze Schweiz verfügbar und werden auch nicht mehr wie früher per Fragebogen erhoben. Das neue Verfahren, das im Wesentlichen auf den Angaben der politischen Gemeinden beruht, dürfte im Bereich Religionszugehörigkeit wesentlich unschärfere Daten produzieren. Es besteht kein Anlass, an den prozentualen Verhältnissen des Jahres 2000 große Verschiebungen zu erwarten. 2008 betrug die Gesamtbevölkerung 7 701 856 Personen, vgl. *Die Bevölkerung der Schweiz 2008*, Neuchâtel, Bundesamt für Statistik 2009, S. 2.

12 Bovay, »*Religionslandschaft*«, S. 49.

13 Vgl. auch Karin Furer, *Religionsunterricht an der öffentlichen Schule. Betrachtungen aus staatskirchenrechtlicher Perspektive unter besonderer Beachtung der Situation im Kanton Zürich*, unveröffentlichte Masterarbeit Universität Luzern, 2003.

einer bestimmten Themenkonjunktur der öffentlichen Debatte mit den persönlichen Interessen starker politischer Akteure dergestalt verbinden, dass Undenkbares möglich wurde: Aus der Regierung kam der energische Anstoß, einen Kurs für Imame einzurichten, für nicht-religiöse Fächer, die sie nach Meinung der Urheber genossen haben sollten. Die Regierung trat mit dem Projekt an zwei staatliche Pariser Universitäten heran, die aber nicht zuletzt aus Gründen der *laïcité* ablehnten[14]. Realisiert wurde schließlich eine gänzlich unwahrscheinlich anmutende Lösung: Das Institut Catholique de Paris, eine private Einrichtung also, führt im Auftrag des Staates für muslimische und andere religiöse Kader den Kurs »Interculturalité, Laïcité et Religions« durch.[15] Weniger spektakulär verlief die Entwicklung zur gleichen Zeit in den Niederlanden: Eine andere Konstellation und Themenkonjunktur brachte hier immerhin zwei verschiedene Studiengänge an den Universitäten Amsterdam und Leiden und dazu noch Weiterbildungskurse an der Fachhochschule Inholland hervor.[16]

Als Zwischenfazit der allgemeinen Betrachtung des Kontextes einer künftigen Imam-Ausbildung lässt sich festhalten, dass sich gewisse Konstanten in den Ländern Westeuropas stets ähnlich wiederfinden, während andere stark national geprägt sind. Die Diskussion in jeden Land und ihr Ergebnis spiegelt beides wider. Die unberechenbare Eigendynamik stark mediatisierter Themen sowie historische Zufälle machen den Rest aus.

3 Die Situation in der Schweiz

In der Schweiz gibt es bis jetzt keine Imam-Ausbildung, sondern lediglich bruchstückhafte Vorformen. Im Herbst 2009 ist an der Zürcher Hochschule für Angewandte Wissenschaften in Winterthur der erste Weiterbildungskurs mit acht Teilnehmenden (sechs Männer, zwei Frauen; vier muslimisch, vier christlich) gestartet, der sich an Imame, aber auch an religiöse Kader anderer Religionen richtet: »Religiöse Begleitung im interkulturellen Kontext«, vorbereitet und mitgetragen von der Integrationsbehörde des Kantons St. Gallen und dem

14 Olivier Bobineau (Hg.), *Former des imams pour la République. L'exemple français*, Editions du CNRS, Paris 2010. S. 27. Laut Bobineau war allerdings nicht die laïcité der Hauptgrund sondern »vielleicht« die Angst, dass bärtige Eiferer unter den übrigen Studierenden missionieren könnten, ebd. S. 27 f.; siehe auch: Pierre Schmidt, »*L'Institut catholique de Paris pourrait former des imams*«, in: La Croix vom 24.09.2007, auf: http://www.la-croix.com/article/index.jsp?docId=2315576&rubId=4078 (letzter Zugriff 05.04.2010).

15 Vgl. die Homepage des Kurses: http://www.icp.fr/fr/Organismes/Faculte-de-Sciences-Sociales-et-Economiques-FASSE/Formations-et-diplomes/DU-Interculturalite-Laicite-Religions (letzter Zugriff 05.04.2010).

16 Vgl. den Beitrag von M. Ghaly, »*Imamausbildung in Europa: Im Fokus der niederländischen Erfahrungen*« in diesem Band.

islamischen Dachverband der Ostschweiz.[17] Ein zweiter Kurs, »Islam, Musulmans et Société civile«, war ebenfalls für letzten Herbst in der Weiterbildungsabteilung der Universität Freiburg i. Ue. geplant,[18] musste aber vorerst abgesagt werden, weil sich zu wenige Personen anmeldeten; der Kurs sollte stärker als in Winterthur auf staatsbürgerliche, soziale und islamische Themen ausgerichtet, aber ebenfalls nicht auf muslimische Teilnehmer beschränkt sein. Es gibt sodann rein private Kurse von Amir Zaidan in dem, was er »Islamologie« nennt.[19] Und es gab bis vor kurzem die Schweizer Block- und Fernkurse des Instituts für Interreligiöse Pädagogik und Didaktik (IPD) in Köln in Religionspädagogik.[20] Die Initiative von Prof. Dr. Elsayed Elshahed aus Wien, mit der Universität Basel die Einrichtung einer Abteilung für »islamische Theologie« einzurichten, kam u. a. deshalb nicht voran, weil in der Frage der Mitsprache von Geldgebern keine Einigung erzielt wurde. In der Praxis probiert man also mit ähnlichen Formen herum wie in den Nachbarländern, bisher aber nicht strikt auf muslimische Kandidaten beschränkt, obwohl die Anbieter an sie stets explizit denken und die Medien sie ebenfalls unter dem Reizwort Imam aufgreifen.

Neben und vor diesen Ansätzen zur Aus- oder Weiterbildung gibt es seit rund zehn Jahren eine öffentliche Debatte. Sie flackert immer dann neu auf, wenn ein Imam oder eine Moschee negativ in die Schlagzeilen gerät; erst seit kurzem sind durch die genannten Angebote sowie durch Vorstöße im eidgenössischen Parlament neue Facetten hinzugekommen. Den Schlagzeilen und Leserbriefen nach zu urteilen, sind dabei in den Köpfen weiterhin dieselben Abziehbilder wirksam wie im übrigen Westeuropa.

Die Behörden registrieren seit langem die wachsende religiöse Pluralität und sehen Steuerungsbedarf. Der Bundesrat, die Landesregierung, lancierte deshalb das Nationale Forschungsprogramm 58 »Religionsgemeinschaften, Staat und Gesellschaft«.[21] Es soll dringend benötigtes Grundlagenwissen und Orientierung in Anwendungsfragen bringen. Eines von fünf Projekten, die sich mit dem Islam beschäftigen, stellte bestimmten Gruppen im Wesentlichen die Frage: Soll es in

17 Vgl. http://www.zhaw.ch/nc/de/zhaw/weiterbildung/programme-nach-departement.html?i=L346277&gu=46773 (letzter Zugriff 05.04.2010), offizielle Kursbeschreibung: http://www.isbb.zhaw.ch/fileadmin/user_upload/linguistik/_Institute_und_Zentren/ISBB/PDFS/Interkult/CAS_RBIKK.pdf (letzter Zugriff 28.03.2010).

18 Vgl. http://www.unifr.ch/scm/fr/im/4227/ (letzter Zugriff 28.03.2010) offizielle Kursbeschreibung: http://www.unifr.ch/webnews/content/20/File/certificatIslam.pdf (letzter Zugriff 28.03.2010).

19 Vgl. http://www.islamologie.info/ (letzter Zugriff 28.03.2010).

20 Die Schweizer Absolventinnen und (weniger) Absolventen der IPD-Kurse sind in einem eigenen Verein zusammengeschlossen: http://virps.ch/ (letzter Zugriff 28.03.2010).

21 Koordiniert von einer Programmleitung unter dem Vorsitz von Prof. Dr. Christoph Bochinger werden seit 2007 rund 30 Projekte durchgeführt; einige sind bereits abgeschlossen, vgl. http://www.nfp58.ch/d_index.cfm (letzter Zugriff 28.03.2010).

Zukunft in der Schweiz eine Ausbildung für Imame und für islamische Religionspädagogik geben, und wenn ja, wie soll sie aussehen?[22]

Das Projekt umfasste drei große Teile:

- 99 Leitfaden-Interviews mit 117 Musliminnen und Muslimen: Frauen und Männer; jüngere und ältere; Verbands- und Vereinsfunktionäre, Imame, Gemeindeglieder, Intellektuelle, moscheeferne Muslime;
- die Befragung von Institutionen der Mehrheitsgesellschaft mittels Fragebogen: religiöse Gemeinschaften, politische Parteien, Bildungs- und Integrationsbehörden, Hochschulen sowie auch – per Interview – drei Fachleute für Religionsverfassungsrecht), dazu auch die Anbieter der erwähnten Kurse, insgesamt 41 Stellungnahmen;
- einen Workshop im März 2008 in Zürich sowie Einzelgespräche mit 15 Personen aus Deutschland, Österreich, den Niederlanden, Frankreich und Großbritannien, die entweder selbst an Aus- und Weiterbildungsangeboten für Imame, islamische Theologie oder Religionspädagogik beteiligt sind oder das Feld solcher Programme erforschen.

Es handelt sich um eine qualitative Studie. Wo im Folgenden von »Mehrheit«, »Minderheit« u. Ä. die Rede ist, ist dies nicht als repräsentativ im quantitativen Sinn zu verstehen. Zweck der Studie war es vielmehr, das gesamte Spektrum vorhandener Meinungen und Standpunkte auszuloten.[23] Innerhalb des Gesamtspektrums zeigen sich aber zum Teil klare Tendenzen. Die wichtigsten in Bezug auf das Thema Imam-Ausbildung seien vorgestellt:

Der Umstand, dass es so klare Tendenzen in zentralen Fragen gibt, lässt den Schluss zu, dass sich die Akteure in Zukunft auf ein breit abgestütztes Modell der Imam-Ausbildung werden einigen können.

Die klare Mehrheit der befragten Musliminnen und Muslime (knapp zwei Drittel der Interviews) wie auch der Institutionen (22 Stellungnahmen) wünscht eine Imam-Ausbildung in der Schweiz, wenn auch aus unterschiedlichen Gründen: Die Institutionen erwarten, dass der Imam den Mitgliedern seiner

---

22 Projektleitung: Prof. Dr. Ulrich Rudolph, Prof. Dr. Dorothea Lüddeckens, Prof. Dr. Christoph Uehlinger, alle Universität Zürich. Projekttitel: »Imam-Ausbildung und islamische Religionspädagogik in der Schweiz?« Schlussbericht online abrufbar: http://www.nfp58.ch/files/news/43_Imame_Schlussbericht_deutsch.pdf (letzter Zugriff 05.04.2010). Der Schreibende hat an diesem Projekt mitgearbeitet.

23 Die einzige bis dahin publizierte wissenschaftliche Untersuchung zu gesellschaftspolitischen Haltungen der Schweizer Muslime stammt von Matteo Gianni, *Muslime in der Schweiz. Identitätsprofile, Erwartungen und Einstellungen*, Bern, Eidgenössische Ausländerkommission (Materialien zur Integrationspolitik), auf: http://www.ekm.admin.ch/de/dokumentation/doku/mat_muslime_d.pdf (letzter Zugriff 28.03.2010). Es war im Übrigen ausdrücklich nicht Aufgabe der Zürcher Studie, selbst ein Modell der Imam-Ausbildung für die Schweiz zu entwickeln.

Gemeinschaft Schweizer Werte und Normen vermittelt, mithin als eine Art »Transmissionsriemen« fungiert, wofür folgende Stellungnahme des Bundesamtes für Migration stehen mag:

> »Religiöse Betreuungspersonen aller Glaubensgemeinschaften werden als zentrale Personen für die Integration der Ausländerinnen und Ausländer betrachtet. Sie nehmen eine wichtige Brückenfunktion zwischen ausländischen Glaubensgemeinschaften und der einheimischen Bevölkerung wahr [...]«

Die Musliminnen und Muslime erhoffen sich hingegen von einem persönlich gut integrierten, gleichsam ›vorzeigbaren‹ Imam allgemeine Akzeptanz in der Gesellschaft für ihre Religion und für sich selbst:

> »[...] Dies würde die [öffentliche] Meinung im guten Sinn beeinflussen, es würde helfen, die öffentliche Einstellung [gegenüber den Muslimen] zu verändern.«[24] (Ökonom algerischer Herkunft)

Persönlich und innergemeindlich wünschen sich die Musliminnen und Muslime jemanden, der natürlich in liturgischen und religiösen Dingen sattelfest ist, aber darüber hinaus ein guter Pädagoge für Kinder und Jugendliche, ein einfühlsamer Seelsorger für Erwachsene, ein Sozialarbeiter, Vermittler bei Konflikten, Gemeindemanager, Mediensprecher, Ansprechpartner für Behörden und andere Religionsgemeinschaften usw. usf. Dem Imam schlagen also Erwartungen entgegen, die nur ein *Superman* erfüllen kann. Der Imam muss

> »im Verein bzw. in der Moschee die ganze Zeit über anwesend sein. Wie ein Pfarrer in der Kirche, täglich vierzundzwanzig Stunden: Wenn man anklopft, kann man beichten oder sonst etwas erzählen. Ja, er sollte eigentlich wirklich dafür leben.« (kaufmännische Angestellte bosnischer Herkunft)

Oder knapper und poetischer ausgedrückt:

> »Eine Moschee ohne Imam ist wie ein Haus ohne Dach.« (Logistiker mazedonischer Herkunft, Vereinspräsident)

Dieses Wunschbild ähnelt auffallend dem eines evangelischen oder katholischen Gemeindepfarrers, und wie dieses Wunschbild muss es zu Enttäuschungen führen, je mehr es mit weiteren Wünschen befrachtet wird.

Heute entsprechen nach Meinung der befragten Muslime und Institutionen die wenigsten Imame in der Schweiz diesen Erwartungen. Am ehesten genügen sie in liturgischen Dingen (Gebet, Freitagspredigt). Das grundlegende Manko der meisten: Sie beherrschen die Landessprache nur ungenügend und können

24 »[...] ça travaillerait l'opinion dans le bon sens, ça aiderait à modifier le sentiment public.« Alle Zitate ab hier von ATZ ins Hochdeutsche übersetzt resp. aus Schweizer Mundart oder fehlerhaftem Deutsch geglättet.

daher von den vielen Aufgaben praktisch nur die liturgischen adäquat bewältigen:

»Viele Imame können nicht sehr gut Deutsch [...]. Damit geht einher, dass sie oft auch die gesellschaftlichen Realitäten oder auch die politischen Mechanismen nicht kennen. Dementsprechend können sie auf Fragen, die an sie herangetragen werden oder zum Beispiel auf Probleme, die Kinder in der Schule haben, nicht adäquat reagieren, weil sie das System nicht kennen.« (Ingenieur türkischer Herkunft, Verbandsfunktionär)

Dieses Votum leitet über zu einem weiteren Hauptergebnis:

- –Die Musliminnen und Muslime wünschen sich einen Islam, der in ihren Lebenskontext passt. Der Imam soll diesen Kontext sehr gut kennen und ihnen das abstrakte Gebilde »Islam« da hinein gleichsam übersetzen. Sie wünschen sich kein albanisches oder saudisches Importprodukt und ebenso wenig einen Islam, der in Schweizer Amtsstuben definiert wird – was die Institutionen gleich sehen.
- –Anderseits wünschen sie sich einen Islam, der von muslimischen Autoritäten als »echter«, authentischer Islam anerkannt ist. Am häufigsten wird hierbei die Azhar genannt, auch von den zahlreichen Muslimen aus dem Balkan. Dieser Wunsch steht in einer gewissen Spannung zum vorhergehenden.
- Desweiteren wünschen sich die Musliminnen und Muslime, dass neben ihresgleichen der Schweizer Staat bei Ausarbeitung, Aufbau und Durchführung einer Imam-Ausbildung mitwirkt. Der Staat soll

»[...] die Rahmenbedingungen setzen, aber sich doch nicht allzu sehr in Religionsfragen einmischen.« (Anwalt albanischer Herkunft)

Nur wenige wünschen die Mitwirkung ausländischer Staaten oder Religionsbehörden. Viele Befragte trauen offensichtlich dem (Schweizer) Staat eine wichtige positive Rolle zu:

1.) Der Staat wäre nötig, um den Prozess der Ausarbeitung, des Zusammenführens der Akteure etc. überhaupt in Gang zu bringen und zu moderieren.
2.) Die Beteiligung des Staates wäre ein Mittel, um extremistische Einflüsse von der Ausbildung fernzuhalten.
3.) Sein finanzieller Beitrag wäre wichtig, da die Schweizer Muslime finanziell das Projekt nicht schultern könnten und anderseits – ein klares Votum! – ausländisches Geld nur in Frage käme, wenn keinerlei Bedingungen daran geknüpft sind.
4.) Die Anbindung einer Imam-Ausbildung an eine Universität oder Hochschule würde überdies hohe Standards in der Qualität der Ausbildung garantieren, und

5.) sie würde der Ausbildung gegenüber der Mehrheitsgesellschaft jene Legitimität und Akzeptanz geben, die al-Azhar oder Ankara nicht geben können.

Sehr verbreitet und für das Forschungsteam überraschend ist die Erwartung, dass der Imam der Zukunft nicht nur den allgemeinen Schweizer Kontext gut kennt (Staatskunde, Politik, Recht, Gesellschaft, Wirtschaft), sondern unbedingt auch die andern in der Schweiz bedeutsamen Religionen: v. a. die christlichen Richtungen und das Judentum, aber auch die jüngeren, zugewanderten Religionen. Etliche muslimische Befragte sagten gar, der Imam solle sie nicht nur kennen, sondern auch den Kontakt mit ihnen pflegen. Imame

> »[...] müssen eine Beziehung eingehen können zum säkulären Staat, aber auch zu den andern Religionsgemeinschaften.« (Universitätsdozent iranischer Herkunft, Verbandsfunktionär)

Der Islam wird klar in der Pluralität der Religionen verortet. Nur ganz vereinzelt war die Position anzutreffen: ›Alles Wichtige über die andern Religionen weiß der Imam aus dem Koran.‹

Viele Befragte berücksichtigten den Faktor Zeit: Der Aufbau einer umfassenden grundständigen Imam-Ausbildung, die religiöse Fächer ebenso wie weltliche umfasst, braucht viel Zeit.

> »[...] es ist eine Frage der Kosten und der Wirksamkeit. [...] das muss von der Basis kommen, noch einmal: es muss eine Nachfrage da sein. Und dann, damit es etwas Seriöses wird, wird es dauern... Meiner Ansicht nach wird es auf jeden Fall in den kommenden 15 Jahren noch nichts geben.« (Forschungsmitarbeiterin österreichischer Herkunft)

Doch es gibt auch die ungeduldigere Position:

> »Die Notwendigkeit [etwas in Gang zu setzen] besteht, jetzt, der Moment ist da! Man hat schon zu viel Rückstand, um noch länger zögern zu dürfen, bloß aus Furcht, bestimmte Sensibilitäten zu verletzen.« (Universitätsdozent marokkanischer Herkunft)

Etliche Befragte zweifeln, ob die Schweiz, die überdies sprachlich aufgesplittert ist, nicht zu klein sei und daher Kooperationen mit dem Ausland suchen müsste.

> »[...] Ich könnte mir durchaus vorstellen, dass sich im deutschsprachigen Raum – Deutschland, Österreich, Schweiz – innerhalb der nächsten zehn, fünfzehn Jahre eine islamische Gemeinschaft herausbildet, die sich bis zu einem gewissen Maß schon von den arabischen Heimatländern abkoppeln könnte, zu denen sie den Kontakt eigentlich nur noch für die prinzipielle Legitimation braucht. [...] Die Schweiz [allein] hat die kritische Masse ganz sicher noch nicht.« (Ingenieur türkischer Herkunft, Verbandsfunktionär)

Wo es besonders drängt – bei Sprachkenntnis und Vertrautheit mit den Verhältnissen –, lässt sich hingegen wesentlich schneller etwas tun. So sprachen sich etliche Befragte dafür aus, zunächst die vorhandenen Imame in Weiterbildungskursen gezielt in diesen Bereichen zu schulen und die umfassende Ausbildung später zu realisieren:

> »[...] was ich eher als realisierbar ansehe [...] das wäre eventuell ein Angebot von Weiterbildungsmodulen. Ich glaube, das würde gewisse Personen ansprechen.« (Forschungsmitarbeiterin österreichischer Herkunft)

4 Fazit

Die Ergebnisse der Schweizer Untersuchung und die öffentliche Debatte lassen sich in Beziehung setzen zu dem, was aus andern westeuropäischen Ländern bekannt ist:

- Viele Ergebnisse der Feldstudie passen nahtlos zu dem, was aus den Nachbarländern bekannt ist: etwa das pfarrerähnliche Erwartungsprofil; die Erwartung, dass der Imam in der Lage sein muss, den hiesigen Lebenskontext zu reflektieren; die daran geknüpften Hoffnungen auf Integration und gesellschaftliche Akzeptanz.
- Die bestehenden Kurse, Studien- und Ausbildungsgänge im Ausland haben oft bereits eine Richtung eingeschlagen, wie sie auch in der Schweiz von den Muslimen wie den Institutionen der Mehrheitsgesellschaft erwogen wird: Man organisiert resp. erwägt Kurse, die die Vertrautheit mit dem Land fördern, und man möchte langfristig eine Theologie aufbauen, welche sich die Langzeitaufgabe der Kontextualisierung nach modernen wissenschaftlichen Standards vornimmt.
- Einzelne Ergebnisse werfen die Frage auf, ob Eigenheiten des Schweizer Kontexts vorliegen oder aber Tendenzen, die anderswo ebenfalls vorhanden sind: der umfassende Kredit, den der Staat genießt; die Skepsis der Muslime (vor allem derjenigen, die kein Amt in den islamischen Vereinen und Verbänden innehaben) gegenüber dem Einfluss ausländischer Regierungen oder Institutionen; ihre oft distanzierte Haltung gegenüber den Verbandsfunktionären; ihr aktives Eintreten für den Religionspluralismus.

Wichtige Fragen, die sich aus den Schweizer Befragungen wie auch aus öffentlichen Diskussionen in ganz Westeuropa ergeben, seien hier lediglich noch erwähnt: Haben private Ausbildungsgänge wie an der Islamitischen Universiteit Rotterdam oder am Institut Européen des Sciences Humaines in Château Chinon in Zukunft überhaupt eine Chance, selbständig oder in Kooperation mit staatlichen Programmen fortzubestehen, oder werden sie zu Réduits eines engeren Islams, der sich stets dem Fundamentalismusverdacht ausgesetzt sieht? Wo gibt es für Absolventen jeglicher Programme Arbeitsplätze, die ihrer Qualifikation entsprechen und angemessen entlohnt werden? Wie ist schließlich das Verhältnis von Programmen in islamischer ›Theologie‹ und Religionspädagogik sinnvoll zu gestalten?

Die Schweiz ist gewiss in Sachen Imam-Ausbildung kein Vorreiter und hat bei der Bearbeitung all dieser Fragen noch einen weiten Weg zu gehen. Die kleinräumige föderale Struktur kann Lösungen teils erleichtern, teils auch erschweren. Allemal gehen in einer ausgeprägten Konsenskultur die Dinge langsam. Aber da die Bedürfnislage ähnlich ist und bleibt wie in den Nachbarländern, bleibt das Thema auf der Tagesordnung.

Literatur

Argumentarium »JA zur Minarettverbots-Initiative« (Stand 23.09.2009), auf: http://minarette.ch/pdf/argumentarium_minarettverbot.pdf (letzter Zugriff 05.04.2010).

Die Bevölkerung der Schweiz 2008, Neuchâtel, Bundesamt für Statistik 2009.

Olivier Bobineau, *Former des imams pour la République. L'exemple français*, Editions du CNRS, Paris 2010.

Claude Bovay, *Religionslandschaft in der Schweiz*, Neuchâtel, Bundesamt für Statistik 2004, auf: http://www.bfs.admin.ch/bfs/portal/de/index/themen/01/22/publ.Document.50514.pdf, (letzter Zugriff 05.04.2010).

Centraal Bureau voor de Statistiek, *»More than 850 thousand Muslims in the Netherlands«*, Den Haag 2007, auf: http://www.cbs.nl/en-GB/menu/themas/vrije-tijd-cultuur/publicaties/artikelen/archief/2007/2007-2278-wm.htm (letzter Zugriff 05.04.2010).

Christian von Burg, *»Hassprediger in Schweizer Moscheen«*, in: *Tages-Anzeiger*, 26.10.2009, auf: http://www.tagesanzeiger.ch/schweiz/standard/Hassprediger-in-Schweizer-Moscheen/story/25912759 (letzter Zugriff 27.03.2010).

Europarat, *»Unsere Ziele«*, auf: http://www.coe.int/aboutCoe/index.asp?page=nosObjectifs&l=de (letzter Zugriff 05.04.2010).

Die deutsche Rechtschreibung, 24., völlig neu bearb. und erw. Aufl., Bibliographisches Institut, Mannheim 2006.

Monica Fahmy, *»Hassprediger Pierre Vogel: Im Januar darf er wieder in die Schweiz einreisen«*, in: Blick, 15.12.2009, auf: http://www.blick.ch/news/schweiz/im-januar-darf-er-wieder-in-die-schweiz-einreisen-135784 (letzter Zugriff 27.03.2010).

Karin Furer, *Religionsunterricht an der öffentlichen Schule. Betrachtungen aus staatskirchenrechtlicher Perspektive unter besonderer Beachtung der Situation im Kanton Zürich*, unveröffentlichte Masterarbeit Universität Luzern, 2003.

Ghaly, M., *»Imamausbildung in Europa: Im Fokus der niederländischen Erfahrungen«* in diesem Band.

Matteo Gianni, *Muslime in der Schweiz. Identitätsprofile, Erwartungen und Einstellungen*, Bern, Eidgenössische Ausländerkommission (Materialien zur Integrationspolitik), auf:

http://www.ekm.admin.ch/de/dokumentation/doku/mat_muslime_d.pdf (letzter Zugriff 05.04.2010).

Sonja Haug/Stephanie Müssig/Anja Stichs, *Muslimisches Leben in Deutschland,* Nürnberg, Bun-desamt für Migration und Flüchtlinge 2009, auf: http://www.deutsche-islam-konferenz.de/SharedDocs/Anlagen/DE/DIK/Downloads/Plenum/MLD-Vollversion, templateId=raw,property=publicationFile.pdf/MLD-Vollversion.pdf (letzter Zugriff 05.04.2010).

Haut Conseil à l'intégration, *L'islam dans la République,* Paris 2000, auf: http://lesrapports.ladocumentationfrancaise.fr/cgi-bin/brp/telestats.cgi?brp_ref=014000017&brp_file=0000.pdf (letzter Zugriff 05.04.2010).

Sandra Lavenex/Frank Schimmelfennig, »*EU rules beyond EU borders: theorizing external governance in European politics*«, in: Journal of European Public Policy, 16 (6), 2009, S. 791–812.

Ulrich Rudolph et al., *Imam-Ausbildung und islamische Religionspädagogik in der Schweiz? Schlussbericht. Eine Untersuchung im Rahmen des Nationalen Forschungsprogramms »Religionsgemeinschaften, Staat und Gesellschaft« (NFP 58),* Zürich/Bern, Universität Zürich/Schweizerischer Nationalfonds zur Förderung der wissenschaftlichen Forschung 2009, auf: http://www.nfp58.ch/files/news/43_Imame_Schlussbericht_deutsch.pdf (letzter Zugriff 05.04.2010).

Pierre Schmidt, »*L'Institut catholique de Paris pourrait former des imams*«, in: *La Croix,* 24.09.2007, auf: http://www.la-croix.com/article/index.jsp?docId=2315576& amp;rubId=4078 (letzter Zugriff 05.04.2010).

Şinasi Gündüz
Aus dem Englischen von Anja Mehrmann

Die Ausbildung muslimischer Theologen in der säkularen Türkei

Die Türkei ist nicht nur aufgrund der historischen und politischen Rolle, die sie in ihrer geografischen Lage spielt, ein bemerkenswertes Land, sondern auch wegen ihrer mehrheitlich muslimischen Bevölkerung bei gleichzeitig säkularer staatlicher Ausrichtung. Der Laizismus ist eines der Gründungsprinzipien der modernen Türkei. Da dieses Prinzip als einer der wichtigsten Faktoren der türkischen Gesellschaft betrachtet wird, ist es dauerhaft in der türkischen Verfassung verankert. Von Anfang an hat die moderne Türkei ihre sozialen Institutionen – einschließlich religiöser und Bildungseinrichtungen wie dem Präsidium für Religiöse Angelegenheiten (Diyanet) und den Imam-Hatip-Schulen – im Einklang mit diesem Grundprinzip errichtet. Die Beziehung der Türken zur Religion, besonders zum Islam, hat parallel zum Laizismusprinzip gewissermaßen »überlebt«. Trotz der harten Durchsetzung des Laizismus hat die Religion auf irgendeine Weise dennoch ihre Wirkung in den sozialen Strukturen bewahren können. Mannigfaltige Institutionen wurden zu dem Zweck gegründet, den Bedarf an Religionsbediensteten zu decken und um die religiöse Ausbildung durchzuführen. Sowohl Diyanet als auch Institutionen der religiösen Bildung, wie z. B. die Imam-Hatip-Schulen und theologische Fakultäten, wurden aus diesem Grunde ins Leben gerufen.

Im Vergleich zu anderen islamischen Ländern bietet die Türkei ein interessantes Bild. Der säkulare Staat kontrolliert sowohl die religiösen Institutionen als auch die Ausbildung und bezahlt das Personal, das mit religiösen Dienstleistungen beauftragt ist. Religiöse Organisationen und Gemeinschaften sind nicht berechtigt, die Richtlinien religiöser Bildung zu bestimmen, noch haben sie Einfluss auf die Arbeitsweise und das Personal des Diyanet. Die türkischen Behörden verteidigen ihre Auffassung und Vorgehensweise damit, dass diese auf die speziellen Bedingungen in der Türkei abgestimmt seien, da das kulturelle und historische Erbe des Landes eine solche Praxis notwendig mache.

1. Die Ausbildung von Theologen in den letzten Jahrzehnten des Osmanischen Reiches

Um die Ausbildung muslimischer Theologen in der säkularen Türkei zu verstehen, beleuchten wir hier kurz die Politik der Türkei bezüglich Religion und religiöser Bildung seit der Zeit der Republikgründung. Fassen wir zunächst das Verständnis von Religion und religiöser Bildung zusammen, das vor der Gründung der modernen Türkei vorherrschte. Ein Blick auf die letzten Jahrzehnte der osmanischen Ära zeigt, dass sowohl die Religion als auch religiöse Einrichtungen recht großen gesellschaftlichen Einfluss ausübten. *Madrasas*, traditionelle Schulen, die überwiegend unter der Aufsicht des *šayḫ al-islām*, der höchsten religiösen und rechtlichen Autorität standen, spielten im osmanischen Bildungssystem eine wichtige Rolle. In diesen Einrichtungen wurden neben religiösem Personal und Theologen auch andere Wissenschaftler ausgebildet. Außer den *madrasas* waren auch *ṣūfī* -Konvente (*tekkes* und *zāwiyas*) für die religiöse Bildung von Bedeutung. Das Ausbildungssystem der *madrasas* war eher dogmatisch als analytisch orientiert und basierte üblicherweise auf einer traditionellen Auffassung von islamischen Glaubensvorstellungen und Ritualen. Aus diesem Grunde wurden seit dem 19. Jahrhundert verstärkt Versuche unternommen, diese Schulen mittels westlicher pädagogischer Methoden zu modernisieren. Die Strategien zur Verwestlichung und Modernisierung in den letzten beiden Jahrhunderten des Osmanischen Reiches waren tatsächlich umfassend und beschränkten sich nicht auf das Gebiet der Bildung.

Parallel zu dieser Verwestlichung und Modernisierung des Reiches insgesamt begannen seit 1846 die Bemühungen um die Modernisierung des Bildungssystems der *madrasas*. Zweifellos führten diese Bemühungen zu einem höheren Niveau in der religiösen Bildung. Bereits vor dem Ersten Weltkrieg versuchte man durch Bildungsreformen nicht nur die allgemeinbildenden Institutionen, sondern auch solche Einrichtungen zu modernisieren, die muslimische Theologen und Religionsbedienstete ausbildeten. Frucht dieser Modernisierungspolitik ist auch die Gründung der Darülfünun-ı Şahane in Istanbul, einer höheren Lehranstalt westlicher Prägung. Wenngleich die Bemühungen zur Gründung einer solchen Hochschule auf die Mitte des 19. Jahrhunderts zurückgehen, rief Sultan Abdulhamid II. das Darülfünun erst 1900 ins Leben. Nach dem Vorbild westlicher Universitäten wurde diese Hochschule mit fünf Fachbereichen ausgestattet – Jura, Medizin, Geisteswissenschaften, Naturwissenschaften und Theologie (*ʿulūm šarʿiyya*). Die Theologische Abteilung wurde mit dem Ziel gegründet, die muslimischen Theologen nach westlichem Vorbild auszubilden; das Curriculum enthielt jedoch hauptsächlich Veranstaltungen der grundlegenden islamischen Wissenschaften wie *tafsīr*, *ḥadīṯ* und Islamisches Recht. Die folgende Tabelle zeigt die Veranstaltungen des Theologischen Fachbereiches[1]:

Lehrveranstaltung	**Stunden pro Monat**
Korankommentar	8
Traditionen des Propheten	8
Ethik und Islamische Mystik	6
Methodologie des Islamischen Rechts	8
Islamisches Recht	8
Islamische Theologie	8
Geschichte des Propheten	2
Geschichte des Islam und Geschichte der Religionen	6
Wissenschaftliche Meinungsverschiedenheiten der Gelehrten	4
Arabische Literatur	6
Sinn und Ziel der Rechtsetzung	2
Geschichte des Islamischen Rechts	2
Philosophie des Arabischen	2
Philosophie und Philosophiegeschichte	6
	76

Neben den Grundwissenschaften des Islam gab es in dieser Abteilung also auch Veranstaltungen zur Philosophie und zur arabischen Literatur. Dieser Unterricht wurde den Studenten in fünf thematischen Gruppen erteilt: die Gruppen des *tafsīr* und *ḥadīṯ*, Islamische Theologie, Philosophie, Islamisches Recht, Islamische Ethik und die Geschichte des Propheten. Für die Verleihung akademischer Grade legten die Studenten die Prüfungen des *icazet-name* (Bachelor) und das *ru'ūs* (Doktorat) ab.[2]

Als das Darülfünun 1912 kurz nach dem Inkrafttreten der neuen Verfassung reorganisiert wurde, konnte der Fachbereich Theologie seinen Platz in der Institution behaupten. Der Lehrplan der Abteilung wurde um einige Kurse aus den Bereichen Geisteswissenschaften und Recht erweitert. Aufgrund einer Rechtsverordnung wurde die Theologische Abteilung dann 1919 geschlossen.

1 M. Koştaş, »*Ankara Üniversitesi İlahiyat Fakültesi (Dünü Bugünü)*«, AÜİFD, 1999, S. 142 – 143.
2 Ebd. S. 143 – 144.

2. Religionspolitik und religiöse Institutionen am Beginn der Republik

Zweifellos war die Religion, namentlich der Islam, einer der einflussreichsten motivierenden Faktoren für den erfolgreichen Kampf im Befreiungskrieg nach dem Zusammenbruch des Osmanischen Reiches. Auch bei der Gründung der modernen Türkei spielte die Religion keine unbedeutende Rolle. Die erste Parlamentsversammlung nach dem Befreiungskrieg wurde 1920 in Ankara mit Gebeten eröffnet, und Führungspersönlichkeiten einiger religiöser Gemeinschaften nahmen an der Versammlung teil. Nach der Ausrufung der Republik 1923 wurden radikale reformerische Schritte zur Modernisierung und Säkularisierung des Landes unternommen. Die Reformen basierten auf drei Grundprinzipien: Verwestlichung der Gesellschaft, Säkularisierung des Staates und die Ideologie des Nationalismus. Zur Erreichung dieser Ziele wurden von 1924 bis 1937 viele Reformen durchgeführt.

Um die Verwestlichung und Säkularisierung des Landes zu bewerkstelligen, mussten traditionelle religiöse Einrichtungen abgeschafft und das Verständnis der Religion einer grundlegenden Revision unterzogen werden. Das Konzept der *umma* oder der universellen Einheit der Muslime und die in der langen Geschichte des Islam entstandenen islamischen Traditionen waren im osmanischen Zeitalter die Bezugspunkte des allgemeinen Religionsverständnisses. Im Gegensatz dazu wurden diese Bezugspunkte der Religionsauffassung zu Beginn der Republik ergänzt um den türkischen Nationalismus und ein westliches Religionsverständnis, das in gewissem Umfang auch positivistische Evaluationen mit sich brachte. Der türkische Nationalismus war speziell in dieser Periode so ausgeprägt, dass neben einer Islaminterpretation aus türkischer Sicht einige Vertreter elitärer Gesellschaftsschichten sich auf die ursprüngliche Religion der Türken besannen und diese teilweise sogar dem Islam vorzogen. In dieser Zeit wurden einige Institute für Türkische Sprache und Geschichte gegründet und es wurden Projekte durchgeführt, wie z.B. eine Untersuchung des Einflusses der türkischen Sprache auf die Idiome nordamerikanischer Indianer, die so genannte »Sonnensprachen-Theorie«. Vergleicht man die osmanische und die Politik der modernen Türkei bezüglich der Modernisierung und Angleichung an den Westen, so fällt auf, dass in der osmanischen Zeit die Bemühungen um Modernisierung militärischen, wirtschaftlichen und Bildungseinrichtungen galten, während die moderne Republik darauf abzielte, alle traditionellen Einrichtungen, die Denkweise und sogar das Erscheinungsbild des Volkes zu verändern. Atatürk erklärte dieses Ziel als Anstrengung, »sich auf das Niveau heutiger Zivilisationen zu erheben«. So sollten die Bildungs-, Rechts- und Wirtschaftsinstitutionen Volk und Gesellschaft von der Kleidung über das Alphabet bis hin zur Form des Gebetsrufes modernisieren. Es ist bemerkenswert, dass in dieser Zeit ein positivistisches Verständnis von Wissen und Wissenschaft von Politikern und Intellektuellen vieler Bereiche übernommen wurde.

In der Folge dieser Politik wurde 1924 das Kalifat abgeschafft. 1925 erschienen Rechtverordnungen zum Kleidungsstil, die Männern vorschrieb, einen europäischen Hut anstelle des traditionellen Fes zu tragen und die Einschränkungen für das öffentliche Tragen religiöser Kleidung einführten. Das lateinische Alphabet wurde 1928 übernommen und der wöchentliche Feiertag 1935 von Freitag auf Sonntag verlegt. Diese Reformen sollten die Spur zur religiös geprägten osmanischen Vergangenheit auslöschen.

Der Kern der Modernisierung der neuen Republik und der wichtigste Schritt in ihrer auf den Islam zielenden Reformpolitik war die Deklaration des Laizismus im Kontext eines Nationalstaates. In der Verfassung von 1924 findet sich noch der Satz »Die Staatsreligion ist der Islam.« Da dies der Struktur des neuen Staates widersprach, wurde der Artikel 1928 aus der Verfassung entfernt und ca. 9 Jahre später, kurz vor Atatürks Tod, der Begriff »Laizismus« hinzugefügt. Eines der wichtigsten Prinzipien der Republik wurde also in der Verfassung der Türkei verankert und betont.

Laizismus anstelle einer religionsbasierten Gesellschaft und das Modell eines Nationalstaats statt der *umma*, diese beiden Kriterien lagen jedem neuen Schritt, jeder Entscheidung zugrunde. Der Laizismus in der modernen Türkei unterscheidet sich jedoch in gewissem Umfang von den Gegebenheiten, die sich in anderen europäischen Ländern beobachten lassen. Eher als für eine totale Trennung zwischen Religion, religiösen Einrichtungen und dem Staat entschied der Staat sich dafür, die religiösen Angelegenheiten und Institutionen unter seine Kontrolle zu bringen. Als Angestellte des Staates wurden Muftis und Imame von ihm ernannt und bezahlt, und die Behörden kontrollierten Moscheen und Religionsstiftungen. Im Einklang mit den Prinzipien der Modernisierung, der Anpassung an westliche Maßstäbe und der Säkularisierung versuchte man die Religionsauffassung des Volkes zu verändern. Wie schon an anderer Stelle betont, spielte die Religion für das Volk immer eine wichtige Rolle, sodass sein Verständnis der Religion den Grundprinzipien des Staates entsprechen sollte. Zur Erfüllung dieser Mission bediente man sich der folgenden Argumente:

1. Die Religion sollte von Aberglauben und falschen Glaubensvorstellungen gereinigt werden,
2. religiöser Glaube sollte der Vernunft nicht widersprechen und nicht auf Dogmen beruhen,
3. er muss zeitgemäßen, namentlich westlichen Werten entsprechen,
4. es wird aufgeklärtes religiöses Personal benötigt, d.h. Imame, Muftis usw.,

5. die grundlegenden Quellen und Rituale der Religion sollten entsprechend der türkischen Identität und Sprache durchgesehen und korrigiert werden,
6. religiöses Personal – Imame, Muftis etc. – sollte nicht in Bereiche wie Politik, Handel und Wirtschaft eingreifen,
7. und schließlich sollten die religiösen Institutionen durch den Staat kontrolliert werden.

Diese vom Staat definierten Eigenschaften der Religion kennzeichneten eine öffentliche Variante des Islam, eine Art türkischen Islam, der sich an den Prinzipien des neuen Staates orientierte. Das Volk und einige religiöse Gelehrte hielten sich von dieser Religionsauffassung fern. Insbesondere die Regierungen der Ein-Parteien-Periode versuchten das Volk dazu zu bringen, diese Auffassung zu akzeptieren, manchmal auch mit Gewalt und Zwang. So war es unvermeidlich, dass von Zeit zu Zeit Konflikte zwischen Volk und Staat auftraten. Der Staat versuchte sein Anliegen bis in die späten 1940er Jahre hinein mit brutalen Maßnahmen durchzusetzen.

Ein weiterer wichtiger Schritt betraf eine der bedeutendsten Institutionen des Osmanischen Reiches, »Seriyye ve Evkaf Vekaleti« oder Minsterium für Religion und Stiftungswesen. Diese Einrichtung wurde am 3. März 1924 geschlossen und durch das neugegründete Diyanet ersetzt, zudem wurde die Generaldirektion für Stiftungen zur Verwaltung entsprechender Angelegenheiten gegründet. Diyanet ist das wichtigste Werkzeug, mit dem die neue Republik ihre Maßnahmen zur Reform des Islam durchführt. Als Hauptaufgabe des Diyanet wurde definiert, es solle *»dem Bedarf des Volkes an religiösen Diensten entsprechen«* und *»das richtige Verständnis des Islam gewährleisten oder reflektieren«*. Dies bedeutete, dass das Präsidium für religiöse Angelegenheiten die Richtlinien des Staates anwenden sollte, um ein eigenes, nationales Islamverständnis zu erschaffen.

Die Reformpolitik bezüglich der Religionsauffassung, des religiösen Lebens und religiöser Einrichtungen zielte auch darauf ab, jegliche religiöse Erziehung außerhalb des staatlichen Kontrollbereichs zu unterbinden. In der Folge dieser Politik wurden 1925 konsequenterweise die traditionellen Einrichtungen des mystischen Islam, *tekkes* und *zāwiyas*, geschlossen, mit der Begründung, in einem modernen Staat sei kein Platz für derartige Institutionen. Es herrschte allgemein die Vorstellung, diese traditionellen Einrichtungen spiegelten das wahre Islamverständnis nicht wider und liefen den Vorstellungen des neuen Staates zuwider, der ein modernes Land erschaffen wollte.

Eine weitere wichtige Maßnahme war die Übersetzung religiöser Grundtexte und schriftlicher Quellen wie des Koran und der Aussprüche des Propheten ins Türkische. Auch islamische Rituale wie der *aḏān* (Gebetsruf) sollten auf Türkisch durchgeführt werden. Bei diesen Reformbemühungen spielte das neu gegründete Diyanet eine herausragende Rolle.

Vergleicht man diese Verfahrensweisen beim Umgang mit der Religion und ihren Einrichtungen in der Anfangszeit der Republik Türkei mit den Strategien der christlichen Reformbewegung im England des 16. Jahrhunderts, so entdeckt man durchaus Ähnlichkeiten. Wohlbekannt ist der Konflikt zwischen der Römischen Kirche und König Heinrich VIII., der einen Reformprozess einleitete, in dem der berühmte Theologe Cranmer recht aktiv war. Aus diesem Reformprozess ging später in England eine nationale Version des Christentums unter dem Namen Anglikanisches Christentum hervor.[3] Einen solchen Versuch, eine nationale Variante der Religion zu erschaffen, gab es auch in der Frühzeit der türkischen Republik. Es ist jedoch schwer zu sagen, ob dieser Versuch erfolgreich war, da das Volk über lange Zeit hinweg diese Reformen nicht übernahm, auch wenn es vom Staat manchmal gewaltsam dazu gebracht werden sollte. Es wäre sehr interessant, über die Gründe hierfür einmal nachzudenken. Der wichtigste Grund für dieses Scheitern scheint darin zu liegen, dass der Staat die Reformen überwiegend durch die Staatsgewalt durchzuführen versuchte und das Volk zur Übernahme zwang. Die Unterschiede zwischen Islam und Christentum können als weiterer Grund angeführt werden.[4]

Die für den Islamischen Religionsunterricht im säkularen türkischen Staat angewandten Strategien können in drei Zeitabschnitte unterteilt werden: 1. von der Ausrufung der Republik 1923 bis zum Ende der Ein-Parteien-Periode 1946, 2. vom Beginn der Mehr-Parteien-Periode bis zur Gründung des Yüksek Öğretim Kurulu (YOK) 1982, dem zentralen Leitungsorgan der Universitäten der Türkei, 3. von 1982 bis heute.

3. Die Gestaltung des Religionsunterrichts im Einklang mit den Richtlinien der neu gegründeten Republik

Eine für die religiöse Bildung und ihre Institutionen sehr bedeutsame Entwicklung nach der Republikgründung 1923 war die Aufnahme des Artikels *tevhid-i tedrisat* in die Verfassung, der die Einheitlichkeit des Bildungssystems festlegte. Der Artikel schloss Regelungen zum Religionsunterricht mit ein und war damit eine der wichtigsten Reformen des Staates bezüglich religiöser Institutionen. Dieser Artikel leitete zwei wichtige Entwicklungen ein: 1. *madrasas*, traditionelle Bildungsstätten für Religionsdiener wie Imame und Prediger (*ḫaṭīb*), wurden geschlossen und neue Schulen westlichen Stils dafür eröffnet; 2. im Darülfünun wurde eine Theologische Fakultät ins Leben gerufen, die Theo-

3 Siehe S. Neil, *Anglicanism*, Mowbray, London 1977.
4 Siehe die Diskussion dieses Themas in: E. Mortimer, *Faith and Power: The Politics of Islam*, Faber and Faber 1982, S. 126–158.

logen ausbilden würde. Der damalige Bildungsminister erklärte dies folgendermaßen:

> Das Bildungsministerium wird eine Theologische Fakultät im Darülfünun gründen, um Religionsexperten auszubilden und separate Schulen eröffnen, zur Ausbildung von Personen, die mit der Erbringung religiöser Dienstleistungen beauftragt werden, wie Imame und Prediger.[5]

Dem *tevhid-i tedrisat*-Artikel entsprechend wurden innerhalb kurzer Zeit 29 Imam-Hatip-Schulen eröffnet. Vor allem die Religionspolitik der Regierung führte jedoch dazu, dass die Schulen bald nach und nach geschlossen wurden. Im Schuljahr 1931/32 gab es keine einzige Imam-Hatip-Schule mehr, sie hatten alle den Unterrichtsbetrieb eingestellt.[6]

1924 wurde, wieder auf der Grundlage des *tevhid-i tedrisat*-Artikels, eine Theologische Fakultät mit dreijähriger Studiendauer im Darülfünun eröffnet. Tatsächlich handelte es sich hier um die Fortsetzung der zuerst 1900 eröffneten und 1919 geschlossenen Fakultät. Folgende Kurse wurden an dieser Fakultät angeboten: *tafsīr* und Geschichte des *tafsīr*, *ḥadīṯ* und Geschichte des *ḥadīṯ*, Geschichte des Islamischen Rechts, Geschichte der Islamischen Theologie, Geschichte der Islamischen Mystik, Geschichte der Islamischen Philosophie, Geschichte der Philosophie, Religionsgeschichte, Geschichte der türkischen Religionen, Geschichte des Islam, Metaphysik, Soziologie, Psychologie, Sozialpsychologie, Ethik, Ethnographie der Islamischen Nationen, Religionsphilosophie, Zeitgenössische Islamische Konfessionen, Arabisch und Persisch.[7]

Das Curriculum der Theologischen Fakultät setzte sich also überwiegend aus Geschichte und Geisteswissenschaften zusammen, offensichtlich, um Theologen gemäß den religiösen Vorgaben der neu gegründeten Republik ausbilden zu können. 1949, Jahre später, kritisierte daher Ismayil Hakkı Baltacıoğlu diesen Lehrplan, der genau so zusammengesetzt sei wie das Curriculum der Soziologischen Fakultät.[8]

In dieser frühen Zeit stellte die Universitätsreform von 1933 einen Wendepunkt für die theologische Bildung dar, da diese Reform aus dem Darülfünun die Universität Istanbul machte und die Theologische Fakultät aus dieser Universität ausklammerte. Angeblich war die Anzahl der Studierenden der Fakultät so ge-

---

5 »Maarif vekaleti, yüksek diniyat mütehassısları yetiştirmek üzere Darülfünunda bir İlahiyat Fakültesi tesis ve İmamet ve Hitabet gibi hidematı diniyenin vazifesiyle mükellef memurların yetişmesi için de ayrı mektepler küşat edecektir«, M. Öcal, »*İlahiyat Fakültelerinin Tarihçesi*«, UÜİFD, 1:1, 1986, S. 113.

6 Zur Diskussion über İmam-Hatip-Schulen siehe İ. Kara, »*İmam Hatip Liselerini Yeniden Tartışmak*«, *İmam Hatip Liselerinde Eğitim ve Öğretim*, hrsg. v. M. Zengin, İstanbul 2005, S. 36–37.

7 Öcal, »*İlahiyat Fakültelerinin Tarihçesi*«, S. 113–114.

8 Koştaş, »*Ankara Üniversitesi İlahiyat Fakültesi (Dünü Bugünü)*«, S. 150.

ring, dass die Einrichtung aus diesem Grunde geschlossen wurde. Dies diente jedoch nur als Vorwand, denn bekanntermaßen waren zum Zeitpunkt dieser Entscheidung mehr als 50 Studierende an der Theologischen Fakultät eingeschrieben. Hilmi Ziya Ülken schrieb dazu später, die Auffassung, der laizistische Staat solle in religiöse Angelegenheiten nicht eingreifen, habe zur Schließung der Fakultät beigetragen.[9] Zwar wurde an der Geisteswissenschaftlichen Fakultät der Universität Istanbul ein religionswissenschaftliches Forschungsinstitut eingerichtet, als die Theologische Fakultät ihren Betrieb einstellte, doch war dieses weit davon entfernt, muslimische Theologen und Religionsbedienstete auszubilden.

Das Jahr 1933 erweist sich also als wichtige Bruchstelle in der Ausbildung muslimischer Theologen in den ersten Jahrzehnten der Republik. Bis zu diesem Zeitpunkt hatte das osmanische Erbe höherer religiöser Bildung irgendwie überlebt, doch die Zeit nach 1933 ist ein finsterer Abschnitt in der Geschichte der religiösen Unterweisung. Ungefähr 15 Jahre lang gibt es weder eine theologische Ausbildung noch eine offizielle Ausbildung für Imame und Prediger. In dieser Zeit versuchte das Volk andere, üblicherweise illegale Wege zu finden, das Bedürfnis nach religiöser Bildung zu befriedigen, denn diese war untersagt. Also erteilten verschiedene religiöse Gruppierungen und Gelehrte Kindern und Erwachsenen Religionsunterricht im Verborgenen. Diese Situation dauerte bis zum Ende der Ein-Parteien-Periode an.

Eine bemerkenswerte Entwicklung jener Zeit besteht in der negativen Haltung des Volkes gegenüber den staatlichen Institutionen, die vor allem auf deren gegen die Religion und religiöse Einrichtungen gerichteten Strategien beruhte. Die Menschen misstrauten den Schulen und anderen staatlichen Institutionen, besonders aber dem Präsidium für Religiöse Angelegenheiten. Auch versuchten sie sich von der Mitwirkung in Ämtern und vom politischen Leben insgesamt fernzuhalten.

4. Die Zeit der Freiheit in der akademischen religiösen Bildung

Diese Zeitspanne begann 1946 mit dem Mehr-Parteien-System, das dem Volk die Chance bot, größere Freiheit in der religiösen Bildung und Praxis zu erlangen. Zu jener Zeit bedienten sich einige Politiker in ihren Reden eines religiösen Diskurses und nahmen religiöse Themen in den Fokus. Viele von ihnen betonten immer wieder die Notwendigkeit religiöser Bildung für die Gründung einer gesunden Gesellschaft. Die Republikanische Volkspartei, die das Land seit der Republikgründung regiert hatte, verlor alsbald ihre Mehrheit im Parlament, und

9 Öcal, »*İlahiyat Fakültelerinin Tarihçesi*«, S. 116.

nach der Wahl 1950 stellte die Demokratische Partei die Regierung. Bei dieser Wahl unterstützte die Mehrheit des Volkes diejenige Partei, die religiöse Freiheit versprach. Am Ende der Ein-Parteien-Periode wurden die Restriktionen bezüglich der religiösen Bildung aufgehoben.

Kurz vor der Wahl hatte man bereits einige Verordnungen zur religiösen Bildung modifiziert; die Imam-Hatip-Kurse begannen. Im Laufe der Zeit erhöhte sich die Anzahl von Imam-Hatip-Schulen und anderen Bildungseinrichtungen nach und nach, und in dieser Zeit wurden auch viele Bücher über den Islam ins Türkische übertragen. Eine beträchtliche Zahl solcher Bücher stammte von zeitgenössischen arabischen Autoren und behandelte aktuelle Themen. In Ankara wurde 1949 eine Theologische Fakultät gegründet, die die Ausbildung muslimischer Theologen in der Türkei übernehmen sollte; ferner gab es im Parlament eine derartig kontroverse Debatte über die Notwendigkeit akademischer religiöser Bildung, dass einige Parlamentsmitglieder bestrebt waren, die Ausbildung in *madrasas* wiederzubeleben. Der Bildungsminister jener Zeit, Tahsin Banguoğlu, betonte hingegen in seiner Erklärung zum Zweck der Fakultät in Ankara:

> Wir haben nicht die Absicht, das Bildungssystem der madrasas wieder aufleben zu lassen, noch wollen wir Personen ausbilden wie die, die in den madrasas ausgebildet wurden [...] Die religiösen Führungspersönlichkeiten, die dieses Institut in dieser wissenschaftlich geprägten Gesellschaft ausbilden wird, werden das Denken und die Ziele teilen, die alle in ziviler und militärischer Hinsicht aufgeklärten Personen verfolgen.[10]

Offensichtlich plante die an der Schwelle zum Regierungswechsel sowohl von Seiten des Volkes als auch der Opposition stark unter Druck geratene Regierungspartei die Gründung einer höheren Lehranstalt, um Theologen heranzubilden, welche die Ideologie des säkularen Staates vertreten sollten. Die meisten Dozenten der Theologischen Fakultät waren keine Theologen, sondern viele von ihnen waren Professoren der Fakultäten für Sprache, Geschichte und Geographie. Im Laufe der Zeit beschäftigte die Fakultät mehr und mehr auch ausländische Wissenschaftler, wie z. B. Annemarie Schimmel, Tavit Tanci und Tayyib Okiç. Dem Lehrplan ist zu entnehmen, dass Veranstaltungen zu Religionswissenschaft und Philosophie dominierten. Das Curriculum des Jahres 1953–1954 sah wie folgt aus:[11]

1. Studienjahr	**WS**[12]	**2. Studienjahr**	**WS**
Arabisch	8	Arabisch	6

10 Koştaş, »*Ankara Üniversitesi İlahiyat Fakültesi (Dünü Bugünü)*«, S. 151.
11 Ebd. S. 152–153.
12 Wochenstunden.

(Fortsetzung)

1. Studienjahr	**WS**[12]	**2. Studienjahr**	**WS**
Persisch	4	Persisch	2
Fremdsprache	3	Fremdsprache	3
Klassische religiöse Texte	3	Geschichte des Islam	2
Koran und die Basis des Islam	2	Klassische religiöse Texte auf Türkisch	2
Geschichte des Islam	2	Koran und die Basis des Islam	2
		Religionspsychologie	1
		Religionssoziologie	3
		Philosophie und Logik	1
3. Studienjahr	**WS**	5. **Studienjahr**	**WS**
Arabisch	4	Arabisch	6
Fremdsprache	2	Fremdsprache	2
Geschichte des Islam	2	Geschichte des Islam	2
Korankommentar	2	Korankommentar	4
Ḥadīṯ	2	Ḥadīṯ	4
Geschichte der Islamischen Konfessionen	2	Geschichte der Islamischen Konfessionen	4
Islamische Theologie	2	Islamische Philosophie	2
Philosophiegeschichte des Islam	2	Geschichte der Religionen	2
Philosophie und Logik	3	Geschichte der Islamischen Künste	2
Geschichte der Religionen	2	Pädagogik	2
Religionspsychologie	2	Geschichte der Islamischen Mystik	2
Islamisches Recht	2	Islamische Kalligrafie	1
Geschichte der Islamischen Künste	2	Revolutionsgeschichte	2
Kalligrafie und Paläografie	1		

Es ist deutlich, dass bei der Entscheidung über den Lehrplan und der Auswahl des Lehrpersonals die größte Aufmerksamkeit darauf gerichtet war, die Studenten dem säkularen Charakter des Staates entsprechend ausbilden zu lassen. Weiter fällt auf, dass nur die Absolventen von Gymnasien berechtigt waren, sich an der Theologischen Fakultät einzuschreiben, die Absolventen von Imam-Hatip-Schulen hingegen blieben bis zum Hochschuljahr 1971/72 vom Studium ausgeschlossen, erst danach wurden sie den Absolventen von Gymnasien gleichgestellt und trafen nicht mehr auf Hindernisse, wenn sie sich an der Theologischen Fakultät immatrikulieren wollten.

Zehn Jahre lang behielt die Theologische Fakultät der Universität Ankara das Monopol in der akademischen religiösen Bildung. Diese Monopolstellung wurde jedoch 1959 gebrochen, da weitere akademische Lehranstalten für die religiöse

Bildung unter der Kontrolle des Bildungsministeriums eröffnet wurden, und zwar die Islamischen Fachhochschulen (Yüksek İslam Enstitüsü). Sowohl der Lehrplan als auch die akademische Struktur der Fachhochschulen, die erst in Istanbul, dann in Konya, Kayseri, Izmir, Erzurum, Bursa, Samsun und Yozgat eröffnet wurden, unterschieden sich von denen der Theologischen Fakultät. Die islamischen Grundwissenschaften nahmen beträchtlichen Raum im Curriculum der Fachhochschulen ein, und die Absolventen von Imam-Hatip-Schulen wurden zugelassen. Absolventen dieser Einrichtungen hatten Positionen sowohl beim Präsidium für Religiöse Angelegenheiten als *muftī* und *wāʿiẓ* als auch im Bildungsministerium inne, und natürlich waren sie auch als Lehrer an Grund- und weiterführenden Schulen tätig. Die Islamischen Fachhochschulen blieben bis 1983 bestehen und wurden dann im Zuge der Hochschulreform in Theologische Fakultäten umgewandelt.

In diese Zeit fällt auch die Eröffnung der Islamwissenschaftlichen Fakultät an der Atatürk-Universität in Erzurum 1971. Das Studium an dieser analog der Theologischen Fakultät Ankara strukturierten Abteilung war auf fünf Jahre angelegt, es wurden jedoch Absolventen sowohl von Gymnasien als auch von Imam-Hatip-Schulen aufgenommen.

5. Wiederaufbau und Reorganisation der akademischen religiösen Bildung

Der Militärputsch von 1980 veränderte vieles in der Türkei. Organisationen und politische Persönlichkeiten sowohl der äußersten Linken als auch der extremen Rechten waren von dem Putsch stark in Mitleidenschaft gezogen worden. Auf diese Kräfte wurde starker Druck ausgeübt, viele politische Führer saßen in Haft und politische Parteien wurden verboten. Die Anführer des Putsches bedienten sich nicht selten eines religiösen Diskurses im Bemühen, die Unterstützung des Volkes zu erlangen, besonders in den großen und kleinen Städten Anatoliens, und sie waren der Ansicht, die religiöse Bildung solle gefördert werden, um die Entstehung oder den Erfolg politischer Organisationen der extremen Linken zu vermeiden. Vor diesem Hintergrund wurde an den Schulen das Unterrichtsfach »Religionskultur und Ethik« als Pflichtfach eingeführt und in die Verfassung von 1980 aufgenommen. In großer Zahl wurden überall in der Türkei Imam-Hatip-Schulen eröffnet.

Im Hinblick auf die Ausbildung muslimischer Theologen sind die vom 1982 gegründeten Yüksek Öğretim Kurulu (YOK), dem zentralen Leitungsorgan der Universitäten der Türkei eingeführten Regelungen von einiger Bedeutung. Das YOK gestaltete alle akademischen Bildungssysteme einschließlich der höheren religiösen Bildung neu. Infolgedessen wurden die Islamischen Fachhochschulen geschlossen und alle sechs Institute in Theologische Fakultäten umgewandelt.

In den Jahren danach gab es zahlreiche Bemühungen, die Lehrpläne der Theologischen Fakultäten zu verbessern. 1997 wurde eine Kommission gegründet, das so genannte Türkische Nationalkomitee für Theologie, das den akademischen Aufbau und den Lehrplan der Theologischen Fakultäten untersuchte. Anfangs waren hier Mitglieder der Theologischen Fakultät der Universität Ankara in der Überzahl, doch 2009 wurde die Besetzung der Kommission geändert, und die neu ernannten Mitglieder kommen nunmehr von unterschiedlichen Theologischen Fakultäten.

In ihrer derzeitigen Struktur haben die Theologischen Fakultäten drei Hauptabteilungen, und zwar Islamische Grundwissenschaften, Philosophie und Religionswissenschaft sowie Islamische Geschichte und Künste. Jede Abteilung ist in zahlreiche Unterabteilungen gegliedert; z. B. sind *tafsīr*, *ḥadīṯ*, Islamische Theologie, Islamisches Recht, Geschichte der Islamischen Konfessionen und Islamische Mystik in der Abteilung der Islamischen Grundwissenschaften beheimatet. Die Abteilung für Philosophie und Religionswissenschaft vereint in sich die Unterabteilungen der Religionsgeschichte, der Geschichte der Islamischen Philosophie, Religionspsychologie, Religionssoziologie, Religionsphilosophie, Ethik, Religionspädagogik und Philosophiegeschichte. Die Abteilung für Islamische Geschichte und Künste verfügt über die Sparten Islamische Geschichte, Türkisch-Islamische Literatur, Türkisch-Islamische Künste, Türkische Religiöse Musik. Diese Einteilungen beziehen sich ausschließlich auf die Organisation der Hochschule.

Die folgende Tabelle zeigt die Pflichtkurse des Lehrplans der Theologischen Fakultäten:

Kurse	**WS 1. Sem.**	**WS 2. Sem.**	**WS 3. Sem.**	**WS 4. Sem.**	**WS 5. Sem.**	**WS 6. Sem.**	**WS 7. Sem.**	**WS 8. Sem.**
Koranrezitation und tajwid I, II, III		2	2	3				
Arabisch	9	9	4	4	2	2		
Leitideen des Koran	2							
Geschichte des Islam I, II, III	2	2	2					
Geschichte des Koran-Kommentars			2					
Methodologie des Korankommentars I, II				2				
Ḥadīṯgeschichte		2						
Methodologie des Ḥadīṯ			2					
Ḥadīṯ				2				

(Fortsetzung)

Kurse	WS 1. Sem.	WS 2. Sem.	WS 3. Sem.	WS 4. Sem.	WS 5. Sem.	WS 6. Sem.	WS 7. Sem.	WS 8. Sem.
Fremdsprache I, II	2	2						
Einführung in die Psychologie	2							
Türkisch I, II	2	2						
Einführung in die Soziologie		2						
Computer	3							
Prinzipien Atatürks und Geschichte der Revolution I, II	2	2						
Geschichte der antiken Philosophie			2					
Türkisch-Islamische Literatur			2					
Religionspsychologie			2					
Logik			2					
Geschichte der Islamischen Theologie				2				
Geschichte der Islamischen Philosophie				2				
Islamische Kulturgeschichte				2				
Religionssoziologie				2				
Geschichte der Türkisch-Islamischen Künste				2				
Korankommentar					2			
Koranübersetzung - Methoden					2			
Methodologie des Islamischen Rechts I, II					2	2		
Schulen der Islamischen Theologie					2			
Moderne Philosophie					2			
Religionsgeschichte I, II					2	2		
Systematische Islamische Theologie I, II						2	2	
Geschichte der Islamischen Konfessionen I, II						2	2	
Geschichte und Philosophie der Islamischen Mystik						2		
Islamisches Recht I, II							2	2
Religionspädagogik							2	
Religionsphilosophie I, II							2	2
Religiöse Rhetorik								2

(Fortsetzung)

Kurse	WS 1. Sem.	WS 2. Sem.	WS 3. Sem.	WS 4. Sem.	WS 5. Sem.	WS 6. Sem.	WS 7. Sem.	WS 8. Sem.
Philosophie der Islamischen Ethik								2
	24	23	20	21	14	12	10	8

Zusätzlich zu diesen Pflichtveranstaltungen muss jeder Student ab dem 5. Semester Wahlkurse belegen und dabei insgesamt 30 Leistungspunkte erreichen; außerdem ist eine Abschlussarbeit vorgeschrieben.

6. Auseinandersetzung um die akademische religiöse Bildung

Gegenwärtig werden diverse Diskussionen über die Ausbildung von Theologen geführt. Diese Diskussionen lassen sich in zwei Kategorien unterteilen und untersuchen: Eine Debatte betrifft die religiöse Bildung allgemein, die andere den Lehrplan der Theologischen Fakultäten.

Das Kernstück der Diskurse über die religiöse Bildung und religiöse Angelegenheiten im Allgemeinen besteht in der Frage, wie diese ausschließlich unter der Kontrolle des säkularen Staates durchgeführt werden können. In der gegenwärtigen Situation hat der türkische Staat ein Monopol in der religiösen Bildung insgesamt, ob es sich nun um die Universitäten oder um die Schulen im Sekundarbereich handelt. Es existiert keine von privaten religiösen Organisationen gegründete oder geführte Einrichtung. Auch gibt es keine Theologischen Fakultäten an privaten Universitäten. Diese Situation wird kritisiert, da sie nicht der weltweit üblichen Auffassung und Realisierung der Prinzipien des Laizismus entspricht.

Auch der Lehrplan der Theologischen Fakultäten ist Gegenstand aktueller Diskussionen.[13] Das Präsidium für Religiöse Angelegenheiten und einige andere mit religiösen Dingen befasste staatliche Stellen erheben häufig Einwände gegen den derzeitigen Lehrplan der Theologischen Fachbereiche, mit dem Argument, dass die Absolventen dieser Fakultäten keine Ausbildung in den Islamischen Grundwissenschaften erhalten, nicht genügend praktische Erfahrungen machen und zu wenig Informationen über religiöse Aufgaben und Pflichten erhalten.

13 Bericht der Theologischen Fakultät der Selçuk Universität zu diesem Thema siehe *İlahiyat Fakültelerinin Sorunları, Yeniden Yapılandırılmaları ve Programlarının Geliştirilmesine Yönelik Tespit ve Değerlendirmeler*, Konya 2008. Siehe ferner H. Ayhan, *Türkiye'de Din Eğitimi (1920–1998)*, İstanbul 1999, S. 447–473; N.Y. Aşıkoğlu, »*İlahiyat Fakültelerinin Eğitim Öğretime Katkıları ve Kaliteye Yolculuk*«, CÜİFD, IX/1, S. 1–10.

Auch werden die Fachbereiche dafür kritisiert, dass sie den Studierenden zu wenig praktischen Arabischunterricht erteilen, und schließlich wird der Lehrplan auch vor dem Hintergrund des Bologna-Prozesses diskutiert.

Zur Lösung der beschriebenen Probleme sind verschiedene Studien durchgeführt worden. Der Verband der Dekane der Theologischen Fakultäten hat in seinem jährlich stattfindenden Treffen diese Fragen behandelt und Vorschläge entwickelt, auch das Türkische Nationalkomitee für Theologie hat kürzlich einen Bericht verfasst, der Vorschläge für ein Curriculum enthält. Unter Berücksichtigung aller Vorschläge hat das YOK zugestimmt, an vielen Fakultäten, einschließlich der Theologischen Fakultät der Universität Istanbul, ein einjähriges Propädeutikum für Arabisch einzuführen. Ferner wurde entschieden, dass nach dem verpflichtenden einjährigen Arabischunterricht das unten stehende Curriculum von den Theologischen Fakultäten ab dem Hochschuljahr 2010/2011 zu realisieren ist:[14]

Kurse	**WS**	**WS**	**WS**	**WS**	**WS**	**WS**	**WS**	**WS**
	1. Sem.	**2. Sem.**	**3. Sem.**	**4. Sem.**	**5. Sem.**	**6. Sem.**	**7. Sem.**	**8. Sem.**
Koranrezitation und tajwid I, II, III, IV	4	2	2	2				
Arabische Sprache und Literatur I, II			2	2				
Grundlagen des Islamischen Glaubens	2							
Geschichte des Islam I, II		4	2					
Geschichte und Methodologie des Korankommentars	4							
Grundlage Islamischer Rituale		2						
Geschichte und Methodologie der Ḥadīṯe	4							
Einführung in das Islamische Recht			2					
Ḥadīṯ I, II		4	4					
Fremdsprache I, II	2	2						
Geschichte der Islamischen Kulturen				2				
Türkisch I, II	2	2						
Grundlagen und Geschichte Islamischer Ethik			2					
Leben des Propheten (*siyar*)	2							

14 Verordnung des Yüksek Öğretim Kurulu vom 24.08.2009.

(Fortsetzung)

Kurse	WS 1. Sem.	WS 2. Sem.	WS 3. Sem.	WS 4. Sem.	WS 5. Sem.	WS 6. Sem.	WS 7. Sem.	WS 8. Sem.
Prinzipien Atatürks und Geschichte der Revolution I, II	2	2						
Philosophiegeschichte						4		
Türkisch-Islamische Literatur				2				
Religionspsychologie			3					
Logik		2						
Geschichte der Islamischen Theologie				3				
Geschichte der Islamischen Philosophie I, II							2	2
Osmanisches Türkisch	2							
Religionssoziologie				3				
Geschichte der Türkisch-Islamischen Künste		2						
Korankommentar I, II		4	4					
Abschlussarbeit							2	2
Methodologie des Islamischen Rechts				3				
Rhetorik und Berufspraxis								2
Beratung und Kommunikation im religiösen Dienst							2	
Religionsgeschichte I, II							2	2
Systematische Islamische Theologie I, II					4	2		
Geschichte der Islamischen Konfessionen							3	
Islamische Mystik I, II					2	2		
Islamisches Recht I, II					4	4		
Religionspädagogik				2				
Religionsphilosophie								3
Türkische religiöse Musik	2							
(Wahlkurse)					8	8	8	8
	26	26	21	19	18	20	19	19

Schließlich ist auch der Dissens darüber weit verbreitet, ob das Fach Religionspädagogik bei der Ausbildung muslimischer Theologen berücksichtigt werden sollte. In diesem Zusammenhang steht weiterhin die Beantwortung der

Frage aus, ob es Ziel religiöser Bildung ist, fromme Personen islamischen Glaubens und islamischer Ethik heranzubilden, oder ob das Ziel lediglich darin bestehen sollte, die Betrachtung der islamischen Theologie aus akademischem Blickwinkel zu vermitteln.

Der Verband der Dekane der Theologischen Fakultäten und andere ähnliche Organisationen versuchen unter Berücksichtigung der Tatsache, dass fast 60 % der Absolventen von Theologischen Fakultäten für Diyanet als Imam, *ḫaṭīb*, *muftī*, *wāʿiẓ* usw. arbeiten, Antworten auf die genannten Fragen zu finden. Dabei werden auch die Meinungen unterschiedlicher staatlicher und offizieller Organisationen, wie z. B. Studentenvereinigungen u. a., berücksichtigt, um den Lehrplan für die Ausbildung muslimischer Theologen zu verbessern.

Literatur

N.Y. Aşıkoğlu, »*İlahiyat Fakültelerinin Eğitim Öğretime Katkıları ve Kaliteye Yolculuk*«, CÜİFD, IX/1, S. 1-10.

H. Ayhan, *Türkiye'de Din Eğitimi (1920-1998)*, İstanbul 1999, S. 447-473.

İlahiyat Fakültelerinin Sorunları, Yeniden Yapılandırılmaları ve Programlarının Geliştirilmesine Yönelik Tespit ve Değerlendirmeler, Konya 2008.

İ. Kara, »*İmam Hatip Liselerini Yeniden Tartışmak*«, İmam Hatip Liselerinde Eğitim ve Öğretim, hrsg. v. M. Zengin, İstanbul 2005, S. 36-37.

M. Koştaş, »*Ankara Üniversitesi İlahiyat Fakültesi (Dünü Bugünü)*«, AÜİFD, 1999, S. 142-143.

E. Mortimer, *Faith and Power: The Politics of Islam*, Faber and Faber 1982, S. 126-158.

S. Neil, *Anglicanism*, Mowbray, London 1977.

M. Öcal, »*İlahiyat Fakültelerinin Tarihçesi*«, UÜİFD, 1:1, 1986, S. 113.

Verordnung des Yüksek Öğretim Kurulu vom 24.08.2009.

Oddbjørn Leirvik
Aus dem Englischen von Anja Mehrmann

Die Ausbildung von Imamen und interreligiöse Bildung in Norwegen

Obgleich das Thema der Ausbildung von Imamen in Europa wiederholt in den Medien diskutiert wurde, wurden in Norwegen bisher keine Versuche unternommen eine staatliche Ausbildung für Imame einzuführen. An der Universität Oslo hat man die Möglichkeit eines »Zentrums für Islamische Studien« diskutiert, und eine Kommission, der auch Vertreter des Islamrats angehörten, legte der Universität 2007 einen entsprechenden Vorschlag vor. Dieses Konzept wurde bisher nicht in die Tat umgesetzt. Seit 2007 jedoch bietet die Theologische Fakultät der Universität unter dem Titel »Religiöse Führungspersönlichkeiten in der norwegischen Gesellschaft« ein Weiterbildungsprogramm für Imame und andere religiöse Lehr- und Führungskräfte mit Migrationshintergrund an. Der Islamrat hat bei der inhaltlichen Gestaltung des Kurses beratend mitgewirkt und stellte als wichtige Zielgruppe die größte Teilnehmerzahl der Weiterbildung.

Auf den folgenden Seiten werde ich eine kurze Übersicht über den Islam und die interreligiösen Beziehungen in Norwegen geben und im Anschluss daran die Frage der Islamwissenschaft, der Ausbildung von Imamen und der interreligiösen Bildung für religöse Führungspersönlichkeiten diskutieren.[1]

1. Islam und interreligiöse Beziehungen in Norwegen

Die norwegischen Wurzeln von Muslimen in Norwegen reichen entweder zurück in die Arbeitsimmigration der 1970er Jahre, oder sie kamen als Flüchtlinge und Asylsuchende seit den späten 1980ern ins Land. Neueste Schätzungen aus 2009 ergeben, dass mehr als 160 000 Einwohner Norwegens ihrem kulturellen Hin-

1 Vgl. meine Darstellung in Leirvik, Oddbjørn, »*Islam and Education in Norway*«, in: Aslan, Ednan (Hg.), *Islamische Erziehung in Europa/Islamic Education in Europe*, Böhlau, Wien 2009, S. 301 – 324.

tergrund nach Muslime sind[2], Muslime – der breitesten Definition entsprechend – also mehr als 3 % der Gesamtbevölkerung von 4,8 Mio. ausmachen.

Vergleicht man die geschätzte Zahl von 160 000 »kulturellen Muslimen« mit der Anzahl organisierter Muslime in Norwegen, so waren im Jahre 2009 von etwa 160 000 Einwohnern mit muslimischem Hintergrund 92 700, d.h. ca. 58 %, Mitglieder muslimischer Organisationen. Etwa die Hälfte davon ist in Oslo ansässig, d.h. 7,5 % der Einwohner Oslos sind Mitglieder einer muslimischen Organisation. Der Prozentsatz von Einwohnern mit muslimischem Hintergrund liegt in Oslo offensichtlich noch viel höher. Eine Erhebung, die 2006 unter Jugendlichen der Klassen 9 bis 11 in Oslo durchgeführt wurde, ergab, dass 17,6 % den Islam als ihre Religion betrachteten; 1996 waren es noch 13,2 %.[3] Die normale Dichte in bestimmten Stadtbezirken impliziert, dass sich in den Grundschulen einiger Osloer Bezirke die muslimischen Schüler in der Mehrheit befinden.

Unterscheidet man die Muslime nach ihrem nationalen Hintergrund, so stammten in 2009 die zahlenmäßig größten Gruppen aus Pakistan (30 100), dem Irak (24 500), aus Somalia (23 600), Iran (15 600), Bosnien (15 600), der Türkei (15 400), dem Kosovo (12 500) sowie aus Afghanistan (9 000) und Marokko (7 800).

Die 92 700 organisierten Muslime gehörten 2009 zu 126 verschiedenen muslimischen Gemeinden, von denen vier – und diese allesamt mit pakistanischem Hintergrund – in Oslo über eigens erbaute Moscheen verfügen. Oslo beheimatet also mehr eigens errichtete Moscheen als jede andere Stadt in den nordischen Ländern. Alle eingetragenen Glaubensgemeinschaften haben pro Mitglied Anspruch auf einen bestimmten staatlichen und kommunalen Förderbetrag, der idealerweise genau dem Geldbetrag entsprechen sollte, den die staatliche Lutherische Kirche Norwegens erhält, der 80,7 % der Bevölkerung angehören.

Wie in Großbritannien, wo Muslime aus Südasien ebenfalls die größte Gruppe bilden, ist die gesamte Vielfalt des pakistanischen Islams (Barelwi, Deobandi etc.) auch auf norwegischem Boden gut etabliert. Dasselbe gilt für den türkischen Islam (Diyanet, Süleymanci, Milli Görüş), während Bosnier und Somalier recht unterschiedliche Arten des Islam in Form von Volkstraditionen leben. Länderübergreifende Bewegungen – wie z.B. Tabligh-i Jamaat und die Muslimische Bruderschaft – sind ebenso vertreten, im Fall der Bruderschaft zumindest als inspirierender Faktor. Das Zusammenspiel von importierten Varianten des Islam und organisatorischen Anreizen aus der norwegischen

2 Gunnlaug Daugstad und Lars Østby, »*Det flerkulturelle Norge. Et mangfold av tro og livssyn*«, SSB 2009, auf: http://www.ssb.no/ssp/utg/200903/03/ (letzter Zugriff 20.04.2010).

3 Viggo Vestel/Tormod Øia, *Møter i det flerkulturelle*, NOVA Rapport 21/07, NOVA, Oslo 2007, S. 162 f.

Gesellschaft – inklusive der Möglichkeit finanzieller Beihilfen – führt zu einem hohen Grad von innermuslimischem Pluralismus, der verschiedene schiitische Gruppierungen und eine kleine, aber aktive Ahmadiyya-Gemeinschaft ebenso mit einschließt.

Seit Mitte der 1990er Jahre wurden Organisationen auch von Jugendlichen und Studenten gegründet, die unabhängig von der nationalen Herkunft der Eltern und deren Moscheen aktiv sind. Auch separate Frauenorganisationen wurden aufgebaut, und 1993 erfolgte die Gründung des Islamrats in Norwegen als nationale Dachorganisation, die nunmehr die große Mehrheit der sunnitischen muslimischen Gemeinden Norwegens in sich vereint. Es ist bezeichnend für die zentrale Bedeutung von Frauenthemen in den nordischen Ländern, dass eine muslimische Frau für die Amtsperiode von 2000 bis 2003 zur Vorsitzenden des Islamrats gewählt wurde. Nach und nach entwickelten die politischen Instanzen eine regelmäßige Kommunikation mit dem Islamrat, wie diese sie auch mit anderen etablierten Glaubensgemeinschaften und deren Dachverbänden pflegen, und seit 2007 erhält der Rat ebenfalls finanzielle Beihilfen von der Regierung.

Bezüglich der religiösen Praxis herrscht noch immer Mangel an verlässlichen soziologischen Daten. Im Jahre 2006 sagten jedoch 27 % der muslimischen Befragten in einer Gallup-Meinungsumfrage, dass sie mindestens einmal im Monat »gemeinsam mit anderen an religiösen Zeremonien« teilnähmen.[4] Dass in derselben Erhebung 31 % erklärten, sie nähmen niemals an solchen Aktivitäten teil, zeigt einen hohen Grad an Polarisierung unter kulturellen Muslimen, wenn es um religiöse Praxis und den Anschluss an eine Moschee geht. In einer weiteren Erhebung bezüglich der Lebensumstände von Immigranten, die im Zeitraum 2005/2006 realisiert wurde, sollten verschiedene Gruppen angeben, welche Bedeutung Religion in ihrem Leben hat. In dieser Untersuchung stellte sich heraus, dass Pakistanis und Somalier der Religion den höchsten Stellenwert beimaßen, gefolgt von den Türken. Bosnier und Iraner gestanden dem Thema die geringste Bedeutung zu, und die irakische Gruppe positionierte sich im Mittelfeld.[5]

Was die interreligiösen Beziehungen betrifft, so enthüllen die öffentlichen Debatten der letzten Jahre in Norwegen eine zunehmende Besorgnis gegenüber dem Islam und den Muslimen. Unter den politischen Parteien hat die populis-

4 Oddbjørn Leirvik, ›*Muslimske meiningar anno 2006: Norge, Danmark og Storbritannia*‹, auf: http://folk.uio.no/leirvik/tekster/MuslimskeMeiningar.htm 2007 (letzter Zugriff 20. 04. 2010).

5 Auf die Frage, wie oft sie pro Jahr an von Glaubensgemeinschaften organisierten religiösen Zusammenkünften teilnehmen, antworteten die Pakistanis im Durchschnit mit 31-, die Somalier mit 25- und die Türken mit 23mal, wohingegen die entsprechende Angabe der Iraker 7mal, die der Bosnier und Iraner 2mal lautete. Siehe Kristian Tronstad, »*Religion*«, in: *Levekår blant innvandrere i Norge 2005/2006*, Statistisk Sentralbyrå 2008.

tische Rechte mit der »Fortschrittspartei«, die bei den Parlamentswahlen 2009 22 % der Stimmen erhielt, in ihren Wahlkampagnen wiederholt vor »Islamisierung« gewarnt, zuletzt 2009 mit der Behauptung, in Norwegen ließen sich neue und verdeckte Formen von Islamisierung ausmachen. Ähnlich islamkritische Standpunkte wurden von Gruppen geäußert, die der Neuen Christlichen Rechten zuzuordnen sind, wenngleich christliche Führungspersönlichkeiten der politischen Mitte diesen Warnungen vor Islamisierung regelmäßig entgegentraten. Trotz der geschilderten Tendenzen in der allgemeinen Öffentlichkeit ist der interreligiöse Dialog in Norwegen recht gut etabliert.[6] Seit 1993 nimmt der Islamrat Norwegens regelmäßig an bi- und multilateralen Gesprächen mit Vertretern anderer Glaubens- und weltanschaulicher Gemeinschaften in Norwegen teil. 1992/93 wurde eine Kontaktgruppe für die Norwegische Staatskirche und den Islamrat ins Leben gerufen. Als zentrale Themen finden sich auf der Tagesordnung dieser Kontaktgruppe: Religion in der Schule, Belange der muslimischen Minderheit in Norwegen, Islamophobie, die prekäre Situation von Christen in einigen muslimischen Ländern, Religion und Gewalt, Geschlechtergleichheit und die Situation der Frauen, Homosexualität, Freiheit der Meinungsäußerung und moralische Verantwortung, und schließlich die Frage der Konversion.[7] Im Zusammenhang mit der Cartoonkrise reisten muslimisch-christliche Delegationen von Norwegen in den Mittleren Osten und nach Pakistan und symbolisierten so eine versöhnlichere Haltung als die, die im Nachbarland Dänemark zu beobachten war. 2007 veröffentlichte die Kontaktgruppe eine »Gemeinsame Erklärung zur Religionsfreiheit und dem Recht auf Konversion«, die auch international viel Beachtung fand. 2009 wurde eine »Gemeinsame Erklärung zur Gewalt in der Familie und in engen Beziehungen« herausgebracht. Diese Erklärungen wurden unter Berücksichtigung der Rolle der Imame in der »Imam-Kommission« des Islamrats vor der Veröffentlichung eingehend diskutiert.

Seit 1996 spielt der Islamrat auch eine aktive Rolle im multilateralen Rat für religiöse und weltanschauliche Gemeinschaften, der die Interessen dieser Gemeinschaften dem Staat gegenüber vertritt, für gegenseitigen Respekt unterschiedlicher Glaubensformen und Weltanschauungen eintritt – z. B. gehört der Humanistische Verband diesem Rat an – und sich insgesamt mit sozialen und

---

6 Siehe z. B. Oddbjørn Leirvik, *Religionspluralisme. Mangfald, konflikt og dialog i Norge* (*Religious pluralism. Diversity, conflict and dialogue in Norway*), Pax, Oslo 2007, und »*Christian-Muslim Relations in a State Church Situation: Politics of Religion and Interfaith Dialogue*«, in Malik, Jamal (Hg.), *Muslims in Europe. From the Margin to the Centre.* LIT, Münster 2004, S. 101 – 114.

7 Siehe http://folk.uio.no/leirvik/Kontaktgruppa.htm (letzter Zugriff 20.04.2010); vgl. Oddbjørn Leirvik, »*15 år med kristen-muslimsk dialog i Norge*« (»15 Jahre christlich-muslimischer Dialog in Norwegen«), Norsk Tidsskrift for Misjon 3, 2003, S. 131 – 145.

ethischen Fragen von allgemeinem Interesse befasst. Muslimische Organisationen gehören zudem diversen regionalen interreligiösen Gremien an.

2. Die Frage der Islamwissenschaft und der Ausbildung von Imamen in Norwegen

Die vorhergehenden Abschnitte vermitteln einen Eindruck des politischen, kulturellen und religiösen Kontextes, in dem die Imamausbildung in Norwegen diskutiert wird. Die Frage der Imamausbildung in Norwegen wird seit 2002 häufig von Politikern verschiedener Parteien thematisiert, und zwar vor dem Hintergrund der Annahme, dass die überwiegend aus dem Ausland »importierten« Imame mit den »norwegischen Werten« wenig vertraut seien. In den letzten fünf Jahren jedoch haben sich sehr viele Imame ausgezeichnete Kenntnisse der norwegischen Sprache angeeignet. Eine wachsende Zahl von Imamen, wenn auch noch immer die Minderheit, ist in Norwegen aufgewachsen. Ihre Ausbildung jedoch haben sie allesamt im Ausland an islamischen Bildungsinstitutionen und innerhalb ihrer eigenen konfessionellen Gruppe erhalten.

Im öffentlichen Meinungsstreit verwischen sich häufig die Unterschiede zwischen (allgemeiner) Islamwissenschaft, (spezieller) Islamischer Theologie und der Ausbildung von Imamen. In Anbetracht der zukünftigen Entwicklung in Norwegen verdient der Unterschied zwischen Islamwissenschaft und Islamischer Theologie besondere Aufmerksamkeit. Die Niederlande bieten z. B. an der Universität Leiden jeweils zwei separate Studiengänge (je Bachelor und Master) unter den beiden genannten Überschriften an. Zusätzlich und in Übereinstimmung mit dem niederländischen *duplex-ordo*-System bietet die Universität Leiden auch »muslimischen Organisationen Raum, ihre eigenen ergänzenden konfessionellen Bildungsprogramme einzurichten.«[8]

In Leiden gehören beide Studiengänge (und die zusätzlichen konfessionsgebundenen Programme) zur Geisteswissenschaftlichen Fakultät. In Oslo sind die Rahmenbedingungen andere, da die Universität hier auch über eine Theologische Fakultät verfügt, die sich natürlicherweise als Heimat für neue Angebote in Islamischer Theologie anbietet. Aus der Gesamtperspektive besteht die kontextuelle Herausforderung darin, umfassende Studienprogramme der Islamwissenschaft zu entwickeln, die auf die Kompetenzen *diverser* Disziplinen

8 Mohammed M. Ghaly, »*The Academic Training of Imams. Recent Discussions and Initiatives in the Netherlands*«, in: Willem B. Drees/Peter Sjoerd van Koningsveld (Hgg.), *The Study of Religion and the Training of Muslim Clergy in Europe*, Leiden University Press, Leiden 2008, S. 383.

zurückgreifen würden – auf Geisteswissenschaften, Theologie, Jura und Sozialwissenschaften.

Am dringendsten erforderlich ist es vermutlich, neue Lehrveranstaltungen in Islamischer Theologie zu entwickeln. Als 2007 der Universität Oslo der Vorschlag unterbreitet wurde, ein »Zentrum für Islamische Studien« zu gründen, enthielten die vorgeschlagenen Studiengangsentwürfe vermehrt Veranstaltungen in theologischen Disziplinen wie Koranstudien, Hadithstudien, Islamische Rechtswissenschaft und modernes Islamisches Denken. Die Kommission setzte sich aus Wissenschaftlern von vier verschiedenen Fakultäten zusammen und bezog auch Vertreter des Islamrats mit ein. Der Vorschlag der Kommission wurde nicht als Vorlage für eine Imamausbildung in Norwegen präsentiert. Nichtsdestoweniger sah die Kommission voraus, dass neue Lehrveranstaltungen und Studiengänge für Islamwissenschaft – einschließlich theologischer Veranstaltungen – zumindest zu einer künftigen Imamaus- oder -weiterbildung in Norwegen *beitragen* könnten. Wenn auch bei realistischer Betrachtungsweise davon auszugehen sei, dass die Ausbildung der Imame noch immer zu einem großen Teil in konfessionsgebundenen Bildungseinrichtungen im Ausland durchgeführt werden würde, so könnten doch *Bestandteile* einer Imamausbildung von der Universität geleistet werden – und wenn der Beitrag darin bestünde, dass Studiengänge in Islamischer Theologie in Analogie zu den Christlichen Theologien angeboten werden, wie sie an staatlichen Universitäten beheimatet sind.

Die Planungen für ein solches Zentrum und für ein breiteres Studienangebot in der Islamwissenschaft sind noch nicht realisiert worden. Es ist jedoch interessant festzustellen, dass der Islamrat klar zum Ausdruck gebracht hat, er würde es begrüßen, wenn (theologische) Islamstudien an einer staatlichen Universität und nicht in privaten Einrichtungen gelehrt würden. Der Islamrat hat hier den Begriff »Theologische Studien« vermieden, da Theologie häufig mit konfessionellen Interessen verbunden ist, die nicht mit einem breiteren Spektrum an Islamstudien an der Universität in Konflikt geraten sollten. Der Islamrat würde es jedoch sehr begrüßen, wenn klassische islamische Fachgebiete im Kontext einer staatlichen Universität gelehrt würden, ob diese Wissensgebiete nun »Theologie« oder anders genannt werden.

3. Weiterbildung in einem interreligiösen Rahmen

Zusammen mit buddhistischen und christlichen Organisationen hat sich der Islamrat ferner mit der Entwicklung eines Weiterbildungsprogramms für Imame und andere religiöse Führungspersönlichkeiten mit Migrationshintergrund beschäftigt. Das Programm startete 2007, läuft unter dem Titel »Religiöse

Führungspersönlichkeiten in der norwegischen Gesellschaft« und wird betreut von der Theologischen Fakultät der Universität Oslo. Dass sich der Islamrat an solchen Initiativen aktiv beteiligt, bezeugt einmal mehr seine Bereitschaft, konstruktiv mit den staatlichen norwegischen Institutionen zusammenzuarbeiten, und sie spiegelt möglicherweise ebenso seine Identifikation mit dem (typisch norwegischen) »Eine-Schule-für-alle«-System, das für die Islamwissenschaft und die Weiterbildung der Imame ebenfalls zur Anwendung kommen soll.

Grundlage des Programms war eine Entscheidung, die das Parlament 2004 getroffen hat, und die »nach Norwegen immigrierten religiösen Führungspersönlichkeiten«[9] eine gründlichere »Kenntnis der Gesellschaft« ermöglichen sollte. Aufgrund ihrer Kompetenz auf dem Gebiet der interreligiösen Studien erteilte der Minister für Arbeit und Integration der Theologischen Fakultät schließlich den Auftrag, das Projekt zu implementieren.

Da die zugrundeliegende politische Entscheidung leicht als Maßnahme zur politischen Disziplinierung wahrgenommen werden konnte, bemühte sich die Fakultät darum, die Glaubensgemeinschaften direkt in den Planungsprozess mit einzubeziehen. So wurden Vertreter des Islamrats, des Buddhistischen Verbandes, des Verbandes der Baptisten, der Römisch-Katholischen Kirche und der Kommission für Religiöse und Weltanschauliche Gemeinschaften eingeladen gemeinsam mit den Mitarbeitern der Fakultät die Details des Programmes zu erarbeiten. Denselben Religionsgemeinschaften wurden Kontingente garantiert, und sie wurden aufgefordert, Kandidaten für den ersten Durchlauf der Weiterbildung zu benennen. Diese Vorgehensweise hat deutlich dazu beigetragen, den Glaubensgemeinschaften eine Art »Eigentümergefühl« an dieser Weiterbildung zu vermitteln.

Der interreligiöse Aufbau des Programms scheint ein wichtiger Erfolgsfaktor gewesen zu sein. Indem religiöse Führungspersönlichkeiten verschiedener religiöser Traditionen eingeladen wurden, wurde der Eindruck vermieden, dass gerade die Imame einen *besonderen* Bedarf an Weiterbildung im norwegischen Kontext hätten. Indem man sich den von ihnen selbst »gefühlten« Weiterbildungsbedarf der Glaubensgemeinschaften für ihre spirituellen und administrativen Führungskräfte zunutze machte, wurde auch der Eindruck vermieden, das Programm ziele darauf, den Teilnehmern eine Art »Gouvernementalität« einflößen.[10] Dennoch sind der politische Hintergrund und die Finanzierung des

9 Kommunal- og regionaldepartementet, St. meld. Nr. 49 (2003–2004) »*Mangfold gjennom inkludering og deltakelse. Ansvar og frihet*«, S. 75.

10 Ich beziehe mich auf Michel Foucaults Verständnis der Gouvernementalität als Art und Weise, in der Regierungen Bürger dahingehend zu beeinflussen versuchen, dass diese bestimmten politischen Richtlinien folgen, um so der geistigen Haltung der Bürger die diesen Richtlinien zugrundeliegenden Werte einzuflößen.

Programms kaum zu übersehen, und auf der ersten Versammlung bemerkte einer der orthodox-christlichen Teilnehmer scherzhaft: »Wir freuen uns darauf zu erfahren, welche Ansichten uns der Staat gern in den Fragen vertreten sehen würde, die wir hier diskutieren werden.«

Konkret besteht die Weiterbildung aus drei Modulen. Wer das Programm in seine akademische Laufbahn integrieren möchte, erhält für jedes Modul 10 Leistungspunkte (ECTS credits). Die Titel der Module lauten wie folgt: (1) »Religion, norwegisches Recht und internationale Menschenrechte «, (2) »Moral und Seelsorge« und (3) »Werte, religiöse Vielfalt und interreligiöser Dialog«. Unter den diskutierten Themen befanden sich auch die Möglichkeit von Konflikten zwischen religiösem und säkularem Recht, die Legitimierung von Menschenrechten aus dem Glauben heraus, freie Meinungsäußerung im Spannungsfeld zwischen rechtlichen Möglichkeiten und moralischer Verantwortung, Religion in der Schule, Geschlechter(un)gleichheit in der Gesellschaft und in Glaubensgemeinschaften, Gewalt in engen Beziehungen, spiritueller Rat in Lebenskrisen, Homosexualität, und schließlich der Blick auf Menschen anderer Religionszugehörigkeit.

Die größten Teilnehmergruppen wurden von Muslimen, zumeist Imamen, und christlichen Klerikern verschiedener Konfessionen gestellt; doch auch einige buddhistische Mönche, ein Hindu, ein Sikh und ein jüdischer Rabbi nahmen an dem Programm teil. Die Bewertung durch die Teilnehmer war gut, zu einem großen Teil sogar enthusiastisch.

Die Weiterbildung befindet sich z. Z. (April 2010) in ihrem zweiten Durchlauf; ebenso wie beim ersten Mal nehmen 20 Personen daran teil. Es ist zu hoffen, dass diese Maßnahme zu einer dauerhaften Einrichtung werden wird.

Schluss

Abschließend lässt sich festhalten, dass neue Initiativen zur Aus- und Weiterbildung von Imamen die ethnischen und konfessionellen Unterschiede zwischen den norwegischen Muslimen als mögliches Hindernis für einheitliche Programme ernst nehmen müssen. Dennoch könnte sich möglicherweise das starke Erbe der »einen Schule für alle« in der norwegischen Gesellschaft als dienlich für die ökumenische Annäherung zwischen Muslimen in akademischen Bildungseinrichtungen erweisen.

Was die weitere Entwicklung der Islamwissenschaften an den staatlichen Universitäten in Norwegen betrifft, besteht zunächst die Notwendigkeit, Lehrveranstaltungen und Studiengänge für Islamische Theologie (oder eine theologisch orientierte Islamwissenschaft) zu entwickeln. Obgleich die Zielgruppe solcher Veranstaltungen einen weit größeren Personenkreis als den der Imame umfasst, könnten Studiengänge in Islamischer Theologie an staatlichen Universitäten auch als attraktive Form der Weiterbildung für Imame betrachtet werden, die ihre Grundausbildung in konfessionsgebundenen Bildungseinrichtungen im Ausland erworben haben.

Das bestehende Programm »Religiöse Führungspersönlichkeiten in der norwegischen Gesellschaft« hat gezeigt, dass neue theologische Studiengänge sich erfolgreich auch auf die Ressourcen des interreligiösen Dialogs in Norwegen stützen können.

Literatur

Daugstad, Gunnlaug/Østby, Lars, »*Det flerkulturelle Norge. Et mangfold av tro og livssyn*«, SSB 2009, auf: http://www.ssb.no/ssp/utg/200903/03/ (letzter Zugriff 20.04.2010).

Ghaly, Mohammed M., »*The Academic Training of Imams. Recent Discussions and Initiatives in the Netherlands*«, in: Willem B. Drees/Peter Sjoerd van Koningsveld (Hgg.), *The Study of Religion and the Training of Muslim Clergy in Europe*, Leiden University Press, Leiden 2008.

Kommunal- og regionaldepartementet, St. meld. Nr. 49 (2003 - 2004), »*Mangfold gjennom inkludering og deltakelse. Ansvar og frihet*«.

»*Kontaktgruppa for Mellomkirkelig Råd for Den norske kirke og Islamsk Råd Norge*«, auf: http://folk.uio.no/leirvik/Kontaktgruppa.htm (letzter Zugriff 20.04.2010).

Leirvik, Oddbjørn, »*Islam and Education in Norway*«, in: Aslan, Ednan (Hg.), *Islamische Erziehung in Europa/Islamic Education in Europe*, Böhlau, Wien 2009, S. 301 - 324.

Ders., »*Muslimske meiningar anno 2006: Norge, Danmark og Storbritannia*«, Webartikel auf: http://folk.uio.no/leirvik/tekster/MuslimskeMeiningar.htm 2007 (letzter Zugriff 20.04.2010).

Ders., *Religionspluralisme. Mangfald, konflikt og dialog i Norge* (*Religious pluralism. Diversity, conflict and dialogue in Norway*), Oslo, Pax 2007.

Ders., »*15 år med kristen-muslimsk dialog i Norge*« (»15 Jahre christlich-muslimischer Dialog in Norwegen«), Norsk Tidsskrift for Misjon 3, 2003, S. 131 - 145.

Ders., »*Christian-Muslim Relations in a State Church Situation: Politics of Religion and Interfaith Dialogue*«, in Malik, Jamal (Hg.), *Muslims in Europe. From the Margin to the Centre*. LIT, Münster 2004, S. 101 - 114.

Tronstad, Kristian, »*Religion*«, in: *Levekår blant innvandrere i Norge 2005/2006*, Statistisk Sentralbyrå 2008.

Vestel, Viggo/Øia, Tormod, *Møter i det flerkulturelle*, NOVA Rapport 21/07, Oslo 2007, S. 162 f.

Fadil Fazlić
Aus dem Bosnischen von Esnaf Begić

Die Tradition der einheimischen Imamausbildung in einem europäischen multireligiösen Land am Beispiel Bosnien-Herzegowinas

Zu Beginn meines Vortrags möchte ich den Veranstaltern dieser Tagung zum äußerst wichtigen Thema der Imamausbildung meinen großen Dank aussprechen. Ich fühle mich geehrt, dass ich die freundliche Einladung und somit die Gelegenheit bekommen habe, den Prozess der jahrelangen und in meinem Heimatland Bosnien-Herzegowina institutionalisierten Imamaubildung in diesem Rahmen vorstellen zu dürfen.

Doch bevor ich mich mit dem Thema der Imamausbildung in Bosnien-Herzegowina beschäftige, möchte ich auf die aus der Sicht des Tagungsthemas wichtige Tatsache hinweisen, dass innerhalb des Islam die ersten und ältesten Ausbildungsstätten die Moscheen waren. Durch die islamische Geschichte hindurch bildeten sie religiöse, geistige und kulturell-bildende Zentren, aus welchen sich nach und nach islamische Bildungsinstitutionen entwickelten. Eine Moschee oder Moscheegemeinde wird von einem Imam geleitet, der hier als geistiger Führer, Lehrer, Prediger und Ausbilder fungiert.

Der Prozess der Imamausbildung in Bosnien-Herzegowina lässt sich am besten am Beispiel der *medresa* (arab. *madrasa*), einer religiösen Schule, in welcher Imame ausgebildet wurden, darstellen. Unumgänglich ist hier ein Überblick der geschichtlichen Entwicklung der Imamausbildung in unterschiedlichen staatspolitischen Systemen, die Bosnien-Herzegowina durchlebte: im Osmanischen Reich, während der österreichisch-ungarischen Herrschaft, innerhalb der Königreiche der Serben, Kroaten und Slowenen, sowie später der Jugoslawen, im sozialistischen Jugoslawien und schließlich, in den letzten Jahren, im unabhängigen Bosnien-Herzegowina.

1. Die Zeit des Osmanischen Reiches

Durch die Verbreitung des Osmanischen Reiches auf das Gebiet des heutigen Bosnien-Herzegowinas im 15. Jahrhundert nahm die Grund-, Mittel- und Hochschulausbildung dieselben Formen und Inhalte wie in den übrigen Teilen des osmanischen Imperiums an. Die ersten *medresas* in Bosnien-Herzegowina wurden in größeren administrativen, kulturellen und urbanen Gegenden errichtet. Die erste und älteste *medresa* in Bosnien-Herzegowina wurde zwischen 1505 und 1512 durch den osmanischen Statthalter in Bosnien Firuz-Beg gegründet. Lehrkräfte, die man an den *medresas* einsetzte, wurden hauptsächlich in Istanbul ausgebildet, wobei wichtig zu betonen ist, dass ihre fachlichen Kompetenzen den Rang und die Einstufung der *medresas* bestimmten. Entlohnt wurden die Lehrkräfte entsprechend der finanziellen Stärke der Stiftung, zu welcher sie angehörten. Unterrichtet wurde auf Türkisch und Arabisch in den Lernzirkeln, was einzelnen Schülern und Studenten die Möglichkeit eröffnete, den Lernprozess individuell zu bewältigen. So besaß jeder einzelne Schüler die Möglichkeit durch eigene Leistungen und Lernaktivitäten in die höhere Stufe des Unterrichts aufzusteigen. Das Hauptziel in der Ausbildung war die Bewältigung der islamischen Grunddisziplinen, wodurch sie befähigt wurden, als Imame, aber auch als Angestellte in der Administration, Lehrer und Richter tätig zu sein. In den *medresas* des niedrigeren Ranges war es gewöhnlich so, dass nur ein *muderis* (Lehrer, arab. *mudarris*) den kompletten Unterricht erteilte. Dieser Lehrer hatte einen Assistenten (arab. *muʿīd*), dessen Aufgabe darin bestand, die durch den Lehrer vermittelten Lehrinhalte mit den Schülern zu wiederholen und zu festigen. Der Unterricht begann nach dem Morgengebet, vor dem Sonnenaufgang also, und dauerte mit Pausen den ganzen Tag.

In der Ausbildung zum Beruf des Imams hatten die Schüler durchaus relativ gute Bedingungen, da das ganze Ambiente so gestaltet war, zu ihrer intellektuellen und geistigen Entwicklung beizutragen. Meistens waren die *medresas* an die Moscheen angelehnt, mit der gezielten Vorgabe, die erworbenen Kenntnisse in der Moschee praktisch umsetzen zu können. Das architektonische Komplex einer *medresa* wurde sehr oft mit einem Internat abgeschlossen, in welchem die Schüler kostenlose Unterkünfte und Verpflegung hatten. Viele *medresas* verfügten darüber hinaus über die eigenen Bibliotheken, die sowohl von Lehrern als auch Schülern benutzt wurden.

Die berechtigte Frage, die sich in diesem Zusammenhang aufdrängt, ist die nach der Finanzierung einer *medresa*. Die Finanzierung erfolgte durch die sogenannten *Vakufs* (arab. *waqf*), fromme Stiftungen. Interessant ist hier die Tatsache, dass die Legatoren in ihren Stiftungsurkunden die allgemeinen Lehrinhalte und Bedingungen festlegten, nach welchen jemand als Lehrer in seiner *medresa* eingesetzt werden konnte. So bestimmte beispielsweise Gazi Husrevbeg, Stifter der bis in die heutige Zeit bekanntesten und angesehensten *Gazi Gusrevbegova medresa* in Bosnien-Herzegowina in seiner Stiftungsurkunde (sog. *vakufnama*), welche Wissenschaften in seiner *medresa* zu unterrichten sind. Dabei erscheint in der Stiftungsurkunde eine Klausel als sehr wichtig, die besagt, dass »*in dieser medresa nach Erfordernissen der Zeit, auch andere Wissenschaften gelehrt werden sollen.«* Hiermit ebnete Gazi Husrevbeg, der osmanische Provinzverwalter in Bosnien, schon in seiner Stiftungsurkunde den Weg für die entsprechenden und nach Erfordernissen der jeweiligen Zeit notwendigen Reformen in seiner *medresa*, wobei die Zweckgebundenheit der Stiftung bewahrt wurde. Vielleicht war dies einer der Gründe, dass diese *medresa* als einzige unter den etwa 100 anderen *medresas* in Bosnien-Herzegowina bis in die Zeit vor dem I. Weltkrieg kontinuierlich seit ihrer Gründung im Jahre 1537 ununterbrochen ihren Lehrbetrieb aufrechterhielt. In ihrer 473-jährigen Geschichte wurden hier die meisten Imame ausgebildet und sogar 1978 eine Frauenabteilung für die Ausbildung der Religionslehrerinnen eröffnet. Viele Absolventen dieser Schule nahmen, nachdem sie sich weiterbildeten, wichtige Positionen im Osmanischen Reich und in der späteren Zeit ein. Als Beispiel seien hier Sulejman Bali-zade und Mehmed Refik Hadžiabdić erwähnt, die sogar das höchste religiöse Amt im Osmanischen Reich bekleideten, das des *šayẖ al-islām*. Die Lehrer dieser *medresa* übten auch die Funktion des *muftī* von Sarajevo aus. Wie in übrigen Teilen des Osmanischen Reiches wurde dieses Modell der Imamausbildung in Bosnien-Herzegowina bis ins Jahr 1878 beibehalten.

2. Die Zeit der österreichisch-ungarischen Verwaltung in Bosnien-Herzegowina

Durch den Fall Bosnien-Herzegowinas unter die österreichisch-ungarische Herrschaft im Jahre 1878 erleben die Bosniaken große gesellschaftspolitische, wirtschaftliche und kulturelle Veränderungen, die sich in erster Linie durch den Widerstand gegenüber der neuen Herrschaft manifestierte, mit erst allmählicher Anpassung und Gewöhnung an das neue gesellschaftspolitische System. Dieses Ereignis bedeutete für die Bosniaken zudem den Übertritt aus einer Zivilisation in eine andere, was selbstverständlich gar nicht so leicht war. Im Bestreben ihre Werte aufrechtzuerhalten kämpften sie durch politische und religiöse Bewegungen um ihre religiöse und Stiftungsautonomie. Diese wurde letztendlich durch die Verabschiedung des sogenannten »*Statuts für die autonome Verwaltung der islamischen religiösen, Stiftungs- und Bildungsangelegenheiten in Bosnien-Herzegowina*« im 15. April 1909 erreicht. Mit diesem Rechtsakt wurden, unter anderem, folgende Ziele der schon im Jahr 1882 gegründeten Islamischen Gemeinschaft definiert. Der Islamischen Gemeinschaft in Bosnien-Herzegowina wurde mit diesem Dokument das Recht eingeräumt die Moscheen und andere islamische, religiöse, humanitäre und Bildungsinstitutionen zu gründen, sowie Imame und Religionslehrer auszubilden und zu erziehen.

Über diese Bestimmungen hinaus spiegelt sich die Wichtigkeit des autonomen Statuts in drei weiteren Tatsachen:

- ein europäisches und, im Grunde genommen, christliches Land legalisierte und erkannte den Islam auf europäischen Boden an;
- die Muslime bekamen die Freiheit, sich nach islamischen Normen zu organisieren und
- als modernes und geordnetes Land, garantierte Österreich-Ungarn den bosnischen Muslimen den Schutz und die Sicherheit.

Unter der österreichisch-ungarischen Verwaltung in Bosnien-Herzegowina behielt man grundsätzlich das aus der osmanischen Zeit stammende traditionelle Model der Imamausbildung bei. Die neugeschaffene Institution der Islamischen Gemeinschaft bestimmte die Lehrpläne und -programme und bestellte die Lehrer an den *medresas* des Grund- und mittleren Rangs. Der Unterricht wurde weiterhin in den Lernzirkeln (arab. *ḫalqa*) durchgeführt, die Ausbildungszeit dauerte zunächst 8 bis 10 Jahre, infolge einiger Reformen wurde sie später auf 4 Jahre herab gesetzt. Der erfolgreiche Abschluss wurde mit einem Diplom, der sogenannten *idžazetnama* (vom arab. *iǧāzā*), besiegelt.

In den Jahren 1911 und 1912 kam es zu einer Reorganisierung der *medresas*. Infolge dessen wurden in kleineren Städten die Kreis-*medresas* eröffnet, in welchen Imame für die kleineren Orte und Dörfer ausgebildet wurden. Im Hinblick auf die Unterrichtsfächer wurden mit der Zeit nach und nach neben den religiösen, auch natur- und geisteswissenschaftlichen Fächer eingeführt.

3. Die Zeit der Königreiche der Serben, Kroaten und Slowenen und des Königreichs der Jugoslawen

Das unmittelbar nach dem I. Weltkrieg formierte Königreich der Serben, Kroaten und Slowenen übernahm die Verpflichtungen die Rechte der Bosniaken, welche ihnen in der österreichisch-ungarischen Monarchie garantiert wurden, zu achten. In der Praxis wurden diese Verpflichtungen jedoch nicht konsequent umgesetzt. Das Oberhaupt der Islamischen Gemeinschaft in dieser Zeit, *reis ul-ulema* (arab. *raʾīs al-ʿulamāʾ*) Džemaluddin Čaušević (1870–1938) trat für die Reformen im Prozess der religiösen Bildung ein. Eine starke Opposition selbst innerhalb der Islamischen Gemeinschaft und der religiösen Strukturen wirkte gegen seine Reformvorhaben. Den Kern seiner Reformen bildeten die Absicht, den Unterricht in der bosnischen Sprache einzuführen, sowie die Einstufung der *medresas* als niedrige, mittlere und höhere Schulen. Erst im Jahre 1930 konnte sein Reformvorhaben verwirklicht werden, als in der *Gazi Husevbegova medresa* ein höheres Studium eingeführt wurde. Nach nur zwei Jahren wurde es aber wieder abgesetzt.

Durch die politische Umstrukturierung des Königreichs und seine Umbenennung in das Königreich der Jugoslawen, und vor allem durch die Verabschiedung eines Gesetzes zur Islamischen Gemeinschaft wurde das aus der österreichisch-ungarischen Zeit stammende autonome Statut aufgehoben und die Islamische Gemeinschaft unter volle Kontrolle und Aufsicht des Staates gestellt. Dies wirkte sich auch auf die Verfassung der Islamischen Gemeinschaft aus, welche die religiösen Schulen neu definieren und einstufen musste. Demnach entstanden die staatlichen religiösen Schulen, wie die *Viša islamska šerijatsko-teološka škola, VIŠT* (*Höhere islamische scharia-theologische Schule*) in Sarajevo, in welcher die religiösen Richter (*qāḍīs*) ausgebildet wurden. Sie besaß den Rang einer Fakultät, während beispielsweise das *Šerijatska gimnazija* (*Scharia-Gymnasium*) in Sarajevo oder die sogenannte *Velika medresa Kralja Aleksandra I.* (*Große Madrasa des Königs Alexander I.*) in Skopje (heutiges Mazedonien) als die Schulen mittleren Rangs angesehen wurden.

Neben staatlichen durch die Verfassung der Islamischen Gemeinschaft wurden weitere Arten der religiösen Schulen definiert, die als autonome islamische religiöse Schulen galten, jedoch in der Einstufung einen niedrigeren Rang besaßen. Die vorhin erwähnte *Gazi Husrevbegova medresa* in Sarajevo oder *Gazi Isabegova medresa* in Skopje wurden als autonome Schulen des mittleren Ranges definiert, während alle übrigen, vor allem in den Provinzen des Landes, einen noch niedrigeren Rang erhielten.

An traditionellen Mustern der Ausbildung festhaltend, wurden besonders in diesen Schulen die Bildungsreformen nur schleppend vorangetrieben.

4. Die Zeit des sozialistischen Jugoslawiens

Nach dem II. Weltkrieg und durch die Gründung des neuen Staates, der Föderativen Volksrepublik Jugoslawien, bzw. der Sozialistischen föderativen Republik Jugoslawien, wurde die Religion zur privaten Angelegenheit eines jeden Bürgers erklärt. Damit wollten die neuen Machthaber die Religion aus dem öffentlichen und alltäglichen Leben der Menschen vertreiben und eine vollständige Atheisation der Gesellschaft erreichen. Die Religion und Religionsgemeinschaften wurden an den Rand der Gesellschaft und des gesellschaftlichen Lebens gedrängt.

Es ist daher verständlich, dass die Islamische Gemeinschaft den Großteil ihrer Aktivitäten nicht verwirklichen konnte. Einer der wichtigen Gründe dafür lag in der Tatsache, dass die neuen Machthaber das Vermögen und die Stiftungen der Islamischen Gemeinschaft verstaatlicht hatten. Somit wurde ihr die finanzielle

Grundlage entzogen. Bis auf die *Gazi Husrevbegova medresa* in Sarajevo wurden alle anderen *medresas* in Bosnien-Herzegowina geschlossen, ihre Gebäude ebenfalls verstaatlicht. Im übrigen Jugoslawien blieben noch jeweils eine *medresa* in Priština und Skopje offen.

Gazi Husrevbegova medresa wurde in dieser Zeit als private Schule betrachtet. Ihre Schüler besaßen nicht die Rechte wie Schüler anderer Schulen: sie konnten keine Sozialversicherung haben, keine staatlichen Stipendien erhalten und konnten sich an keine Fakultät im damaligen sozialistischen Staat einschreiben. Dennoch wuchs die Zahl der Schüler in der *medresa* stetig. Um die Hochschulausbildung dennoch zu bekommen, legten viele Schüler ergänzende Prüfungen in anderen Schulen ab, womit sie es schafften, an die Universität zu kommen oder zum Studium ins Ausland, überwiegend in arabische Länder, zu gehen.

Anfang der 1970er Jahre kam es zu bedeutenden gesellschaftspolitischen Veränderungen im sozialistischen Jugoslawien. Den Muslimen wurde endlich ihre nationale Identität zuerkannt, obwohl sie sich weiterhin nicht Bosniaken oder Bosnier nennen durften, sondern sich als »Muslime« im nationalen Sinne bezeichnen konnten. In einer Bezeichnung wurde die religiöse und nationale Zugehörigkeit vereint. Im neuen gesellschaftspolitischen Ambiente erlangen sie neues Selbstbewusstsein, Selbstschätzung und Freiheit. Es wurden neue Wege eingeschlagen, um eine stabilere und dauerhafte Finanzierung der Islamischen Gemeinschaft ermöglichen zu können. Die religiöse Vermögensabgabe (*zakāt*) wurde fortan für die Bedürfnisse der *medresa* verwendet. Dadurch schaffte man auch die finanzielle Grundlage für die Gründung einer Bildungseinrichtung hochschulischen Charakters. Schließlich wurde 1977 die *Islamski teološki fakultet, ITF* (*Islamische theologische Fakultät*) eröffnet.

5. Die Zeit im unabhängigen Bosnien-Herzegowina

Während der Aggression auf Bosnien-Herzegowina (1992–1995) wurden 73 Imame getötet und 614 Moscheen, 218 *mesdžids* (Gebetshäuser, vom arab. *masǧid*), 69 *mektebs* (eine Art Grundschule für den Religionsunterricht, vom arab. *maktab*), 4 *ṣūfī*-Konvente, 37 Mausoleen sowie 405 andere Objekte der frommen Stiftungen zerstört. Zehntausende Bosniaken wurden ebenfalls getötet, hunderttausende aus ihren Häusern vertrieben. In dieser Zeit und unmittelbar danach, schaffte es die Islamische Gemeinschaft in Bosnien-Herzegowina sich zu konsolidieren und unter neuen gesellschaftspolitischen Umständen im unabhängigen Bosnien-Herzegowina eine Umstrukturierung ihrer Organisation vorzunehmen. Dieses spiegelt sich in der Tatsache wieder, dass neben der schon bestehenden *Gazi Husrevbegova medresa* in Sarajevo, weitere in der Zeit des

Kommunismus geschlossene *medresas* wiedereröffnet wurden. Insgesamt nahmen 5 *medresas* ihre Arbeit wieder auf, in Tuzla, Travnik, Mostar, Cazin und Visoko. Daneben wurden zwei islamische religionspädagogische Akademien gegründet, die später zu islamischen religionspädagogischen Fakultäten wurden.

6. Die Fakultät der islamischen Wissenschaften in Sarajevo

Die Islamische theologische Fakultät in Sarajevo blieb in diesen Reformen nicht außen vor. Diese bestanden nicht nur in der Änderung des Namens in die *Fakultet islamskih nauka, FIN* (*Fakultät der islamischen Wissenschaften*). Schon ab dem WS 1992 wurden nämlich zwei separate Studiengänge organisiert, der theologische und religionspädagogische. Da sich inzwischen auch der neue Staat für die Belange der Religion öffnete und der Religionsunterricht an den staatlichen Schulen als ordentliches Fach eingeführt wurde, wollte man durch die Einrichtung des religionspädagogischen Studiengangs den neu entstandenen Bedarf an Religionslehrerinnen und -lehrern decken. Zwei Jahre später wurde Magisterstudiengang eingeführt.

Im Jahr 2002 wurden weitere Reformen nach den Bologna-Kriterien durchgeführt und seit 2004 besitzt die Fakultät den Status des beigeordneten Mitglieds der Universität von Sarajevo. Mit dem WS 2006/2007 wurde ein dritter Studiengang an der FIN eingeführt, mit dem Ziel der Ausbildung der Imame, Prediger und Moscheelehrer. Mit der Einrichtung dieses neuen Studiengangs wurden die Absolventen der *medresas*, sofern sie als Imame tätig sein wollen, verpflichtet, einen Hochschulabschluss zu erreichen. Die Islamische Gemeinschaft verfolgt mit dieser Entscheidung das Ziel, dass in relativ naher Zukunft alle Imame Hochschulabschlüsse haben müssen.

Bei der Ausarbeitung des Curriculums für den Studiengang der Imamausbildung waren insbesondere folgende Leitgedanken bedeutsam:

1. Der *džemat* (Moscheegemeinde, vom arab. *ğamāʿa*) als Grundlage der Gemeinschaft der Muslime ist vielen gesellschaftlichen und kulturellen Veränderungen ausgesetzt. Es wird immer schwieriger auf diese Veränderungen adäquat und erfolgreich zu reagieren. Die Aktivitäten eines *džemats* bestehen nicht selten aus sekundären und oft nicht geplanten Aktivitäten, wodurch seine breite gesellschaftliche Rolle und Bedeutung in den Hintergrund gerät.
2. Die Stellung des *džemats* und seines Imams stehen in einem aufeinander bezogenen Verhältnis. Die nicht zufriedenstellende gesellschaftliche Affirmation des *džemats* hängt zum größten Teil von der Persönlichkeit und der Ausbildung des Imams. Der Imam besitzt keine Macht und Möglichkeit der Kern seines *džemats* zu sein, der geistige Führer und unumstrittenes Vorbild.

Es sind nämlich objektive Gründe, aber auch subjektive Schwächen, die dazu beitragen, dass die Rolle eines Imams herab gewertet, unterschätzt, degradiert und marginalisiert wird. Um diesem Zustand entgegen wirken zu können, ist es notwendig Imame auszubilden, die aufgrund ihrer profilierten, zweckmäßigen und funktionellen Ausbildung imstande sein werden, auf die modernen Herausforderungen antworten zu können.

Angesichts dieser Problematik und im Hinblick auf die Einführung des neuen Studiengangs für die Ausbildung der Imame, Prediger und Moscheelehrer wurden bei der Ausarbeitung des Curriculums folgende Ziele des neuen Studiengangs definiert:

1. Das Studium soll der Notwendigkeit Rechnung tragen, die traditionellen Werte als solche zu verstehen und zu wahren, gleichzeitig aber die modernen Errungenschaften und die wissenschaftlichen Standards und Methoden im Blick zu haben. Praktisch bedeutete dies beispielsweise, das Studium nach den Kriterien des Bologna-Prozesses zu organisieren, wobei – wie in den früheren Jahrhunderten in Bosnien-Herzegowina – die Dogmatik (*ʿaqīda*) nach der *māturīdischen*, und das islamische Recht (*fiqh*), nach der *ḥanafitischen* Schule gelehrt werden sollen.
2. Das Studium soll das Ziel verfolgen, die künftigen Imame so auszubilden und zu erziehen, damit sie den Kern und den Mittelpunkt ihres *džemats* als Führer und Vorbilder sein und bleiben können und eine bedeutendere Rolle in der Gesellschaft einnehmen zu können. Damit dieses Ziel erreicht werden kann, ist es notwendig, die Grundsätze der integralen Ausbildung und Erziehung anzuwenden. Neben der Bildung (*taʿlīm*) wird der Erziehung (*tarbiyya*) besondere Achtung geschenkt. Aus diesem Grund ist es wichtig ein Gleichgewicht zwischen den informativen und formativen Bestandteilen des Studiums herzustellen.
3. Das Ziel des neuen Studiengangs besteht auch darin, die künftigen Imame für den Einsatz in einer Gesellschaft voller kultureller, religiöser und nationaler Unterschiede vorzubereiten. Damit sollen sie gemeinsam mit den Mitgliedern der Gemeinde, der sie vorstehen, imstande sein, ihre religiöse und kulturelle Identität zu wahren, eigene Werte zu schätzen und zu pflegen, gleichzeitig aber die Lehren und Weltanschauungen anderer Religionen kennenlernen, schätzen und respektieren, sowie die universellen Werte promovieren zu können.

Der Studiengang für die Ausbildung der Imame ist in 6 Semestern organisiert. Neben den grundlegenden islamischen Disziplinen, sowie der bosnischen, arabischen und englischen Sprache werden dort folgende Fächer gelehrt: Erziehungssoziologie, Muslimische Gesellschaften und Gemeinschaften, Entwicklungspsychologie, Gruppenpsychologie, Komparative Religionswissenschaft, Rhetorik, Pädagogik, Methodik des Religionsunterrichts, Geschichte Bosnien-Herzegowinas, Institutionen der Islamischen Gemeinschaft, Moderne religiöse Bewegungen, Islamische Kultur und Zivilisation, Ethik. Über diese Fächer hinaus, gibt es Wahlpflichtfächer: Philosophische Disziplinen, Islamische Philosophie, Soziologie der Religion, Mystik (*taṣawwuf*), Logik, Studium des Genozids, Religion und Recht. Das Studium sieht auch ein Praktikum vor.

Fazit

In ihrer jahrhundertelangen Geschichte erlebten die Bosniaken zahlreiche Herausforderungen. Diese wurden nicht selten durch die Gefühle der Angst, Ungewissheit und Unsicherheit begleitet. Im Bestreben ihre religiöse, kulturelle und nationale Identität zu bewahren, hatten sie sich oft verschlossen und passiv verhalten, da sie über die notwendige Stärke – manchmal auch über die Freiheit – nicht verfügten, um eine gleichberechtigte Stellung in allen gesellschaftlichen Bereichen mit anderen Volkgruppen in Bosnien-Herzegowina zu erreichen. Das Syndrom der Angst, welches in vielen Situationen gerechtfertigt war, zog bei den Bosniaken Vorsicht und Misstrauen nach sich, die besonders im Bereich der Bildung vorhanden ist. Es dauerte lange, bis sie begriffen haben, dass die traditionellen Werte bewahrt, verstanden und durch die modernsten wissenschaftlichen Mittel und Methoden präsentiert werden können, sowie, dass die Bildung und Ausbildung den Erfordernissen der Zeit entsprechend organisiert werden kann und muss, insbesondere wenn es dabei um den Beruf des Imams geht. Die Bosniaken bremsten zu ihrem Ungunsten lange Zeit die notwendigen Reformen im Bereich der Bildung, obwohl es dafür keine religiösen, geschichtlichen, kulturellen Argumente gab, welche die Reformprozesse in islamischen Bildungs- und Erziehungsinstitutionen in Frage stellen konnten. Es ist daher zu hoffen, dass die Fakultät der islamischen Wissenschaften die künftigen Imame im Geiste der Zeit ausbilden und erziehen wird, wobei die modernsten Instrumente und Errungenschaften benutzt werden. Somit könnten die Imame, die in einer multireligiösen und multikulturellen Gesellschaft ihre Arbeit verrichten, dem Wert ihrer ehrwürdigen Mission gerecht werden, indem sie universelle Menschheitswerte affirmieren und promovieren.

Literatur

Ahmed S. Aličić, *Pokret za autonomiju Bosne i Hercegovine od 1831 – 1832*, Sarajevo 1996.
Ismet Bušatlić, *Studije o sljedbenicima knjige*, Sarajevo 2007.

Hajrudin Ćurić, *Muslimansko školstvo u Bosni i Hercegovini do 1918*, Sarajevo 1883.
Ders., *Školske prilike muslimana u Bosni i Hercegovini od 1800 – 1878*, Beograd 1965.
Husein Đozo, *Izabrana djela, grupa priređivača*, Sarajevo 2006.
Glasnik Rijaseta islamske zajednice u Bosni i Hercegovini, br. 9 – 10, Sarajevo 2006.
Grupa autora, *Bosna i Hercegovina od najstarijih vremena do kraja II svjetskog rata*, Sarajevo 1998.
Mehmed Handžić, *Izabrana djela*, I-VI, Sarajevo 1999.
Bilal Hasanović, *Islamsko-obrazovne institucije u Bosni i Hercegovini od 1850 – 1941*, Zenica 2008.
Mustafa Imamović, *Pravni položaj i unutrašnjo-politički razvitak Bosne i Hercegovine od 1878 – 1914*, Sarajevo 1997.
Enes Karić/Mujo Demirović (Hgg.), *Reis Džemaludin Čaušević, prosvjetitelj i reformator*, Sarajevo 2002.
Ismet Kasumović, *Školstvo i obrazovanje u Bosanskom ejaletu za vrijeme Osmanske uprave*, Mostar 1999.
Omer Nakičević, *Arapsko-islamske znanosti i glavne škole od 15 – 17 stoljeća*, Sarajevo 1988.
Muhamed Salkić, *Ustavi Islamske zajednice*, Sarajevo 2001.
Nusret Šehić, *Autonomni pokret muslimana u Bosni i Hercegovini*, Sarajevo 1980.
Abdulah Škaljić, *Turcizmi u Srpsko-hrvatskom jeziku*, Sarajevo 1966.
Mahmut Traljić, *Iz kulturne historije Bošnjaka*, Travnik 1999.

Inhalte und Voraussetzungen der Imamausbildung

Bülent Ucar

Inhalte und Voraussetzungen der Imamausbildung

Die Inhalte einer universitären Imamausbildung festzulegen, bezeichnet eines der wichtigsten und umfangreichsten Felder in der Vorbereitung der Studiengänge. Welche Inhalte sollen in welcher Form, mit welcher Zielsetzung und welcher Personalstruktur aufgenommen werden? Diese Fragen und darüber hinaus dazu, welche Voraussetzungen dafür nötig sind, bilden das Fundament der folgenden Beiträge von Firouz Vladi, Michael Kiefer, Adnan Aslan, Mohammend Ghaly und Özcan Hıdır.

Allein schon die unterschiedlichen Zielsetzungen aus muslimischer und nichtmuslimischer Perspektive, wie sie Firouz Vladi und Michael Kiefer formulieren, werden in Zukunft abgeglichen werden müssen. Einen Vorschlag zur Inhaltgestaltung bietet Adnan Aslan, während Mohammed Ghaly niederländische Erfahrungen zur Imamausbildung wiedergibt, die einen Fahrplan für die hiesige Ausbildung darstellen könnten. Özcan Hıdır nähert sich dem Thema aus einer sehr muslimischen Sicht, indem er danach fragt, wie eine *iǧāza* für Imame aussehen kann. Dies bezeichnet eine vorwiegend muslimische Bescheinigung, die anzeigt, dass jemand durch eine höhere Autorität ermächtigt wurde, erlerntes islamischen Wissen weiter zu geben. Diese Regel bedeutet, dass die Schüler dieses Wissen in face-to-Face-Interaktionen gelernt und quasi »zu Fußen« des Lehrers erlangt haben.

»Ziele der Imamausbildung aus muslimischer Sicht« von Firouz Vladi führt aus, wie muslimisch die Rolle des Imams gesehen wird und was diese Sicht für die Ausbildungsanforderungen bzw. -inhalte bedeutet. Auch Fragen zum Beschäftigungsverhältnis der Imame und den Anforderungen an die Beschäftigung selbst werden von Vladi erläutert sowie weitere Anforderungen an Land, Bund und Universität(en), aber auch an die islamischen Verbände.

Michael Kiefer vervollständigt diese Sichtweise mit seinem Beitrag *»Zielsetzungen einer Imamausbildung in Deutschland – Vom einfachen Vorbeter zum multifunktionalen Akteur?«*. Er wendet sich zunächst kritisch der Negativierung der Wahrnehmung von Muslimen zu, um anschließend Kritik an Imamen ins Visier zu nehmen und daraus Anforderungen an die Imame abzuleiten und diese mit ihren Aufgabenfeldern abzugleichen. Daraus entwickelt er Perspektiven für ihr komplexes Aufgabenfeld.

Doch welche Inhalte gehören denn nun konkret in ein Studium zur Imamausbildung? Dieser Frage wendet sich Adnan Aslan zu. Aus den Pflichten des Imams, die Aslan in die drei Gebiete religiöser Dienst, Gemeindedienste und intellektuelle Führung einteilt und einer genaueren Betrachtung unterzieht, entwickelt er in »*Welche Inhalte gehören in den Studiengang der Imamausbildung B.A./M.A.?*« eine Vorstellung von benötigten Inhalten zur Füllung der Position eines Imams im Moscheealltag.

Überlegungen und erste Umsetzungen einer europäischen Imamausbildung im universitären Kontext lassen sich zur Zeit in einigen Ländern Europas finden, sodass ein Blick in die Nachbarländer sinnvoll ist. Mit »*Imamausbildung in Europa: Im Fokus der niederländischen Erfahrungen*« gibt Mohammed Ghaly einen Überblick der niederländischen Situation, indem er Initiativen und sozialpolitische Debatten beschreibt, Hindernisse auf dem Weg erläutert, die Einführung von drei Hochschulprogrammen Islamwissenschaft bzw. Islamische Theologie an der Freien Universität Amsterdam, an der Universität Leiden, an der Berufshochschule Inholland aufführt. Darüber hinaus existieren in den Niederlanden auch offiziell nicht anerkannte und von muslimischen Institutionen durchgeführte Ausbildungsprogramme, wie Ghaly ausführt. Abschließend berichtet er von den bisherigen Erfahrungen in seinem Arbeitsfeld – an der Universität Leiden.

Özcan Hıdır erläutert in seinem Beitrag »*Wie könnte eine iǧāza für Imame aussehen?*«, was eine solche islamische Lehrbefugnis ist, ihre Methode, Authentizität und Bedeutung in der islamischen Welt. Er beleuchtet die Übertragung der *iǧāza* (Lehrbefugnis) im Islam und gibt Auskunft über inhaltliche Aspekte sowie ihre Bedeutung für angehende Imame und deren Ausbildung.

All diese Beiträge belegen, dass bereits viel Material für die Beschäftigung mit Inhalten und Voraussetzungen einer universitären Imamausbildung bereitsteht, das die Entwicklung curricularer Planungen und Schaffung weiterer Voraussetzungen unterstützen kann. Ein wirklich schlüssiges umfassendes Konzept bedarf darüber hinaus einer ausgeprägten Mehrperspektivität, auch dieses unterstreichen die Artikel eindeutig. Dass auf diesem Weg noch einiges zu erschließen und in Betracht zu ziehen ist, geht aus den Beiträgen ebenso hervor wie die große damit verbundene Verantwortung.

Firouz Vladi

Ziele der Imamausbildung aus muslimischer Sicht

Grundlage des politischen Handelns von Schura Niedersachsen sind Kooperation und weitgehende Harmonie, wie es auch die Schura-Satzung vorsieht, nicht aber ein fundamentalistischer Ansatz oder ein solcher, der notwendigerweise und – so anderenorts beim Islamischen Religionsunterricht zu erleben – zu Klageverfahren führen würde, an deren Ende alle Beteiligten ihr Gesicht verloren haben und die Kommunikation auf Jahre unterbrochen wäre.

1. Allgemeines

Als Verband stehen wir vor der guten islamischen Aufgabe, den Mittelweg einzuhalten; hier heißt dies: im Hinblick auf eine Lebensmitte in Deutschland – gerade für die nachwachsende Generation – kräftig voranzuschreiten, das Moscheevolk, unsere Mitglieder nicht zurückzulassen, also auch nicht Gefahr zu laufen, dass sich ein Teil der Gläubigen nicht verstanden oder schlecht repräsentiert fühlt und eigene fundamentalistische oder separatistische Wege einschlägt.

Dabei ist es von Anfang an ein wichtiges Anliegen der Schura Niedersachsen, Spannungen zwischen Muslimen, die in nationalen, ethnischen, konfessionellen oder historischen Ursachen wurzeln und in ihren Herkunftsländern teils friedlich, teils – wie heute im Irak – gewalttätig ausgetragen werden, keinen Platz auf deutschem Boden finden zu lassen. Mit uns sind alle Verbände aufgerufen, allen Spaltpilzen wirksam zu begegnen und – mehr noch – Instrumente zu ihrer Überwindung zu entwickeln. Genau hier sollte auch ein Interesse des Landes liegen, uns auf diesem Wege zu unterstützen und in den Strukturaufbau zu investieren. Wir wollen dieses Projekt gemeinsam mit dem Land zum Erfolg führen; Stolpersteine gemeinsam ausräumen.

Dieser Beitrag will nicht auf die bestehende Situation von Imamen in Deutschland rekurrieren, die ist mit all ihren Mängeln auf dieser Tagung ausreichend beschrieben worden.

Im Flyer der Universität zur heutigen Tagung heißt es:

»[…] dem Islam seinen Platz in der deutschen Religionskultur zu geben. Eine Ansiedlung der Imamausbildung bzw. -fortbildung an hiesigen Universitäten würde aber nicht nur die Ausbildung einer den gesellschaftlichen Verhältnissen in Deutschland angemessenen islamischen Theologie befördern, sondern zugleich deren akademisches Niveau und öffentliche Präsenz stärken.«

Akademisches Niveau: auf diesen Begriff komme ich später noch einmal zurück.

Übrigens, der beste Imam ist jener, den man gar nicht braucht! D. h. die Moscheegemeinde und die sich dort wiederfindenden Familien erbringen in Solidarität und Nächstenliebe die Leistungen des Imams selbst, aus eigener ritueller, sozialer und pädagogischer Kompetenz und ebensolcher Ehrenamtlichkeit. Wir kennen dieses Prinzip ja auch aus evangelisch-freikirchlichen Gemeinden. Dennoch wird es langfristig der beste Weg sein, wenn jede Moschee über einen auf hohem Niveau ausgebildeten Imam verfügt.

Was begrüßen wir? Welche Sorgen haben wir? Was schlagen wir konkret vor?

2. Zur Rolle des Imams

Imame sind Personen des Vertrauens; alle Inhalte und Rahmenbedingungen im Kontext der Aus- und Weiterbildung müssen sicherstellen, dass das Vertrauen des Moscheevereines als Arbeitgeber und der zugehörigen Gläubigen vollständig gewahrt und daneben auch institutionell abgesichert ist. Der Imam ist sicher nicht Träger der Moscheezucht; hier heißt es im Qur'an *la ikrāha fī l-dīn,* kein Zwang in der Religion.

Imam ist ein höchst politisches Amt; dies wurde spätestens mit dem Vortrag von Ismet Bušatlić aus Sarajevo deutlich. So wie auch Pfarrer eine hochpolitische Position ist, wenn am Sonntag vor der Wahl in Passau von der Kanzel über das Kreuz gepredigt wird und wo man es auf dem Wahlschein anbringen könnte.

Das Thema der Imamaus- und Weiterbildung ist vom Innenminister, nicht vom ja eigentlich für Bildung und Universität zuständigen MWK angeregt. Dies gibt vor dem Hintergrund der deutsche Geschichte (u. a. Bismarck und die Katholiken) Anlass zum Nachdenken. Ist der Imam also zunächst Integrationsvermittler? Damit könnte man leben. Ist damit auch eine – irgendwie – geartete Anbindung des Imam an den Staat initiiert, etwa nach dem türkisch-kemalistischen Ditib-Modell, dann haben wir als Deutsche aus unserer Geschichte heraus Anlass zu besonderer Vorsicht und müssen weit im Vorfeld auf alles abwehrend reagieren, was die freiheitlichen Verfassungsziele gefährden könnte, am Ende natürlich jeden Versuch einer Gleichschaltung. Eine gewisse freiheitsschonende Gefahrenabwehr als Ausdruck der innenministeriell angestoßenen und mitfinanzierten Imamausbildung könnte auch unsererseits akzeptiert werden, soweit dies Gegenstand einer offenen und gemeinsamen Beschlusslage ist.

Im Bildungsziel darf weiterhin nicht versäumt werden, dass es für den Imam, seine Gläubigen, Schülerinnen und Schüler einen Reichtum darstellt, in mehreren Kulturen beheimatet zu sein und seine Identität aus verschiedenen Geschicht(serfahrung)en zu schöpfen. Eine Engführung auf nur deutsche Geschichte und Gesellschaft darf nicht stattfinden.

Wie auch von Ismet Bušatlić herausgestellt, fehlt eine systematische und flächendeckende Untersuchung zur Geschichte und Rolle von Imamen in Raum und Zeit in den islamischen, aber auch in den europäischen Ländern, auch für Nordamerika. Für die Universität Osnabrück finden sich hier also Themen für Dissertationen!

Mit der Einführung islamischer Studien[1] und der Imamausbildung verbinden wir die Erwartung des allmählichen Entstehens einer islamischen akademisch-theologischen Elite auch in Deutschland. Dies muss sich künftig auch im Publikationswesen niederschlagen, etwa einer neuen Zeitschrift »Der Imam« mit monatlichen wissenschaftlichen Beiträgen, von Imamen in deutscher Sprache publiziert, niederschlagen in einer beruflichen Kooperation »Verband deutscher Imame e.V.«, die etwa auch die arbeitnehmerseitige Interessenwahrnehmung sichert.

Ist Imam auch Amtsträger? Kann sich im Verlaufe der Jahre aus dem im Islam undefinierten Berufsbild Imam eine Pastorenrolle entwickeln, der türkische Imam in das Prokrustesbett des modernen deutschen Pastors oder Pfarrers zwängen? Werden die Muslime in Deutschland eine solche Tendenz unterstützen? Imam als Begriff ist bisher eher undefiniert. Noch heute sind Bild und Rolle heterogen, so zwischen *šīʿa* und *sunna*, auch in Bezug auf Ehrenamt oder Hauptberuf, Bildung und Abgrenzung zu weiteren Funktionsträgern wie *mullah*, *molla*, *hodscha* etc.

Die Aufgaben aber erwachsen aus der Erwartung und Nachfrage nach konkreten Leistungen in der Moschee: theologische Aspekte wären die Leitung des Gebets, der Religionsunterricht, als Ansprechpartner für alle Arten von mit der Religion verbundenen Fragen, mit der Vorbereitung seiner Mitglieder auf »das Leben«: Heirat, Kinder Großziehen, Pubertät und Erwachsenwerden, mit Krankheit Umgehen und dem Tod, Verantwortung anderen gegenüber Tragen, in der Familie, in der Gesellschaft; dann die gesellschaftlichen Aspekte: ein Gemeindezentrum leiten, mit Menschen umgehen, organisieren, Streitschlichter sein oder Repräsentieren können, Kontakte pflegen, Sprache beherrschen; aber Letzteres ist nur das Werkzeug.

1 Siehe Stellungnahme des Wissenschaftsrats vom 29. Januar 2010.

Der Imam sollte, so die Auffassung von Schura Niedersachsen, im Moscheevorstand Verantwortung übernehmen, etwa als Geschäftsführer, auch aus Gründen der Verantwortungsteilung, der Identifikation und aus Kostengründen.

3. Ausbildungsanforderungen bzw. -inhalte

Wie kann eine Lehrstuhlstruktur für den Islam in Niedersachsen und Osnabrück langfristig aussehen? Dozenten und Fachbereiche muss es geben für: Koran/ Arabistik, *tafsīr*, *kalām*, *ʿaqīda*, *ḥadīṯ*, Kulturgeschichte; auch das rituelle Recht muss gelehrt werden.

Etwa 800 Moschee(vereine) in Deutschland sind nichttürkischer Identität und in der Regel ohne Anbindung an große Dachverbände; in Niedersachsen sind aber die meisten in der Schura Niedersachsen e.V. Mitglied. Gleichwohl müssen auch diese sich im Lehrplan der staatlichen Universitäten voll wiederfinden.

Es fehlt die innerislamische Positionsbestimmung zu Aufgaben und Beschäftigung von Imamen aufgrund von Erhebungen in den (freien) Moscheevereinen in Deutschland.

Neben der islamischen Aufklärung, wozu von Anfang an insbesondere die Methoden einer stringenten Text-, Quellen- und Tradentenkritik, also die *ḥadīṯ*-Wissenschaft, gehören in den hiesigen universitären Kanon theologischer Forschung die Methoden der historisch-kritischen Text- und Geschichtsforschung in Folge der europäischen Aufklärung. Hier aber ist zwischen Dogma und Forschungsergebnis (»Was Jesus wirklich sagte und tat.«) die Brücke noch immer nicht geschlagen, wird die Bibel gedruckt und verkündet, als gäbe es diese Erkenntnisebene nicht. Wie wird der Islam seinerseits mit diesem eventuellen Spagat umgehen? Welche Kluft wird ein Imam zwischen Universität und Moschee überbrücken? Oder war nicht auch die Erforschung etwa von Offenbarungsanlässen und der Biographie des Propheten nicht schon selbst Gegenstand islamischer Aufklärung? Dennoch lesen wir – so in einem deutschsprachigen *Ilmihal* (Gebetslehrbuch), dass Allah über Gabriel Seinen Gesandten 104 Schriftblätter gegeben habe, davon u.a. 10 Seiten an Adam und 10 Seiten an Abraham. Fragt sich nur, ob beidseitig beschrieben und welche Schriftgröße. Hier bleibt zu hoffen, dass die deutsche Universität Muslimen die Kraft gibt, hagiographische Verkrustungen zu überwinden und zu eigenen guten alten Traditionen zurückzukehren, also zu einem vernunfts- und wissensbetonten Selbstverständnis. Dies wäre auch das Beste, was in der Moschee der nachwachsenden Generation mitgegeben werden könnte: der Umwelt und der eigene Tradition mit Liebe und zugleich kritischer Reflexion zu begegnen.

Dies muss eine der Grundlagen dafür sein, dass die Universitätsabsolventen von den Moscheen aufgrund von Dachverbandsempfehlung genommen werden, bzw. dass Eltern – ebenfalls mit Empfehlung der Moscheevereinigungen – ihre Abiturienten zur Aufnahme des Imam-Studiums raten können. So nimmt dann dieser letzter Punkt für uns eine Schlüsselstellung ein: Können Eltern in ihrer Verantwortung heute ihrem Kind nach dem Abitur ernsthaft raten, dieses Studium aufzunehmen? Oder sollte es nicht zunächst oder parallel auch einen Brotberuf erlernen?

Persönliche Eigenschaften eines Imam müssen gegeben sein, zumindest gehört es zur beruflichen Entwicklung, seinen Charakter entsprechend zu formen:

- gläubig und orthopraktisch im Sinne insbesondere der 5 großen Rechtsschulen,
- ausgeglichen, ernsthaft, ehrlich: Vorbild in Wort und Tat,
- tolerant, Islam als den Weg der Mitte verkündigend, dies im Umgang mit Dritten und mit Schülern,
- intergenerationelle Kompetenz,
- möglichst *ḥāfiẓ* sein,
- gute Kenntnisse im Arabischen im Lesen, Schreiben und der Aussprache (im Arabischen gibt es ein »U«, kein »Ü«!),
- umfangreiche Gelehrsamkeit und Lehrkompetenz, insb. Gottes- und Menschenbild, dies auch als Rüstzeug für den interreligiösen Dialog,
- solide Kenntnisse in der koranischen Christologie, der christlichen Text- und Dogmengeschichte sowie der Lebenswelt heutigen Christentums,
- eigene Identität und Weltanschauung des/im Islam/islamischen Kultur,
- Kompetenz im islamische Recht und der Rechtsfindungsmethodik, analytische Fähigkeit, dies mit der deutschen Rechtsordnung in Ausgleich zu bringen.

Hier könnte er mit folgendem Problem sonst konfrontiert sein:

> Mehmet ist alt und stirbt. Zuvor hat er den Imam konsultiert, der ihm ein Testament aufzusetzen half. Er hinterlässt Frau Ayşe sowie Sohn Mustafa und Tochter Fatme, die beide berufstätig sind, etwas Vermögen, Haus und Auto. Fatme erbt die Hälfte von dem, was Mustafa erhält. Drei Monate später reicht Fatme beim Amtsgericht Klage ein; der Imam steht als Zeuge vor Gericht. Wie wird er sich verhalten?[2]

Das Studium bzw. die Ausbildung sollen mindestens ein Praxis- und Sprachsemester im islamischen Ausland einbeziehen, ebenso ein Praktikum in Deutschland, am besten in einer nahe gelegenen Moschee, denn es heißt in der Überlieferung:

2 Frei aus verschiedenen Nasreddin-Sammlungen.

Nasreddin Hodscha war noch Student. Bei der Kommission zur Vermittlung von Praktikumsplätzen wandte er sich an den Vorsitzenden: »Herr Professor, an einen weit entfernten Ort kann ich nicht gehen!« »Und warum nicht?,« fragte der Vorsitzende. »Sie haben bei der Prüfung selbst zu mir gesagt: ›Mit diesem Wissen kommen Sie nicht weit!‹«, erklärte Nasreddin.[3]

4. Anforderungen an die Beschäftigung

Weitgehend offen bzw. heterogen ist die Situation des Imam im Arbeitsleben: wer stellt ein und bezahlt den Imam? Nach welchen Kriterien wird beurteilt? Braucht auch ein Imam eine *iǧāza?* Wer ist sein Vorgesetzter? Was wären religionsbezogene Kündigungsgründe? Nach welcher Vergütungsordnung wird er eingruppiert?

An die Verbände richtet sich deshalb die Empfehlung, schon heute für Imame eine ggf. gestufte Vergütungsordnung, auch als Mindestlohn, festzulegen, gern auch in Anlehnung an das kirchliche Lohnniveau, also irgendwo zwischen (ehem.) BAT II und IVa. Dies muss jedenfalls dem akademischen Bildungsniveau entsprechen. Damit können und sollen Dumpinglöhne auf dem Niveau von Handgeld samt freier Kost und Logis unterbunden werden, insbesondere bei größeren Moscheen mit umfassendem Aufgabenprofil. Abiturienten muss zur Entscheidung für ein Imamstudium seitens der Moscheeverbände eine klare und ansprechende Vergütungserwartung vermittelt werden. Sonst passiert diese Geschichte:

3 Ebd.

Der Hodscha und der Imam
Eines Tages versammelten sich die Leute zum Gebet, und gerade als der Imam die Waschung am großen Brunnenbecken vollzog, fiel er hinein und drohte zu ertrinken. Aber wie oft man ihm auch zurief: »Gebt Eure Hand!«, um ihm herauszuhelfen – er reichte sie nicht.
Da kam Nasreddin Hodscha an den Rand des Beckens und drängte die anderen beiseite: »Unser Imam versteht kein Wort, wenn man ihm sagt, er solle etwas geben. Vom Nehmen muss man reden«, sprach's und streckte seine Hand hin: »Nehmt doch, Herr, nehmt!« Sofort griff der Imam nach der Hand und kam heil aus dem Wasser heraus.[4]

Wie sieht ein Achtstundentag eines Imam heute aus? Hier eine grobe Schätzung aufgrund der Lebenserfahrung eines Imams einer mittelgroßen Moscheegemeinde: 2,5 h Gebetsleitung[5], 2 h Verwaltung, 2 h Seelsorge, davon 1 – 2 h außer Haus (zzgl. Fahrtzeit), 1 – 2 h Unterricht für Kinder und Erwachsene, 0,5 h Moscheeführungen und PR. Wöchentlich kommt 2 h einschl. Vorbereitung und ggf. Übersetzung die *ḫuṭba* (Freitagspredigt) hinzu. Jährlich kommen hinzu: Vorbereitung auf die *ḥaǧǧ*, Festgebete und *tarāwīḥ*-Gebet in jeder Nacht des Monats Ramadan. Unregelmäßig ist der Zeitaufwand für Hochzeiten und Bestattungen.

Zur Waschung vor dem Gebet:

Als Nasreddin Hodscha eines Tages vor dem Gebet die Waschung (*abdest*) machte, reichte das Wasser nicht aus. Bei den einleitenden Worten des Gebets stand er auf einem Beine, während er das andere einzog, ganz so wie es die Gänse zu tun pflegen. Die Gläubigen wunderten sich und fragten ihn, was diese komische Pose zu bedeuten habe. »Wie soll ich auf zwei Beinen stehen, wenn eines von der Waschung ausgeschlossen blieb?«, sagte der Hodscha.[6]

Es gibt bereits Ausbildung und geregelte Beschäftigung bei VIKZ (Köln, türkisch), DiTiB (Frankfurt, deutsch), IGMG (Mainz, türkisch) und den Naqshbandi-Orden (Berlin, Institut Buhara, deutsch). Wir haben gehört, dass in Braunschweig auch Salafisten mit der Ausbildung von Imamen begonnen haben. Lohnend ist ein Blick auf das Ausbildungsprojekt am Islamischen Wissenschafts- und Bildungsinstitut e.V. (IWB) Hamburg unter Leitung von Dr. Ali Özdil Özgür, das mit den Schura-Verbänden abgestimmt ist und eine Zertifizierung der Absolventen durch die Verbände vorsieht.

Offener, auch akademischer Streit ist gut und Vielfalt gilt im Islam als Gnade, »wetteifert um das Gute« heißt es. Dennoch benötigen wir eine auch arbeitsrechtlich tragfähige Form von *iǧāza*. Nicht zuletzt verfolgen auch wir mit Interesse und z. T. Faszination die Vorgänge um Wissenschaftler wie Drewermann,

4 Ebd.
5 Die Gebetsleitung schließt auch die eigene Waschung je vor dem Gebet ein.
6 Frei aus verschiedenen Nasreddin-Sammlungen.

Kalisch, Küng oder Lüdemann. Hier gibt es noch keine – auch arbeitsrechtlich – entwickelten oder gar praxiserprobten *iǧāza* -Modelle in Deutschland; aber genau hierin sind die nächsten Schritte zu suchen, die Gegenstand der Verhandlungen von Schura Niedersachsen e.V. mit dem Land bezüglich Staatsvertrages werden müssen.

5. Weitere Anforderungen an Land, Bund und Universität(en)

Pfarrer, welche die Beichte abnehmen, dürfen nicht abgehört werden. Für Imame gilt dieser Schutz nicht. Schura Niedersachsen e.V. und als potentielle Arbeitgeber werden seine Mitgliedmoscheen kaum Imame beschäftigen oder deren Beschäftigung empfehlen (*iǧāza*), solange nicht auch hier ein Überwachungsverbot gesetzlich oder durch staatsvertraglich verankert ist. Auf der anderen Seite ist eine freiheitsschonende Gefahrenprävention auch aus unserer Sicht ein Weg, der die Interessen der Muslime in Deutschland zu schützen geeignet ist.

Wir alle, auch staatliche Instanzen, haben großen Respekt vor dem Phänomen des gelebten Kirchenasyls. Erst wenn Moscheeasyl auch von der Exekutive akzeptiert wird – und darin hat der Imam eine tragende Rolle –, dann können wir sagen, dass der Islam in Deutschland »integriert«, also in der Gesellschaft gleichberechtigt akzeptiert ist.

Eine Bemerkung zur Scharia: In unserem Kontext ist es zunächst das liturgische Recht, vor allem aber geht es auch um Familienstandsrecht oder Erbrecht (s. o.). Gefragt ist hier eine solide Konfliktlösungskompetenz zwischen dem Fiqh und der deutschen Rechtsordnung. Das Studium muss daher Instrumente der Konfliktlösung entwickeln und vermitteln.

Wir begrüßen die Stellungnahme des Wissenschaftsrats[7], Lehrstühle für islamische Studien an ausgewählten Universitäten einzurichten. Nicht zustimmen müssen wir der dortigen Position, die theologischen Inhalte und Lehrstuhlbesetzungen (*iǧāza*) mit dem KRM abzustimmen. Dieser hat von den Religionsgemeinschaften i.e.S., also den Ortsmoscheen überwiegend kein Mandat, ist nicht von der Basis her demokratisch legitimiert und nicht als Organ für die Vertretung der Muslime in einem/unserem Bundesland anerkannt. In Niedersachsen wäre die hier nötige Kooperation Landesverbandssache. Möglicherweise war den Autoren im WR das Maß der organisationalen Fortschritte in den Ländern nicht geläufig: die Folge guter, aber zu ruhiger Arbeit!? Aber auch das dort vorgeschlagene Beiratsmodell kann unsererseits nur akzeptiert werden, wenn es in verbindlicher Weise einer Befristung unterliegt. Alles andere wäre die

7 Im Weiteren WR.

Einführung eines abgesenkten Sonder-Religionsverfassungsrechts für Muslime. Sobald der Staat sich die Einladung in den Beirat ganz oder teilweise vorbehält, übernimmt er bereits eine Definitionshoheit über Islam, zumindest über »guten« und »bösen« Islam; damit beginge der religionsneutrale Staat Verfassungsbruch! Eine Staatsreligion durch die Hintertür lehnen wir ab.

Die Landesregierung muss aufgefordert sein, muslimische Religionsgemeinschaften in allen Aspekten an der Imamausbildung in Deutschland zu beteiligen. Das Selbstbestimmungs- und Mitwirkungsrecht ist verfassungsrechtlich garantiert; eine Religionsgemeinschaft im Sinne von Art. 7 (3) GG muss auf dieser Ebene nicht zwingend gebildet oder »anerkannt« sein; hier geht es u. E. um Wissenschaft, Forschung und deren Vermittlung, nicht um die allseitigen Erfüllung religiöser Aufgaben, die ein Dachverband für seine Mitgliedgemeinden übernimmt.

Das Studium der islamischen Wissenschaften gemäß der Stellungnahme des WR muss eine Teilung vorsehen: Studium auf Imam (Bachelor) für kleine und mittlere Moscheen ohne Rechtskompetenz, gehobener Dienst, und eine vollakademische Laufbahn, höherer Dienst, für größere Moscheen und islamische Zentren mit Rechtsfindungskompetenz und letztlich für die weitere akademische Laufbahn.

Die staatliche Förderung von Imamen im säkularen Staat ist ein offenes Thema. Wie kann Leistung gesichert und Freiheit gewahrt werden? Wie kann Förderung unter Gleichbehandlungsaspekten realisiert werden?

6. Weitere Anforderungen an die islamischen Verbände

Im Ergebnis sind die muslimischen Verbände zunächst aufgefordert, Positionen zu entwickeln für Arbeitsplatzbeschreibung, Kompetenzprofile, Vergütungsordnung und Beschäftigung, sodann auch für die Lehrinhalte des universitären Curriculums; dafür werden sicher noch 3–5 Jahre benötigt. In Niedersachsen wird dies auch in die Verhandlungen mit dem Land wegen eines Staatsvertrags einzubringen sein.

An die Verbände ist die Aufforderung gerichtet, den im Februar 2005 zunächst eingeschlagenen Weg der »Einheit der Muslime« mit einem föderalen basisdemokratischen Verbandsaufbau wieder aufzunehmen. Dieser Prozess war ohne Legitimierung durch die Ortsmoscheen unterbrochen worden, indem – quasi als Topdownprodukt – von den Spitzen der traditionellen Verbände in Köln der sog. Koordinationsrat der Muslime (KRM) aus der Taufe gehoben wurde[8]. Zu dem ursprünglich entwickelten Konzept selbständiger Landes- und

8 Das Debakel um die »Deutsche Islam-Konferenz« des Bundesinnenministers, nur wenige

einer aus diesen gewählten Bundesvertretung muss auch ein Beirat gehören, in dem sich die jetzt aufzubauende theologisch-akademische Elite wiederfindet; aus dieser heraus finden dann der Staat und die Universitäten einen »natürlichen« Ansprechpartner.

Anstelle eines solchen Beirats war – hier als kritische Anmerkung – ein Senat vorgesehen, in dem die bisherigen Verbände überwiegend ethnischer Denomination eingesetzt werden sollte; ein Schritt, der mehr als Rückversicherung an Heimat und Herkunft geeignet wäre, weniger aber der allfälligen Neuorientierung auf ein Leben in einer demokratischen und föderal strukturierten Bundesrepublik, wie es spätestens von den Muslimen der übernächsten Generation ergefragt werden wird. Auch der Islam selbst kennt ja nur das Ziel der Überwindung ethnischer und sprachlicher Trennlinien!

Wenn Prof. Heinig sehr zu recht vor einem Sonderstaatskirchenrechts abgesenkten Niveaus für Muslime in Deutschland warnt, dann liegt der Ball jetzt auf der Seite der Repräsentanten und politischen Meinungsführer des Islam in Deutschland. An ihnen hängt die Entscheidung, sich im abgesenkten Niveau, also Beiräten oder Runden Tischen auf Dauer einzurichten oder einen Aufschwung in die Funktion einer Religionsgemeinschaft zu übernehmen; dies erwächst nur durch eigenes Tun, nicht durch Warten auf staatliches Handeln.

Nötig ist weiterhin die Umstellung des freien Teils der *ḫuṭba* auf die deutsche Sprache als Grundsatzentscheidung von Dachverbänden bzw. Einzelmoscheen; dies besonders mit Rücksicht auf die nachwachsenden Generationen und ein Signal der Transparenz an die Gesellschaft.

Schlussfolgerungen

Schura Niedersachsen betrachtet seine Moscheevereine in Niedersachsen auch in ihrer Rolle als Arbeitgeber. Dabei kann diese Tagung in Osnabrück kaum mehr als eine Bestandsaufnahme sein. Deshalb kann es heute keine abschließende Position des Landesverbandes geben.

Für ein Curriculum ist die Zeit nicht reif. Eine Ausbildung ohne Zusagen der Moscheebetreiber könnte zur Ablehnung der Anstellung solcher Absolventen führen. Dies wäre eine Versündigung an der Zukunft solcher Absolventen, für die nicht die potentiellen Arbeitgeber sondern die Träger der verfrühten Einrichtung eines solchen Studiums verantwortlich wären.

Wochen nach der Osnabrücker Imam-Tagung, genauer: die Offenbarung der Uneinigkeit der vier im KRM vertretenen Verbände, Zaudern und Inkompetenz, insbesondere ihre Unfähigkeit zur innermuslimischen Solidarität zeigt nach Auffassung des Verfassers mehr als deutlich, dass die Bildung eines KRM ein Fehlschlag ist, politisch und mehr noch aus unmittelbarer islamischer Sicht.

Zu guter Letzt, gefunden im Internet unter google-Bilder (Suchwort Imam). Ironie oder – horribile dictu – ernst?

Michael Kiefer

Zielsetzungen einer Imamausbildung in Deutschland – Vom einfachen Vorbeter zum multifunktionalen Akteur?

Wenn in den vergangenen Jahren in Deutschland und in anderen westeuropäischen Staaten in den Medien, aber auch im Wissenschaftsbereich das Rollenverständnis von Imamen diskutiert wurde, dann stand fast immer die sehr kontrovers geführte Islamdebatte im Hintergrund. Dieser Sachverhalt ist durchaus problematisch zu sehen, da die Rollenanforderungen, die an Imame gerichtet werden, im Spannungsfeld einer bipolar zugespitzten Debatte generiert wurden. Als wirkmächtig in dieser Hinsicht erwiesen sich vor allem die in der Debatte vorgenommenen Identitätskonstruktionen und die darauf basierende Identitätspolitik, die ich hier skizzenhaft darstellen möchte.

Zunächst ist zu konstatieren, dass der Konstruktionsprozess muslimischer Identität in einem gesellschaftlichen Spannungsverhältnis anzusiedeln ist, das maßgeblich durch die islamistischen Terroranschläge und die anschließenden Bezichtigungsdiskurse geprägt wurde. Der Blick großer Teile der nichtmuslimischen Mehrheitsgesellschaft auf Zuwanderer aus islamisch geprägten Ländern hat sich seit dem 11. September 2001 radikal verändert. Man kann durchaus davon sprechen, dass eine umfassende Negativierung der Wahrnehmung von Muslimen stattgefunden hat.

Hochproblematisch ist vor allem die Verengung des Blickfeldes[1], die bei vielen Menschen dazu führt, dass lediglich das gemutmaßte Religiöse – das Islamische – fokussiert wird. Religion wird so zum zentralen und dauerhaftem Merkmal erklärt und der Zuwanderer erfährt eine umfassende Islamisierung bzw. »Überislamisierung«[2], die alle anderen Merkmale der Persönlichkeit einebnet und zum Verschwinden bringt. Viele junge Muslime reagieren auf diese von außen aufgestülpte Islamisierung und die damit verbundenen negativen Zuschreibungen mit der Entwicklung neuer Identitätsmuster. So ist aktuell in muslimischen Communities die Konstruktion einer »islamischen Neo-Identi-

1 Kermani, Navid, *Wer ist wir? Deutschland und seine Muslime*, München 2009.
2 Interview mit Jamal Malik, in: TAZ vom 02. März 2009.

tät«[3] zu beobachten, die mit islamischen Traditionen und der Lebenswelt der Eltern wenig gemein hat und sich auf der Phänoebene ständig verändert (z. B. Pop-Islam) und sich in großer Vielfalt zeigt.[4]

Die vielfältigen Auseinandersetzungen um Islam in den europäischen Zuwanderungsgesellschaften zeigen, dass die Konstruktion von muslimischen Identitäten mit einer Gegenüberstellung von Wir-Gruppen einhergeht. Die Aufstellungen erfolgen häufig nach dem dichotomen Grundmuster: säkular aufgeklärte Zivilgesellschaft – rückständige Muslime. Diese bipolare Anordnung, die in zahlreichen Variationen zu beobachten ist, birgt ein erhebliches desintegratives Potenzial. So werden z. B. Zuwanderer aus islamischen Gesellschaften ungeachtet ihrer religiösen Einstellungen auf bestimmte negative Eigenschaften (z. B. demokratiefern, rückständig, intolerant, unaufgeklärt usw.) festgeschrieben und in einem imaginierten muslimischen Kollektiv zwangsvergemeinschaftet. Beispiele für diese Form von Identitätspolitik, die letztlich auf Exklusion zielt, bietet die sehr erfolgreiche bzw. stark frequentierte Internetplattform *politically incorrect (pi)*[5], die offen islamfeindlich agiert oder die Internetplattform *Achse des Guten*[6], die maßgeblich von dem Publizisten Hendrik M. Broder gestaltet wird.

Andererseits, bzw. als Reaktion auf diese Identitätszuschreibungen, ist insbesondere bei vielen jungen Muslimen zu beobachten, dass sie negativen Zuschreibungen Selbstdefinitionen entgegen setzen und sich um ein neues »Wir-gefühl« bemühen. Das Spektrum der neuen Muslime ist sehr heterogen. Es gibt Gruppen, wie die *Lifemakers*, die offen sind und nach gesellschaftlicher Partizipation streben. Zu beobachten sind aber auch Gruppierungen, die einer offenen Zivilgesellschaft ablehnend gegenüberstehen. Verwiesen sei hier auf das Umfeld salafitischer Jugendprediger (Pierre Vogel, Abdul Adhim usw.). Vor allem die zuletztgenannten Jugendprediger Pierre Vogel und Abdul Adhim, die in den vergangenen drei Jahren in einem besorgniserregenden Ausmaß jugendliche Muslime mobilisieren können, bilden für große Teile der Zuwanderungsgesellschaft, aber auch für die Mehrzahl der eher traditionell orientierten Moscheegemeinden Abziehbilder eines negativen Imambildes.

3 Foroutan, Naika/Schäfer, Isabel, »*Hybride Identitäten – muslimische Migrantinnen und Migranten in Deutschland und Europa*«, in: Aus Politik und Zeitgeschichte, Nr 5, 2009.

4 Gerlach, Julia, *Zwischen Pop und Dschihad. Muslimische Jugendliche in Deutschland*, Berlin 2006.

5 Vgl. http://www.pi-news.net/ (letzter Zugriff 23. 06. 2010).

6 Vgl. http://www.achgut.com/dadgdx/ (letzter Zugriff 23. 06. 2010).

1. Kritik an Imamen

Im Rahmen der hier nur angerissenen islamkritischen Diskurse sind eine ganze Reihe von Kritikpunkten benannt worden, welche die in Deutschland tätigen Imame betreffen. Die wichtigsten sollen hier benannt werden:

1.1. Extremismusvorwurf

Zentral ist hier die Figur des sogenannten »Hasspredigers«. Hintergrund ist die Agitationstätigkeit von islamistischen Predigern, die offen zum Kampf gegen eine werteplural orientiere Zivilgesellschaft aufrufen.

Einen erheblichen Bedeutungszuwachs verzeichnen seit drei Jahren auch einige in Deutschland tätige Jugendimame bzw. Jugendprediger. Eine außerordentliche rege Vortragstätigkeit verzeichnen Pierre Vogel, Abdul Adhim, Ferid Heider, die ihr Gedankengut auch über professionell gestaltete Internetseiten verbreiten.

1.2. Fundamentale Orientierung

Fundamental meint hier explizit nicht islamistisch im Sinne einer politisch instrumentalisierten Religion. Merkmale fundamentaler Orientierung sind: eine enge religiöse Bindung und die starke Ausrichtung des Alltags an religiösen Regeln. Die Erfüllung religiöser Regeln wird von fundamental orientierten Imamen als sehr wichtig angesehen. Dies bedeutet, es gibt eine klar umrissene Vorstellung von richtigem muslimischem Verhalten bezüglich der religiösen Pflichten und der Lebensführung. Diese Grundhaltung gilt als nicht unproblematisch, denn die Überzeugung von richtigem religiösem Leben kann druckvoll gegen abweichende Auffassungen gerichtet werden und kann Teil eines indoktrinierenden Koranunterrichts sein.

1.3. Heimatlandorientierung

Viele Imame, die nur über einen temporären Aufenthaltsstatus verfügen, orientieren sich in allen wichtigen religiösen, aber auch gesellschaftlichen Fragen an Diskursen, die in den Heimatländern geführt werden. Sie sind mit der hiesigen Lebenswirklichkeit nur unzureichend vertraut. Anforderungen der spezifischen Diasporasituation werden nicht kompetent bearbeitet.

1.4. Dialogunfähigkeit

Imame verfügen oftmals über keine oder nur unzureichende Deutschkenntnisse. Dialoge mit dem Wohnumfeld der Gemeinde oder weiteren wichtigen Akteuren aus dem kommunalen Raum sind nicht oder nur mit Dolmetschern möglich.

1.5. Unzureichende Qualifikation

Imame verfügen oftmals über kein abgeschlossenes Hochschulstudium. Einheitliche Standards bezüglich der Qualifikationen gibt es nicht. Das Spektrum der in Deutschland tätigen Imame reicht von Autodidakten bis hin zu ausgebildeten Theologen.

2. Anforderungen Imame

Die stetige Wiederholung der hier genannten Kritikpunkte in zahlreichen Mediendiskursen blieb natürlich nicht folgenlos. Der klassische Imam, der dem Gebet vorsteht, die Freitagspredigt hält und Koranübungen leitet, gilt mittlerweile als nicht mehr zeitgemäßes Auslaufmodell. Gefordert wird nun von zahlreichen Politikern in Bund, Land und Kommunen eine Imamausbildung, die multifunktionale Imame hervorbringen soll. Imame sollen als Moschee-Protagonisten im kommunalen Feld nahezu alle im Gemeindeumfeld vorzufindenden Problemstellungen bearbeiten. Im Einzelnen sind dies:

3. Aufgaben

3.1 Religion

Wahrnehmung der traditionelle Pflichten
Unmittelbare Hinweise zu den klassischen Tätigkeitsfeldern eines Imams gibt der Begriff selbst. Imam bezeichnet im Arabischen denjenigen, der vorne steht. Er leitet das gemeinschaftliche Gebet in der Moschee und hält die Predigt im Freitagsgebet. Darüber hinaus ist er als kunstvoller Koranrezitierer tätig und vermittelt diese Fertigkeit an mehr oder minder lernwillige Schülerinnen und Schüler.

Lehrkraft für alle islamischen Angelegenheiten

Zu den traditionellen Pflichten sind in der Gemeinde weitere Arbeitsaufgaben hinzugekommen, die der Diasporasituation geschuldet sind. Viele Muslime sind z. B. nicht mehr mit den rituellen Handlungen vertraut, die der Alltag erfordert und die z. B. in einem Sterbefall durchgeführt werden müssen. Sie sind in einem hohen Maße auf die Hilfe eines sachkundigen Imams angewiesen. Gleiches gilt für die Unterweisung in Speisevorschriften und vieles mehr.

Seelsorger

Auch die Seelsorge ist kein klassisches Arbeitsfeld des Imams, denn in den islamischen Ländern ist umfassende Fürsorge für Kranke, Gefangene und Menschen in schwierigen Lebenslagen eine klare Aufgabe für die Familien. Angesichts dieses historischen Sachverhalts verwundert es nicht, dass es in der arabischen und türkischen Sprache keinen Begriff gibt, der auch nur annähernd mit dem Begriff des Seelsorgers vergleichbar wäre. Dennoch sehen Muslime neuerdings hier Handlungsbedarf. Analog zur christlichen Seelsorge halten nun viele Muslime eine Notfall- , Telefon-, Gefangenen- und Polizeiseelsorge für durchaus hilfreich und notwendig.

3.2. Politik

Extremismusbeauftragte

Für die Sicherheitsbehörden in Bund und Ländern ist es seit vielen Jahre ein erklärtes Ziel, die Moscheegemeinden in die Gefahrenabwehr einzubinden. Objekt der Ansprüche ist hier vor allem der Imam, der Radikalisierungsprozesse junger Muslime möglichst frühzeitig erkennen und durch präventive Maßnahmen vereiteln soll. Darüber hinaus wird erwartet, dass der Imam als Vorbild für einen zivilgesellschaftlich verträglichen Islam in und außerhalb der Gemeinde in Erscheinung tritt.

Dialogpartner

Die Dialogarbeit der Gemeinden mit dem nichtmuslimischen Moscheeumfeld ist von einer herausragenden Bedeutung. Regelmäßige nachbarschaftliche Kontakte bilden eine wichtige Voraussetzung für einen konfliktfreien Umgang. Vor allem die Vertreter der Kommunen wünschen Imame als verständnisvolle Dialogpartner, die sachgerecht und kompetent über die Vorhaben der Gemeinde informieren.

3.3. Soziales

Sozialarbeiter und Integrationslotse
Folgt man den Verlautbarungen kommunaler Akteure, dann ist die Integrationsarbeit ein weiteres wichtiges Tätigkeitsfeld für Imame. Imame sollen Gemeindemitgliedern und deren Umfeld die Notwendigkeit einer umfassenden Integration vermitteln. Darüber hinaus sollen sie möglichst mit fundierten Kenntnissen des Sozial- und Bildungssystems präzise Hilfestellungen anbieten.

Erziehungshelfer und Eheberater, Streitschlichtung und Mediation
Als weiteres Tätigkeitsfeld der Imame wird neuerdings auch die Problembewältigung in Familien benannt. Imame sollen beraten und helfen bei alltäglichen Lebensproblemen und sie sollen in Familienkonflikten als Streitschlichter oder Mediatoren fungieren.

Imame als Religionslehrer in der Schule (Niedersachsen)
Die neuste Tätigkeitsfelderweiterung präsentierte unlängst der niedersächsische Innenminister Schünemann. Er will künftige Absolventen einer universitären Imamausbildung mit einer halben Stelle im Schuldienst beschäftigen. Diese Regelung – so der Minister – habe den Vorteil, dass der Imam bereits ein Grundgehalt habe. Die Moscheegemeinden könnten auf diesem Wege finanziell erheblich entlastet werden.[7]

4. Perspektiven

Können und sollen Imame in Deutschland dieses komplexe Aufgabenfeld bearbeiten? Bzw. liegt die skizzierte Erweiterung der Tätigkeitsfelder im Sinne der Gemeinden und der Zivilgesellschaft?

Zunächst gilt es zu konstatieren, dass die derzeit in Deutschland tätigen Imame – verfügen sie nun über eine universitäre Ausbildung oder auch nicht – die genannten Anforderungen nicht in Gänze bewältigen können. Es fehlt oft an der zwingend notwendigen Sprachkompetenz. Es fehlt aber auch an notwendigen methodischen Kenntnissen. Welcher Imam hat schon eine Mediationsausbildung oder ist bewandert auf dem Feld der Familientherapie?

Spätestens hier stellt sich die Frage: Muss das alles sein und soll eine universitäre Ausbildung Imame dazu befähigen, die genannten Aufgabenfelder wahrnehmen zu können? Meine Antwort lautet: Nein.

7 Ceylan, Rauf, »*Imam-Ausbildung: Ein Gespräch mit Prof. Rauf Ceylan, Osnabrück*«, von Malik Özkan, auf: http://www.islamische-zeitung.de/?id=13007 (letzter Zugriff 19.03.2010).

Es ist sicherlich richtig, dass die traditionellen Aufgabenstellungen eines Imams gewisse Erweiterungen erfahren müssen. Muslime leben hier in einer weitgehend säkularen Gesellschaft, durch den Traditionsabbruch ist viel Wissen über religiöse Riten des Alltags in den Familien verloren gegangen. Hier zeigt sich unzweifelhaft ein neues Aufgabenfeld für den Berufsstand der Imame. Ähnlich ist die Sachlage auch bezüglich neuer seelsorgerischer Anforderungen zu betrachten. Es gibt einen klaren Bedarf. Dem können sich Gemeinden und Imame schlecht entziehen. Gleiches gilt schließlich auch für den Dialog mit dem Wohnumfeld. Selbstverständlich brauchen wir Imame, die mit den nichtmuslimischen Nachbarn sprechen können. Denn nur wenn sie das tun, verschwindet das schlechte Image des Islam, den manche Zeitgenossen immer noch für eine »Ausländerreligion« halten.

Was die anderen Bereiche betrifft, ist in einem hohen Maße Skepsis angebracht. Nehmen wir zunächst die Extremismusprävention. Grundsätzlich sollte gelten, Religion und Politik sind voneinander zu trennen. *Din wa dawla* (Glaube und Staat) – Im Guten, wie im Schlechten sollten wir sein lassen. Die Extremismusprävention ist eine Aufgabe für zivilgesellschaftliche Akteure und kein Spezialgebiet für Imame. Darüber hinaus gibt es auch die eine oder andere eher islamistisch orientierte Moschee, deren Imame mit Sicherheit nicht im Sinne eine moderaten Islams arbeiten (wollen).

Für problematisch halte ich auch Forderungen, die von Imamen sozialarbeiterische Qualifikationen erwarten. Im kommunalen Raum gibt es professionelle Akteure in Jugendhilfe und Schule, die für die Problembewältigung zuständig sind. Was soll hier ein Imam? Was haben soziale Problemlagen mit Islam zu tun? Die Religion sollten wir hier raus halten. Dies gilt gerade auch für Beziehungs- und Erziehungsprobleme von Gemeindemitgliedern oder Menschen aus deren Umfeld. Hier ist ein hohes Maß an Professionalität gefragt. Autodidakten und semiprofessionelle Helfer sind fehl am Platze. Ja mehr noch, die Einmischung eines Imams – also einer Autoritätsperson und moralischen Instanz – kann bei Eltern-Kind-Konflikten durchaus kontraproduktiv sein, denn Imame sind mit Sicherheit keine werteneutralen Mediatoren, sondern stehen eher für ein Bündel religiöser Auffassungen, die gerade bei Jugendlichen nicht zwingend auf Zuspruch stoßen. Allzuleicht kann hier gerade bei Jugendlichen der Eindruck entstehen, dass der Imam ein Parteigänger der Eltern ist. Auch müssen wir in diesem Kontext die realen Machtverhältnisse in den Moscheen sehen. Imame sind vielerorts einfache Angestellte der Moscheevereine. Wenn sie unangenehm auffallen oder in Konflikten Positionen vertreten, die denen des Vorstandes zuwiderlaufen, dann droht ihnen ganz schlicht die Entlassung. Wir sollten uns also insgesamt davor hüten, die Bedeutung der Imame zu überhöhen. Allen wäre bereits damit gedient, wenn Imame kompetent die klassischen Aufgabenfelder des Berufsbildes wahrnehmen könnten.

Literatur

Achse des Guten, auf: http://www.achgut.com/dadgdx/ (letzter Zugriff 23.06.2010).

Ceylan, Rauf, »*Imam-Ausbildung: Ein Gespräch mit Prof. Rauf Ceylan, Osnabrück*«, von Malik Özkan, auf: http://www.islamische-zeitung.de/?id=13007 (letzter Zugriff 19.03. 2010).

Foroutan, Naika/Schäfer, Isabel, »*Hybride Identitäten – muslimische Migrantinnen und Migranten in Deutschland und Europa*«, in: Aus Politik und Zeitgeschichte, Nr. 5, 2009.

Gerlach, Julia, *Zwischen Pop und Dschihad. Muslimische Jugendliche in Deutschland*, Berlin 2006.

Kermani, Navid, *Wer ist wir? Deutschland und seine Muslime*, München 2009.

»*Interview mit Jamal Malik*«, in: TAZ vom 02. März 2009.

politically incorrect (pi), auf: http://www.pi-news.net/ (letzter Zugriff 23.06.2010).

Adnan Aslan
Aus dem Englischen von Bettina Kruse-Schröder

Welche Inhalte gehören in den Studiengang der Imamausbildung B.A./M.A.?

Der Tradition entsprechend wird davon ausgegangen, dass der erste Imam in der muslimischen Geschichte der Prophet Muhammad war. Folglich stellen Imame – wie angenommen wird – seine Repräsentanten dar. Idealerweise folgen Imame dem Propheten in jeder Hinsicht, nicht nur spirituell und moralisch, sondern auch im Bezug auf religiöses Wissen und Handlungen. Im Bezug auf die Imamausbildung haben Imame meines Erachtens drei wichtige Pflichten in ihrer Gemeinde zu erfüllen. Diese sind der religiöse Dienst, der Dienst an der Gemeinde und die intellektuelle Führung. Um all diesen Pflichten adäquat nachkommen zu können, müssen Imame in allen drei Bereichen entsprechend ausgebildet werden.

1. Der religiöse Dienst

Die religiösen Dienste, denen Imame nachkommen müssen, setzen sich aus den fünf täglichen Gebeten (*ṣalāt*), der Führung von Muslimen auf der Pilgerfahrt, der Leitung von Muslimen an *ʿĪd*-Tagen, den Gottesdienstpredigten und dem Rezitieren der *ḫuṭba* vor dem Freitagsgebet (*ṣalāt al-ǧumuʿa)* zusammen.

Für die Leitung der fünf täglichen Gebete muss der Imam erstens eine Reihe Koransuren auswendig beherrschen und wissen, wie der Koran den Regeln des *taǧwīd* entsprechend zu rezitieren ist und zweitens eine ansprechende Stimme besitzen. Unnötig erscheint hier der Hinweis, dass ein Imam männlich und erwachsen zu sein hat – Frauen oder Kinder können nicht Imam sein. Am geeignetsten für diese Profession sind die *ḥāfiẓ*, da diese den Koran Wort für Wort verinnerlicht haben. Dann folgen jene, welche die Hälfte des Korans auswendig beherrschen, gefolgt von denen, die ein Viertel beherrschen. Die Mindestanforderung an einen Imam besteht im Beherrschen dieser Koransuren: Sure *al-Fātiḥa*, *Āyat al-Kursī* (*al-Baqara*, 255), *Āmana al-Rasūlu* (*al-Baqara*, 285 – 286), zwei Seiten des *Āl ʿImrān*, 1 – 15, Sure *Ya-Sīn* (sechs Seiten), Sure *al-Fatḥ* (vier bis fünf Seiten), Sure *al-Ḥuǧurāt* (zweieinhalb Seiten), Sure *al-Naǧm* (zweieinhalb Seiten), Sure *al-Raḥmān* (drei Seiten), Sure *al-Mulk* (zweieinhalb Seiten), Sure *al-Qiyāma* (eine Seite), Sure *al-Insān* (zwei Seiten) und von Sure *al-Naba'* bis zur Sure *al-Nās* (zwanzig Seiten). Ein Imam muss folglich mindestens fünfzig Seiten des Korans sicher aus dem Gedächtnis rezitieren können und in der Lage sein, die fünf täglichen Gebete abzuhalten. Zusätzlich zu den Koransuren erweist es sich für den Imam als notwenig auch einige Bittgebete (*du'ā'*), wie die *du'ā'* des Gebets, des Mahls, der Beschneidung, der Hochzeit, der Beerdigung etc. vollziehen können.

Das Rezitieren des Korans sowohl aus dem schriftlichen arabischen Text als auch aus dem Gedächtnis besitzt eine große Wichtigkeit für die Leitung einer Gemeinde in den fünf täglichen Gebeten. Die arabischen Buchstaben richtig auszusprechen zu können hat ebenfalls großes Gewicht beim Rezitieren des Korans. Um eine richtige Aussprache der arabischen Buchstaben und Wörter zu erreichen, müssen Imame dem *ta'līm* folgen, dies bedeutet die Übung der Aussprache von arabischen Buchstaben.

Eine der grundlegendsten religiösen Pflichten des Imams ist es, vor dem Freitagsgebet zu predigen. Predigten fokussieren traditionell auf religiöse Themen aus einer religiösen Perspektive heraus. Die allgemeine Erwartung an den Imam liegt hier darin, dass er predigt, indem er arabischen Text aus dem Koran vorträgt und die Zuhörer in ihrer Muttersprache anspricht. In seinen Predigten ist der Imam dazu verpflichtet authentische *ḥadīṯ*-, die klassischen *tafsīr*-Bücher und andere traditionelle Texte zu nutzen. Um die klassischen arabischen religiösen Text benutzen zu können, muss der Imam klassisches Arabisch lernen. Arabisch als heilige Sprache des Islam spielt eine unerlässliche Rolle nicht nur darin, den Islam als eine lebendige Religion zu verstehen, sondern auch in der Weitergabe von religiösem Wissen und Leben von Generation zu Generation. Dementsprechend müssen zur Erreichung dieses Ziels Arabisch-Kurse geplant werden. Die Zielsetzung sollte hier sein, dass angehende Imame nicht nur in die Lage versetzt werden die *ḥadīṯe* und den Koran zu verstehen, sondern darüber hinaus auch die großen klassischen religiösen Texte. Im BA-Studium könnte es sich als nützlich erweisen einen einjährigen vorbereitenden Kurs für Arabisch einzuführen, während dessen sich die zukünftigen Imame irgendwann in einem Arabisch sprechenden Land aufhalten sollten, um ihre Fähigkeiten in gesprochenem und geschriebenem Arabisch zu vertiefen. Um die arabische Sprache jedoch in ihre Komplexität zu erlernen, kann, wie man es auch dreht und wendet, ein einjähriger Kurs nicht ausreichend sein. Weil der Imam sein Arabisch durch das ganze Studium hindurch nutzen und intensivieren muss, wird er den von ihm erwarteten Level nur innerhalb der kompletten Ausbildungszeit erreichen. Zum Predigen des Freitagsgebets ist die Ausdrucksfähigkeit in der Sprache der Gemeinde sehr wichtig. Als nötig erweist sich folglich ein Modul für Redekunst, das dem Imam die Möglichkeit gibt, Predigten und Gottesdienst im Seminar zu üben.

Ein Kurs in Koranexegese bnötigt ebenfalls einen hohen Stellenwert in der Imamausbildung. Die Mindestanforderung an den Imam wäre hier zumindest die Bedeutung dessen, was er in den fünf täglichen Gebeten rezitiert, zu verstehen. Zusätzlich muss ein Imam von der Kanzel predigen können. Gewöhnlich lesen Imame aus dem Koran im arabischen Original und erläutern dieses dann der Gemeinde in deren Sprache. Um dieser wichtigen Aufgabe nachkommen zu können, müssen Imame in der Disziplin des *tafsīr* ausgebildet werden und die Interpretation des Koran und besonders solcher Suren studieren, die häufig in den fünf täglichen Gebeten rezitiert werden.

Sowohl für die Predigten als auch für die Erfüllung anderer religiöser Pflichten in der muslimischen Gemeinde bedürfen die Imame einer Ausbildung in islamischer Rechtsprechung (*fiqh*). Regeln, die in Bezug stehen zum Gebet, zum Fasten, zum Pilgern und Feiertagen, werden von der muslimischen Gemeinde regelmäßig in Anspruch genommen. Es wird erwartet, dass Imame diese Regeln auswendig beherrschen und wenn nicht, dass sie bekannte *fiqh*-Bücher zur Rate ziehen können. Dies unterstreicht die wichtige Rolle der islamischen Rechtsprechung in der Imamausbildung.

Eine weitere Disziplin, in der Imame versiert sein müssen, in das *ḥadīṯ*-Studium. Der *ḥadīṯ*, die Worte und Taten des Propheten, bildet nicht nur das Fundament der islamischen kulturellen und intellektuellen Traditionen, sondern auch das der muslimischen Community. Beinahe alle Taten eines muslimischen Individuum basieren auf einem Wort oder einer Tat des Propheten. Einige der grundlegenden und klassischen *ḥadīṯ*-Bücher sind al-Buḫārī, Muslim, Ibn Māǧa, *al-Muwaṭṭa'* von Imam Mālik und *Riyāḍ al-ṣāliḥin*, gesammelt von Imam Abū Zakariyyā Yaḥyā ibn Šaraf al-Nawawī al-Damašqī.

Zusammen mit einem *ḥadīṯ*-Studium wird das Studium der islamischen Geschichte wichtig für die Vorbereitung der Imame auf ihre Pflichten. Besonders *sīrat al-nabiyy*, eine Studie des Lebens des Propheten Muhammad, ist unverzichtbar für die Leitung einer muslimischen Gemeinde. Imame sind traditionell die spirituellen Führer der muslimischen Gemeinde, diese erwartet eine Führung ähnlich zu der des Propheten, sodass dessen Leben detailliert studiert werden muss. Dem folgt das Leben der vier rechtgeleiteten Kalifen und die Geschichte der 'Umayyaden- und der 'Abbāsidendynastie. Ein Studium der Geschichte verschiedener muslimischer Nationen besitzt ebenso Relevanz in den imamischen Studien, besonders die Geschichte der Nation, zu der die spezielle Gemeinde gehört.

Auch die Bereitstellung des Beerdigungsservices liegt innerhalb der religiösen Verantwortlichkeiten, die Imame tragen. Wenn ein Muslim stirbt, gibt der Imam seinem Körper die Absolution entsprechend der Regeln, die in den *fiqh*-

Büchern beschrieben sind. Dann umkreist der Imam den Leichnam zeremoniell und leitet anschließend das Bestattungsgebet. Schließlich wird der tote Körper zum Friedhof und zu Grabe getragen mit einem Abschiedsgebet auf dem Friedhof. Nach der Beerdigung besucht der Imam die nahen Verwandten des Verstorbenen und rezitiert den Koran bei ihnen zuhause. Die Beerdigungszeremonie abzuhalten ist eine der wesentlichen Verantwortlichkeiten des Imams. Die Ausbildung der Imame in der Ausführung all dieser Aktivitäten kann auch einen Teil des islamischen Rechtsprechungskurses darstellen.

Aber wer genau wird diese Kurse leiten? Religiöses Training darf nur von muslimischen Gelehrten unterrichtet werden. Hierin liegt eine entscheidende Grundlage für den Erfolg der universitären Imamausbildung. Diese Gelehrten müssen aus der islamischen Welt gewählt werden. Sie müssen kenntnisreich und Experten auf ihrem Gebiet sein, keine Frage. Darüber hinaus sollten sie jedoch spirituell gut entwickelt und vollständig moralisch sein. Diese Charakteristika der Lehrenden bezeichnen eine immens wichtige Basis zur Vermittlung von moralischen und spirituellen Werten an die Imame. Moral bezeichnet die Garantie, ein guter Bürger zu werden. Die moralische und spirituelle Ausbildung kann dementsprechend als Übung für gutes Bürgertum gesehen werden.

2. Gemeindedienst

Die Mentalität und Art und Weise der muslimischen Community formt sich grundsätzlich entsprechend dem *masǧid*. Hier erhalten nicht nur erwachsene Muslime sondern auch die muslimische Jugend eine Form der informellen Bildung. Diese spielt generell eine signifikante Rolle bei der Entwicklung eines muslimischen Charakters. So liegt in der Bildung der muslimischen Jugend und erwachsener Muslime eine wichtige Pflicht der Imame. Die Imame werden traditionell als verantwortlich für das Missverhalten von muslimischen Individuen ihrer Gemeinde angesehen. Gemeindedienste bezeichnen folglich eine traditionell von den Imamen erwartete Pflicht. Wie kann ein Imam diese Verantwortlichkeit erreichen?

Zuerst einmal muss der Imam die Hauptcharakteristika seiner Gemeinde gut kennen. Nun leben wir in einer pluralen Gesellschaft und es lässt sich kaum eine unverfälschte Gemeinde finden. So müssen Imame, die einer Gemeinde in Deutschland dienen, auch die deutsche Gesellschaft gut kennen. Dementsprechend werden auch deren Charakteristika, ihre Geschichte und Religion zu wichtigen Wissensgebieten.

Daraus können wir schließen, dass Religionssoziologie, -geschichte, Psychologie und die Geschichte Europas ebenfalls weitere Disziplinen aufzeigen, mit denen Imamen vertraut sein sollten. Die Lehrenden dieser Fachgebiete können nicht-muslimische Wissenschaftler sein.

Religionssoziologie ist eines der verfügbaren Werkzeuge, die den Imamen einen Zugang zur respektierten Community ermöglichen können. Mit Hilfe der Religionssoziologie kann der Imam sich effektiv mit Struktur und Eigenarten der Gemeinde, der er dient, vertraut machen und sich der sozialen Probleme dieser speziellen Gemeinde bewusst werden. Es sind Probleme verbunden mit Entfremdung, Armut, Drogen, Verbrechen, Alkohol und Alter, mit denen sich der Imam auseinandersetzen muss. Es ist die religiöse Pflicht des Imams Menschen zu helfen, die solchen Schwierigkeiten gegenüberstehen, ungeachtet ihrer religiösen Zugehörigkeit. Im Umgang mit solchen Problemen kann der Imam nicht gleichgültig sein, sondern ist vielmehr in seiner Kreativität gefragt; er muss einfach hilfreich bei der Überwindung derartiger sozialer Probleme sein.

Um ein Bewusstsein für soziale Probleme der Gemeinschaft zu schaffen, müssen Imame dazu ermuntert werden, zu den sozialen Problemen der jeweiligen Gemeinde zu forschen. In ihrem MA-Studium sollten sie zu Feldstudien angeregt werden, beispielsweise zum Thema »die Beziehung zwischen Erziehung und Verwicklung in Verbrechen«. Eine Menge Forschung kann auf den Weg gebracht werden im Blick auf die verschiedenen sozialen Problemlagen, wie »die Gründe für die hohe Verbrechensrate in der muslimischen Community« und vieles mehr.

Die Psychologie umfasst eine weitere Disziplin, mit der Imame vertraut sein sollten, denn Imame können gleichzeitig als Sozialarbeiter angesehen werden. Eine der grundlegenden imamischen Pflichten liegt in der Gemeindearbeit. Es ist eine freiwillige Verantwortung wie die religiöse Pflicht der Imame eine Hand zu reichen, speziell für Kranke, Drogenabhängige, Alkoholiker, Ältere, Bedürftige und jene, die psychologischer Hilfe bedürfen. Um all diese Missionen gut zu erfüllen, muss Imamen eine Ausbildung in Psychologie mit dem Ziel zukommen, diese gut auf die Gemeindearbeit vorzubereiten. Demzufolge sollte diese Disziplin weniger aus theoretischer Perspektive, als vielmehr von der praktischen Seite gedacht und angelegt sein.

Eine weitere Wissenschaft, die dem Imam sehr hilfreich dabei sein würde, seinem Gemeindedienst nachzukommen, wäre Religionsgeschichte, besonders das Studium des Christentums und Judaismus, sowie des Hinduismus und Buddhismus. Diese Kurse sollten aus der Innenperspektive heraus geführt werden, also von Repräsentanten der jeweiligen Religion. Zusätzlich würden Kurse zu einigen Gesellschaftbewegungen, besonders religiösen Bewegungen, New Age, für den Imam extrem hilfreich in seinem Unterfangen sein, die Gesellschaft kennen und verstehen zu lernen. Ein Studium der deutschen Geschichte im Kontext der europäischen scheint ein extrem wichtiger Aspekt dieser

Kurse zu sein. Die Imame müssen die Gesellschaft verstehen, in der sie arbeiten, durch die Einsicht in die Geschichte dieser speziellen Gesellschaft.

Die islamische Weltsicht als ganze kann in diese beiden Maximen subsummiert werden: Ein Leben zu leben, das die Einverständnis Gottes erreicht, sowie Gnade und Mitgefühl für die Schöpfung. Muslime sind in erster Linie verpflichtet den im Koran und *ḥadīṯ* kundgetanen Maximen entsprechend zu leben. Dies ist ihre religiöse Pflicht. Auf der anderen Seite sind sie auch dazu verpflichtet Respekt und Gnade gegenüber allen Kreaturen zu zeigen, Pflanzen, Tiere und über allen Menschen eingeschlossen, ungeachtet ihrer Religion, und besonders gegenüber jenen, die bedürftig, alt oder Kinder sind. So fällt es auch in die Zuständigkeit von Imamen Menschen zu besuchen, die krank, gebrechlich oder bedürftig für Hilfe und Gnade sind.

3. Intellektuelle Führung

Eine weitere wichtige Pflicht des Imams ist es, seine Gemeinde in politischen und kulturellen Angelegenheiten zu führen. Ein Imam muss sich nicht nur im Bezug auf religiöses Wissen weiterbilden, sondern auch bezogen auf das zeitgemäße Wissen dieser Welt. Wissend in verschiedenen religiösen und nicht-religiösen Themen zu sein ist eines, fähig zu sein, seine Gemeinde zu führen, ist etwas anderes. Es liegt in der Verantwortlichkeit des Imams, mit Erziehungsproblemen in seiner Gemeinde umzugehen. Er ist gefordert verschiedene bildende Aktivitäten in seiner Gemeinde zu entwickeln, besonders aufgrund der Erziehungsprobleme der Jugend. In diesem Zusammenhang besteht der Bedarf, eine gute Beziehung zur Jugend der Gemeinde aufzubauen, sodass sie ihre Schwierigkeiten problemlos mit ihrem Imam besprechen können. Hier sollte der Imam mit der Schule zusammenarbeiten, um das Problem zu identifizieren und nach einer Lösung zu suchen und eine vermittelnde Rolle zwischen Schule und Familie einnehmen. Der Familie selbst steht es natürlich frei, die Hilfe des Imams in Anspruch zu nehmen.

Über die Erziehungshilfe hinaus kann der Imam eine politische Hilfe zur Verfügung stellen, um die muslimische Gemeinde in die existierende soziale und politische Struktur Deutschlands zu integrieren. Die muslimischen Gemeinden Deutschlands sehen vielen Bedrängnissen und Schwierigkeiten ins Auge. Eines der größten Probleme stellt die Integration der muslimischen Community in die existierende Gesellschaft dar, obwohl sie sicherlich Teil der deutschen Gesellschaft ist. Es ist für die Muslime äußerst bedeutsam zu wissen und zu verstehen, in welcher Art Gesellschaft sie leben. Die Imame können eine beträchtliche Hilfe darstellen für den Integrationsversuch muslimischer Gemeinden. Auf der anderen Seite können Imame die Gemeinde sowohl in den Möglichkeiten als auch durch die Gefahren der modernen Welt führen. Diese erwartete Integration kann nur durch die Führerschaft der Imame erreicht werden.

Islamische Kunst, besonders traditionelle, hat sich im religiösen Kontext entwickelt. Religiöse Praxis öffnet Menschen für die Rezeption von Kunst, im Besonderen für traditionelle religiöse. Imame scheinen generell zur Entwicklung traditioneller Kunst fähig zu sein. Sie können für die Gesellschaft, in der sie leben, zur Kunst beitragen, mit traditioneller islamischer Musik, Kalligraphie, etc. Durch diesen Beitrag können sie das bestehende Feld der Kunst innerhalb der deutschen Gesellschaft bereichern.

In Theologie und Religion gut ausgebildete Imame sind aufgeschlossen für philosophisches Wissen. Islamisches Gedankengut stellt natürlich eine der Grundlagen für ihre intellektuelle Entwicklung dar. Indem sie auch mit der westlichen Art zu denken vertraut werden, mögen sie in die Lage versetzt werden, Originalgedankengut zu produzieren. Wenn sie ein grundlegendes Verständnis für beispielsweise die Gedanken von Kant und Hegel zusammen mit denen von Ibn Sīnā und Ibn ʿArabī erreichen, kann dieses die Basis für ein ganz neues Denken werden. Von dieser Entwicklung können wir auf lange Sicht einen originellen Beitrag zur westlichen Gedankenwelt erwarten.

Der Imam wird traditionell als Führer bei persönlichen Problemen des Einzelnen gesehen. So kann der *masǧid* als beratende Institution fungieren. Menschen, die Schwierigkeiten mit ihrem Leben haben, sollten den Imam aufsuchen können, um Hilfe bei der Lösung ihrer persönlichen Probleme zu bekommen. Der Imam sollte hier fähig, seine Hilfe für die Gemeinde zur Verfügung zu stellen, nicht nur bei persönlichen oder familiären Problemen sondern auch im Bezug auf andere Probleme und Erwartungshaltungen mit Blick auf die Gesellschaft als Ganze. Er sollte die Karrierepläne der Einzelnen unterstützen können. Bei der Wahl von Arbeitsstellen, Schulen und Universitäten oder was auch immer, sollte der Gemeinde der Weg, ihren Imam dazu zu konsultieren, freistehen.

All dieses sind nur theoretische Informationen dazu, wie diese Profession erfolgreich gefüllt werden kann. Bleiben sie theoretisch, wird alles Wissen der Imame nutzlos. Also sind Übung und Praxis notwendig. Die in Deutschland ausgebildeten Imame könnten für die praktische Umsetzung von einem erfahrenen Imam in der Moschee angeleitet werden.

Mohammed Ghaly
Aus dem Englischen von Anja Mehrmann

Imamausbildung in Europa: Im Fokus der niederländischen Erfahrungen

Einleitende Bemerkungen

Die Ausbildung von in Europa tätigen Imamen ist wiederholt Gegenstand von Diskussionen auf nahezu allen Ebenen in Europa gewesen. Verschiedene Institutionen der Europäischen Union haben an diesen Diskussionen teilgenommen. Im April 2006 wurde in Wien eine Konferenz europäischer Imame von der Islamischen Gemeinschaft Österreich in Zusammenarbeit mit der Europäischen Kommission und der Wiener EU-Präsidentschaft veranstaltet.[1] In jüngerer Zeit wurde vom 29. bis 30. März in Straßburg ein Symposium unter dem Titel »Die Ausbildung von Imamen und die Lehre des Islam in Europa« abgehalten, das vom Europarat in Zusammenarbeit mit dem Rat der Marokkanischen Community im Ausland organisiert wurde. Diese Veranstaltungen sind lediglich Indikatoren für das wachsende Interesse der einzelnen europäischen Länder und innerhalb der Institutionen der Europäischen Union insgesamt. Aufgrund des begrenzten Platzes lassen sich die Verzweigungen dieses Interesses hier nicht in ihrem ganzen Umfang darstellen.[2]

Dieser Artikel fokussiert auf die niederländischen Erfahrungen bezüglich der Ausbildung von Imamen, die zu den umfangreichsten und fortgeschrittensten Erfahrungen auf diesem Gebiet in Europa gehören. Um einen systematischen Überblick über die Praxis in den Niederlanden zu geben, wird darüber in drei Hauptabschnitten berichtet, und zwar a) über Initiativen und sozialpolitische Debatten, b) über die Einführung von drei akademischen Studiengängen, die

1 Plassnik, Ursula, *General Affairs and External Relations: External Relations*, 2712th Council Meeting, Brussels: Council of The European Union, 27 February 2006. http://www.consilium.europa.eu/uedocs/cms_data/docs/pressdata/en/gena/88541.pdf (letzter Zugriff 20.05. 2010), S. 11.

2 Für mehr Informationen zum Interesse an diesem Thema in England und Frankreich siehe Birt, Jonathan, »*Good Imam, Bad Imam: Civic Religion and National Integration in Britain post-9/11*«, The Muslim World, 96, 2006, S. 687–705; Peter, Frank, »*Training Imams and the Future of Islam in France*«, ISIM Newsletter, 13, 2003, S. 20–21.

Kenntnisse über den Islam vermitteln und c) darüber, wie an der Verwirklichung eines vollständigen Ausbildungsprogrammes für Imame gearbeitet wird.

1. Initiativen und sozialpolitische Debatten:[3]

Die früheste bekannte Forderung nach einer Imamausbildung in den Niederlanden wurde 1982 von einer später unter dem Namen »Waardenburg-Komitee« bekannt gewordenen Arbeitsgruppe des Ministeriums für Kultur, Erholung und gesellschaftliche Zusammenarbeit erhoben. Das Komitee kam u. a. zu dem Schluss, dass eine Imamausbildung wünschenswert sei. Eine solche Ausbildung würde den aus ihren Ursprungsländern »importierten« Imamen helfen, sich auf Niederländisch auszudrücken und sich ausreichendes Wissen über die Position der Muslime in den westlichen Industriegesellschaften anzueignen.[4] Es vergingen weitere zehn Jahre, bis der erste Antrag für eine Imamausbildung beim niederländischen Parlament eingereicht wurde: Am 29. November 1993 wurde der Mulder-van-Dam-Antrag der Zweiten Kammer des niederländischen Parlaments vorgelegt; er enthielt die Forderung, die Möglichkeiten für eine Imamausbildung in den Niederlanden zu untersuchen. Die Regierung maß diesem Antrag große Bedeutung bei.[5]

Im Auftrag des Bildungsministeriums wurde 1995 eine gründliche und umfassende Studie über die Möglichkeiten und Hindernisse der Etablierung einer niederländischen Imamausbildung durchgeführt.[6] 1998 bildete die Regierung dann einen Ausschuss, der die drei grundlegenden Möglichkeiten einer solchen Ausbildung untersuchen sollte, nämlich a) vorbereitende Kurse für Imame, die

3 In einem früheren Artikel habe ich diese Phase noch einmal unterteilt, und zwar in a) Erste Initiative: die 1980er Jahre und b) Ernstzunehmende Ansätze: die 1990er Jahre. Wegen des begrenzten Platzes habe ich die beiden Phasen hier zu einer zusammengefasst. Für weitere Details siehe Ghaly, Mohammed, »*The Academic Training of Imams: Recent Discussions and Initiatives in the Netherlands*«, in: Drees W.B./P.S. van Koningsveld, *The Study of Religion and the Training of Muslim Clergy in Europe*, Leiden University Press, Leiden 2008, S. 369–402.

4 *Religieuze voorzieningen voor etnische minderheden in Nederland: Rapport tevens beleidsadvies van niet- ambtelijke werkgroep ad hoc* (Commissie Waardenburg), [Religiöse Einrichtungen für ethnische Minderheiten in den Niederlanden: Bericht und zugleich Empfehlungen für politische Richtlinien durch die nicht amtliche ad-hoc-Arbeitsgruppe (Waardenburg Committee)], Rijswijk 1983, S. 53–54, 71–72; Landman, N., *Imamopleiding in Nederland: kansen en knelpunten* [Imamausbildung in den Niederlanden: Chancen und Hindernisse], Utrecht 1999, S. 7.

5 *Tweede Kamer 1993–1994, 23409 nr. 8, d.d. 29/11/1993; Advies van de onderwijsraad* (1994), S. 2; Shadid, W.A./P.S. van Koningsveld, *Moslims in Nederland. Minderheden en Religie in een Multiculturele Samenleving* [Muslime in den Niederlanden: Minderheiten und Religion in einer multikulturellen Gesellschaft], Houten/Diegem, Bohn, Stafleu, Van Loghum 1997, S. 60.

6 Landman, N., *Imamopleiding in Nederland*, S. 9/10; Shadid, W.A./P.S. van Koningsveld, *Moslims in Nederland*, S. 60/61.

zum Arbeiten in die Niederlande kommen. Solche Kurse sollten im Herkunftsland vor der Einreise in die Niederlande abgehalten werden, b) die Einführung eines Kurses in niederländischer Staatsbürgerschaft (*inburgeringscursus*), zugeschnitten auf die Bedürfnisse des von außerhalb des Europäischen Wirtschaftsraums kommenden religiösen Führungspersonals, und c) Initiierung von Weiterbildungskursen (*bijscholing cursus*) für Imame, die bereits in den Niederlanden tätig sind.[7] Im Januar 2002 wurden ausländische Imame, die zeitweise in den Niederlanden arbeiten, zur Teilnahme an einem *inburgeringscursus* verpflichtet.[8] Für diese Personengruppe umfasste der Kurs nicht nur das reguläre Lehrprogramm für alle Neuankömmlinge, sondern beinhaltete auch Lektionen über Religion und Gesellschaft. Der erste Kurs begann im September 2002 unter großem nationalem und internationalem Medieninteresse.[9]

Ein wichtiger Durchbruch für das Thema der Imamausbildung in den Niederlanden gelang im Dezember 2004, als das Bildungsministerium dazu aufforderte, Vorschläge für eine nationale Imamausbildung im Rahmen der existierenden niederländischen Bildungseinrichtungen einzureichen.[10] Im akademischen Jahr 2005/2006 erlebte die Freie Universität Amsterdam den Beginn des ersten Programms. Zwei weitere Programme begannen im Studienjahr 2006/2007, eines an der Universität Leiden, das andere an der HBO Inholland (Berufshochschule mit 4-jährigem Ausbildungsgang, ähnlich strukturiert wie die Fachhochschulen in Deutschland). Wie weiter unten zu lesen sein wird, hat sich jedoch bislang keines dieser Programme als vollständige Imamausbildung herauskristallisiert.

1.1 Hindernisse auf dem Weg

Die o.g. Ereignisse und Initiativen, insbesondere die von Seiten der Regierung initiierten, zeigen ein deutliches Interesse daran, ein Ausbildungsprogramm für Imame aufzubauen, um in Europa auf einheimische Imame zurückgreifen zu

7 Exter Jak den/Ruud Strijp, *Voorbereiding, Inburgering en bijscholing van Turkse en Marokkaanse imams* [Vorbereitung, Einbürgerung und Weiterbildung türkischer und marokkanischer Imame], Alkmaar 1998, S. 2.

8 »*Imams moeten naar cursus inburgering; Verplichting krachtens wet* [Imame müssen an Einbürgerungskurs teilnehmen; Verpflichtung kraft Gesetzes]«, NRC Handelsblad, 2. Januar 2002, S. 3; »*Imams: nu verplicht inburgeren* [Imame nun zur Einbürgerung verpflichtet]«, Het Parool, 2. Januar 2002, S. 3.

9 Boender/Welmoet, *Teaching Dutch Ways to Foreign Imams: Between Government Policy and Muslim Initiative*, unveröffentlichter Fachvortrag, gehalten auf der Tagung NOCRIME, 3. Juni bis 1. Juli 2003, Paris 2003, S. 1.

10 Johansen, S. Brigitte, *Islam at the European Universities: Report II*, University Of Copenhagen, Dänemark 2006, S. 13.

können. Dieses Interesse trifft jedoch auf Hemmnisse, welche die Umsetzung dieses Zieles in die Realität behindern. Eines der Haupthindernisse in diesem Zusammenhang ist die säkulare Struktur der niederländischen Gesellschaft, in der die Trennung von Staat und Kirche ein grundlegendes Prinzip ist. Aufgrund dieser Struktur kann die Regierung selbst keine religiöse Ausbildung veranlassen.[11] Außerdem heißt es im Gesetz über öffentliche Angelegenheiten (*Wet openbare manifestaties*), dass jede Glaubensgemeinschaft »[...] vollständige Freiheit bei der Regelung all ihrer religiösen Angelegenheiten und ihrer Glaubenspraxis in ihrem eigenen Kreis« genießt.[12] In dem in den Niederlanden vorherrschenden »Säulensystem« können Institutionen innerhalb einer »Säule« offiziell anerkannt werden und damit auch Zugang zu finanzieller Unterstützung erhalten, z. B. für die religiöse Ausbildung von Klerikern.[13]

Dazu bedarf es jedoch eines spezifischen Kooperationspartners, der die Angehörigen einer Glaubensgemeinschaft im Dialog mit der Regierung unterstützt und die volle Verantwortung für das Programm übernimmt.[14] Im Fall der Muslime war die Situation kompliziert. Vor allem gab es auf nationaler Ebene in den Niederlanden keine koordinierende Organisation für die Imame, geschweige denn für die Muslime insgesamt. Konfessionelle ebenso wie ethische und nationale Unterschiede spielten in dieser Hinsicht eine Rolle. Aufgrund dieser Unterschiede gibt es keinen gemeinsamen Standpunkt bezüglich der Funktionen, die Imame erfüllen sollten. Als logische Folge daraus existiert auch keine gemeinsame Sichtweise der Inhalte und des Aufbaus einer potentiellen Imamausbildung.[15] Diese Situation war maßgeblich dafür, dass eine mögliche Regierungsbeteiligung an den Ausbildungsprogrammen für Imame diskutiert wurde und ferner die Frage, ob dies das Prinzip der Trennung zwischen Kirche und Staat verletzen würde.

Eine Seite vertrat die Meinung, die Regierung solle in dieser Angelegenheit

---

11 See Statham, Paul/Ruud Koopmans, »*Problems of Cohesion? Multiculturalism and Migrants' Claims-Making for Group Demands in Britain and the Netherlands*«, in: European Political Communication, Working Paper Series, no.7., 2004, http://www.eurpolcom.eu/exhibits/paper_7.pdf (letzter Zugriff 20. 05. 2010), S. 16.

12 Boender/Welmoet, »*Freedom of Religion in the Netherlands. The Immigration Policy regarding Imams*«, in: Welmoet Boender/Matthijs de Jong, *Exploring Religious Identities. Studies concerning the Relations between Jews, Christians and Muslims in Modern Western Europe by the Student-participants of the Honours Class Theology 1999.* Leiden 2000, S. 155–169, S. 160.

13 Siehe Statham, Paul/Ruud Koopmans, »*Problems of Cohesion?*«, S. 6, zitiert von Johansen, S. Brigitte, *Islam at the European Universities*, S. 16.

14 Ebd.

15 *Imams in Nederland: wie leidt ze op? Rapport van de Adviescommissie Imamopleidingen* [Imame in den Niederlanden: Wer bildet sie aus? Bericht der beratenden Kommission zur Imamausbildung] 2003, S. 20; Landman, N., *Imamopleiding in Nederland*, S. 13.

neutral bleiben. Die muslimischen Organisationen sollten initiativ werden.[16] Auf der Basis der Trennung zwischen Kirche und Staat sollte sich die Regierung auf eine reaktive Rolle beschränken und auf Vorschläge der muslimischen Organisationen und der Bildungseinrichtungen warten; sie sollte lediglich Hilfestellung in Form von Informationen oder Beratung geben.[17] Eine andere Partei verlangte von der Regierung eine Rolle, die über die beratende und reagierende Dimension hinausgeht. Diesen Ansatz vertraten vor allem die Angehörigen der Stiftung für den Außerordentlichen Lehrstuhl Islam (*Stichting Bijzondere Leerstoel Islam*)[18], den der ehemalige Professor der Universität Sorbonne in Paris, Mohammad Arkoun, ab 1993 innehatte. Schon bevor ihm dieser Lehrstuhl übertragen wurde, hatte Arkoun Einwände gegen den »Import« von Imamen aus ihren Herkunftsländern erhoben und für ein Eingreifen der Regierung plädiert, um einen europäischen Islam zu fördern.[19] Arkoun warnte: »Wer – in der Absicht, die Religionsfreiheit zu akzeptieren – glaubt, dass die Imamausbildung eine Angelegenheit der Muslime selbst ist, der wird den Modernisierungsprozess des europäischen Islam verlangsamen.«[20] Der Vorsitzende der VVD zu jener Zeit, Frits Bolkestein, ging sogar noch weiter. Er schlug vor, die Erteilung der Arbeitserlaubnis für Imame von der Teilnahme an einer niederländischen Imamaus- oder -weiterbildung abhängig zu machen.[21]

Ein weiterer problematischer Punkt in den Beziehungen zwischen den Muslimen und der niederländischen Regierung bestand in den unterschiedlichen Ansichten, die beide Seiten über die Hauptziele einer Imamausbildung

16 *Advies van de onderwijsraad over de opleiding van islamitische geestelijken (imams) in relatie tot het voortgezet onderwijs* [Empfehlung des Bildungsbeirates zur Imamausbildung in Bezug auf das Sekundarschulwesen], 's-Gravenhage, 20. Oktober 1994, S. 9; Landman, N., *Imamopleiding in Nederland*, S. 46.

17 Ebd. S. 79. Diesem Standpunkt vertreten auch andere Vertreter des akademischen Lebens in den Niederlanden, wie z. B. Prof. Dr. W.A. Shadid, Prof. Dr. P.S. van Koningsveld, Prof. Dr. Herman Beck und Dr. Abdelilah Ljamai, siehe Ghaly, Mohammed, *»The Academic Training of Imams*, S. 373–374, 389–390.

18 Diese von der Regierung geförderte Stiftung wurde 1992 mit einer staatlichen Beihilfe von 50.000 Niederländischen Gulden gegründet. Die Gründung geschah im Zusammenhang mit einer potentiellen Imamausbildung in den Niederlanden. Der Außerordentliche Lehrstuhl Islam, den Mohammed Arkoun innehatte, befand sich an der Universität Amsterdam. Der Lehrstuhl stellte seine Arbeit 2002 ein, als die Universität es ablehnte, diesen Lehrstuhl weiterhin zu finanzieren, da er nicht die Erwartungen der Universität erfüllte. Siehe *»Einde nadert voor leerstoel islam* [Das Ende des Islam-Lehrstuhls rückt näher]«, in: Algemeen Nederlands Persbureau ANP, 18. Juni 2001.

19 Siehe Panhuysen, Luuc 1992, zitiert von Shadid, W.A/P.S. van Koningsveld, *Moslims in Nederland. Minderheden en Religie in een Multiculturele Samenleving* [Muslime in den Niederlanden: Minderheiten und Religion in einer multikulturellen Gesellschaft]. Houten/Diegem: Bohn, Stafleu, Van Loghum 1997.

20 Leerstoel Islam, De, *Vertel mij eens wat bedoelen jullie met integratie?* [Sag', was meinst du mit Integration?*]*, Stichting Bijzondere Leerstoel Islam, Amsterdam 1996, S. 18.

21 Shadid, W.A./P.S. van Koningsveld, *Moslims in Nederland*, S. 61.

vertreten. Auch dies stellte ein bedeutendes Hindernis dar. Für die Regierung besteht eines der Hauptziele darin, den so genannten »Niederländischen Islam« zu fördern, d.h. den islamischen Glauben und seine Wertvorstellungen so zu interpretieren, dass er mit der gegenwärtigen Situation der Muslime in den Niederlanden als einer religiösen Minderheit in einem stark säkular geprägten Land zu vereinbaren ist. Ein weiteres umstrittenes Ziel ist es, dass diese Imame aktiv an der Integration von Muslimen in die niederländische Gesellschaft beteiligt sein sollen, eine Rolle, die von den »importierten« Imamen derzeit nicht erfüllt wird und auf deren Ziel sie eher hinderlich wirken.[22] Die Verwirklichung dieser Ziele war für die niederländische Regierung ein zentrales Anliegen, für die Muslime und besonders die Moscheegemeinden handelte es sich jedoch um sehr strittige Angelegenheiten. Die Muslime befürchteten, die Förderung eines »Niederländischen Islams« würde den universellen Charakter der Religion leugnen. Sie befürchteten außerdem, dass aus Integration schließlich Assimilation werden könnte, wenn die Anpassung des Islam an den niederländischen Kontext übertrieben und er auf diese Weise seiner religiösen und kulturellen Identität verlustig gehen würde.[23]

Im Gegensatz zu solchen Absichten haben die Muslime ihre eigenen Zielsetzungen, welche die Regierung möglicherweise nicht teilt, oder denen sie zumindest nicht dieselbe Priorität zugesteht. Ihrem Wunsch gemäß sollte ein Aus- oder Fortbildungsprogramm Imame hervorbringen, welche die traditionellen Aufgaben ihres Amtes mit den neuen Erfordernissen verbinden können, die dieser religiöse Dienst in einem nicht-islamischen westlichen Land mit sich bringt. Zudem sollen Imame an der Schaffung einer islamischen Identität von Muslimen in den Niederlanden mitwirken. Den Inhalt dieser islamischen Identität sollen die Muslime allein bestimmen.[24]

2. Einführung von drei Hochschulprogrammen Islamwissenschaft bzw. Islamische Theologie

Am 1. November 2004 wurde nach zweijähriger Vorbereitungszeit eine koordinierende muslimische Organisation vom Integrationsminister anerkannt. Die neue Organisation, das Komitee für die Beziehungen zwischen muslimischen Organisationen und der Regierung (CMO), behauptet von sich, ca. 50 % der in den Niederlanden ansässigen Muslime zu vertreten. Kurze Zeit später, am

22 Landman, N., *Imamopleiding in Nederland*, S. 21.

23 Ebd. S. 22.

24 Zu weiteren Problemen in dieser Hinsicht siehe Ghaly, Mohammed, »*The Academic Training of Imams*«, S. 374–376.

13. Januar 2005, wurde eine weitere Institution von der Regierung als Diskussions- und Beratungspartner anerkannt, und zwar die Kontaktgruppe Islam (CGI). Diese Gruppe repräsentiert die Zwölferschiiten, die Aleviten, Ahmadiyya und einen Rat von Sunniten, der im Gegensatz zur CMO bereit war, mit allen islamischen Konfessionen inklusive der Ahmadiyya zusammen zu arbeiten. An demselben Tag erklärte die CGI, dass sie keine Imame aus anderen Ländern mehr einführen wolle. In den Niederlanden tätige Imame sollten auch dort ausgebildet werden. Am 29. Januar 2006 verkündete die CMO schließlich ihren Wunsch, in naher Zukunft ein Ausbildungsprogramm für Imame zu verwirklichen.

Diese wichtige Entwicklung würde, zumindest theoretisch, das o.g. rechtliche Problem des fehlenden Koordinators lösen, der in religiösen Dingen und insbesondere in Fragen der Imamausbildung in den Niederlanden mit der Regierung verhandeln könnte. Diverse nationale und internationale Ereignisse führten außerdem dazu, dass der politische Druck zur Schaffung eines Ausbildungsganges für Imame stieg. Neben den Ereignissen des 11. September mit ihren deutlichen Auswirkungen nicht nur auf die Niederlande, sondern weltweit soll hier lediglich ein weiteres Beispiel aus der niederländischen Politik angeführt werden. Am 21. April 2004 behauptete die niederländische Tageszeitung *Trouw*, die al-Tawheed-Moschee in Amsterdam verbreite Bücher, die man als Aufforderung zur Ermordung von Homosexuellen und zur Beschneidung von Frauen lesen könne.[25] Am 28. April diskutierte die Zweite Kammer des niederländischen Parlamentes dieses Thema, und es wurden Forderungen nach einem Stopp des Imports von Imamen aus ihren Herkunftsländern laut.[26] Gleichzeitig wurde dringend auf die Notwendigkeit der Einführung einer einheimischen Imamausbildung und darauf hingewiesen, dass festgeschrieben werden müsse, nur den Absolventen eines solchen Programmes in den Niederlanden eine Arbeitserlaubnis als Imam zu erteilen.[27]

Diese jüngeren Entwicklungen erklären den o.g. Schritt des Bildungsministeriums, im Dezember 2004 zur Einreichung von Entwürfen für eine nationale Imamausbildung im Rahmen existierender niederländischer Bildungseinrichtungen aufzurufen.

25 Dros, Lodewijk, »*Moskee promoot the homohaat; Gids voor de moslim* [Moschee fördert Hass auf Homosexuelle; Leitfaden für Muslime]«, in: Trouw, 21. April 2004, S. 1.

26 TK 72 – 4720.

27 TK 72 – 4719 & 37.

2.1 Freie Universität Amsterdam (Vrije Universiteit, VU)

Der Theologischen Fakultät der VU ist es gelungen, finanzielle Mittel des Bildungsministeriums für die Durchführung der ministeriell vorgeschlagenen Imamausbildung zu erhalten. Die Universität erhielt eine Regierungsbeihilfe in Höhe von 1,5 Mio. Euro für einen Zeitraum von sechs Jahren. Koordinator der Ausbildung ist Prof. Dr. Henk Vroom, ein Experte auf dem Gebiet der Religionsphilosophie.

Das VU-Programm bietet einen dreijährigen Bachelor- und einen auf ein Jahr angelegten Masterstudiengang an. Da dieses Programm in den Hauptstudiengang Religionswissenschaft (*Religie en levensbeschouwing*) integriert ist, musste es sich nicht dem offiziellen Akkreditierungsverfahren unterziehen.[28] Im April 2010 begann das Akkreditierungsverfahren für einen selbstständigen Studiengang Islamische Religionswissenschaft an der VU. Während dieser Text verfasst wird (Mai 2010), läuft das Verfahren noch und es sind keine Aussagen darüber möglich, ob der Studiengang akkreditiert wird oder nicht.[29]

2.2 Universität Leiden

Nachdem der Staatssekretär für Bildung dafür kritisiert worden war, sich für das Modell der VU entschieden zu haben, beschloss man im April 2005, auch anderen Universitäten die Möglichkeit zur Unterbreitung neuer Vorschläge zu geben. Im Ergebnis wurde die Universität Leiden von der Regierung mit finanziellen Beihilfen ausgestattet, wie im Januar 2006 mitgeteilt wurde. Für den Zeitraum von 2006 bis 2010 erhielt die Universität ca. 2,3 Mio. Euro, mit denen ein vierjähriger, einen Bachelor- und einen Masterabschluss umfassender Studiengang realisiert werden sollte. Dieser Studiengang wird von Prof. Dr. P. S. van Koningsveld koordiniert, der seit 1994 Professor für Islamwissenschaften und ein Fachmann für die Geschichte des Islam in Europa ist.

Das Leidener Modell unterscheidet zwei Teile des Studiengangs, a) den wissenschaftlichen und b) den konfessionellen. Der erste, von der Universität fi-

28 Details zu den anfänglichen Inhalten des Bachelor- und Masterprogrammes der VU siehe Ghaly, Mohammed, »*The Academic Training of Imams*«, S. 379–382.

29 Dieser Prozess beinhaltet die Überprüfung der wissenschaftlichen Qualität des Studienganges, des Lehrpersonals etc. durch ein internationales Expertenkomitee. Dieses Prozedere wird reguliert durch die *NVAO* (Nederlands-Vlaamse Accreditatieorganisatie), die Akkreditierungsorganisation der Niederlande und Flanderns. Die Organisation ist auf der Grundlage eines internationalen Abkommens eingeführt worden und garantiert die Qualität der akademischen Bildung in den Niederlanden und Flandern durch die Akkreditierung von Studiengängen. Siehe http://nvao.net/content.php?a=s&id=153 (letzter Zugriff 09.05.2010).

nanzierte und durchgeführte Teil konzentriert sich auf den wissenschaftlichen, akademischen Ausbildungsansatz, während der zweite Teil den muslimischen Organisationen Raum bietet, eigene konfessionelle Ausbildungsanteile ergänzend anzubieten. Dieses doppelte System war bei der Ausbildung christlicher Geistlicher schon seit 1876 angewandt worden.[30] Der wissenschaftliche Teil – das erste Jahr sowohl im Bachelor- als auch im Masterstudiengang – begann im September 2006. Der konfessionelle Teil jedoch musste auf seine Realisierung einige Jahre warten, bis eine Einigung mit den muslimischen Vereinigungen erzielt werden konnte, wie weiter unten dargelegt wird.

Der wissenschaftliche Teil durchlief den offiziellen Akkreditierungsprozess, und zwar, weil er als unabhängiger Studiengang und nicht als Variante oder Unterabteilung eines bereits existierenden Studienganges konzipiert war. Die Akkreditierungskommission kam zu dem Schluss, dass der Studiengang »Islamische Theologie« der Universität Leiden einmalig in Europa und einer der ersten seiner Art ist. Zwar gibt es vergleichbare Projekte in Europa und den Niederlanden, doch keines von ihnen bietet einen kompletten Bachelor-Masterstudiengang in Verbindung mit einer Imamausbildung.[31] Der wissenschaftliche Teil des Programms ist in einen dreijährigen Bachelor- und einen einjährigen Masterstudiengang aufgeteilt.[32]

2.3 Inholland

Im April 2005 wurden vom Integrationsministerium 400.000 Euro für die Förderung eines gemeinsamen Imam-Ausbildungsprogrammes von muslimischen Verbänden und einer anerkannten Bildungsinstitution ausgelobt. Am 25. November 2005 unterzeichneten fünf Mitglieder der bereits erwähnten CMO – unter Ausschluss der Türkischen Institution der Niederlande (ISN) – einen Vertrag mit Inholland über eine Imamausbildung, die im September 2006 starten sollte. Das Programm begann als Bestandteil der Abteilung »Religion und Seelsorge«. Es gibt zwei Projektleiter, Frau Remke van der Veer von der HBO Inholland und Herr Rasit Bal von der CMO. Anders als die Universitäten in Amsterdam und Leiden ist Inholland eine Berufshochschule und bietet daher

30 http://www.nieuws.leidenuniv.nl/index.php3?m=&c=777 (letzter Zugriff 09.05.2010).

31 *NVAO Toets Nieuwe Opleiding: Paneladvies over Wo-ba Islamitische Theologie: Universiteit Leiden [NAVO (Akkreditierungsagentur für die Niederlande und Flandern)* Studie zu einem neuen Ausbildungsprogramm: Fachgutachten zum universitären Bachelor-Studiengang Islamische Theologie: Universität Leiden] 12. Mai 2006, S. 3.

32 Weitere Details zu den anfänglichen Inhalten der Bachelor- und Masterstudiengänge der VU siehe Ghaly, Mohammed, »*The Academic Training of Imams*«, S. 382–384.

eine berufsorientierte Ausbildung. In dieser Hinsicht betonte Inholland, dass sie die erste Berufsschule in Europa ist, die eine Imamausbildung anbietet.[33]

2.4 Offiziell nicht anerkannte, von muslimischen Institutionen durchgeführte Ausbildungsprogramme

Als Ergebnis einer Initiative von in den Niederlanden lebenden Muslimen wurde 1997 in Rotterdam die erste Islamische Universität (IUR) gegründet.[34] Im Jahre 2001 spaltete sich die IUR in zwei Teile, die IUR und die Islamische Universität Europas (IUE).[35] Keine der beiden Universitäten ist als Bildungseinrichtung offiziell anerkannt. Sie waren jedoch immer in die Diskussionen über die Imamausbildung involviert und halten sich selbst als Ausbildungsstätten für Imame in den Niederlanden für geeignet, in mancher Hinsicht sogar für geeigneter als die genannten niederländischen Universitäten.[36] Beide Hochschulen bieten Studiengänge unter der Bezeichnung »Imamausbildung« an, genießen aber noch immer keinen von der niederländischen Regierung anerkannten Status.[37]

3. Der Weg zu einer vollständigen Imamausbildung

Im Gegensatz zu dem, was man vielleicht vermuten mag, erfreut sich keines der genannten Programme eines ähnlichen Status wie vergleichbare, an niederländischen Universitäten bereits existierende Studiengänge für die Ausbildung christlicher Geistlicher.

Die islamischen Verbände waren und sind skeptisch. Die prompte Antwort der CMO und der CGI auf die Ankündigung eines neuen Studiengangs an der Universität Amsterdam z. B. war negativ. Man argumentierte, es sei nicht möglich, Imame innerhalb von zwei oder drei Jahren so auszubilden, dass sie über angemessene Kenntnisse in Arabisch und Islamischen Wissenschaften verfügen. Dies würde wesentlich mehr Zeit in Anspruch nehmen, vielleicht sechs oder zehn Jahre, und die Imame, die in so kurzer Zeit von der VU ausgebildet

33 Weitere Details zu den anfänglichen Inhalten der Bachelor- und Masterstudiengänge der Universität Leiden siehe ebd. S. 385–386.

34 http://www.islamicuniversity.nl/en/showcontent.asp?id=113 (letzter Zugriff 09.05.2010).

35 *Imams in Nederland*, S. 20.

36 In einem Interview mit Johan Meuleman, Vorsitzender der Stiftung Islamische Universität Europas, am 2.11.2006.

37 Für weitere Details siehe Ghaly, Mohammed, »*The Academic Training of Imams*«, S. 386–387.

werden sollten, würden niemals von den muslimischen Gemeinden akzeptiert werden. Zwar mögen sie einen Hochschulabschluss in Islamischer Theologie haben, aber dennoch würden sie niemals in Moscheegemeinden als Autoritäten anerkannt werden.[38] Wie bereits erwähnt, erhob die Universität Leiden nicht den Anspruch, eine Imamausbildung anzubieten, sondern vielmehr ein wissenschaftliches Studium, das als Ausgangspunkt für eine konfessionsgebundene Ausbildung als Imam dienen könnte. Eine solche konfessionsspezifische Ausbildung sollte jedoch in Kooperation mit islamischen Verbänden konzipiert werden. Die Ausbildung an der HBO Inholland schließlich wird als typische Berufsausbildung betrachtet, die nicht wissenschaftlich genug ist, um vollwertige Imame im Sinne der muslimischen Community der Niederlande hervorzubringen. Aus diesem Grund ist die Suche nach einer Imamausbildung in den Niederlanden ein noch andauernder Prozess. Von meinen Kollegen an der Freien Universität Amsterdam habe ich erfahren, dass sie ihr Modell für eine solche Ausbildung in Kooperation mit muslimischen Organisationen vorzulegen beabsichtigen. Während dieser Artikel verfasst wird (Mai 2010), ist über solche Pläne und darüber, ob beim Bildungsministerium offiziell bereits ein Vorschlag vorgelegt wurde, noch nichts an die Öffentlichkeit gelangt. Soweit ich weiß, hat die Universität Leiden den einzigen Versuch in diesem Zusammenhang unternommen. Weiter unten werde ich das von der Universität Leiden dem Bildungsministerium vorgelegte Modell genauer umreißen.

3.1 Universität Leiden – Erfahrungen

Wie bereits erwähnt, wurde das Lehrpersonal nach der Einführung des Studienganges Islamische Theologie damit betraut, mögliche Wege zur Verwirklichung des anderen Teils des Studienganges zu finden, nämlich die Imamausbildung in Kooperation mit den muslimischen Verbänden in die Tat umzusetzen. Zu dieser Zeit bestand der Lehrkörper aus Prof. Dr. P.S. van Koningsveld als Lehrstuhlinhaber und Leiter der Abteilung sowie Mohammed M. Ghaly und Umar Ryad als wissenschaftliche Mitarbeiter.

Die größte Herausforderung bestand natürlich darin, das Vertrauen der muslimischen Organisationen zu gewinnen und sie davon zu überzeugen, dass Leiden der geeignete Ort für die Durchführung einer Imamausbildung ist, die sowohl den Interessen der Muslime als auch denen der niederländischen Ge-

38 See Johansen, S. Brigitte, *Islam at the European Universities*, S. 13; »›*Wij zijn straks de werkgevers*‹: *Moslimbestuurder Driss el Boujoufi wil langer praten over de imamopleiding* [›Wir werden die Arbeitgeber sein‹; muslimisches Kommissionsmitglied Driss el Boujoufi möchte weiter über Imamausbildung sprechen]«, De Volkskrant, 18. Februar 2005.

sellschaft insgesamt dient. Der gute Ruf des Lehrpersonals spielte in dieser Hinsicht eine entscheidende Rolle. Prof. van Koningsveld verfügte bereits über eine langjährige und untadelige Reputation als objektiver Wissenschaftler, dem es gelang, Brücken zwischen der muslimischen Community und den niederländischen Behörden zu bauen. Als Ausdruck der Wertschätzung seiner Aktivitäten wurde ihm 2007 der angesehene Orden von Oranien-Nassau verliehen.[39] Ghaly und Ryad, innerhalb der Universität als vielversprechende junge Forscher und innerhalb der muslimischen Community als Personen mit neutraler Haltung gegenüber den diversen Segmenten dieser Community in den Niederlanden bekannt, spielten ebenso eine bedeutende Rolle dabei, dem Studiengang Islamische Theologie an der Universität Leiden bei den Muslimen zu einem guten Ruf zu verhelfen.

Nach der Einführung des neuen Studienprogramms erklärte sich die Universität Leiden ebenfalls bereit, mit den islamischen Organisationen zusammenzuarbeiten, um den konfessionsgebundenen Teil der Ausbildung zu verwirklichen. Außerdem wurden Faltblätter und Broschüren auf Niederländisch, Englisch, Arabisch und Türkisch über die neu gegründete Islamische Theologie in der muslimischen Bevölkerung verteilt.

Anfang 2007 sprach die Leitung einer marokkanischen islamischen Organisation, die etliche Moscheen in den Niederlanden betreibt, Mohammed Ghaly an und erkundigte sich nach Kooperationsmöglichkeiten. Die Anfrage der Organisation wurde vom Lehrpersonal des Studienganges diskutiert, das sich schließlich entschied, einer Kooperation zuzustimmen. Die Lehrenden waren überzeugt, dass das Warten auf einen gemeinsamen Vorschlag, der von allen oder auch nur der Mehrheit der islamischen Verbände in den Niederlanden unterstützt würde, zu keinem Ergebnis führen würde. Dafür unterscheiden sich die ethnischen und konfessionellen Hintergründe der Muslime in den Niederlanden zu sehr voneinander. Unter Berücksichtigung der Tatsache, dass die Mehrheit der Muslime in den Niederlanden marokkanischen und türkischen Ursprungs ist, war es einleuchtend, mit einem marokkanischen Verband zu beginnen.

Die marokkanische Organisation hatte bereits klare Vorstellungen davon, wie die Inhalte der zukünftigen Imamausbildung aussehen sollten, und sie benötigte das Feedback und die kritischen Anmerkungen des Lehrpersonals zu dem vorgeschlagenen Modell. Nach intensiven Verhandlungen und Besprechungen zwischen den Dozenten der Universität Leiden und der marokkanischen Organisation, an denen zeitweilig auch der Dekan der Fakultät und der Präsident für Studium und Lehre teilnahmen, wurde eine vorläufige Version des Ausbil-

39 http://www.hum.leidenuniv.nl/godsdienstwetenschappen/nieuws/koningsveld-nassauofficier.html (letzter Zugriff 09.05.2010).

dungsprogrammes entworfen. Nachdem dies geschehen war, erklärte sich ein türkisch-islamischer Verband bereit, an den Vorbereitungen für dieses Programm mitzuwirken. Ein neuer Durchgang von Meetings und Diskussionen von beinahe 18 Monaten Dauer begann, und schließlich wurde von den drei beteiligten Parteien, d. h. von der Fakultät und den beiden islamischen Organisationen, eine Übereinkunft über die endgültige Form und den Inhalt des Programmes erzielt. Der finale Entwurf wurde dem Präsidium der Universität Leiden zur rechtskräftigen Bewilligung vorgelegt. Die Justitiare der Universität hielten einige Änderungen des Entwurfes für notwendig, die vorgenommen und von den beiden islamischen Verbänden akzeptiert wurden.

Dieser endgültige Entwurf des konfessionellen Programms berücksichtigte zwei wesentliche Punkte. *Der erste Punkt* bestand darin, die kulturellen und religiösen Besonderheiten jeder islamischen Community in den Niederlanden zu berücksichtigen. Ein Ausbildungsprogramm für Imame mit marokkanischem Background wäre nicht identisch mit einem Programm, das etwa für türkischstämmige Imame entworfen werden müsste. Im ersten Fall müssten die *mālikītische* Rechtsschule und die theologische *aš'arītische* Schule besonders berücksichtigt werden, während im zweiten Fall der Schwerpunkt auf der *ḥanafītischen* Rechtsschule und der theologischen *māturīdischen* Schule liegen müsste. Dasselbe gilt für andere religiöse Gruppen, deren Organisationen Interesse daran bekundet haben, an diesem bekenntnisgebundenen Programm teilzunehmen. Das konfessionelle Programm der Universität Leiden ist also unter Berücksichtigung der kulturellen und religiösen Unterschiede der muslimischen Gemeinden in den Niederlanden entwickelt worden, um als Rahmen zu dienen, in dem die in spezifischen muslimischen Communities aktiven diversen islamischen Organisationen zu verschiedenen Zeitpunkten tätig werden können.

Der zweite Punkt ist, dass neben der Berücksichtigung der kulturellen und religiösen Unterschiede zwischen den muslimischen Gemeinden in den Niederlanden auch die Integration von Muslimen in die niederländische Gesellschaft und ihre aktive Teilnahme daran Hauptziele dieses Programmes sein sollten. Dies soll vor allem durch ein gründliches und wissenschaftliches Studium der modernen Religionswissenschaften und der Stellung der Religion in der niederländischen Gesellschaft erreicht werden.

Das vorgeschlagene Programm ist ein zweijähriger Masterstudiengang, d. h. potentielle Studenten sollten einen spezifischen Bildungshintergrund haben, um zu diesem Studiengang zugelassen zu werden. Das wichtigste Auswahlkriterium ist der Bachelor-Studiengang Islamische Theologie an der Universität Leiden. Es wurde also festgelegt, dass jeder Kandidat einen Bachelor-Grad in Islamischer Theologie oder einen gleichwertigen Abschluss in Islamwissenschaften vorweisen muss, der innerhalb oder außerhalb der Niederlande erlangt werden kann.

Da das Programm für Menschen entworfen wurde, die entweder als Imame in Moscheen oder als religiöse Berater in Gefängnissen und Einrichtungen der medizinischen Versorgung tätig sein wollen, ist es so gestaltet worden, dass es beiden Zielgruppen gerecht wird. Für die Spezialisierung auf das »Amt« des Imams sind die beiden Lehrveranstaltungen über die »Prinzipien islamischer Rechtssprechung« (*uṣūl al-fiqh*, 5 ECTS) und »Richtlinien für die Verfassung von Rechtsgutachten« (*uṣūl al-iftāʾ*, 10 ECTS) obligatorisch. Für den beratenden Schwerpunkt sind die drei Lehrveranstaltungen zur Seelsorge (15 ECTS) verpflichtend. Das Gesamtprogramm ist ein zweijähriger Masterstudiengang im Umfang von 120 ECTS, 60 ECTS pro Jahr.[40]

4. Abschließende Bemerkungen

In diesem Artikel sollten in groben Zügen die Erfahrungen umrissen werden, die in den Niederlanden mit der Imamausbildung bislang gemacht wurden. Trotz der Vielfalt der Erfahrung sollte klar geworden sein, dass es sich um einen noch immer laufenden, nicht abgeschlossenen Prozess handelt. Zwar wurden in den letzten Jahren drei Studiengänge eingeführt, doch keiner von ihnen kann behaupten *die* lange erwartete Imamausbildung zu sein. Dem von der Universität Leiden am 6. Oktober 2008 vorgelegten Entwurf wurde bisher vom Bildungsministerium noch nicht zugestimmt.

Um ein vollständiges Bild der Erfahrungen in den Niederlanden zu vermitteln, möchte ich hier die jüngsten Entwicklungen bezüglich des von der Universität Leiden vorgelegten Entwurfs für eine Imamausbildung erwähnen. In seiner Antwort vom 1. April 2009 an die Organisationen brachte der Minister sein Interesse an den Plänen dieser beiden Verbindungen und an dem von ihnen vorgelegten Programm zum Ausdruck. Er räumte jedoch ein, dass rechtliche Hindernisse die Förderung dieses Programmes innerhalb eines *duplex-ordo*-Systems erschweren.[41] Das wichtigste rechtliche Hindernis bildete Artikel 16.21 des Niederländischen Gesetzes zur Hochschulbildung und wissenschaftlichen Forschung. Diesem Gesetz entsprechend kann staatliche finanzielle Hilfe für

40 Eine genaue Beschreibung der Inhalte dieses Programms findet sich in Ghaly, Mohammed, »*Training Imams in Europe: The Challenges of Developing a Unified Program: Leiden University as a Study Case*«, Zeitschrift für Islamische Religionspädagogik und Theologie (Zirt) – Journal of Islamic Religious Theology and Education (Jitre), Bd. 1 (in Kürze erscheinend).

41 Weitere Informationen über das *duplex-ordo*-System in den Niederlanden siehe Ghaly, Mohammed, »*The Academic Training of Imams*«, S. 372–373.

eine konfessionell gebundene Ausbildung von Geistlichen nur einer begrenzen Anzahl von sieben religiösen Traditionen gewährt werden, zu denen der Islam nicht zählt. Allerdings teilte der Minister mit, dass das niederländische Parlament derzeit über eine Revision dieses Gesetzes berate. Der Minister versprach, den Entwurf erneut zu überdenken und nach weiteren Möglichkeiten zu suchen, sobald die Gesetzesänderung beschlossen sei.

Im Juni 2009 beschloss das niederländische Parlament, die Beschränkung auf die in Artikel 16.21 genannten sieben religiösen Traditionen abzuschaffen, die allein bis zu diesem Zeitpunkt zur Durchführung bekenntnisgebundener Programme gefördert werden durften. Am 3. Juli 2009 wurden die islamischen Verbände gemeinsam mit den Vertretern der Universität Leiden zu einem Treffen im Bildungsministerium eingeladen, um den vorgelegten Entwurf vor dem Hintergrund der neuen Entwicklungen noch einmal zu diskutieren. Im Verlauf des Gespräches brachten die islamischen Verbände erneut ihren Wunsch zum Ausdruck, die Imamausbildung in Zusammenarbeit mit der Universität Leiden zu etablieren. Die beteiligten Parteien gaben Erläuterungen zu Fragen, die das Bildungsministerium aufgeworfen hatte. Das Ministerium versprach, den Vorschlag im Lichte der jüngsten (rechtlichen) Entwicklungen erneut zu prüfen und seine endgültige Entscheidung allen Beteiligten in naher Zukunft bekanntzugeben.

Schlussendlich ist das Thema noch immer aktuell und es bleiben weiterhin Fragen offen: Wird es möglich sein, eine Imamausbildung in den Niederlanden einzuführen? Wenn ja, wann und an welcher Universität? Wie würde die muslimische Community ein solches Programm aufnehmen? Welche Zukunft hätten die Absolventen einer solchen Ausbildung?

Literatur

Advies van de onderwijsraad over de opleiding van islamitische geestelijken (imams) in relatie tot het voortgezet onderwijs [Empfehlung des Bildungsbeirates zur Imamausbildung in Bezug auf das Sekundarschulwesen], 's-Gravenhage, 20. Oktober 1994.

Birt, Jonathan, »*Good Imam, Bad Imam: Civic Religion and National Integration in Britain post-9/11*«, The Muslim World, 96, 2006, S. 687 – 705.

Boender, Welmoet, *Teaching Dutch Ways to Foreign Imams: Between Government Policy and Muslim Initiative*, unveröffentlichter Fachvortrag, gehalten auf der Tagung NOCRIME, 3. Juni bis 1. Juli 2003, Paris 2003.

Boender, Welmoet, »*Freedom of Religion in the Netherlands. The Immigration Policy regarding Imams*«, in: Welmoet Boender/Matthijs de Jong, *Exploring Religious Identities. Studies concerning the Relations between Jews, Christians and Muslims in Modern Western Europe by the Student-participants of the Honours Class Theology 1999.* Leiden 2000, S. 155 – 169.

Exter, Jak den/Ruud Strijp, *Voorbereiding, Inburgering en bijscholing van Turkse en Marokkaanse imams* [Vorbereitung, Einbürgerung und Weiterbildung türkischer und marokkanischer Imame], Alkmaar 1998.

Ghaly, Mohammed, »*The Academic Training of Imams: Recent Discussions and Initiatives in the Netherlands*«, in: Drees W.B./P.S. van Koningsveld, *The Study of Religion and the Training of Muslim Clergy in Europe*, Leiden University Press, Leiden 2008, S. 369–402.

Ghaly, Mohammed (erscheint in Kürze), »*Training Imams in Europe: The Challenges of Developing a Unified Program: Leiden University as a Study Case*«, Zeitschrift für Islamische Religionspädagogik und Theologie (Zirt) – Journal of Islamic Religious Theology and Education (Jitre), Bd. 1.

Imams in Nederland: wie leidt ze op? Rapport van de Adviescommissie Imamopleidingen [Imame in den Niederlanden: Wer bildet sie aus? Bericht der beratenden Kommission zur Imamausbildung] 2003.

Johansen, S. Brigitte, *Islam at the European Universities: Report II*, University Of Copenhagen, Dänemark 2006.

Landman, N., *Imamopleiding in Nederland: kansen en knelpunten* [Imamausbildung in den Niederlanden: Chancen und Hindernisse], Utrecht 1999.

Leerstoel Islam, De, *Vertel mij eens wat bedoelen jullie met integratie?* [Sag', was meinst du mit Integration?], Stichting Bijzondere Leerstoel Islam, Amsterdam 1996.

NVAO Toets Nieuwe Opleiding: Paneladvies over Wo-ba Islamitische Theologie: Universiteit Leiden [NAVO (Akkreditierungsagentur für die Niederlande und Flandern) Studie zu einem neuen Ausbildungsprogramm: Fachgutachten zum universitären Bachelor-Studiengang Islamische Theologie: Universität Leiden] 12. Mai 2006.

Peter, Frank, »*Training Imams and the Future of Islam in France*«, ISIM Newsletter, 13, 2003, S. 20–21.

Plassnik, Ursula (2006), *General Affairs and External Relations: External Relations*, 2712th Council Meeting, Brussels: Council of The European Union, 27 February 2006. http://www.consilium.europa.eu/uedocs/cms_data/docs/pressdata/en/gena/88541.pdf (letzter Zugriff 20.05.2010).

Religieuze voorzieningen voor etnische minderheden in Nederland: Rapport tevens beleidsadvies van niet- ambtelijke werkgroep ad hoc (Commissie Waardenburg), [Religiöse Einrichtungen für ethnische Minderheiten in den Niederlanden: Bericht und zugleich Empfehlungen für politische Richtlinien durch die nicht amtliche ad-hoc-Arbeitsgruppe (Waardenburg Committee)], Rijswijk 1983.

Shadid, W.A./P.S. van Koningsveld, *Moslims in Nederland. Minderheden en Religie in een Multiculturele Samenleving* [Muslime in den Niederlanden: Minderheiten und Religion in einer multikulturellen Gesellschaft]. Houten/Diegem: Bohn, Stafleu, Van Loghum 1997.

Statham, Paul/Ruud Koopmans, »*Problems of Cohesion? Multiculturalism and Migrants' Claims-Making for Group Demands in Britain and the Netherlands*«, in: European Political Communication, Working Paper Series, no.7., 2004, http://www.eurpolcom.eu/exhibits/paper_7.pdf (letzter Zugriff 20.05.2010).

Presseartikel

Dros, Lodewijk, »*Moskee promoot the homohaat; Gids voor de moslim* [Moschee fördert Hass auf Homosexuelle; Leitfaden für Muslime]«, in: Trouw, 21. April 2004, S. 1.

»*Einde nadert voor leerstoel islam* [Das Ende des Islam-Lehrstuhls rückt näher]«, in: Algemeen Nederlands Persbureau ANP, 18. Juni 2001.

»*Imams moeten naar cursus inburgering; Verplichting krachtens wet* [Imame müssen an Einbürgerungskurs teilnehmen; Verpflichtung kraft Gesetzes]«, NRC Handelsblad, 2. Januar 2002.

»*Imams: nu verplicht inburgeren* [Imame nun zur Einbürgerung verpflichtet]«, Het Parool, 2. Januar 2002.

Panhuysen, Luuc, »*Interview met Arkoun*« [Interview mit Arkoun], in: De Krant van Zondag, 12. Januar 1992.

»›*Wij zijn straks de werkgevers‹: Moslimbestuurder Driss el Boujoufi wil langer praten over de imamopleiding* [›Wir werden die Arbeitgeber sein‹; muslimisches Kommissionsmitglied Driss el Boujoufi möchte weiter über Imamausbildung sprechen]«, De Volkskrant, 18. Februar 2005.

Özcan Hıdır
Aus dem Englischen von Anja Mehrmann

Wie könnte eine *iğāza* für Imame aussehen?

Im Zeitalter der Globalisierung sind die Bewohner dieser Erde immer stärker voneinander abhängig und aufeinander angewiesen. In Europa ansässige Muslime werden von Gästen zu Einwohnern, und ein Teil der muslimischen Bevölkerung ist nicht mehr damit zufrieden, ihr Auskommen als Arbeiter zu finden, sondern strebt in alle Lebensbereiche, ins Geschäftsleben und die Politik, an die Universitäten, in den Sport und die Musikbranche. Die Anwesenheit der Muslime in Europa verstärkt die Notwendigkeit, islamisches Leben in Europa aus einer neuen Perspektive zu betrachten. In der gegenwärtigen Situation ist es im europäischen Zusammenhang unverzichtbar geworden, ein auf dem Wissen über den Islam basierendes Leben zu führen, denn es geht darum, die Ethik und die Wertvorstellungen des Islam an die folgende Generation von Muslimen weiterzugeben. Von diesem Standpunkt aus ist es von entscheidendem Interesse, die islamische Identität dieser Generation zu bewahren. Wie kann aber dieses Dilemma in den säkularen westlichen Gesellschaften überwunden werden, welche die Vorstellung von Gott im Zuge ihrer Modernisierung immer mehr aus dem öffentlichen und sozialen Leben verbannt haben, ihn kaum noch als Bezugspunkt begreifen und folglich das innere und religiöse Leben vernachlässigen? Mit welchen Problemen ist zu rechnen? Wer kann diese Probleme im Namen der Muslime lösen?

Zunächst sollen hier einige fachliche Informationen über das Erteilen der *iğāza*[1] im Islam gegeben werden, um danach Betrachtungen über die Bedeutung der *iğāza* für Imame, besonders für die in Europa tätigen, anzustellen. Selbstverständlich werde ich in diesem Zusammenhang auch kurz und präzise meine Ansichten zur Profession des Imams und darüber, wie Imame in den Staaten Europas ausgebildet werden sollten, darlegen. Dabei werde ich meine Meinung über die Aufgaben der Imame in Europa verdeutlichen, deren jeder in gewissem Sinne eine religiös-intellektuelle Führungspersönlichkeit sein muss, und ich werde versuchen, die Gründe für meine Ansichten zu erläutern.

1 *iğāza* = Lehrbefugnis.

1. Die *iğāza*-(Graduierung) Methode und Authentizität

Die *iğāza*-Tradition ist in der islamischen Bildungshistorie in ihrer Originalität und Authentizität eine unumstrittene und bewährte Methode. Dies hat seine Gründe: Erstens, die beiden bedeutendsten Primärquellen, der Koran und die *sunna*, sind in gewisser Weise, in der *iğāza*-Methode übertragen worden – könnte man sagen. Bekanntlich wurde der Koran dem Propheten überliefert, er wiederum kam seiner Pflicht nach und vermittelte den Koran an die Gefährten sowohl schriftlich als auch mündlich. Die Gefährten memorierten diese, schrieben sie nieder und gaben die Informationen den nächsten Generationen weiter. Zweitens, der Prophet bekam die Offenbarung von Gott mit Hilfe der *iğāza*-Methode, die er seiner Verpflichtung entsprechend zur Aufklärung (*bayān*) nutzte, sodass diese Veröffentlichungen als *sunna* und *ḥadīṯe* durch Überlieferung und *iğāza*-Methode bis in die heutige Zeit übertragen wurden.

Wie auch die Koran-*iğāza* Dokumentsignaturen verifizieren, steht am Ende der Name Gottes. Außerdem ist das Gleiche bei der *ḥadīṯ*-Überlieferung mit dem Namen des Propheten erkenntlich. Des Weiteren ist zu erwähnen, dass die Einrichtung der *iğāza* schon in den frühen Jahren eingeführt wurde. Nicht nur Koran- und *ḥadīṯ*-Überlieferungen fanden in dieser Weise statt, sondern auch andere Werke wie zum Beispiel einige Rubriken des Buches *al-Risāla* von al-Šāfiʿī, das von seinem Schüler Rabīʿ b. Sulaymān al-Murādī bei der Abschrift angewandt wurde. In späteren Dekaden und Jahrhunderten gewann diese Methode eine größere Bedeutung und tradiert bis heute Auswertung und Evaluierung Islamischer Bildung.

Die *iğāza*-Methode basiert auf drei Elementen. Diese sind »*iğāza*-Geber« (*ḥuğğa, Hodscha*), »*iğāza*-Nehmer« (*ṭalaba*) und letztlich das »*iğāza*-Dokument«. Die Wertigkeit der Dokumente hängt nicht nur von der Qualität des Schülers, sondern auch sehr von der Qualität des Lehrenden ab, denn die Exzellenz wird durch die Fähigkeit des Lehrenden bemessen. Aus diesem Grund waren sehr viele bestrebt ein *iğāza*-Dokument von dem Auserwähltesten zu erlangen. Somit ist die Graduierung/*iğāza* eines Schülers aus einer *madrasa* mit besonderen Lehrenden hoch bewertet. Dieser könnte mit dem heutigen Doktorvater verglichen werden.

2. Die Bedeutung der *iğāza*-Methode in der Islamischen Welt

Folglich kann man mit Gewissheit sagen, dass für die authentische Überlieferung der Islamischen Wissenschaften die *iğāza*-Methode, trotz heutiger Vernachlässigung, eine unumgängliche Rolle spielt. Diese Methode wieder stärker zu involvieren und zeitgerecht einzubringen, bringt große Vorteile mit sich und stellt heute eine Notwendigkeit dar. Dies wird anhand von zwei Anlässen verdeutlicht.

Erstens, die Überlieferung der Islamischen Wissenschaften per *iğāza*-Methode erweist sich als besonders effektiv für Permanenz und Beständigkeit. Denn hier erfolgt der Nutzen des Lehrenden nicht nur mündlich, sondern auch schriftlich. Gleichzeitig lernt der Schüler durch das Vorleben seines Lehrers sehr wichtige Verhaltensregeln und ethische Prinzipien.

Zweitens, die Bildungsüberlieferung durch die *iğāza*-Methode erstreckt sich über Jahrhunderte, was dazu beitrug, dass unter den Muslimen eine beträchtliche Essenz herrschte und nicht zuletzt fördert der Abschluss durch solch eine Methode die Akzeptanz unter den muslimischen Gesellschaften. Auch wenn die Zahl der heutigen *iğāza*-Graduierten sehr begrenzt ist, kann man das Prestige dieser nicht leugnen.

3. Übertragung der *iğāza* (Lehrbefugnis) im Islam

Das Wort *iğāza* hat im Arabischen verschiedene Bedeutungen und je nach Bedeutung unterschiedliche Nuancen. Den arabischen Bedeutungen entsprechend wurde es in den islamischen Wissenschaften mit jeweils verschiedenen Konnotationen gebraucht. In der Wissenschaft des *fiqh* wurde es im Zusammenhang mit der Rechtmäßigkeit von Prozessverfahren und deren Inkrafttreten verwendet. Die Gesetzlichkeit einer Verfahrensweise und die Tatsache ihrer rechtmäßigen Anwendung werden in der Terminologie und Methodologie des *fiqh* folglich mit Ableitungen des Wortes *iğāza* bezeichnet. Hier werden wir uns jedoch weniger auf den Gebrauch des Terminus in den verschiedenen Wissenschaftszweigen als vielmehr auf seine Bedeutung und Bedeutsamkeit in der islamischen Bildung konzentrieren. Im islamischen Bildungswesen ist *iğāza* ein Ausdruck für jeweils zeitgenössische Diplome, und in beruflichen oder künstlerischen Zusammenhängen bezeichnet es die notwendige Legitimation der fachlichen Befähigung des Schülers. In der Geschichte der islamischen Wissenschaften bedeutet *iğāza* jedoch den Transfer von Wissen in einem spezifischen Wissenschaftszweig durch einen auf diesem Gebiet spezialisierten und autorisierten Gelehrten. Der Terminus bezeichnet ferner das Dokument über die erfolgte Wissensübertragung, das der Schüler anschließend von seinem Lehrer erhält.

Die Methode der *iğāza* wurde zuerst in der *ḥadīṯ*-Wissenschaft verwendet. In dieser Disziplin ist die *iğāza* die Autorisierung, die der Lehrer dem Schüler in mündlicher oder schriftlicher Form für die *riwāya*[2] der *ḥadīṯe* erteilt. Dieses

2 *riwāya* = Überlieferung.

Recht kann sich auf *ḥadīṯe* eines bestimmten Buches beziehen oder aber eine allgemeinere Autorisierung darstellen. Die *iǧāza* ist in der *ḥadīṯ*-Wissenschaft ein sehr organisiertes System und verfügt im Vergleich zu anderen Wissenschaften über viele Details, Nuancen und Unterkategorien. Um diese *iǧāzas* von denen anderer Wissensbereiche abzugrenzen, nannte man sie z.B. *iǧāzat al-fatwā* (*iǧāza* der *fatwā*), *iǧāzat al-fiqh* (*iǧāza* des *fiqh*), *iǧāzat al-tadrīs* (*iǧāza* der Lehre), *iǧāzat al-ḫaṭṭ* (*iǧāza* der Kalligrafie), *iǧāzat al-ṭarīqa* (*iǧāza* des Sufismus), *al-iǧāza al-fanniyya* (*iǧāza* der Naturwissenschaften). Außerdem war im Osmanischen Reich und einigen östlichen islamischen Ländern der Terminus *icazetname* in Gebrauch.

Heutzutage gehört ohne Zweifel die Koranrezitation zu den Islamischen Wissenschaften, in denen die Methode der *iǧāza* weit verbreitet ist. Dementsprechend ist nach dem Auswendiglernen der Schüler, der den Koran vor seinem Lehrer erfolgreich einem oder mehreren der Rezitationsstile entsprechend rezitiert, die durch *mutawātir*[3] oder (spätere) *riwāyas* überliefert sind, nun selbst zum Lehren und Rezitieren ermächtigt. Eine Person, die allen *mutawātir*-Rezitationsstilen entsprechend vortragen kann und folglich eine *iǧāza* erhält, wird *qurrāʾ ḥāfiẓ* genannt. In Übereinstimmung mit dem Rang der *iǧāza* erhält einer der *qurrāʾs* in einer Region den Titel des *raʾīs al-qurrāʾ* (Anführer der Rezitatoren).

Heute haben in den Islamwissenschaften jedoch offensichtlich Diplome den Platz der *iǧāzas* eingenommen; diejenigen Einrichtungen, welche die Verleihung von *iǧāzas* beibehalten, sind nicht sehr zahlreich und vor allem in den islamischen Ländern in verschiedenen Bereichen anzutreffen. Traditionell und inoffiziell wird die Praxis der *iǧāza*-Verleihung an den Schüler von einigen islamischen Gelehrten fortgeführt, was den Schluss nahelegt, dass der Ursprung dieser Praxis keine institutionelle oder offizielle Form der Verleihung, sondern eher eine private, persönlich geprägte ist. Unter diesem Blickwinkel betrachtet, ist *iǧāza* in ihren Anfängen zu einer sehr wichtigen Methode der Übertragung in den islamischen Wissenschaften geworden, die ihre Bedeutung auch heute nicht verloren hat. Hier sei angemerkt, dass *iǧāzas* und Diplome sich in keiner Weise überschneiden. Z.B. erhielten 1872 in Ägypten und später 1914 in den Osmanischen *madrasas* die Schüler, die den ersten Teil der Ausbildung erfolgreich beendeten, ein *şehadetname* (Zeugnis), die Absolventen des weiterführenden Teils erhielten eine *icazetname*. Diese Praxis stammt aus der Zeit, in der *iǧāzas* einen offiziellen Charakter erhielten. Von diesem Zeitpunkt an wird sichtbar, dass zwischen Diplomen und *iǧāzas* oder vielmehr zwischen Personen mit

3 *Mutawātir* oder später *riwāya* (Überlieferung) wurde von so vielen Personen überliefert, dass diesen nicht die gemeinsame Akzeptanz einer Unwahrheit unterstellt werden kann. Die Wahrhaftigkeit von *mutawātir* wird daher als unzweifelhaft akzeptiert.

einem Diplom und solchen mit einer *iğāza* Unterschiede im Kenntnisniveau in den islamischen Wissenschaften bestehen.

Aus dieser Perspektive ist es verständlich, dass einer Person mit einer *iğāza* in den islamischen Wissenschaften als Lehrer, Imam oder in einem anderen religiösen Beruf eine höhere Autorität unterstellt wird als jemandem, der diese Lehrbefugnis nicht vorweisen kann. Der Besitz einer *iğāza* ist also durchaus ein Grund, eine Person bei der Übertragung eines Amtes zu bevorzugen. Da heutzutage Diplome entscheidend sind, werden *iğāzas* selbst in vielen islamischen Ländern nicht als ausreichende Qualifikation für Berufe wie Imam oder Mufti erachtet, sondern es wird zusätzlich ein gymnasialer Abschluss oder ein an einer islamwissenschaftlichen Fakultät erworbenes Diplom verlangt. Dies gilt sicherlich insbesondere für Regionen und Länder, die ihre eigenen höheren Bildungsanstalten für den Beruf des Imam, des Mufti u. a. aufgebaut haben. In Ländern und Gegenden ohne höhere Bildungseinrichtungen und ohne die dazugehörigen Moscheen kann man sehr gute, aber auch sehr schlechte Beispiele für den Imamberuf und seine Vertreter sehen.

Wenn wir dieses Thema im Kontext der aktuellen Diskussion in Europa betrachten, können wir Folgendes feststellen:

Inoffiziellen Daten zufolge leben heute 30 Millionen Muslime in Europa. Daher ist es notwendig, die Bedürfnisse dieser Menschen in Bezug auf ihren allgemeinen religiösen Bedarf, aber auch bezüglich ihrer spezifischen Anforderungen an die Imame und Kleriker innerhalb des gesetzlichen Rahmens zu erfüllen. Diese Bedürfnisse können je nach ethnisch-konfessioneller muslimischer Gruppe differieren, und natürlich ist es schwierig, ihnen allen gerecht zu werden.

Darüber hinaus ist eine formale, auf den europäischen Kontext fokussierte Ausbildung notwendig, die sich von der *iğāza* unterscheidet, auch wenn es in der Ausgestaltung Unterschiede zwischen den einzelnen europäischen Staaten gibt.

Im Lichte meiner Forschungsarbeit sowie persönlicher Beobachtungen und Erfahrungen kann ich sagen, dass bis zum Ende der 1980er Jahre die Mehrzahl der in Europa tätigen Imame nicht über Diplome oder *iğāzas* verfügten. In jener Zeit arbeiteten sie als Imame mehrheitlich mit dem Wissen, das sie sich von Verwandten, in Moscheen und auf einigen speziellen Kurstagen angeeignet hatten. Dabei handelte es sich ihrem Wesen nach nicht um eine systematische und planvolle Ausbildung. Außerdem gab es neben dem Auswendiglernen des Korans kein anderes Gebiet, auf dem die Eignung und Befähigung dieser Personen gemessen und bewertet werden konnte. Imame, die so lebten, konnten sich weder ihres Lebensumfeldes bewusst sein, noch konnten sie etwas über dessen Sprache und ihren Kontext oder über Werte und Normen erfahren, und die Kommunikation mit den Individuen der Gesellschaft, in der sie lebten, gestaltete sich sehr schwierig. Selbst wenn sie die Sprache beherrschten, war es deutlich, dass sie die Vorgänge um sich herum nicht verstehen konnten, da sie ihre schmale religiöse Ausbildung nicht mit Kenntnissen in Fächern wie Psychologie, Soziologie, Anthropologie, Religionsgeschichte, europäische Geschichte etc. stützen konnten. In diesem Sinne sind Imame in Europa die religiösen Führungspersönlichkeiten des Islam, und deshalb müssen sie den Westen in all seinen Aspekten wie Glaube und Religionsausübung, Gebräuche und Traditionen, Geschichte, Geographie, Politik und soziokulturelle Faktoren in gewissem Ausmaß kennen.

Bis auf einige positive Ausnahmen haben in westlichen Ländern ansässige Muslime bisher keine religiös-intellektuelle Perspektive entwickeln können, die der Motor zur Lösung der Probleme von Muslimen in säkularen Gesellschaften sein könnte. Es hat sich gezeigt, dass viele Aspekte dieser Probleme mit der alltäglichen Lebenspraxis von Muslimen in Europa zu tun haben. Religionsmittlern – wie Imamen und Religionslehrern –, die aus ihren Herkunftsländern kommen, fehlt diese Perspektive im Allgemeinen. Die Anwesenheit von Religionsbediensteten für vier oder noch mehr Jahre in einem westlichen Land, in dem sie tätig sind, ohne die Sprache und die Kultur in ihrer Tiefe zu verstehen, sondern im Gegenteil nur sehr wenig über ihre religiös-kulturelle Umgebung lernen, stellt noch immer ein großes Problem dar. In diesem Sinne wären hochgebildete Imame als religiöse Intellektuelle eine neue religiöse Führungsschicht mit hoher repräsentativer Kraft, und der Mangel an solchen Persönlichkeiten ist in allen Bereichen religiöser Bildung und religiösen Lebens im Westen spürbar. Als grundlegende Anforderungen an muslimische intellektuelle Führungspersönlichkeiten in westlichen Gesellschaften können wir vor dem Hintergrund der bisherigen Ausführungen folgende Punkte nennen:

- eine gute islamisch-religiöse Ausbildung (wissenschaftlich, praktisch, formal oder nicht formal/*iǧāza*),
- die Kenntnis der eigenen Muttersprache und insbesondere der Sprache und Kultur des Aufenthaltsstaates,
- Kenntnis der allgemeinen aktuellen Theorien, Tendenzen und Terminologien, die in der westlichen Theologie und den Sozialwissenschaften verwendet werden. Zusätzlich empfehlen sich gute Kenntnisse der Orientwissenschaften und des orientwissenschaftlichen Diskurses.

Andererseits muss in diesem Zusammenhang Folgendes unbedingt beachtet werden: In der Ausbildung von Imamen liegt der Schwerpunkt auf den religiösen bzw. islamischen Wissenschaften. Diese Disziplinen müssen unbedingt durch authentisches muslimisches Lehrpersonal vermittelt werden, damit die Verlässlichkeit der Ausbildungsprogramme und der zukünftigen Absolventen der Ausbildungsgänge gewährleistet ist. Denn der Beruf des Imams und von religiösen Bediensteten wird seine ideale Form in einer Atmosphäre erreichen, die islamisch geprägt ist und in welcher der Islam praktisch gelebt und ausgeübt wird, ansonsten könnte man auch (christliche) Priester und Prediger an der al-Azhar-Universität ausbilden. Gleichzeitig mit der Vermittlung der islamischen Wissenschaften sollte es jedoch auch Vorlesungen und Seminare zu den o.g. Wissensgebieten geben. So kann die Übertragung der *iǧāza* in die Tat umgesetzt werden, um die religionswissenschaftliche Qualifikation der Imame zu entwickeln. Eine religiöse Autoritätsperson wie z. B. ein Imam wird von den ihm zur Führung anvertrauten Menschen leichter akzeptiert, wenn er in einigen Wissenschaftszweigen neben den notwendigen Diplomen über *iǧāza* verfügt. Solche *iǧāza*-Programme für Imame können neben der formalen Ausbildung in einigen Wissenschaften durchgeführt werden.

An dieser Stelle muss ferner ein Unterschied zwischen türkischen und arabischen Imamen gemacht werden. Türkische Imame – insbesondere die von Diyanet benannten – werden erst entsendet, wenn sie eine gewisse Ausbildung genossen haben. Die meisten Diyanet-Imame, die nach Europa kommen, haben in der Türkei sogar eine Funktion auf höherer Ebene inne, etwa als *muftī* oder *wāʿiẓ* (Prediger). Außerdem gibt es die türkischen Dachorganisationen, die eine Kontrollfunktion ausüben, ihr im Wesentlichen wichtigstes Anliegen für den Einsatz des Personals in Europa. Der größte Mangel der meisten Diyanet-Imame besteht darin, dass sie die Sprache des Landes nicht sprechen, in dem sie arbeiten und dass sie die gesellschaftlichen Zusammenhänge nicht kennen. In jüngster Vergangenheit hat Diyanet jedoch wichtige Maßnahmen zur Behebung dieses Problems ergriffen. Die größte Schwierigkeit der meisten arabischen Muslime besteht darin, dass – obgleich in letzter Zeit einige vielversprechende Schritte unternommen wurden – ihre in den Moscheen eingesetzten Imame über eine zu geringe – formale oder nicht formale – Bildung verfügen und dass es keine ihnen übergeordnete Organisation gibt.

Abschließend möchte ich die Bedeutsamkeit der *iǧāza* betonen. Für die Imame in Europa stellt sie jedoch keine »conditio sine qua non«, also keine unabdingbare Voraussetzung dar. Ist sie vorhanden, so steigert sie die religiöse Autorität und Würde des Imams. Doch muss die *iǧāza* einhergehen mit einem offiziellen Diplom und weiteren unverzichtbaren Kenntnissen.

Martin H. Jung

Inhalte und Voraussetzungen der Imamausbildung

Dass Koran- und *sunna*kenntnisse ebenso wie *fiqh*-Kompetenz für einen Imam von Bedeutung sind, wird niemand bestreiten. Die substantiellen Grundlagen der eigenen Religion muss jeder Geistliche kennen. Kein Pfarrer kann ohne Bibelkenntnisse arbeiten, und kein Imam ohne Koran- und *sunna*kenntnisse. Auch Rechtstraditionen gibt es in allen Religionen und sind für deren Geistliche, wenn auch in unterschiedlichem Ausmaß, von Bedeutung. Während es der katholische Priester häufig mit rechtlichen Fragen zu tun bekommt, spielen sie für evangelische Pfarrer nur selten eine Rolle.

Hinsichtlich der Koran- und *sunna*kenntnisse ebenso wie der *fiqh*-Kompetenz stellt sich jedoch erstens die Frage, inwieweit diese Thematiken auch im Rahmen einer Imamfortbildung eine Rolle spielen müssen und welchen Stellenwert sie in einer grundständigen Imamausbildung haben müssen. Hinzu kommt im deutschen Kontext die Frage, was es heißt, Koran- und *sunna*kenntnisse sowie *fiqh*-Kompetenz in deutscher Sprache und an einer deutschen staatlichen Universität zu vermitteln, also unter modernen wissenschaftlichen Ansprüchen.

Die Bedeutung von Koran- und *sunna*kenntnissen in der Imamausbildung beschrieb und beurteilte Yasar Sarikaya[1].

Im Anschluss an den Vortrag folgte eine lebhafte Diskussion, die sich vor allem um zwei Fragen drehte:

1. das Rezitieren des Korans und
2. die Auslegung des Korans.

1 Yasar Sarikaya, »*Die Bedeutung von Koran- und Sunnakenntnissen in der Imamausbildung*«, in diesem Band.

Andreas Tunger-Zanetti[2] berichtete, dass bei seinen empirischen Untersuchungen in der Schweiz das Rezitieren des Korans von Muslimen nur selten als dringlicher Wunsch und Erwartung an einen Imam geäußert wurde. Doch dies könnte damit zusammenhängen, dass Menschen bei Umfragen weniger diejenigen Dinge ansprechen, mit denen sie zufrieden sind, als Dinge, in denen sie Defizite empfinden. Denn andere Personen berichteten aus ihrer Praxis des Islamunterrichts an deutschen Schulen, dass für Muslime und auch für junge Muslime das korrekte und schöne Rezitieren des Korans einen bedeutenden Stellenwert hat, nicht nur in der Moschee, sondern auch in der Schule und gerade bei jüngeren Schülern. Ein Islamlehrer oder ein Imam, der nicht gut und schön rezitieren könne, genieße von vornherein keine Achtung und habe somit einen schweren Stand.

Des Weiteren wurde hervorgehoben, dass der arabische Koran und seine Rezitation in arabischer Sprache die Muslime aller (Herkunfts-)Länder verbindet.

Der Islam hat stärker als das heutige westliche Christentum eine ästhetische Dimension. Das Hören der kunstvoll rezitierten arabischen Koranverse ist vergleichbar mit dem Genuss von Musik. Parallelen hierzu gibt es in der Liturgie der östlichen, insbesondere der orientalischen Kirchen.

Heftigen Widerspruch erntete die Aussage des Referenten, der Imam sei kein Ausleger des Korans. Es kam zu einer angeregten, geradezu hitzigen Debatte, bei der unterschiedliche Erfahrungen mitgeteilt wurden. Traditionell gesehen ist der Imam in der Tat kein Koranausleger, aber die Erwartungen gegenwärtiger Muslime vor allem in den europäischen Kulturen gehen doch dahin, von einem Imam auch Auslegungskompetenz zu verlangen. Muslimische Jugendliche an den Schulen fragen beispielsweise den islamischen Religionspädagogen nach der Bedeutung des Dschihad, und der islamische Religionspädagoge hat das Bedürfnis, diese Frage im Gespräch mit einem Imam zu erörtern. Ferner wird von vielen Muslimen vehement erwartet, dass sich der Imam auf das kontroverse theologische Gespräch mit den Vertretern anderer Religionen einlassen kann, und auch dies geht nur, wenn er Auslegungskompetenz erworben hat. Neben der Koranrezitation muss deshalb die Koranauslegung ein zentrales Element einer universitären Ausbildung sein. Dass sie in der Praxis in der Moschee und in der Seelsorge erst nach dem Rezitieren wichtig wird und von geringerer Bedeutung ist als das Rezitieren, bedeutet nicht, dass man auf sie verzichten kann.

Deutlich wurde die Schwierigkeit protestantisch geprägter Personen, diesen Aspekt des Islam zu verstehen und zu akzeptieren. In den Kirchen der Reformation gehörte Auslegungskompetenz von Anfang an zu den Erwartungen, die

2 Andreas Tunger-Zanetti, »*Imamausbildung im europäischen Kontext – das Beispiel Schweiz*«, in diesem Band.

man an den Geistlichen richtete. In der römisch-katholischen Kirche dagegen wird Auslegungskompetenz von einem Priester im Grunde auch erst seit 50 Jahren erwartet und war vorher kein dringliches Bedürfnis.

Fiqh-Kompetenz baut auf den Koran- und *sunna*kenntnissen auf. Der Bedeutung der *fiqh*-Kompetenz für die Imamausbildung wandte sich Mizrap Polat[3] zu, der jedoch sein Referat nicht selbst halten konnte, da er kurzfristig aus familiären Gründen hatte absagen müssen. Da das Referat aber schriftlich vorlag, konnte es vorgelesen werden. Eine Diskussion schloss sich nicht an.

Viel stärker als bei den Koran- und *sunna*kenntnissen muss die *fiqh*-Kompetenz in Korrelation mit der Kultur entfaltet werden, in der der Imam lebt. Auf diesem Hintergrund kommt der *fiqh*-Kompetenz als Inhalt der Imamausbildung schon bei der Imamfortbildung eine hohe Bedeutung zu. Gleichzeitig wird gerade an diesem Thema deutlich, wie wichtig es ist, Imame in Deutschland und für Deutschland auszubilden. Nur so kann sich *fiqh*-Kompetenz in Korrelation zum konkreten gesellschaftlichen, politischen und religiösen Milieu entwickeln.

Literatur

Polat, Mizrap, »*fiqh-Kompetenz der Imame*«, in diesem Band.

Sarikaya, Yasar, »*Die Bedeutung von Koran- und Sunnakenntnissen in der Imamausbildung*«, in diesem Band.

Tunger-Zanetti, Andreas, »*Imamausbildung im europäischen Kontext – das Beispiel Schweiz*«, in diesem Band.

3 Mizrap Polat, »*fiqh-Kompetenz der Imame*«, in diesem Band.

Mizrap Polat

fiqh-Kompetenz der Imame

1. Der *fiqh* und seine Bedeutung unter den »Islamischen Wissenschaften«

Der *fiqh* als Wissenschaft beschäftigt sich mit der detaillierten (*tafṣīlī*) Ausarbeitung bzw. Beschreibung der Normen im Bereich des gottesdienstlichen Handelns (*ʿibādāt*) und der rechtsrelevanten zwischenmenschlichen Beziehungen (*muʿamalāt*). Seine Ergebnisse sind die Konkretisierung des Normativen im Koran und der Sunna. Der *fiqh* will die Handlungen und Beziehungen der Individuen in ihrem Wesen und Status als Mensch, Gläubige und als sozialer Akteur anhand der normgebenden Quellen wie Koran, *sunna, iǧmāʿ* (Konsensus), *ʿaql* (Vernunft) ethisch und rechtlich verantwortungsfähig definieren. In seiner Zuständigkeit begründet der *fiqh* seine normativen Schlussfolgerungen nicht nur mit islamspezifischen Rechtsquellen wie Koran und Sunna, sondern auch mit Quellen, die allgemein für Recht, unabhängig davon, ob es säkular oder nichtsäkular ist, als Quelle gelten. Zu solchen Rechtsquellen gehören der Konsens der Rechtsgelehrten/Juristen (*iǧmāʿ*), Vernunft (*ʿaql*), traditionales Recht (*ʿurf*).[1]

Darüber hinaus entwickelte die *uṣūl al-fiqh*-Lehre als Grundlagenwissenschaft des *fiqh* die heute als universal geltenden Rechtprinzipien und Methoden wie Billigkeitsprinzip[2] Gemeinwohl[3], Unbescholtenheit der Person, grundsätz-

1 Der Islam akzeptiert im erforderlichen Fall, diejenigen lokalen Gewohnheiten (*ʿurf*), die ethisch unbedenklich, rationell und konstruktiv sind, sowie dem Geist des Islam nicht verstoßen. Diese Akzeptanz eröffnet die Möglichkeit in einer nicht islamisch-geprägten Umwelt einer Annäherung zu sozio-kulturellen Realitäten der Lebenswelt.

2 Der Begriff der »Billigkeit« entspricht weitgehend dem Begriff der Einzelfallgerechtigkeit. Das für den Durchschnittsfall vorgesehene Recht wird im atypischen Einzelfall anhand der Billigkeitserwägung gemildert. Vgl. Horst Tillich (Hg.), *Deutsches Rechts-Lexikon*, 4 Bde., Beck, München [2]1992, Bd. 1, S. 762. Das zum Billigkeitsprinzip des modernen Rechts vergleichbare Prinzip in der *uṣūl al-fiqh* (Grundlagenwissenschaft des *fiqh*) ist das *istiḥsān*-Prinzip. Dieses Prinzip ermöglicht eine begründete Ausnahmeregelung für Einzelpersonen oder Personen-

liches Erlaubtsein einer Sache oder Handlung[4], Güterabwägung (*tarǧīḥ*) im Falle der Normenkollision (*taʿāruḍ*)[5] sowie teleologische Orientierung bei der Rechtsfindung. Diese teleologische Orientierung findet ihren Ausdruck im Allgemeinen in der Formulierung der Grundziele der Scharia, *(maqāṣid al-šarīʿa)*.[6] Die Weiterentwicklung und Inanspruchnahme der genannten Prinzipien und Methoden seitens der *uṣūl al-fiqh* zeigt, dass der *fiqh* über rationelle (*ʿaqlī*), individuum- und gesellschaftsorientierte Methoden und Prinzipien verfügt. Das Fixiertsein der schriftlichen Rechtsquellen wie Koran und Sunna hindert nicht daran, dass die muslimischen *fiqh*-Gelehrten, aus diesen Quellen auch durch die rationellen Methoden und rechtswissenschaftlich universal akzeptierten Prinzipien ein dynamisches und entwicklungsfähiges Recht ausarbeiten.

Insbesondere die Grundziele der Scharia, das schon erwähnte *maṣlaḥa*-Prinzip und Erleichterungsgebot im *fiqh*, indizieren, dass auch die Humanorientiertheit bei der islamischen Rechtsausarbeitung und -anwendung nicht außer Acht gelassen werden darf.

---

gruppen an bestimmten Orten, zu bestimmten Zeiten oder in bestimmten Situationen in Erwägung zu ziehen; vgl. Ḍiyā al-Dīn Šaʿbān, *Uṣūl al-fiqh: İslam Hukuk İlminin Esasları*, ins Türkische übers. v. İbrahim Kâfi Dönmez, Ankara 1990, S. 163, 174.

3 Das *maṣlaḥa*-Prinzip (*al-maṣlaḥa al-mursala*) bedeutet die Berücksichtigung des Wohlergehens der Individuen und Gesellschaft bei der Rechtsfindung und Rechtsanwendung. Die Rechtsfindungsmethode, die aufgrund dieses Prinzips agiert, heißt *istiṣlāḥ*. Für Näheres über das Thema *maṣlaḥa* siehe Traktat von Sulaymān ibn ʿAbd al-Qawiyy al-Ṭūfī, *Risāla fī riʿāya al-maṣlaḥa*, hrsg. v. Aḥmad ʿAbd al-Raḥīm al-Sāyiḥ, Kairo: Dār al-miṣriyya al-lubnāniyya 1993/1413 h.; Şener, Abdülkadir, *İslam Hukukunun Kaynaklarından Kıyas İstihsan İstislah*, Ankara 1981, S. 137–156.

4 Ein weiteres Rechtsprinzip, *istiṣḥāb*, das als Grundlage/Quelle für Rechtsausarbeitung (*adilla*) gilt, besagt unter anderem, dass der – gesetzneutrale – Freiraum der Menschen mit überflüssigen Regelungen nicht einzuengen ist. Dieses Rechtsprinzip bringt zudem zum Ausdruck, dass solange das Gegenteil nicht zu beweisen ist, der Zustand grundsätzlich als erlaubt und der Angeklagte als unbescholten gilt, vgl. Ḍiyā al-Dīn Šaʿbān, *Uṣūl al-fiqh: İslam Hukuk İlminin Esasları*, ins Türkische übers. v. İbrahim Kâfi Dönmez, Ankara 1990, S. 188–193; Cengiz İlhan, *Hukukun Doksan Dokuz İlkesi. Eski Hukukun, »Mecellenin«, doksan dokuz genel kuralnının (2–100. maddeler) çevirisi, yorumu, günümüz hukuku ile karşılaştırılması*, Istanbul: Türkiye Ekonomik ve Toplumsal Tarih Vakfı 2003, § 10, S. 15.

5 Vgl. Abū Ḥāmid Muḥammad al-Ġazzālī, *Kitāb al-mustaṣfā min ʿilm al-uṣūl*, Beirut: Dār al-iḥyāʾ al-turāṯ al-ʿarabī 1325 h. (1. Aufl.: Kairo, al-Maṭbaʿa al-amīrīya 1324 h.), Teil 2, S. 350.

6 Die muslimischen Gelehrten formulieren Scharia-Ziele wie folgt aus: die Gewährung der Sicherheit auf Leben, auf Besitztum und Religionsausübung sowie Bewahrung des gesunden Denkvermögens und Schutz des Fortbestehens der menschlichen Nachkommenschaft. Neben all diesen Sicherheitsbereichen und der Aufrechterhaltung der Gerechtigkeit soll die Rechtsfindung aus der Quellen der Scharia (*adilla al-šarīʿa*) darauf zielen, die Bedingungen eines menschenwürdigen Lebens im materiellen und geistigen Sinne zu gewähren. Ausführlicher über die *maqāṣid* siehe das berühmte Werk von Ibrāhīm ibn Mūsā ibn Muḥammad al-Šāṭibī, *al-Muwāfaqāt fī uṣūl al-šarīʿa*, hrsg. v. ʿAbdallāh Dirāz, 4 Bde., Kairo: al-Maktaba al-tiǧāriya al-kubrā o. J.

Die durch den *fiqh* erarbeiteten Rechtfindungsergebnisse sind keine wertneutralen Gesetze: Sie komplementieren sich gegenseitig mit moralischen Bestimmungen und sind mit ethischen Werten verbunden. Diese Beziehung macht die *fiqh*-Normen für die Umwelt, in der Recht und Sittlichkeit als weitgehend getrennt voneinander verstanden werden, tendenziell schwer nachvollziehbar.[7]

Der Werbstamm *fa-qi-ha*, von dem sich *fiqh* als Infinitiv ableitet, beinhaltet »das Verstehen« als Grundbedeutung. Also bedeutet *fiqh* lexikalisch: etwas tiefgreifend und grundständig zu verstehen und zu begründen. Insofern ist der *fiqh* das Bedenken und das Verstehen der religiösen Praktiken und Normen aus dem Koran und der Sunna heraus. Eigentlich basiert die ganze Religion bzw. Religiosität auf Überdenken, Verstehen und Glauben. Ein *ḥadīṯ*, der den Anfang der vielen *fiqh*-Werke als Motto schmückt, unterstreicht diese Tatsache. Er heißt wie folgt: »*Wenn Gott jemandem das Gute bescheren will, macht er ihn in der Religion tief verständig.*«[8] Dieses gelobte Verstehen qualifiziert sich *fiqh*-wissenschaftlich, den Grund (*ʿilla*), Sinn (*maʿnā*) und Zweck (*maqṣad*) eines Rechtsatzes (*ḥukm*) zu verstehen, und letztlich dieses Verstehen mit den obengenannten Grundzielen des Islam (*maqāṣid*) vereinbart zu formulieren. Zu den Grundzielen des Islam gehört eben auch die Gerechtigkeit, u. a. auch im juristischen Sinne. Letztendlich bemüht sich der *fiqh* darum, die Ziele des Islam gottesdienstlich und moralisch handlungsorientiert sowie rechtlich anwendbar zu formulieren.

2. Islamisch-wissenschaftlich immanente Kompetenzen für *fiqh*

Die islamischen Wissenschaften, die sogenannten Grunddisziplinen der *al-ʿulūm al-islāmiyya* wie *tafsīr*-Wissenschaft, *ḥadīṯ*-Wissenschaft, *fiqh*-Wissenschaft, *ʿuqāʾid*-Wissenschaft (Wissenschaft der Glaubensgrundlagen) sind miteinander verzahnt und haben miteinander komplementäre Funktionen. Dies bedeutet, dass ohne gründliches Wissen in all diesen Disziplinen nicht ernsthaft von einem soliden Wissen in den einzelnen Disziplinen des Wissenschaftskomplexes der *al-ʿulūm al-islāmiyya* die Rede sein kann.

Insbesondere ist es zu unterstreichen, dass die *fiqh*-Kompetenz ohne gründliches Wissen in der *tafsīr*- und der *ḥadīṯ*-Wissenschaft nicht möglich ist. Bei der *fiqh*-relevanten Meinungsbildung oder der Erstellung der handlungs-

7 Für die Beziehung zwischen Recht und Moral siehe Martin Honecker, *Das Recht des Menschen: Einführung in die evangelische Sozialethik*, Mohn, Gütersloh 1978, S. 101 – 104.

8 Als Beispiel dafür siehe ʿAbdallāh ibn Maḥmūd al-Mawṣulī, *al-Iḫtiyār li taʿlīl al-muḫtār*, hrsg. v. Zuhayr ʿUṯmān, Bd. 1, Beirut: Dār al-Arqām ibn Abī al-Arqām o. J., S. 9.

relevanten Stellungnahmen aus Sicht des Islam (*fatwā*) ist neben dem *fiqh*-eigenen Wissen auch das Wissen über Offenbarungsanlässe (*asbāb al-nuzūl*), über die Entstehungsanlässe der *ḥadīṯe* (*asbāb al-wurūd*) und über die Vertrauenswürdigkeit der *ḥadīṯ*-Überlieferungen (*ṣiḥḥa*) von existentieller Bedeutung.

Zudem stellt sich die vertiefte Kenntnis im klassischen Arabischen als Schlüsselqualifikation für die Disziplinen der *al-ʿulūm al-islāmiyya* als unentbehrlich heraus. Um sich in diesen Wissenschaften heimisch zu fühlen, braucht der *faqīh*, der *fiqh*-Fachman, wiederum gründliche Kenntnisse in der Lexik, Syntax, Rhetorik des klassischen Arabischen, die ohne die sich die Rechtsätze (*aḥkām*) in diesen Quellen philologisch und rechts-hermeneutisch nicht vertieft verstehen lassen. Ein *faqīh* muss die Rechtssätze nicht nur vom Wortlaut her (*lafẓī*) verstehen, sondern auch in der Lage sein, die Allgemeingültigkeit, Begrenztheit und Bedingtheit ihrer Aussagen zu erfassen.

Neben den obengenannten philologischen Kompetenzen benötigt er die rechtswissenschaftlich relevante Versiertheit in der Logik und Philosophie ebenfalls. So stellt die *fiqh*-Kompetenz eine multidisziplinäre Kompetenz innerhalb der Islamischen Wissenschaften dar.

3. Imam in der Funktion eines *muftī*

Als Partizip aktiv bezeichnet *muftī* den Status eines Fachmannes, der befugt und befähigt ist, die *fatwās* (*fiqh*-relevante Stellungsnahmen) zu erteilen. Ein *muftī* hat mindestens den niedrigsten wissenschaftlichen Qualifikationsrang eines *muǧtahid*, nämlich den Rang: *al-muǧtahid al-fatwā*. Diese Qualifikation erlaubt ihrem Inhaber, die Fragen der Gläubigen im Rahmen eines Handlungs-*maḏhabs* (*al-maḏhab al-ʿamalī*) sachgemäß zu beantworten. Ein Imam mit dieser Qualifikation erbringt ideale berufliche Voraussetzungen für sein Wirken in seiner Gemeinde und Gesellschaft.

Neben seiner Rolle als Vorbeter und leitender Vollzieher der religiösen Dienste und spirituelle Führer der Moscheegemeinde (*ǧamāʿa*), kann ein Imam als örtliche Bezugsperson spezifische und sogar atypische Fragen bezüglich der religiös motivierten Handlungen in Form einer Fatwa klären, wenn er dafür nötige Qualifikation angeworben hat. Von einem Imam wird aber zumindest erwartet, dass er im gottesdienstlichen Bereich, d.h. im *ʿibādāt*-Bereich, die nötigen Kenntnisse besitzt und somit in der Lage ist, seine Aufgaben in diesem Bereich zu erfüllen und die betreffenden Fragen der Gemeinde detailiert zu erklären. Somit agiert er ebenso als Bildungs- und Erziehungsbeauftragter seiner Moschee für islamische Moral, Glauben und *ʿibādāt*. Zudem wird mit Recht von ihm erwartet, dass er diese *ʿibādāt* nicht nur als Amtshandlung ausführt, sondern davon religiös überzeugt ist und sich seiner ethischen und religiösen Vorbildfunktion bewusst ist und entsprechend agiert.

Ein *muftī* – wie schon oben angedeutet – hat nicht nur die grundlegenden Kenntnisse über die *ʿibādāt*, sondern kennt ebenso die Legitimationsgrundlagen der Normen (*aḥkām*) im Bereich zwischenmenschlicher Handlungen (*muʿamalāt*) im Koran und in der Sunna. Er ist in der Lage, auch die Ableitungswege solcher Normen dank seiner Kenntnisse in *uṣūl al-fiqh* rechtshermeneutisch zu verstehen. Außerdem werden von einem *muftī* die fachlichen Kenntnisse und Fähigkeiten erwartet, unter mehreren *fatwās* (arabisch Plural: *fatāwā*) in gleicher bzw. ähnlicher Sachfrage eine Präferenz zu treffen.

Als nächsterreichbare Bezugsperson der Gläubigen in nicht komplizierten Fragen bezüglich Glauben und Handeln im Islam verkörpert ein Imam einen religiösen Menschen und einen Gelehrten in der Religion zugleich. Von ihm ist als lokaler Gelehrter[9] zu erwarten, dass er die Religion aus dem Leben heraus und in das Leben hinein versteht und interpretiert. Der *fiqh* beschreibt ja die gelebte Seite der Religion. Insofern ist ein Imam ein Mensch in der Religion und in der Gesellschaft zugleich. Er benötigt ebenso solide Kenntnisse in Grundmechanismen der gesellschaftlichen Funktionalität, sowie eigene Lebenserfahrungen vor Ort, um Fragen der Menschen aus ihren realen Lebenssituationen heraus gerecht beantworten zu können. Der *fiqh* selbst setzt dies für die Rechtfindungsbemühung und für die Antwortsuche voraus. Im nötigen Fall obliegt es dem Rechtsgelehrten, die Expertise sachrelevanter Fachleute einzuholen.

Wo Muslime mit Nichtmuslimen in einer säkularen Gesellschaft als Minderheit leben, gilt für sie als Bürger, auch die Verfassung des gelebten Landes als Grundlage des friedlichen, freiheitlichen und gerechten Zusammenlebens zu respektieren. Eventuelle Konflikte dialogisch und konsensorientiert mit entsprechenden Akteuren der Gesellschaft zu bewältigen gehört ebenso zur Bemühung eines Imam. Der *fiqh* fordert als Grundprinzip die Vermeidung schwerwiegender Konfliktsituationen (*fitna*[10]) und berücksichtigt bei seiner Rechtsfindung das Interesse des Individuums und das der Gesamtgesellschaft, entsprechend dem schon erwähnten *maṣlaḥa*-Prinzip. Daher ist es sehr wünschenswert, dass die *fiqh*-Gelehrten und Imame Gesetze und berufsrelevante Ordnungen des Landes ausreichend kennen.

Den konstruktiven, progressiven und menschenrechtskonformen Beitrag der Religion im Sinne des Individuums im Alltag erfassbar zu machen, gehört zu den

9 Die Ämter des *faqīh* und des Imam müssen sich nicht in einer Person vereinen, sie sollten es aber.

10 Im Koran wird *fitna*, d. h. Unfrieden, Ungerechtigkeit und Unordnung hervorrufende Äußerungen, Handlungen und Situationen, als nicht hinnehmbar bezeichnet. Entsprechend heißt es (2: 191): »*Und die fitna ist schlimmer als das Töten!*« Für *ḥadīṯe* über *fitna* siehe Ibn Māǧa, *Sunan: Kitāb al-fitna, ḥadīṯ*-Nr. 3927 ff.

Handlungsmaximen eines Imam, der nicht nur Vorbeter, sondern auch lokaler Gelehrter, Gemeindebetreuer und örtlicher Repräsentant der islamischen Religion und Gelehrsamkeit ist.

Der Glaube wächst in der Gemeinschaft der Gläubigen, aber er ist nicht in der Geborgenheit der glaubenden Gemeinde in sieben Tücher gewickelt zu bewahren. Wenn die Religion als äußere Erscheinung des Glaubens sich im Leben bewahrheiten will, öffnet sie sich allen und stellt sich auch den Fragen der Andersglaubenden und Areligiösen. Sie muss deren Fragen mit Liebe und Respekt ernst nehmen, ohne von ihnen Gefolgschaft zu erwarten oder zu verlangen. Die »Anderen« ernst zu nehmen, ist ein Zeichen freie und befreiende Gläubigkeit erzeugender Religion. Diese Öffnungsbereitschaft ist keine taktische Bereitschaft, sondern eine Haltung, die zum Wesen der Religion gehört, weil die Religion sich inmitten der Menschen für Menschen verortet, sich als Gnade Gottes (*raḥma*) an die Menschheit versteht.

Die Antworten auf Fragen der Menschen, deren Leben den mechanischen Regeln der Industriegesellschaft und materiell definierten Lebensweise unterworfen ist, sind nicht allein aus den Fachbüchern des *fiqh* trocken zu beantworten, in die *fiqh*-gerechte Antwort muss auch Mitgefühl, Liebe und innerliche Verantwortung gegenüber Gott und den Mitmenschen hineinfließen.

Bei der Antwortfindung für religionsrelevante Fragen sind der Einbezug der Humanität und universellen Ethik sowie die Beachtung der rationellen Begreifbarkeit nicht zu vernachlässigen. Die *fiqh*-Antwort muss gleichzeitig religionskonform, gerecht, human, ethisch und rationell erklärbar sein. Allein der *tawḥīd*-Glaube, der sich als der Glaube an einen einzigen Gott definiert, erfordert die Wahrnehmung der Einheit der Schöpfung. Daraus kann geschlussfolgert werden, dass jeder Mensch ohne Ausnahme das Geschöpf eines einzigen Gottes ist und ihm Leid zuzufügen oder Unrecht anzutun, der Unachtsamkeit Gott gegenüber gleich kommt. Als Vertreter des *tawḥīd*-Glaubens ist von einem Imam und *fiqh*-Gelehrten zu erwarten, dass er sich seiner Verantwortung allen Menschen und der Natur gegenüber, im Sinne eines gerechten und würdigen Miteinanders und eines achtsamen Umgangs, bewusst ist. Diese Heranziehung des Glaubens, der Ethik, der Humanität und der Vernunft und ihre In-Beziehung-Setzung miteinander ist keine weithergeholte geistreiche Unternehmung, sondern eine Entdeckung und Wahrnehmung des schon vorhandenen aber leider weitgehend in Vergessenheit geratenen vieldimensionalen Handlungswegs des *fiqh*.

Im Islam ist keine praxisorientierte Frage eine reine *fiqh*-Frage, jede *fiqh*-Frage birgt in sich eine Glaubensdimension, genauso wie jede Glaubensfrage eine *fiqh*-Ebene innehat. Sie können die *zakāt* nicht erklären, wenn Sie die *zakāt* nicht erstmal als Zeichen der Dankbarkeit für Gottesgaben und als Ausdruck humaner Solidarität oder als praktizierte Nächstenliebe verstehen. Erst dann können Sie die *zakāt* finanzrechtlich erfassen und mathematisch darstellen. Neben dieser Fähigkeit zum Brückenschlag zwischen Glauben und Handeln ist die religiöse Beheimatung der Imame für ihre Funktion als *fiqh*-Fachmann sehr wertvoll. Das Heimischsein im islamischen Glauben und Leben verleiht ihm die nötige Legitimation und Anerkennung für die Beantwortung der Fragen der Gläubigen.

Bei der Erläuterung der praxisrelevanten normativen Aussagen ist es pädagogisch sehr förderlich, die dahinter stehenden religiösen und sozialen Bedeutungen und Absichten einzubeziehen sowie die eventuellen Ausnahmen, Alternativen und Kontexte solcher Aussagen mitzudiskutieren.[11]

Nicht nur die in der vielseitig heterogenen Gesellschaft herrschenden komplexen Bedingungen und Erwartungen, sondern auch die individuell unterschiedlichen Zustände der Menschen erfordern, dass Imame sich um klare und differenzierte Antworten und Erklärungen bemühen. Zur dieser Bemühung gehört – im nötigen Fall –, von relevanten Erkenntnissen der Sozial-, Kultur-, Human-, und Naturwissenschaften zu profitieren. Darüber hinaus ist die *fiqh*-begründete Antwort bzw. *fatwā* eines *muftī* (*fiqh*-Gelehrten) bzw. eines Imam für Menschen, die durch diese Antwort eine Orientierung suchen, überzeugender und tragfähiger, wenn der angesprochene *muftī* oder Imam diese fragenden Menschen als aktive Mit-Suchende und Mit-Entdeckende (*šūrā*-Prinzip) an der Antwortsuche beteiligen würde. Die Schlussfolgerungen eines Imams aus den *fiqh*-Quellen im Sinne eines *fatwa* gelten nicht als endgültige, allgemeingültige und verbindliche Entscheidungen, sie sind Lösungsvorschläge für einen Rechtsstreit oder die Klärungsunternehmung bezüglich einer undeutlichen Situation.

4. Die Dynamik des *fiqh*

Die Dynamik des *fiqh* lässt sich kennzeichnen durch seine ununterbrochene Reaktion auf die sich ständig ändernden Umstände. Er nimmt sich vor, sich auf den klaren und richtungsweisenden Entscheidungsgrundlagen im Koran, Sunna und Vernunft basierend, bezüglich der konkreten Lebensumstände und Handlungen anwendungsrelevante Regelungen zur Verfügung zu stellen.

In praxisrelevanten Bestimmungen können je nach Bedarf neue Normen durch den *iǧtihād*[12] entwickelt werden. Es ist aber hier anzumerken, dass auf-

11 Mizrap Polat, »*Religiöse Mündigkeit als Ziel des islamischen Religionsunterrichts*«, in: Mizrap Polat/Cemal Tosun (Hg.), *Islamische Theologie und Religionspädagogik: Islamische Bildung als Erziehung zur Entfaltung des Selbst*, Peter Lang, Frankfurt a. M. u. a. 2010, S. 196.

12 Der *iǧtihād* bedeutet das weitgehend eigenständige Rechtsfindungsbemühen in den aktu-

grund der Komplexität der Lebensbedingungen, vielseitigen Verflechtung der Interessen, multidisziplinär zu definierenden Beziehungen und nicht zuletzt durch die Globalisierung heute der *iğtihād* eher durch Beratung unter mehreren *fiqh*-Gelehrten, und zwar unter Heranziehung der Experten anderer für die Sachlage relevanten Disziplinen, möglich ist. Insofern nimmt der *iğtihād* allmählich den Charakter eines Konsenses an. Auch aufgrund der Internationalisierung und Globalisierung ist er nicht mehr als lokale Bemühung der örtlichen Rechtsgelehrten zu verstehen.

Der *fiqh* muss lebendig bleiben wie das Leben selbst, wenn er die konstruktive, fortschrittsförderende und lebensfreundliche Übertragung der Religion in den Alltag ermöglichen will. Als praxisorientierte Deutung des Koran und der Sunna ist der *fiqh* eine rechtshermeneutische Bemühung der Fachgelehrten. Die Fehler im *fiqh* sind nicht zugleich die Fehler des Islam, dem *fiqh* wohnt ein dynamisch reagierender reflektierter Geist inne, der fähig ist, im nötigen Fall selbstkorrektiv zu agieren. In dem *ḥadīṯ* heißt es:

> »Wenn ein Richter [fiqh-Gelehrter] mit seinem iğtihād Recht trifft, wird mit zwei Belohnungen [von Gott] beschert, wenn er mit seinem iğtihād [trotz aller wahrhaften Mühen] Unrecht trifft, wird er mit einer Belohnung beschert.«[13]

Als drittwichtigste Quelle nach den zwei islamischen Hauptquellen, dem Koran und der *sunna* (Lebensweise des Propheten), drückt der *iğmā*ʿ[14] nicht nur die durch schriftliche Quellen begründete kollektive Meinung aus, sondern bringt ebenso die gemeinsame kollektive Vernunft zum Ausdruck. Neben dieser kollektiven und somit weniger fehlbaren Vernunft gilt auch die individuelle Ratio, *ʿaql*[15], als Grundlage für die Rechtsfindung. Es ist zu erwarten, dass dieser die Vernunft würdigende Charakter des *fiqh* sich in den Antworten der Imame widerspiegelt.

---

ellen offenen Fragestellungen. Die entstehende Rechtsaussage durch *iğtihād* gilt nicht als zu allen Zeiten und an allen Orten und für alle Gläubigen alleiniger bindender Norm. Ein *iğtihād* eines *muğtahid* kann lange Zeit eine große Akzeptanz genießen oder gar keine Aufmerksamkeit finden. Es können sogar in gleicher Fragestellung voneinander variierende *iğtihāde* entstehen, vgl. Şah Veliyullah, »*Ikdu'l Cîd [iqd al-ğīd]*«, in: Hayrettin Karaman (Hg. und Übers. ins Türkische), *İctihad, Taklid ve Telfik Üzerine Dör Risale: İbn Teymiye, Abdullah b. Abdulazim, Şah Veliyullah, Senhûrî*, İz, Istanbul 2000, S. 123–132. Der *iğtihād* legitimiert sich dadurch, dass er sich auf die islamischen Rechtsquellen beruft und nach den Methoden der *uṣūl al-fiqh* durch die wissenschaftlich dazu fähigen und anerkannten muslimischen Rechtsgelehrten (*muğtahid*) vollzogen wird. Ein *muğtahid* (der oder die Gelehrte, welche/-r den *iğtihād* betreibt) muss nicht nur fachwissenschaftlich anerkannt, sondern auch religiös und ethisch hochgeschätzt sein.

13 Muḥammad ibn ʾIsmāʿīl al-Buḫārī, *al-Ǧāmiʿ al-ṣāḥīḥ*, Kitāb 99, Bāb 21, *ḥadīṯ*-Nr. 6919.

14 Der Konsensus der Rechtsgelehrten in einer normativen Regelung.

15 Vgl. Abū Ḥāmid Muḥammad al-Ġazzālī, *Kitāb al-mustaṣfā min ʿilm al-uṣūl*, Teil (*ğuzʾ*) 2, Beirut: Dār al-iḥyāʾ at-turāṯ al-ʿarabī 1325 h. (1. Aufl.: Kairo: al-Maṭbaʿa al-amīrīya 1324 h.), S. 351; Hayreddin Karaman: *İslam Hukukunda İçtihad*, 3. Aufl. [1975¹], Ankara 1985, S. 17 f.

Zu den Funktionen des *fiqh* gehört es, mögliche Konflikte zu bewältigen und Streit zu schlichten sowie für die klare Orientierung der Gläubigen als Individuum und als Mitglied der Gemeinschaft und Gesellschaft zu bemühen. Daher sieht sich der *fiqh* gegenüber Individuum, Gemeinschaft und Gesellschaft gleichwohl verantwortlich. Insofern gehört zu den Handlungsprämissen des *faqīh*, des *fiqh*-Gelehrten, in den Gesellschaften, wo die Muslime als Minderheit leben, eine Harmonie zwischen den Interessen eines Muslim als Individuum, der muslimischen Gemeinde und der Mehrheitsgesellschaft zu suchen. Solche gerechte Interessenvereinbarung und Harmonie ist im *fiqh* als *ḥikma*[16] zu bezeichnen. Diese Bemühung geht sogar so weit, dass im Sinne solcher Harmonie und gesellschaftlichen Friedens im nötigen Fall eine wenig durchgängige Regelung gegenüber der allgemein bekannten Norm vorzuziehen (*istiḥsān*) oder eine begründete und beschränkte Ausnahmeregelung für Einzelpersonen oder Personengruppen an bestimmten Orten und zu bestimmten Zeiten in Erwägung zu ziehen. Dieser erleichternde und flexible Lösungsansatz des *fiqh* bietet den *fiqh*-Gelehrten im erforderlichen Fall eine konstruktive Handhabung eben für die Bewältigung der Probleme in der Minderheitssituation an.

Die Antwort des *fiqh* wird auch für Nichtmuslime verständlich und rechtlich nachvollziehbar, wenn er sich in einer Gesellschaft, wo die Muslime als Minderheit leben, um eine Konvergenz mit den dort herrschen Gegebenheiten bemüht. Diese Konvergenzbemühung gestaltet sich nicht zwanghaft oder künstlich, wenn sie durch die Rechtsfindungsinstrumentarien und -methoden der *uṣūl al-fiqh* authentisch begründbar ist.

Es ist sehr wünschenswert, dass der Imam bei seinem orientierungsverleihenden Wirken eine die Würde der Menschen hochschätzende, dessen Freiheit und Mündigkeit bestärkende Haltung einnimmt. Für Amtshandlungen als *faqīh* bedeutet dies, sich bei der Diskussion der individuellen, gesellschaftlichen und globalen Fragestelllungen um eine religiös und menschenrechtlich konvergente Antwort zu bemühen. Dieses Bemühen ermöglicht es dem Imam mit Menschen ohne religiöses Bekenntnis auf einer neutralen Basis in Bezug auf die Lösung der gemeinsamen Probleme zu kommunizieren und sogar eine tragfähige gemeinsame Lösung auf der Grundlage eines möglichen Wertekonsenses zu finden. Die harmonische Beziehung zwischen der quellenbewussten Kontinuität und der menschenorientierten Progressivität ist als das Ziel des *fiqh*-relevanten Wirkens

16 Mit der *ḥikma* (Weisheit) im rechtlichen Sinne wird vor allem die aus der Anwendung der Normen erwartete praktische Nützlichkeit und Zweckmäßigkeit gemeint. Trotz der Bedeutung der Nützlichkeit und Zweckmäßigkeit kann das Recht nicht allein auf die Nützlichkeit und Zweckmäßigkeit zu Lasten von Sittlichkeit und Moral begründet werden. Sowohl der islamische als auch das westliche Recht zielen auf weitgehende Deckung zwischen Zweckmäßigkeit und Moral zu ermöglichen. Vgl. Rolf Dubs, *Einführung in das Recht*, Zürich: Verlag des Schweizerischen Kaufmännischen Verbandes ^{2}1989, S. 23.

eines Imam in der Postmoderne zu sehen. Diese harmonische Beziehung beabsichtigt Sicherheit, Erleichterung, Frieden, Verantwortung, Freiheit und Gerechtigkeit, die schon als Grundabsichten des Islam (*maqāṣid*) und somit des *fiqh* definiert sind. Die obengenannten Absichten der Offenbarung dienen zum besseren Verstehen der Offenbarung selbst und folglich zur trefflichen Herauslesung der Rechtssätze aus der Offenbarung.

Es ist nicht weniger wichtig, dass die Imame und *fiqh*-Gelehrten – neben den wissenschaftlichen Kompetenzen im *fiqh* und seiner Grundlagenwissenschaft (*uṣūl al-fiqh*) – auch noch soziales und rechtliches Feingefühl besitzen, um Fragen der Menschen angemessen zu beantworten.

Ein fachlich gebildeter Imam ist ein Gelehrter, der nicht nur vertieftes und authentisches Wissen in seiner Religion hat, sondern er ist auch ein Mensch, der sich interreligiös, interkulturell, sozial kommunikativ verhält und konstruktiv zu handeln weiß und nicht zuletzt religiös und ethisch reif ist und Vertrauenswürdigkeit genießt.

Literatur

al-Buḫārī, Muḥammad ibn ʿIsmāʿīl, *al-Ǧāmiʿ al-ṣāḥīḥ*.

Dubs, Rolf, *Einführung in das Recht*, Zürich, Verlag des Schweizerischen Kaufmännischen Verbandes ²1989.

al-Ġazzālī, Abū Ḥāmid Muḥammad, *Kitāb al-mustaṣfā min ʿilm al-uṣūl*, Teil (*ǧuzʾ*), 1 – 2, Beirut: Dār al-iḥyāʾ al-turāṯ al-ʿarabī 1325 h. (1. Aufl.: Kairo: al-Maṭbaʿa al-amīrīya 1324 h.).

Honecker, Martin, *Das Recht des Menschen: Einführung in die evangelische Sozialethik*, Gütersloh, Mohn, 1978.

İlhan, Cengiz., *Hukukun Doksan Dokuz İlkesi. Eski Hukukun, »Mecellenin«, doksan dokuz genel kuralnının (2 – 100. maddeler) çevirisi, yorumu, günümüz hukuku ile karşılaştırılması*, Istanbul, Türkiye Ekonomik ve Toplumsal Tarih Vakfı 2003.

Karaman, Hayreddin, *İslam Hukukunda İçtihad*, [¹1975], Ankara ³1985.

al-Mawṣulī, ʿAbdallāh Ibn Maḥmūd, *al-Iḫtiyār li taʿlīl al-muḫtār*, hrsg. v. Zuhayr ʿUṯmān, 2 Bde., Beirut, Dār al-Arqām ibn Abī l-Arqām o. J.

Muḥammad ʿĀlī, Muḥammad ʿAbd al-ʿĀṭī, *al-Maqāṣid al-šarīʿa wa aṯaruhā fī l-fiqh al-islāmī*, Kairo, Dār al-Ḥadīṯ 2007 (1428 h.).

Polat, Mizrap, *»Religiöse Mündigkeit als Ziel des islamischen Religionsunterrichts«*, in: Mizrap Polat/Cemal Tosun (Hg.), *Islamische Theologie und Religionspädagogik: Islamische Bildung als Erziehung zur Entfaltung des Selbst*, Frankfurt a.M. u. a., Peter Lang Verlag 2010, S.185 – 201.

Šaʿban, Ḍiyā al-Dīn, *Uṣūl al-fiqh: İslam Hukuk İlminin Esasları*, ins Türkische übers. v. İbrahim Kâfi Dönmez, Ankara 1990.

al-Šāṭibī, Ibrāhīm ibn Mūsā ibn Muḥammad, *al-Muwāfaqāt fī uṣūl al-šarīʿa*, hrsg. v. ʿAbdallāh Dirāz, 4 Bde., Kairo, al-Maktaba al-tiǧāriya al-kubrā o. J.

Şener, Abdülkadir, *İslam Hukukunun Kaynaklarından Kıyas İstihsan İstislah*, Ankara 1981.

Tillich, Horst (Hg.), *Deutsches Rechts-Lexikon*, 4 Bde., München, Beck [2]1992.

al-Ṭūfī, Sulaymān ibn ʿAbd al-Qawiyy, *Risāla fī riʿāya al-maṣlaḥa*, hrsg. v. Aḥmad ʿAbd al-Raḥīm al-Sāyiḥ. Kairo: Dār al-miṣrīya al-lubnānīya1993/1413 h.

Veliyullah, Şah, »*Ikduʾl Cîd [iqd al-ǧīd]*«, in: Hayrettin Karaman (Hg. und Übers. ins Türkische), *İctihad, Taklid ve Telfik Üzerine Dör Risale: İbn Teymiye, Abdullah b. Abdulazim, Şah Veliyullah, Senhûrî*, Istanbul, İz 2000, S. 123 – 180.

Yasar Sarikaya

Bedeutung von Koran- und *sunna*-Kenntnissen in der Imamausbildung

1. Einführung

In den letzten Jahren gibt es hinsichtlich der Einbürgerung des Islam in Deutschland wichtige Entwicklungen. Zuerst wurden in vielen Bundesländern Modelversuche zur Einführung eines Religionsunterrichts für Muslime ins Leben gerufen.[1] Diesem Schritt folgte die Errichtung mehrerer Lehrstühle für Islamische Religionspädagogik für die Ausbildung der Islamlehrer. Im Herbst 2006 hat der ehemalige Bundesinnenminister Wolfgang Schäuble die Deutsche Islam Konferenz (DIK) einberufen.[2] Angesichts der Diskussionen um Moscheen und Imame hat der Wissenschaftsrat vor kurzem empfohlen, an deutschen Universitäten künftig Imame und islamische Religionslehrer auszubilden.[3] Und auf dieser Tagung in Osnabrück diskutieren wir, wie diese Ausbildung von Imamen in Deutschland und in deutscher Sprache zu etablieren ist. Wie die bisherige Diskussion zeigt, gibt es derweil eine nahezu einhellige Überzeugung unter den Verantwortlichen in Politik und Wissenschaft, dass solche Lehrstühle notwendig sind. Begründet wird diese Überzeugung mit einem praktisch-pragmatischen Ziel: die Ausbildung von Imamen und von Islamlehrern an deutschen Universitäten und der damit verbundene theologische Beitrag zur Integration der Muslime. Denn die religiose Integration führt auch über Imame, die in Deutschland aufgewachsen sind, die deutsche Sprache gut beherrschen und die deutsche Gesellschaft gut kennen.

Rechtliche, historische und politische Rahmenbedingungen wurden bereits in anderen Vorträgen erörtert. Wie die Imame in den muslimischen Ländern ausgebildet werden, war Gegenstand anderer Referate. Eine der wichtigsten

1 Für eine Übersicht siehe Ucar, B./Sarıkaya, Y., »*Der Islamische Religionsunterricht in Deutschland: Aktuelle Debatten, Projekte und Reaktionen*«, in: Ednan Aslan (Hg.), *Islamische Erziehung in Europa – Islamic Education in Europe.* Wien (u. a.) 2009, S. 87 – 108.

2 http://www.deutsche-islam-konferenz.de/cln_110/nn_1319566/SubSites/DIK/DE/DieDIK/diedik-node.html?__nnn=true (letzter Zugriff 26. 02. 2010).

3 http://www.wissenschaftsrat.de/PM/pressemitteilungen.html (letzter Zugriff 26. 02. 2010).

Fragen bildet die der Inhalte und Voraussetzungen der Imamausbildung. Wie werden die etablierten Begriffe, Gegenstände und Inhalte der klassisch-islamischen Wissenschaften in die deutsche Sprache transferiert und (neu) interpretiert? In welcher Weise wird heute religiöses Wissen über Glauben, Praxis, Ethik und Mystik etc. in diesem neuen Kontext produziert und organisiert? Hinsichtlich der Imamausbildung kommt noch eine entscheidende Frage hinzu: Welche Kenntnisse und Fähigkeiten soll diese Ausbildung vermitteln?

Eben diese Fragen beschäftigen uns in diesem Forum. In meinem Aufsatz geht es explizit um die Bedeutung von Koran- und *sunna*-Kenntnissen in der Imamausbildung. Um uns diesem Thema annähern zu können, gehe ich zuerst kurz auf die Aufgaben der Imame in den Moscheen Deutschlands ein. Zu den vorrangigen Aufgaben des Imams gehören:

- *Gebete leiten:* Hierzu gehört neben dem täglich fünfmal verrichteten Ritualgebet, dem (arab. *ṣalāt*, türk./pers. *namāz*) insbesondere auch das Freitagsgebet. Zudem leitet der Imam das Festgebet zu Beginn des Ramadan- und Opferfestes, das *tarāwīḥ* während des ganzen Fastenmonats und das Totengebet.
- *Religionsunterricht erteilen:* Zu den wichtigsten Aufgaben eines Imams gehört heute die Erteilung des Religionsunterrichts. In den meisten Moscheen Deutschlands findet dieser Unterricht am Wochenende und in den Ferien statt.
- *Predigt halten:* Eine Predigt zu bestimmten Zeiten und Anlässen zu halten, gehört zu üblichen und charakteristischen Pflichten eines Imams. Insbesondere vor dem Freitagsgebet, bei den Festgebeten und beim *tarāwīḥ* während des ganzen Ramadans hat er eine Predigt zu halten.
- *qirā'a* und *muqābala:* Es handelt sich hierbei um Koranrezitation zu bestimmten Zeiten und Anlässen. Insbesondere im Ramadan rezitiert der Imam vor der Gemeinde den Koran täglich Teil für Teil, sodass am Ende der Fastenzeit das gesamte Buch einmal vorgetragen wird.
- *Soziales:* Neben diesen religiösen Aufgaben innerhalb der Moschee kommt dem Imam auch eine soziale Funktion zu. So kümmert er sich um diverse Angelegenheiten innerhalb der ihm anvertrauten Gemeinde. Er besucht zum Beispiel die Kranken seiner Moscheegemeinde und betreut die muslimischen Inhaftierten im Gefängnis oder fungiert bei Familienstreitereien als Schlichter. Hierzu zählt zudem seelsorgerische und religiöse Betreuung in Todesfällen.
- *Kulturelles:* Imame organisieren die Feiern der besonderen Nächte im Islam und führen Beschneidungszeremonien durch sowie begleiten diese.

Dieser Aufgabenkatalog zeigt, wie umfangreich und mannigfaltig die Arbeit eines Imams ist. Auch wenn das Imamat theoretisch jedem Muslim offen steht, müssen die Imame fachlich und praxisorientiert ausgebildet werden, um all diesen Funktionen meisterhaft gerecht werden zu können. Es gibt also bestimmte Kenntnisse, Fähigkeiten und Fertigkeiten, die der Imam sich aneignen muss. Hierzu gehören ganz allgemein katechetische Kenntnisse. Er benötigt zum Beispiel umfassendes Wissen, wie die Gebete verrichtet werden, nach welchen Kriterien die *zakāt* entrichtet wird, wer vom Fasten befreit ist, wann der *ḥaǧǧ* zur Pflicht wird, welche Sure nach welcher Sure kommt oder welches Koranstück nach welchem Gebet rezitiert wird. Wichtiger und entscheidender sind für die kompetente Durchführung dieser Aufgaben Koran- und *sunna*-Kenntnisse sowie Fähigkeiten und Fertigkeiten, den Koran meisterhaft zu rezitieren, anschauliche Beispiele aus dem Leben des Propheten zu geben sowie passende *ḥadīṯe* zu richtigen Zeiten zu zitieren.

2. Kenntnisse über den Koran und die Koranwissenschaften

Grundlage und Mittelpunkt des Imamats sind Kenntnisse über den Koran und die Koranwissenschaften. Die Imamausbildung soll diesbezüglich drei Kompetenzen vermitteln:

1. Kenntnisse von Koranwissenschaften,
2. *qirāʾa* oder *tilāwa:* die Fähigkeit, aus dem Koran meisterhaft und »schön« zu rezitieren,
3. Memorieren (*ḥifẓ*): das Können, möglichst viele Suren auswendig vorzutragen.

Was die Koranwissenschaften betrifft, so haben wir es mit einer Reihe von Studien zu tun, die sich mit verschiedenen Aspekten des heiligen Buchs beschäftigen. Hierzu gehören in erster Linie die Wissenschaft von der Offenbarung des Korans, seiner Übermittlung, seiner Sammlung, seiner Ordnung und Abfolge, seiner Niederschrift sowie die Wissenschaft über die Offenbarungsanlässe und Exegese.[4] Von großer Bedeutung ist insbesondere die Auslegung der göttlichen Botschaft. Also soll der Imam lernen, wie der Koran durch den Propheten selbst, seine Gefährten und durch spätere Exegeten verstanden und erklärt wurde und wie er heute interpretiert werden kann. Der Koran gilt für Muslime

4 Der ägyptische Koranexeget *Ǧalāl al-Dīn al-Suyūṭī* (gest. 1505) zählt in seinem einschlägigen Klassiker *al-Itqān fī ʿulūm al-Qurʾān* nicht weniger als 80 solcher Unterdisziplinen der Beschäftigung mit dem Koran auf. Eine deutschsprachige Einführung in die Koranwissenschaften bietet Ahmad von Denffer in seinem *Ulum al-Qur'an – Einführung in die Koranwissenschaften*, aus dem Engl. übers. von Mohamed Abdallah Weth, Karlsruhe 2005, download: www.way-to-allah.com/dokument/ULUM_AL_QURAN.pdf (letzter Zugriff 20. 5. 2010).

als Wort Gottes, das von Menschen nicht verändert werden kann. Der Korantext musste jedoch dem Menschen zugänglich und begreiflich gemacht werden. Diese Notwendigkeit führte zur Entwicklung eines umfangreichen Korpus von Koraninterpretationen (*tafāsīr*). Er zeigt, dass das wahrgenommene und untersuchte Wort Gottes in verschiedenen Zeiten und Räumen neu gedacht, formuliert und ausgelegt wurde. Diese historisch belegbare Flexibilität bietet heute Chancen für ein besseres, zeitgemäßes Verständnis des Korans in Deutschland. Das Koranstudium darf nicht ausschließlich auf die Reproduktion der etablierten Kenntnisse zielen; es soll vielmehr kritisch, reflektierend und kontextbezogen so konstruiert werden, dass es fähig ist, Fragen der Muslime in Europa und Anfragen und Herausforderungen der modernen, säkularen Gesellschaft an sie aufgrund der Quellen und im Lichte des politischen, rechtlichen, wirtschaftlichen und kulturellen Kontextes authentisch und angemessen zu analysieren und zu beantworten.[5] Denn die angehenden Imame werden aufgefordert sein, Antworten auf Fragen der modernen Gesellschaft in Europa zu finden. Fragen, die in typisch muslimischen Ländern keine Relevanz haben, können in diesem Kontext von großer Bedeutung sein, und umgekehrt. Viele Fragen ergeben sich aus der Begegnung mit den kritisch-historischen Forschungsansätzen der christlichen und jüdischen Theologie. Hierzu zählt beispielsweise die hermeneutische Analyse der religiösen Quellen (Koran und *ḥadīṯ*). Es geht um die Art und Weise, wie z. B. der Korantext für die Menschen in der Moderne adäquat erschlossen werden kann. Ist der Koran komplett überzeitlich, oder enthält er auch zeit- und situationsbedingte Aussagen? Können und sollen zum Beispiel die abgrenzenden Aussagen des Korans über Christen und Juden oder die Bestimmungen über die Frauen (etwa Sure 4:34) als zeit- und kontextbedingt betrachtet und universellen Prinzipien untergeordnet werden? Das sind zentrale Fragen der gegenwärtigen Koranexegese, denen das Curriculum der Imamausbildung besondere Aufmerksamkeit schenken muss.[6]

Andere Fragen entstehen aus den Erfahrungen der Muslime mit der moder-

5 Siehe hierzu meinen Aufsatz »*Genese eines neuen Typs islamischer Theologie in Deutschland*«, wird erscheinen in: Journal of islamic theology and religious Education 2010, im Druck.

6 Bekannt ist, dass es unterschiedliche exegetische Herangehensweisen an den Koran gibt. Die konservativ-traditionalistischen Exegeten betrachten den koranischen Wortlaut übergeschichtlich und wollen ihn wörtlich verstehen. Die Modernisten hingegen konstituieren, dass der Wortlaut in seinen geschichtlichen Kontext zurückzuführen und als eine Anrede für die Araber des 7. Jahrhunderts zu betrachten ist, vgl. Özsoy, Ömer, »*Koranhermeneutik als Diskussionsthema in der Türkei*«, auf: http://www.akademie-rs.de/fileadmin/user_upload/pdf_archive/schmid/TFCI/Fachgespraech_Oezsoy/Artikel__zsoy_7 - 05.pdf (letzter Zugriff 20. 5. 2010); für eine Analyse der hermeneutischen Ansätze in der Türkei siehe: Ders., *Alter Text – neuer Kontext: Koranhermeneutik in der Türkei heute*. Freiburg (u. a.), Herder 2006; siehe außerdem Körner, Felix, »*Können Muslime den Koran historisch erforschen?*«, auf: http://www.sankt-georgen.de/leseraum/koerner4.pdf (letzter Zugriff 20. 5. 2010).

nen Lebensweise in Deutschland. Dazu zählen: Geschlechterverständnis oder Genderfragen, Polygamie, Homosexualität, Zwangsheirat und Heiraten mit Andersgläubigen, Apostasie oder Religionswechsel. Auch Probleme wie etwa die Vereinbarkeit des Islam mit der Demokratie, die Trennung zwischen Staat und Religion, die vor allem für die Politik relevant sind, stellen neue Herausforderungen für die islamische Theologie dar. Konkret handelt es sich hierbei um die Frage nach der Wandelbarkeit der Scharia.[7]

Im Mittelpunkt des Imamberufs liegt jedoch nicht nur dieses theoretische Wissen, sondern darüber hinaus die *qirā'a*. Sie bezeichnet das kompetente und klangvolle Vorlesen, Rezitieren oder Memorieren des Korans nach bestimmten Rezitationsregeln. Der Koran hat einen rezitativen Charakter, weshalb man ihn als das »mündlich übermittelte Wort Gottes bezeichnet, das gehört und im Herzen wiederholt und bewahrt werden sollte«.[8] Bereits die allererste Offenbarung befahl dem Propheten, den Koran zu rezitieren.[9] Kurz danach wurde ihm aufgetragen, die spezielle Art und Weise der Rezitation einzuhalten, die seither zur allgemeinen Form für das Lesen des Korans unter den Muslimen geworden ist: »[...] und rezitiere den Koran auf rechte Weise.«[10] So habe der Prophet das ihm übermittelndes Wort mit weicher Stimme, tremolierend vorgetragen[11], »nicht stockend und nicht eilend, sondern Buchstaben für Buchstaben zur Geltung bringend.«[12] Der Koran ist folglich, mit den Worten Kermanis, »die liturgische Rezitation der direkten Rede Gottes.«[13] Bei jeder *ḫuṭba* am Freitagsgebet sagt der Imam den Vers auf: »Und wenn der Koran vorgetragen wird, hört zu und seid still.« Der Imam rezitiert folglich den Koran und die Gläubigen hören ihn und sind still.[14] Nicht nur beim Freitagsgebet, sondern auch bei vielen

7 Zu dieser Frage siehe z. B. Ucar, Bülent, »*Die Todesstrafe für Apostaten in der Scharia. Traditionelle Standpunkte und neuere Interpretationen zur Überwindung eines Paradigmas der Abgrenzung*«, in: Hansjörg Schmid, u. a. (Hg.), *Identität durch Differenz? Wechselseitige Abgrenzungen in Christentum und Islam*, Regensburg 2007, S. 227 – 244.

8 Das heißt: Der Koran ist in erster Linie für den liturgischen Gebrauch bestimmt, vgl. Takim, Abdullah, *Koranexegese im 20. Jahrhundert: Islamische Tradition und neue Ansätze in Süleyman Ateş's zeitgenösischem Korankommentar*, Istanbul: Yeni Ufuklar 2007, S. 133; vgl. Kermani, Nawid, *Gott ist schön: das ästhetische Erleben des Koran*, S. 172.

9 »Trage vor, im Namen deines Herrn, der geschaffen hat!« (Koran 96:1).

10 Koran 73: 4.

11 al-Buḫārī, LXVI/30.

12 Ibn Qayyim al-Ǧawziyya, *Zād al-ma'ād*, Band 1, Ebook: http://www.archive.org/details/ZadAlMaad-IbnulQayyim (letzter Zugriff 26. 02. 2010), S. 197.

13 Kermani, *Gott ist schön*, S. 172. Kermani weist darauf hin, dass das Wort *al-Qur'ān* ursprünglich einfach »Rezitation« bedeutet. Dass es als Eigenname für die schriftlich aufgezeichneten und in Buchform gesammelten Offenbarungen benutzt wird, sei eine spätere Entwicklung, siehe ebd. S. 173.

14 Nach Stefan Wild blieb der Rezitationscharakter des Korans den Orientalisten weitgehend unberücksichtigt, weshalb sie sich dem Koran nicht adäquat annähern konnten, siehe Wild,

anderen Anlässen ist die Koranrezitation durch den Imam üblich. Folglich ist nahezu keine Imamaufgabe ohne Koranrezitation vorstellbar.

Um den Koran korrekt und kompetent rezitieren zu können, müssen sich die Imame an die Wissenschaft von der Rezitation (*ʿilm al-qirāʾa*) aneignen. Das heißt: Sie müssen zuerst den Koran in arabischer Sprache richtig und flüssig lesen lernen. Diese Wissenschaft umfasst drei Hauptgebiete.[15]

- Kenntnisse über *taǧwīd*. Das Wort *taǧwīd* ist abgeleitet von der arabischen Wurzel *ǧawwada*, was »gut/schön machen« bedeutet, bezeichnet als Terminus technicus die korrekte Aussprache bei der Rezitation. Gegenstand der Wissenschaft des Tadschwid sind also Regeln für die präzise und einwandfreie Aussprache der arabischen Buchstaben an unterschiedlichen Stellen im Wort und die richtige Länge und Betonung der Vokale unter verschiedenen Umständen.[16] Sie legt beispielsweise fest, wie, wann und wo die Vokale gedehnt (*madd*) und verkürzt (*qaṣr*); die Konsonanten verdoppelt (*tašdīd*), reduktiert (*iḫfā*) und nasaliert (*ǧunna*), die Pronomen und Suffixe ausgesprochen werden.
- Kenntnis der unterschiedlichen Rezitationsarten. Es haben sich im Laufe der Zeit, insbesondere während der raschen Verbreitung des Islam im ersten und zweiten Jahrhundert der *hiǧra*, verschiedene Rezitationsarten etabliert, wovon einige von den Korangelehrten für *šāḏ* (unzulässig) erklärt wurden. Ibn Muǧāhid (gest. 936), der mit seinem *Kitāb al-sabʿa* einen entscheidenden Wendepunkt in der Wissenschaft der *qirāʾa* darstellt, wählte sieben der vorherrschenden Rezitationen als die zuverlässigsten aus, sodass andere Arten nach und nach aus der allgemeinen Gunst gerieten. Die von Warš (gest. 812) übermittelte Art ist in Afrika weit verbreitet, während die von Ḥafṣ in nahezu allen anderen Gebieten der islamischen Welt befolgt wird.[17]
- Kenntnisse über die verschiedenen Modi der Rezitation, darunter *ḥaḏr*, d. h. mit normaler Sprechgeschwindigkeit, *tadwīr*, langsam zum Lesen und Reflektieren, *tartīl* oder *taḥqīq*, d. h. langsam aber mit größter Sorgfalt für Lehr- und Lernzwecke.

Stefan, »*Die schauerliche Öde des heiligen Buches«: Westliche Wertungen des koranischen Stils*. S. 441 f.

15 Siehe Paret, Rudi, »*Kirāʾa*«, in: EI2, V, 127a; Birışık, Abdülhamit, »*Kıraat*«, in: *Türkiye Diyanet Vakfı İslâm Ansiklopedisi*, XXV, Ankara 2002, S. 426 – 433.

16 Die Wissenschaft des *taǧwīd* hat in den Werken von Gelehrten wie Muḥammad al-Makkī (gest. 1045), Abū Zakariyyā al-Nawawī (gest. 1233) und Ibn al-Ǧazarī (gest. 1429) ihre systematische Ausgestaltung erhalten, siehe Kermani, *Gott ist schön*, S. 180. Für diese Wissenschaft siehe Denny, F. M., »*Tadjwīd*«, in: EI2, X, 72b; Ünlü, Demirhan, *Kur'ân-ı Kerim'in Tecvidi*, Ankara Üniversitesi İlahiyat Fakültesi, Ankara 1971.

17 Siehe für die Rezitationsarten Birışık, Abdülhamit, »*Kıraat*«, S. 426–433.

Da *taǧwīd* der grundlegende Teil des Wissensgebietes *qirā'a* ist, liegt seine besondere Bedeutung auf der Hand. Einer seiner großen Vorteile besteht darin, dass gute Kenntnisse des *taǧwīd*, die nicht schwer zu erwerben sind, zum fachkundigen Rezitieren des Korans führen, gleichgültig, ob man die Sprache des Korans kennt oder nicht.[18]

Auch wenn das korrekte Lesen oder Vorlesen aus dem Koran als Grundvoraussetzung für die Ausübung des Imamats gilt, zählt vielmehr das Können, den Koran auswendig vorzutragen, als charakteristisch für einen guten Imam. Es handelt sich hierbei um eine Tradition, die unmittelbar auf den Propheten und seine Gefährten zurückgeht. Das Rezitieren des Heiligen Buchs aus dem Gedächtnis steht also seit Beginn seiner Offenbarung bis heute im Vordergrund.[19] Die Notwendigkeit, während der täglichen Gebete Koransuren zu rezitieren, spielt sicherlich dabei eine entscheidende Rolle. Nicht nur beim Gebet, sondern auch bei vielen anderen gottesdienstlichen Handlungen kommt dem Rezitieren aus dem Gedächtnis eine besondere Bedeutung zu. Abgesehen vom Gebet und anderen Gottesdiensten gilt die Koranrezitation selbst als gottesdienstliche Handlung. Zwar ist das Können, das gesamte Buch auswendig zu rezitieren, für den Imamberuf nicht erforderlich, die *ḥuffāẓ*, d. h. »Bewahrer«, die den Korantext komplett auswendig gelernt haben, besitzen jedoch immer einen Vorrang bei der Auswahl für das Imamat und ein größeres Ansehen bei der muslimischen Gemeinde. Zumindest bestimmte Teile (z. B. den letzten *ǧuz'*) und bestimmte Suren (z. B. *Yā-Sīn*) hat der Imam jedoch auswendig vorzutragen.

So steht fest, dass der Koran zu lesen, vorzutragen oder zu rezitieren bestimmt ist und der Imam vorrangig die Kompetenz zu erwerben hat, das Heilige Buch klangvoll, schön und korrekt zu rezitieren. Wie Naṣr Ḥāmid hervorhebt, geht die »Bedeutung des Korans [...] also erst in der Rezitation wirklich auf. Beschränkt man sich auf das Schriftstück, missachtet man den rituellen Aspekt des Korans, dann verliert man, was man die ästhetische oder sinnliche Erkenntnis der Offenbarung nennen kann. [...] Jede Religion bedarf sinnlicher oder ästhetischer Erfahrungen. Im Islam ist es vor allem die Koranrezitation, die diese Funktion erfüllt. Sie ist ein spiritueller Vorgang und ritueller Akt: Indem der Gläubige die Rede Gottes hört, hört er den Sprecher selbst – er hört Gott. Gott wird ihm gegenwärtig, und gleichzeitig vergegenwärtigt er sich selbst im Angesicht dieses göttlichen Sprechers.«[20]

---

18 Vgl. http://www.islamaufdeutsch.de/deutsch_islam/Quran/Koranwissenschaft/koranrezitation_denffer.htm (letzter Zugriff 13. 07. 2010).

19 Dass der Koran bereits in der frühesten Phase des Islam von den Prophetengefährten aus dem Gedächtnis rezitiert wurde, wird in einigen Quellen überliefert. Zu den früheren Koranrezitatoren gehören ʿAbdallah ibn Masʿūd und Abū Bakr, siehe hierzu Kermanis Werk.

20 Naṣr Ḥāmid Abū Zayd, *Ein Leben mit dem Islam*, Freiburg (u.a) [2]2001, S. 19.

3. Kenntnisse über den *ḥadīṯ* und die *ḥadīṯ*-Wissenschaften

Neben dem Koran ist auch der *ḥadīṯ* oder die *sunna* des Propheten Mohammed eine wichtige Quelle und ein zentraler Gegenstand der Imamausbildung. Mohammed ist für die Muslime der Gesandte Gottes. Seine prophetische Aufgabe, den Koran zu verkünden, umfasst auch das Lehren und Zeigen. Es geht also nicht nur um bloße Weitergabe der göttlichen Botschaft durch einen neutralen Boten an die Menschheit, die Aufgabe umfasst ebenfalls die Erklärung, Erläuterung und sogar die praktische Anwendung des Wortes. Also brachte Mohammed die Offenbarungen in das Leben der Menschen ein. Und indem er die Gebote der Offenbarungen im eigenen Lebensalltag praktizierte, führte er sie als anschauliches Beispiel vor und erläuterte diese mit seinen eigenen Worten. Daher ist Mohammed nicht nur ein Verkünder, sondern darüber hinaus ein Lehrer, ein Warner und ein Vorbild. Der Koran weist unmissverständlich an, dem Propheten zu gehorchen und seinem Beispiel zu folgen.[21] Deswegen wurde Mohammeds *sunna*, seine Lebensweise, zum Leitbild für die Muslime. Denn Mohammed ist, wie der Koran sagt, die *uswa ḥasana*, »ein schönes Beispiel«, dem man folgen soll.[22]

Die *sunna* des Propheten wurde im zweiten Jahrhundert der *hiǧra* in zahlreichen *ḥadīṯ*-Sammlungen schriftlich fixiert und im dritten Jahrhundert nach einer kritischen Überprüfung in Sammelwerken zusammengestellt, systematisiert und kategorisiert. Und die *ḥadīṯ*-Wissenschaft entwickelte sich mit ihren sämtlichen Subdisziplinen. Sechs Werke aus dieser Zeit genossen in der Folgezeit ein großes Ansehen in der sunnitischen Welt. Insbesondere die *Ṣaḥīḥān*, »die beiden Makellosen« genannten Sammlungen al-Buḫārīs und Muslims erlangten sogar eine »dem Koran nahe stehende kanonische Geltung«. Aus ihnen informierte man sich über die Lebensweise des Propheten, über seine praktische Anwendung der religiösen Pflichten wie über seine ethischen Ideale. Die gesammelten Überlieferungen betreffen so nahezu alle Aspekte des menschlichen Lebens, vom Glauben bis zum Handeln, vom Beten bis zur Heirat, von der Wiege bis zum Grab.

Die *ḥadīṯe* in diesen Sammlungen wurden von der Mehrheit der *ḥadīṯ*-Gelehrten als *ṣaḥīḥ* (»echt/gesund«) oder als *ḥasan* (»schön«) bewertet. Auch heute glaubt die Mehrheit der Muslime an die Zuverlässigkeit und Authentizität dieser Werke, wenngleich sich mit der Modernisierung eine nachhaltige und wachsende Kritik an diesen Werke feststellen lässt.

Zwar erfährt man in der hadithwissenschaftlichen Forschung seit etwa Mitte

21 Vgl. Koran 3/32, 132; 3/29; 33/30.
22 Vgl. Koran 33/21.

des 19. Jahrhundert aufgrund der Kritik westlicher Wissenschaftler[23] und wegen der innerislamischen Forderung nach neueren Herangehensweisen lebendige Diskussionen, aber das etablierte *ḥadīṯ*-Verständnis der Muslime sowie der fest verwurzelte Glaube an die Vollkommenheit der althergebrachten *ḥadīṯ*-Methodologie und die Korrektheit der *kutub al-sitta* haben sich bisher nicht wesentlich geändert.[24] *Ḥadīṯ* spielt deswegen auch heute im muslimischen Denken und Leben eine große Rolle. Eine Predigt wird beispielsweise auch heute noch nur mit *ḥadīṯen* bereichert und anregend gemacht. Eine Unklarheit oder ein Streit um das rechte Handeln wird auch in unserer Zeit mithilfe des *ḥadīṯ* beigelegt. Korankommentatoren führen weiterhin *ḥadīṯe* an, um eine bestimmte Stelle meisterhaft interpretieren zu können. Religionsgelehrte und Theologen greifen auf diese Sammlungen zurück. Kaum ein Thema religiösen Inhalts wird behandelt und keine religiöse Diskussion wird durchgeführt, ohne ein *ḥadīṯ* zu zitieren. Der Rückgriff auf *ḥadīṯe* ist nicht nur bei den Fragen der Glaubens- und Pflichtenlehre üblich. Auch in vielen Bereichen des Alltagslebens, wie z. B. bei gegenseitigen Besuchen, Essen, Trinken, Heirat etc., begleitet die Unterweisung durch die *ḥadīṯe* den Gläubigen.

Es ist unverkennbar, dass die *ḥadīṯ*-Sammlungen – abgesehen von der Frage, ob sie glaubwürdig und korrekt sind – ein umfangreiches Material enthalten, das grundlegende, erläuternde oder ergänzende Informationen für viele Fragen der Glaubens- und Lebenswelt der Muslime bietet. Die Imamausbildung kann daher dieses Material nicht ignorieren und nicht darauf verzichten. Denn, wenn der Islam oder der Koran ohne Mohammed, ohne Hilfe des *ḥadīṯ*, nicht richtig zu verstehen ist, so kann eine Ausbildung ohne Vorbild Mohammeds, ohne Einbeziehung des *ḥadīṯ*, keine authentisch-islamische Ausbildung sein. Dem Imam würden beispielsweise in vielen Punkten die religiöse Begründung und Autorität fehlen. Zudem könnten viele Koranaussagen und religiösen Sachverhalte der ersten Muslimgemeinde nicht vollständig erklärt werden. Im Koran wird beispielsweise das tägliche Ritualgebet vorgeschrieben, doch ohne die prophetische *sunna* wüsste man nicht, wie dieses Gebet ausgeführt wird. Dies gilt für zahllose

23 Es geht um die europäische *ḥadīṯ*-Kritik seit Ignaz Goldziher, siehe hierzu vor allem Goldziher, Ignaz, *Muhammadanische Studien*, Bd. 2, Reprint der Ausgaben von 1889 – 90, Hildesheim 1961; Schacht, Joseph, *The Origins of Muhammadan Jurisprudence*, Oxford 1950.

24 Für die kritischen Auseinandersetzungen mit den klassischen *ḥadīṯ*-Wissenschaften siehe Fazlur Rahman, *Islam*, London ²1979, S. 43 – 67; Ateş, Süleyman, *Kur'ân Ansiklopedisi*, VII, S. 159 ff.; Kırbaşoğlu, *Hadis Metodolojisi.* Die *ḥadīṯ*-Kritik, insbesondere die der westlichen Wissenschaftler, wird jedoch von großer Mehrheit als Angriff auf die Grundlagen des Islam sowie als *ḥadīṯ*-Feindschaft degradiert. Nach Seyyed Hossein Nasr, einem der führenden Traditionalisten der Gegenwart, beispielsweise richtet sich die westliche Kritik »gegen die Wurzeln des Islam.« Siehe Seyyed Hossein Nasr, *Ideal und Wirklichkeit des Islam*, München 1993, S. 97.

weitere Situationen, sodass sich daraus ein lebenswichtiger Zusammenhang zwischen dem Koran und der *sunna* des Propheten resultieren lässt.

Der Imam braucht für die Ausübung seines Berufs also fundiertes Fachwissen in den *ḥadīṯ*-Wissenschaften. Dafür soll er Fragen, Themen und Zweige der klassischen *ḥadīṯ*-Wissenschaft studieren und sich zudem mit der *ḥadīṯ*-Methodologie befassen. Er soll zum Beispiel kennen lernen, wie man die *sunna* von Generation zu Generation tradiert hat, wann, warum und unter welchen Umständen die Berichte über die *sunna* gesammelt und schriftlich fixiert wurden, nach welchen Kriterien die *ḥadīṯ*-Gelehrten verschiedene Nachrichten und Anekdoten nach dem Grad ihrer Authentizität und Glaubwürdigkeit klassifiziert haben. Das Fach soll dabei auch die innerislamischen Diskussionen der Gegenwart mit besonderer Berücksichtigung der Kritik der europäischen Islamwissenschaft hinsichtlich der Authentizität der *ḥadīṯe* berücksichtigen.

Anders als beim Koran ist das Auswendiglernen von *ḥadīṯ*-Texten nicht erforderlich für die Ausübung des Imamats. Es ist jedoch immer vorteilhaft, wenn er bestimmte *ḥadīṯe* aus dem Gedächtnis zitieren kann. Dass er zudem dazu befähigt wird, den *ḥadīṯ*-Text in arabischer Sprache lesen und zitieren zu können, liegt in der Natur seiner Tätigkeit.

Fazit

Fundierte Kenntnisse über den Koran und die Koranwissenschaften, den *ḥadīṯ* und die *ḥadīṯ*-Wissenschaften sowie Fähigkeiten und Fertigkeiten, den Koran meisterhaft aus dem Gedächtnis und aus dem Schriftstück zu rezitieren, runden das Profil des Imams ab. Hinsichtlich des Korans geht es jedoch nicht nur um das korrekte Lesen, denn das kann jeder, der einige Wochen intensiv den Koran lesen lernt und übt. Vielmehr handelt es sich hierbei um die Kunst, das heilige Wort nach bestimmten Rezitationsarten »schön« und »klangvoll« zu lesen. Daher kann nicht jeder, der den Koran lesen kann, Imam werden. Imam sein ist eng verbunden mit der Eignung sowie mit einer schönen Stimme. Insbesondere in unserer Zeit, wo der Imamberuf professionell ausgeübt wird, kann sich ein Student, der den Koran nicht »schön« lesen kann, bei einer Gemeinde nicht behaupten, auch wenn er eine theoretische Imamausbildung hinter sich hätte und dadurch über ein umfangreiches Wissen über den Koran und den Islam verfügen würde. Jedoch soll ein moderner Imam zudem fähig sein, den Korantext auf die gegenwärtige Lebenswirklichkeit der Muslime zu beziehen, ihn zeitgemäß und ortspezifisch zu lesen und zu deuten.

Literatur

Abū Zayd, Naṣr Ḥāmid, *Ein Leben mit dem Islam*, Freiburg (u.a) ^{2}2001.

Ateş, Süleyman, *Kur'ân Ansiklopedisi*, I-XXX, Istanbul 1997 - 2003.

Birışık, Abdülhamit, »*Kıraat*«, in: *Türkiye Diyanet Vakfı İslâm Ansiklopedisi*, XXV, Ankara 2002, S. 426 - 433.

Denffer, Ahmad von, *Ulūm al-qur'ān - Einführung in die Koranwissenschaften*, Karlsruhe 2005, download: www.way-to-allah.com/dokument/ULUM_AL_QURAN.pdf (letzter Zugriff 20.5.2010).

Denny, F. M., »*Tadjwīd*«, in: *Encyclopaedia of Islam*, New Edition, X, Leiden [u.a.]: Brill 2000.

DIK, auf: http://www.deutsche-islam-konferenz.de/cln_110/nn_1319566/SubSites/DIK/DE/DieDIK/diedik-node.html?__nnn=true (letzter Zugriff 26.02.2010).

Goldziher, Ignaz, *Muhammadanische Studien*, Bd. 2, Reprint der Ausgaben von 1889 - 90, Hildesheim 1961.

http://www.islamaufdeutsch.de/deutsch_islam/Quran/Koranwissenschaft/koranrezitation_denffer.htm (letzter Zugriff 13.07.2010).

Ibn Qayyim al-Ǧawziyya, *Zād al-maʿād*. Band 1, S. 197, Ebook: http://www.archive.org/details/ZadAlMaad-IbnulQayyim (letzter Zugriff 26.02.2010).

Kermani, Nawid, *Gott ist schön: das ästhetische Erleben des Koran*, München, Beck 2007.

Kırbaşoğlu, *Hadis Metodolojisi*, Ankara 2006.

Körner, Felix, *Alter Text - neuer Kontext: Koranhermeneutik in der Türkei heute*. Freiburg (u.a.), Herder 2006.

Ders., »*Können Muslime den Koran historisch erforschen?*«, auf: http://www.sankt-georgen.de/leseraum/koerner4.pdf (letzter Zugriff 20.5.2010).

Nasr, Seyyed Hossein, *Ideal und Wirklichkeit des Islam*, München 1993.

Özsoy, Ömer, »*Koranhermeneutik als Diskussionsthema in der Türkei*«, auf: http://www.akademie-rs.de/fileadmin/user_upload/pdf_archive/schmid/TFCI/Fachgesprach_Oezsoy/Artikel__zsoy_7 - 05.pdf (letzter Zugriff 20.5.2010).

Paret, Rudi, »*Kirā'a*«, in: Encyclopaedia of Islam, New Edition, V, Leiden [u.a.]: Brill 1986, S. 127a.

Rahman, Fazlur, *Islam*, London ^{2}1979, S. 43 - 67.

Sarikaya, Yasar, »*Genese eines neuen Typs islamischer Theologie in Deutschland*«, wird erscheinen in: Journal of islamic theology and religious Education 2010 im Druck.

Schacht, Joseph, *The Origins of Muhammadan Jurisprudence*, Oxford 1950.

Takim, Abdullah, *Koranexegese im 20. Jahrhundert: Islamische Tradition und neue Ansätze in Süleyman Ate ¢'s »Zeitgenösischem Korankommentar«*, Istanbul, Yeni Ufuklar 2007.

Ucar, Bülent, »*Die Todesstrafe für Apostaten in der Scharia. Traditionelle Standpunkte und neuere Interpretationen zur Überwindung eines Paradigmas der Abgrenzung*«, in: Hansjörg Schmid, u.a. (Hg.), *Identität durch Differenz? Wechselseitige Abgrenzungen in Christentum und Islam*, Regensburg 2007, S. 227 - 244.

Ders./Sarıkaya, Y., »*Der Islamische Religionsunterricht in Deutschland: Aktuelle Debatten, Projekte und Reaktionen*«, in: Ednan Aslan (Hg.), *Islamische Erziehung in Europa - Islamic Education in Europe*, Wien (u.a.) 2009, S. 87 - 108.

Ünlü, Demirhan, *Kur'ân-ı Kerim'in Tecvidi*, Ankara Üniversitesi İlahiyat Fakültesi, Ankara 1971.

Wild, Stefan, »»*Die schauerliche Öde des heiligen Buches*«: *Westliche Wertungen des koranischen Stils*«, in: *Gott ist schön und er liebt die Schönheit: Festschrift für Annemarie Schimmel zum 7. April 1992*, hrsg. v. Alma Giese und J. Christoph Bürgel, Bern u. a., Lang 1994, S. 429–447.

Wissenschaftsrat, http://www.wissenschaftsrat.de/PM/pressemitteilungen.html (letzter Zugriff 26. 02. 2010).

Eberhard Hauschildt

Islamische Traditionen und die Normativität und Wissenschaftlichkeit von Theologie

Eine wichtige gemeinsame Schnittmenge der beiden Vorträge liegt darin, dass sie in beiden Fällen eindringlich für die Beschäftigung mit den arabischen Texten in ihrer Originalsprache in einer wissenschaftlichen Imamausbildung plädieren. Nur so können der Koran und seine Auslegungsgeschichte auf wissenschaftlichem Niveau erschlossen und diskutiert werden. Wenn man das Arbeiten mit der Originalsprache betont, dann entspricht das einerseits dem islamischen Selbstverständnis, dass die arabische Sprache des Korans nicht durch andere ersetzbar ist. Der Koran will in Arabisch gehört, gelesen, gebetet werden. Und es entspricht zugleich der modernen Wissenschaftserfordernis: Quellen können nur in Kenntnis ihrer Ursprungssprache angemessen erforscht werden. In beiden Vorträgen ist neben dem Koran auch das weitere arabische Schrifttum in seiner Breite ebenso im Blick.

Klausing[1] hat dabei betont: Eine intime Vertrautheit mit der Literatur ist deswegen notwendig, weil deren zentrale Fragestellungen auch heute innerhalb des Islam diskutiert werden. Ein Imam muss darüber gegenüber seiner Gemeinde auskunftsfähig, diskussionsfähig und urteilsfähig sein. Deshalb ist auch die Breite widerstreitender *kalām*-Traditionen wahrzunehmen.

In der Diskussion wird deutlich, dass es nicht nur an bestimmten Orten der bisherigen Imamausbildung den Fall gibt, dass die Mutaziliten-Tradition ignoriert wird. Es gibt auch den umgekehrten Fall in der europäischen Islamwissenschaft, dass dieser Tradition so der Vorzug gegeben wird, dass nun umgekehrt die hanafitische Literatur nicht mehr wahrgenommen wird.

Nagel[2] argumentiert aus der Perspektive einer Modernisierungsthese: Die Modernisierung des Islam ist unausweichlich; dazu gehört auch die Entthronung des unhinterfragten Wahrheitsanspruches auf dem Weg wissenschaftlicher Relativierungen. Und in der Tat ist für Wissenschaft in der Moderne immer dies kennzeichnend, dass man mit einer solchen Haltung der Voraussetzungslosigkeit ar-

1 Kathrin Klausing, »*Die Bedeutung von kalām und Philosophie in der Imamausbildung*«, in diesem Band.

2 Tilman Nagel, »*Die Rolle des Arabischen als Theologiesprache*«, in diesem Band.

beiten und umgehen kann. Die Diskussion erbringt allerdings auch, dass die Transzendenz-Thematik ja auch im Sinne der modernen Theologie nicht einfach in eine relativistische Position, die religiöse Wahrheitsansprüche vollkommen negiert, münden darf. Dann bliebe Theologie nicht mehr Theologie, sondern wäre in Religionswissenschaft, Geschichtswissenschaft usw. aufzulösen. Und auch von der Seite der praktischen Erfordernis her wäre – mit Klausing – einzuwenden: Wenn wissenschaftlich ausgebildete Imame nicht positiv würdigend Bezug nehmen können auf die Frömmigkeit in ihren Gemeinden, die im Koran die eine Wahrheit für ihr Leben sieht, werden sie dort nicht erfolgreich arbeiten.

Nach meiner Einschätzung geht es also vielmehr darum, den Absolutheitsanspruch der jeweiligen Religion zu verstehen und zugleich kommunikationsfähig zu werden gegenüber denen, die diesen Absolutheitsanspruch nicht teilen. Der in der Arbeitsgruppe vorausgehende Vortrag zur Imamausbildung von Prof. Ghaly[3] hat das Leidener Modell aus den Niederlanden vorgestellt. Es folgt dem »duplex ordo« (ein anderes Modell in der Tradition des »simplex ordo« wird in Amsterdam verfolgt): Der »duplex ordo« trennt zwischen Ausbildungsbereichen, die normativ angelegt sind und in denen die Religionsgemeinschaften die Inhalte bestimmen, und Ausbildungsbereichen, die religionsneutral ausgelegt sind und in denen der wissenschaftliche Diskurs die Inhalte bestimmt. Ursprünglich bezogen auf eine erste universitäre und eine zweite kirchliche Ausbildungsphase, erleichtert es in Leiden einen pragmatischen Einstieg in die Imamausbildung, weil bei dieser nun auf der Masterebene selbst in dem einen Studiengang zweierlei Ausbildungsteile unterschieden werden: solche, die wissenschaftlich angelegt sind und sich neutral gegenüber den innerislamischen theologischen und geographischen Differenzen verhalten, und solche, die normativ angelegt sind und in einer jeweiligen theologischen und ethnischen Kultur verankert sind. Das Leidener Modell arbeitet mit einer schiedlich-friedlichen Trennung der normativen Reflektion und relativistisch-komparativen Wissenschaft. Es kann so sehr beeindruckend mit der Schwierigkeit, einerseits Wissenschaftlichkeit zu garantieren, andererseits einander widerstreitende innerislamische (nationale) Traditionen und Verbände zu berücksichtigen, erfolgreich umgehen.

Die Diskussion im Anschluss an die Vorträge von Klausing und Nagel zeigt aber auch, dass Normativitätsanspruch und Wissenschaftlichkeit eben doch unmittelbarer aufeinandertreffen. Unter den deutschen Bedingungen des Modells der »res mixta«, der gemischten Angelegenheit von Staat und Religionsgemeinschaft, stellt sich die Frage stärker danach, wie Treue zur Tradition und wissenschaftliche Wahrnehmung von geschichtlicher Pluralität miteinander verbunden werden können. Damit tritt die Aufgabe der Theologie als Wissenschaft heraus. Es geht

3 Mohammed Ghaly, »*Imamausbildung in Europa: Im Fokus der niederländischen Erfahrungen*«, in diesem Band.

zentral um eine Hermeneutik (Verstehenstheorie) der heiligen Texte, also die Frage, wie Heilige Schrift angemessen zu verstehen ist, sodass ihr normativer Anspruch in den Blick kommt und zugleich ihre historische Bedingtheit nicht übergangen wird. Wie dieser Zusammenhang konstruiert ist, das sieht innerhalb der jüdischen, der katholischen und der protestantischen Schrifthermeneutik durchaus unterschiedlich aus und bleibt innerhalb der jeweiligen Religion bzw. Konfession auch ein wiederkehrender Diskussionspunkt. Die muslimische Theologie wird dabei auch eine ihr eigene Variante von wissenschaftlicher Schrifttheologie ausarbeiten mit Gemeinsamkeiten und Differenzen zu den anderen Schrifttheologien. Dabei ist dann gerade der wissenschaftliche Diskurs mit der Philologie, der Geschichtswissenschaft, der Philosophie und ebenso mit den jeweiligen anderen Schrifthermeneutiken der anderen Religionen und Konfessionen so fruchtbringend, weil er hilft, das Gemeinsame wie das Eigene zu profilieren. Ohne ihn ist Wissenschaftlichkeit von Theologie heute nicht zu haben.

Eine weitere Frage, die sich stellt und angesichts der im Vergleich mit den Niederlanden anderen Mehrheitsverhältnisse ebenfalls anders stellt, ist die Frage nach der Bedeutung des türkischen Islam für die deutschsprachige Imamausbildung. Für Deutschland ist ja dessen starke Wirkung auf die Muslime in Deutschland eine soziale Realität. Diese ist m. E. sowohl anzuerkennen als auch zu begrenzen: Kenntnisse der türkisch-theologischen Literatur und der türkisch-muslimischen Geschichte dürfen hier eine größere Rolle spielen, als es in der Imamausbildung in anderen Ländern des europäischen Islam der Fall sein mag – etwa nach dem Maß einer Entsprechung zum Anteil der Studierenden in dem Studiengang mit türkischem Hintergrund. Sie darf aber nicht den alleinigen Referenzrahmen bilden. Wichtig wäre jedoch, dass die türkisch-theologische Literatur in der deutschen Sprache wahrgenommen wird und so allen Studierenden gleichermaßen zur Verfügung steht. Das bedeutet, dass eine Übersetzung maßgeblich türkischsprachiger theologischer Literatur ins Deutsche erfolgen sollte.

Literatur

Ghaly, Mohammed, »*Imamausbildung in Europa: Im Fokus der niederländischen Erfahrungen*«, in diesem Band.

Klausing, Kathrin, »*Die Bedeutung von kalām und Philosophie in der Imamausbildung*«, in diesem Band.

Nagel, Tilman, »*Die Rolle des Arabischen als Theologiesprache*«, in diesem Band.

Kathrin Klausing

Die Bedeutung von *kalām* und Philosophie in der Imamausbildung

- *Kalām* und Philosophie spielen in einer Ausbildung von Imamen eine Rolle. Folgende Aspekte sollen in dem vorliegenden Artikel diskutiert werden:Wie haben sich *kalām* und Philosophie bzw. *falsafa* innerhalb der arabischen Geistesgeschichte entwickelt und welche Bedeutung kommt ihnen innerhalb der religiösen Wissenschaften zu, hier insbesondere der *ʿaqīda*[1]?
- Wie wurden diese beiden Disziplinen in den Curricula historischer und moderner Ausbildungsstätten religiöser Gelehrsamkeit in der islamischen Welt unterrichtet?
- Was sind die spezifischen Anforderung an einen Imam in Deutschland in Bezug auf sein kalām-Wissen thematisiert.

1. Wie haben sich *kalām* und Philosophie bzw. *falsafa* innerhalb der arabischen Geistesgeschichte entwickelt und welche Bedeutung kommt ihnen innerhalb der religiösen Wissenschaft, insbesondere der *ʿaqīda* zu?

Philosophie im islamischen Raum ist in dem Sinne eine »islamische Philosophie«, als dass sie vor dem Hintergrund islamischer Glaubensinhalte stattfand. Es macht aus diesem Grund auch Sinn einen spezifischen Terminus zu benutzen und die philosophische Reflexion in Auseinandersetzung mit diesen Glaubensgrundlagen als *falsafa* zu bezeichnen.

Eine entscheidende Glaubensgrundlage, die innerhalb des Islams zum Nachdenken anregte, war z. B. der strenge Monotheismus. Hier waren es nicht nur die Auseinandersetzung mit Angehörigen anderer Religionen, wie dem Juden- oder Christentum, auch andere weltanschauliche Haltungen wie dualis-

1 *ʿaqīda* bedeutet Glaubenslehre oder -grundlage oder auch Glaubensbekenntnis. Es handelt sich hierbei um einen Konzept, welches in der nachkoranische Zeit von muslimischen Religionsgelehrten entwickelt wurde.

tische Auffassungen oder anthropomorphe Vorstellungen brachten muslimische Theologen in »Erklärungsnöte«. Eine (immer noch) heiß geführte Debatte kreist beispielsweise um die Bedeutung bestimmter Koranverse, die das Wort *yad* oder andere Worte, die im wortwörtlichen und somit einengenden Sinn ein menschliches Körperteil bezeichnen, in Bezug auf Gott enthalten. Wird z. B. der erste Vers der Sure *al-Mulk* (*tabāraka aladī bi yadihi l-mulk*) wortwörtlich verstanden, so würde es bedeuten, dass Allah eine Hand hat und damit eine menschliche Eigenschaft.[2] Ein metaphorisches Verständnis könnte »die Herrschaft innehaben« sein. Gegner der metaphorischen Deutung lehnen diese ab, weil diese nicht auf alle Stellen in den Koranversen, in denen das Wort *yad* vorkommt, gleichermaßen passend ist, also immer eine andere metaphorische Deutung benötigt wird und sie bevorzugen es dieses Attribut gar nicht zu deuten. Ein wortwörtliches Verständnis stellt jedoch ein Problem in Betracht bestimmter Koranverse (z. B. Q 112:1) dar, in denen von Gottes einzigartigem Wesen oder seiner Einzigartigkeit die Rede ist: denn wie kann Gott einzigartig sein, wenn er menschliche Züge aufweist?

Bekannt ist aber auch, dass sich theologische Fragestellungen, wie die nach der Vorherbestimmung und dem freien Willen oder der Natur göttlicher Gerechtigkeit, schon frühen Muslimen stellten und unter ihnen artikuliert wurden. So gilt der Briefwechsel des Religionsgelehrten al- Ḥasan al-Baṣrī mit dem ʿumayyādischen Kalifen ʿAbd al-Malik als eins der frühesten Dokumente einer muslimischen Theologie – hier ist es die systematische Auseinandersetzung mit Gottes Vorauswissen und der Vorherbestimmung.[3] Anlass zu diesen Fragen und dem Sinnieren über die Bedeutung liegt im Koran selbst und somit scheint die Beschäftigung damit auch aus sich heraus schlüssig.

Anders als Wissenschaften zu den *ḥadīṯen* oder dem Koran, ist islamische Philosophie bzw. die Entstehung der *falsafa* zu einem sehr großen Teil auch auf außerislamische Einflüsse zurückzuführen, etwa durch die Übersetzungen der Werke griechischer Philosophen ins Arabische. In der zweiten Hälfte des 9. Jahrhunderts bzw. des dritten Jahrhunderts islamischer Zeitrechnung begannen muslimische Denker im heutigen Gebiet des Iraks und Usbekistans in der Reflexion der Gedanken griechischer Philosophen, theologische Argumente auf

2 Die arabischen Fachausdrücke sind hier *maǧāz* (metaphorisch) und *ḥaqīqa* (wortwörtlich). Eine viel erzählte Anekdote um den Streit über eine Zulässigkeit von *maǧāz* dreht sich um einen Disput zwischen zwei recht bekannten modernen islamischen Religionsgelehrten. Auf die Erklärung des blinden saudischen Großmuftis ʿAbd al-ʿAzīz ibn Bāz, es gäbe in Bezug auf die Bedeutung des Korans keinen *maǧāz*, entgegnete der ägyptische Religionsgelehrte Muḥammad al-Ġazzālī wie dieser denn folgenden Vers verstehen würde: »Und wenn einer hier (im Diesseits) blind ist, ist er im Jenseits erst recht blind und vollständig vom Weg abgeirrt.« (Q 17:72)

3 Vgl. Michael Schwarz »*The Letter of al-Ḥasan al-Baṣrī*«, in: Oriens 20 (1967), S. 15–30.

Grundlage rationaler Überlegungen auszutauschen. Im Laufe der Zeit entwickelte sich ein reger Austausch von Argumenten und damit eine etablierte Wissenschaft.

Dies kann durchaus als der Beginn des *kalām* bzw. des *ʿilm al-kalām* bezeichnet werden. Der Terminus *kalām* – wortwörtlich mit »Sprechen« übersetzbar – erhielt hierbei den Sinn von »Kontroverse« oder »Diskussion«. Der Terminus *ʿilm al-kalām* bezeichnet eine Art defensiver Apologetik (der eigenen Glaubensgrundlagen gegenüber den philosophischen Vorstellungen) und ist im weiteren Verlauf auch eine Wissenschaft, die sich mit theologischen Glaubensgrundlagen befasst.[4]

Hauptthemen des *ʿilm al-kalām* – verstanden als der Wissenschaft von den Grundlagen des Glaubens – sind u. a. die Natur des Korans, also ob er erschaffen ist oder nicht, die göttlichen Attribute und ihr Zusammenhang mit seiner Einheit, sowie oben bereits anhand des *yad*-Beispiel erläutert. Um diese Themen gab und gibt es durchaus immer noch keine Einigkeit. Es gab noch nicht einmal Einigkeit darüber, ob es überhaupt zulässig war, philosophische Methoden zur Lösungsfindung anzuwenden. Die *ḥanbalītische* Haltung – die auch durch spätere Vertreter wie Ibn Ṭaymīya und Ǧalāl ad-Dīn as-Suyūṭī immer wieder zum Ausdruck kam – ist gänzlich ablehnend, während z. B. *ḥanafītische* Religionsgelehrte eine spezifische *kalām*-Schule, nämlich die *māturīdische*, ausgebildeten.

Im Zusammenhang mit *kalām* steht auch die *ʿaqīda*, also die Lehre und das Studium der Glaubensgrundsätze. *ʿAqīda* – von der wörtlichen Bedeutung her Verb für fest verknoten, knüpfen abstammend – bedeutet Glaubensgrundsatz oder -lehre. Man benennt auch einzelne Werke, die aus den Ausformulierungen einzelner Glaubenssätze bestehen mit diesem Namen. Sie dienen in ihrer Ausformulierung der argumentativen Verteidigung gegen Erklärungsmuster innerhalb der Philosophie. Da der Anspruch, Gott und Teile seiner Ge- und Verbote auch aus rationaler Anstrengung ableiten zu können ohne den Rückbezug auf die Offenbarung, in der Auseinandersetzung mit der Philosophie gewachsen war, und man auch damals schon mit verschiedenen Weltanschauungen konfrontiert war, die ohne den Gott der Schöpfung auskamen, finden sich auch so genannte Gottesbeweise in *ʿaqīda*-Abhandlungen, die auch ohne Rückbezug auf den Koran auskommen.

Kalām und *falsafa* sind dadurch, dass sie die Entwicklung und Ausformulierung der *ʿaqīda* befördert haben, implizit ein fester Bestandteil islamischer Gelehrsamkeit und sind aus der Ausbildung islamischer Religionsgelehrter nicht mehr weg zu denken.

4 Vgl. L. Gardet, »*Kalām*«, in: EI2 Bd. III, Leiden 1979, S. 1141 – 1150.

2. Stellenwert von *ʿilm al-kalām* und *ʿaqīda* in den Curricula historischer und moderner Ausbildungsstätten religiöser Gelehrsamkeit in der islamischen Welt.

Es ist deutlich geworden, dass *kalām* vor allem als Diskurs unter Intellektuellen bzw. Gelehrten lebendig war. Rezipiert werden die Standardwerke dieser Disziplin bis in die Moderne in Gelehrtenkreisen, jedoch kam eine lebendige Auseinandersetzung bald zum Ersterben. Innerhalb der historischen Forschung zur Haltung muslimischer Gelehrter der Philosophie gegenüber ist man lange davon ausgegangen, dass die vorherrschende Meinung ab dem 13. Jahrhundert – zumindest in der sunnitischen Tradition – ablehnend war und es deshalb zu einem intellektuellen Stillstand kam. Mittlerweile wird dies in seiner Absolutheit durch neuere Erkenntnisse jedoch zumindest bis zum Aufkommen der salafitischen Bewegungen im 19. und 20. Jahrhundert in Frage gestellt. *Kalām* und Philosophie haben fast nie einen der westlichen Theologie vergleichbaren Platz in der Lehre eingenommen, im Sinne einer übergeordneten Disziplin. Ausführliche unterschiedliche *ʿaqīda*-Ausformulierungen allerdings schon.

Die unterschiedlichen Lehrstätten der islamischen Welt haben in der Vergangenheit eine recht große Entwicklung in ihrer Haltung gegenüber *falsafa* und Philosophie im Allgemeinen durchlaufen. Dies änderte sich Anfang des 20. Jahrhunderts. So studiert man heute an der al-Azhar Universität in Kairo an der Fakultät für islamische Studien (*Kulliyat ad-dirasāt al-islāmīya*) in einem Semester *ʿaqīda* und *falsafa*[5] für den Bachelor. An der Fakultät für religiöse Grundlagen und *Daʿwa* (*Kulliyat uṣūl ad-dīn wa d-daʿwa*) ist *falsafa* sogar eine ganze Studieneinheit gewidmet, die Monotheismus, Logik, Philosophie, Sufismus, Ethik, Sekten und Konfessionen, zeitgenössische Trends, aber auch z. B. Orientalistik beinhaltet.[6]

Anderseits gibt es an der islamischen Universität von Medina, die 1961 gegründet wurde, laut Lehrplan keine eigene Rubrik, in der *falsafa* oder *kalām* unterrichtet werden. Das mag wohl an der *ḥanbalītischen* Ausrichtung des Königreiches liegen, das ja schon immer eine philosophie-distante Haltung vertritt. Natürlich gehört *ʿaqīda* aber in ihren einzelnen Unterpunkten (Monotheismus usw.) in den dortigen Unterrichtsplan.

An der Universität von Ankara wiederum, an der dort 1949 gegründeten theologischen Fakultät, wird *falsafa* und *kalām* sowohl im Rahmen der islamischen Grundlagenwissenschaftsfakultät (Temel Islam Bilimleri Bölümü) unterrichtet, als auch als innerhalb einer eigenständigen Fakultät (Felsefe ve Din Bilimleri Bölümü) erforscht.

5 Vgl. http://www.azhar.edu.eg/bfac/drasat_cairo/dprts.htm (letzter Zugriff 21.02.2010)
6 Vgl. http://www.azhar.edu.eg/bfac/osol_mansorah/branches.htm (letzter Zugriff 22.02.2010)

Die Universität von Sarajevo, die ja auf eine lange Tradition islamischer Gelehrsamkeit bis in das 16. Jahrhundert zurückblicken kann, hat ebenfalls das Studium von Philosophie und *kalām* mit in ihr Curriculum eines Masterstudienganges aufgenommen. Innerhalb der *ʿaqīda* werden hier alle Strömungen unterrichtet, sowohl die »orthodoxen« als auch die »heterodoxen« sowie zeitgenössischen theologischen Themen. Diese Fakultät ist übrigens auch die einzige der »klassischen« Fakultäten innerhalb der islamischen Welt, die ein spezielles universitäres Programm für angehende Imame anbietet.

Mittlerweile sind auch in einigen westliches Staaten Programme für die Aus- und Weiterbildung von Imamen angelaufen:

Das US-Amerikanische Hartford Seminary – eine traditionsreiche konfessionsungebundene theologische Einrichtung, die schon Erfahrung auf dem Gebiet der Ausbildung muslimischer Seelsorger[7] für Krankenhäuser, Gefängnisse, Sterbebegleitung und andere Gemeinschaftsdienste sammeln konnte – bietet neuerdings in Zusammenarbeit mit dem Fairfax Institute in North Virgina – einem Ableger des IIIT, dem International Institute for Islamic Thought – eine Ausbildung für Imame und religiöse Führungspersönlichkeiten an. Hier sollen Imame und religiöse Führer ausgebildet werden, die in Moscheen und Gemeinden in und um Washington, D.C., ihr neu gewonnenes Wissen praktizieren sollen. Der Kurs wird zertifiziert und kann in ca. 15 Monaten absolviert werden. Neben Einführungen in die Koranwissenschaft, Kursen für den interreligiösen Dialog und Seelsorge- und Beratungsschulung, dem Erlernen der Kunst des Predigens sollen die Studenten auch eine Einführung in islamische Theologie erhalten.[8] Der Hauptfokus scheint nach meiner Recherche allerdings weniger auf dem Erlernen klassischer Disziplinen zu liegen, sondern auf der Ausbildung für das Leben und Zusammenleben in einer pluralistischen Gesellschaft.

Sowohl klassische als auch moderne Einrichtungen weltweit räumen der Philosophie und der Theologie einen festen Raum ein.

3. Spezifische Anforderungen an Imame in Deutschland

Was muss ein Imam in einer deutschen Moschee über *kalām* und Philosophie wissen und in welchen Situationen wird dieses Wissen für ihn überhaupt praxisrelevant?

Es ist wichtig fest zu stellen, dass die Anforderungen an einen Imam andere sind als die an einen Gelehrten, auch wenn sich beide Aufgabenbereiche oft durchdringen. Dem Imam obliegt nicht so sehr die Forschung und stetige Ver-

7 Vgl. http://macdonald.hartsem.edu/chaplaincy/index.htm (letzter Zugriff 24.02.2010)
8 Vgl. http://fairfaxi.net/191334.html (letzter Zugriff 22.02.2010).

tiefung seines Wissens – sein Platz ist mitten im Leben in der Gemeinde. Für ihn ist es unabdinglich, die Grundlagen eines möglichst breiten Spektrums islamischer Wissenschaften zu erlernen, um den vielfältigen Bedürfnissen der Gemeindemitglieder gerecht werden zu können. Im Falle der Philosophie und des *kalām* ist also zunächst einmal ein historischer Überblick über die verschiedenen Schulen und ihre Entwicklung angebracht.

Essentiell ist außerdem die Kenntnis zeitgenössischer Debatten über die immer noch aktuellen Kernfragen islamischer Theologie. So gibt es bis heute unterschiedliche Interpretationen, die im Extremfall zu Spaltungen führen bzw. geführt haben oder zu einem hohen Grade den Identifikationscharakter einzelner Gruppierungen bestimmen und in Moscheen und unter Gläubigen immer wieder diskutiert werden. Beispielhaft hierfür ist die o.g. Diskussion um Koranverse, in denen Namen für menschliche Körperteile in Zusammenhang mit Allah gebracht werden. Ein Imam ist hier Ansprechpartner Nummer eins und muss sich einerseits innerhalb dieser Debatten positionieren können, andererseits auch mit der nötigen Tiefe und Eloquenz erklären können. In Zeiten erhöhter Beliebtheit von erfolgreichen Wanderpredigern und Youtube ist auch die Kenntnis zeitgenössischer Debatten unerlässlich. Selbst wenn man meint, dass doch schon längst alles in diesem Bereich ausdiskutiert wurde.

Sicherlich macht es keinen Sinn, einen Studiengang zu überfrachten und jeden Imam zu einem *mutakallim* auszubilden – also zu Spezialisten im Bereich des *kalām*. Die ausgebildeten Imame müssen vor allem Prediger sein, einen aktuellen Bezug zu ihrer jeweiligen Gemeinde herstellen können und einen guten, profunden Überblick über das ganze Spektrum islamischer Disziplinen besitzen. Für einen angehenden Imam ist darüber hinaus wichtig, sich in der jeweiligen theologischen Ausrichtung seiner Zielgemeinde nicht nur zu spezialisieren, sondern sie auch glaubhaft vertreten zu können. Ein theologischer Lehrstuhl muss also in der Lage sein – sofern er sich nicht nur auf eine theologische Richtung spezialisieren wird (z. B. sich auf die *māturīdische* Mehrheit der Muslime in Deutschland konzentriert) – verschiedene theologische Ausrichtungen innerhalb des Islams wissenschaftlich zu repräsentieren.

Darüber hinaus ist es sinnvoll, in einem Wahlfach die Möglichkeit anzubieten, aktuelle theologische Debatten sowohl im innermuslimischen als auch im interreligiösen Kontext kennen zu lernen und zu vertiefen. Eine Einführung und Information über *kalām* kann einem Imam ermöglichen, sich in christlich-theologisches Denken einzufinden, was gerade im interreligiösen Dialog von Relevanz ist. Bestimmte Fragestellungen im *kalām* und philosophische Überlegungen können Schnittstellen für diesen Dialog sein und machen diese Disziplin unter den islamischen religiösen Wissenschaften zu einer – wenn nicht *der* – Brücke zu einer Theologie, die durch christlich geprägtes Religionsverständnis gekennzeichnet ist.

Literatur

L. Gardet, »*Kalām*«, in: EI2 Bd. III, S. 1141 – 1150. Vol. 3, *H-Iram*, hrsg. v. B. Lewis, V.L. Ménage, Ch. Pellat and J. Schacht, Assisted by C. Dumont, E. van Donzel and G.R. Hawting, Leiden 1979.

Michael Schwarz »*The Letter of al-Ḥasan al-Baṣrī*«, in: Oriens 20, 1967, S. 15 – 30.

http://www.azhar.edu.eg/bfac/drasat_cairo/dprts.htm (letzter Zugriff 21. 02. 2010)

http://www.azhar.edu.eg/bfac/osol_mansorah/branches.htm (letzter Zugriff 22. 02. 2010)

http://fairfaxi.net/191334.html (letzter Zugriff 22. 02. 2010).

http://macdonald.hartsem.edu/chaplaincy/index.htm (letzter Zugriff 24. 02. 2010).

Tilman Nagel

Die Unentbehrlichkeit des Arabischen für eine Imamausbildung in Deutschland

0. Vorbemerkung

Ein Studium der katholischen oder evangelischen Theologie unter Verzicht auf hinreichende Kenntnisse des Lateinischen und Griechischen ist nur schwer vorstellbar. Nicht von jedem Studenten muss das Neue Testament im Urtext gelesen werden, ebenso wenig die Kirchenväter oder die großen Gottesgelehrten des Mittelalters. Aber jegliche Exegese, auch wenn sie von den drängenden Fragen der Gegenwart ihren Ausgang nimmt, muss sich des ursprünglich in den Evangelien Gemeinten vergewissern, wenn sie sich nicht zu haltloser Spekulation verflüchtigen will. Der Geistliche muss daher in der Lage sein, die von den theologischen Disziplinen erarbeiteten Erkenntnisse über den Sinn der ihn interessierenden Bibelstellen im Rückgang auf deren Originaltext nachzuvollziehen, und er muss sich ein Urteil über die Plausibilität dieser Erkenntnisse bilden können. Dank dem durch die Reformation geförderten Gebrauch der Nationalsprachen für die Theologie steht dem Geistlichen freilich auch eine unüberschaubare Fülle an nationalsprachlicher Literatur zur Verfügung, die ihm zudem den Zugang zu wichtigen Nachbarfächern wie Philosophie, Geschichts- und Politikwissenschaft oder Soziologie eröffnet.

Ganz anders liegen die Verhältnisse im Islam, wo sich die Dominanz des Arabischen mit einer den Europäer erstaunenden Beständigkeit erhalten hat. Sie wird in den letzten Jahrzehnten allenfalls durch das Englische angefochten; aus naheliegenden Gründen wird mancherlei im weitesten Sinne islamisch-theologische Literatur in diese Sprache übersetzt. Gleichwohl wird das Englische auf absehbare Zeit nicht das Arabische beerben können, und den Gründen hierfür möchte ich mich jetzt zuwenden.

1. Ein Blick in die islamische Dogmengeschichte

»Bei Ihnen lesen wir, was wir in Damaskus auf keinen Fall lesen durften!« Mit diesen Worten bedankte sich bei mir ein vom Amselfeld stammender albanischer Imam, nachdem er an einem Hauptseminar teilgenommen hatte. An der Schariafakultät in Damaskus, wo er sein Studium absolviert hatte, war die Lektüre *muʿtazilītischen* Schrifttums streng verpönt gewesen. Der *al-Muġnī* des ʿAbd al-Ǧabbār (gest. 1025), eine enzyklopädische Übersicht über das *muʿtazilītische* Denken und zugleich eine scharfsinnige Auseinandersetzung mit dem seinerzeit zur Mehrheitsrichtung aufsteigenden Sunnitentum, hatte uns ein Semester lang beschäftigt, in Sonderheit die ausführliche Passage über die Rede Allahs. Von Rede, auch von der koranischen Rede Allahs, kann man nur sprechen, so ʿAbd al-Ǧabbār, wenn ein als Person gedachter Angeredeter da ist; Rede ist das Übermitteln einer Botschaft – Naṣr Ḥāmid Abū Zayd, der sich vermutlich von diesem *muʿtazilītischen* Gedankengut anregen ließ, spricht gemäß heutiger Terminologie von Information –, und solches Übermitteln erfolgt nur dann, wenn der Angeredete in seinem gewohnten Lebensmilieu diese Botschaft auch begreifen kann. Anderenfalls handelte es sich um eine sinnlose Aneinanderreihung von Lauten, also nicht um Rede. So lautete in grob vereinfachter Fassung die *muʿtazilītische* Theorie, die, wie im *al-Muġnī* auch verdeutlicht wird, schroff die sunnitische These zurückwies, der zufolge Allahs Rede überzeitlich ist, d. h. jenseits der auf die Geschöpfe zugeschnittenen Kategorien Raum und Zeit auch ohne einen aktuell Angeredeten existiert. Dem Inhalte nach unabhängig von irdischen, historischen Umständen und ewig gleich und wahr, wurde sie nach sunnitischer Lehre den Menschen durch Mohammed als ein überzeitlich gültiger Text überbracht, und die Gelehrten haben die Aufgabe, diesen Text in seinem überzeitlichen autoritativen Geltungsanspruch zu bewahren.[1] Dieses Dogma beherrscht heute die Gedankenwelt der erdrückenden Mehrheit der Muslime.

Es leuchtet unmittelbar ein, dass man vor sunnitischen Studenten die *muʿtazilītische* Lehre von der Rede sorgsam verborgen halten muss,[2] impliziert sie doch die Geschichtsgebundenheit Mohammeds und seiner Botschaft und entzieht damit den islamischen Religions- und Gesetzesgelehrten die von ihnen bis heute zäh verteidigte Deutungshoheit über das muslimische Dasein. Diese Hoheit beruht, wie eben angedeutet, auf der Vorstellung, die arabische, im Koran zu Buche geschlagenen Rede Allahs gehöre nicht dem diesseitigen, geschaffenen

1 ʿAbd al-Ǧabbār ibn Aḥmad al-Qāḍī, *al-Muġnī fī abwāb al-tawḥīd wa l-ʿadl*, Bd. VII, hrsg. v. Ibrahim al-Abjari, Kairo 1961.

2 Nach meiner Erfahrung werden an islamischen Universitäten Autoren wie ʿAbd al-Ǧabbār kaum je in längeren zusammenhängenden Originaltexten studiert, sondern nur in einer von den Dozenten vorbereiteten Auswahl, die praktischerweise gleich mit einer »Widerlegung« verbunden ist.

Sein an, sondern dem transzendenten des Schöpfers, weshalb ihr übrigens nach wie vor geradezu magische Qualitäten zugeschrieben werden.[3] Die im Sunnitentum und weithin auch von den Schiiten vertretene Auffassung, die arabischen Wörter des Korans könnten auf keinen Fall durch gleichbedeutende einer anderen Sprache ersetzt werden, wurzelt in dieser Vorstellung. Lediglich in der *ḥanafitischen* Rechtsschule verfocht man die Meinung, während des Vollzugs des rituellen Gebets zu rezitierende Koranverse dürften auch in einer anderen Sprache vorgetragen werden.[4]

Die seit dem 11. Jahrhundert weithin akzeptierte Lehre von der Unersetzbarkeit und daher Unübersetzbarkeit des arabischen Korans hat dazu geführt, dass bis in die Gegenwart das ganze islamische gelehrte Schrifttum, das sich mit dem Koran und seiner Auslegung sowie mit seiner Nutzbarmachung in der *šarīʿa*-Wissenschaft beschäftigt, nahezu ausschließlich des klassischen Arabisch bedient. Mit geringen Abstrichen gilt dies auch für das Ḥadīṯ und die mit ihm befasste Literatur. Und da diese Gegenstände die Ausgangsstufe für eine eventuell anzustrebende Beschäftigung mit Metaphysik und Philosophie bilden, behauptet das Arabische auch hier seine Vorherrschaft. Eine Imamausbildung ohne einen Rückbezug auf das Arabische wäre also gänzlich bodenlos, und zwar unabhängig davon, ob man im Koran nach wie vor ein transzendentes Sein zu erkennen glaubt oder nicht: Die kulturgeschichtlichen Tatsachen lassen sich nicht vom Tisch wischen.

2. Notwendige Pionierarbeit anhand des entschränkten intellektuellen und spirituellen Erbes des Islams

Der Hinweis auf die ritualpraktische Bedeutung des Arabischen und auf dessen unangefochtene Dominanz in der theologischen und schariatischen wissenschaftlichen Literatur sollte also schon genügen, um es in einer akademischen Imamausbildung zu verankern. Es ist jedoch ein anderer bisher noch nicht in die Debatte eingeführter Gesichtspunkt ebenso wesentlich, den ich jetzt entwickeln werde. Es gilt als ausgemacht, dass die in Deutschland von Muslimen für Mus-

3 Im 11. und 12. Jahrhundert wurde mit theologischen Argumenten darüber gestritten, ob ein beliebiges Material, das man zu Schriftzügen in Gestalt eines kurzen Koranzitats gestaltet habe, oder Papier, das mit Koranzitaten beschrieben worden sei, noch den Seinsstatus des übrigen Geschaffenen aufweise, Beispiele in T. Nagel, *Die Festung des Glaubens*, München 1988, S. 177; ders., *Im Offenkundigen das Verborgene. Die Heilszusage des sunnitischen Islams*, Göttingen 2002, S. 191–195. In der islamischen Frömmigkeit ist bis heute die Scheu weit verbreitet, mit Koranversen bedrucktes Papier zu vernichten. Koranverse auf Amuletten und anderen Gegenständen der Magie sind ebenfalls allenthalben anzutreffen.

4 T. Nagel, *Die Festung des Glaubens*, S. 183 f.

lime im Zuge der akademischen Imamausbildung zu betreibende Islamlehre und -forschung das wissenschaftliche Reflexionsniveau erreichen sollen, das für die bestehenden christlich-theologischen Fakultäten selbstverständlich ist. In diesem Sinne äußerte sich z. B. am 5. November des vergangenen Jahres der Chef der staatlichen türkischen Religionsbehörde Bardakoğlu in Frankfurt, und der Deutsche Wissenschaftsrat forderte jüngst in Übereinstimmung hiermit, von Muslimen durchgeführte Islamstudien an einigen Universitäten in Verbindung mit den einschlägigen orientalistischen Fächern zu institutionalisieren, um »eine reflexive Selbstvergewisserung der pluralen islamischen Tradition im Dialog mit den anderen Universitätsdisziplinen zu fördern«.[5] Ein solcher Dialog setzt zwingend voraus, dass die heute vorherrschende muslimische Darstellung und Auslegung des eigenen Glaubens auf ihren allumfassenden apriorischen Wahrheits- und Überlegenheitsanspruch verzichten muss. Gelänge ein solcher Verzicht nicht, dann wäre, um ein einfaches Beispiel zu wählen, eine Zusammenarbeit auf dem Felde der politischen Theorie zu Ende, noch ehe sie überhaupt begonnen hätte. Mit anderen Worten, es ist von islamischer Seite anzuerkennen, dass die Botschaft des Islams keinesfalls a priori die Lösung eines interdisziplinär debattierten Problems ist, sondern dass es stets andere Lösungsmöglichkeiten gibt, die unter Heranziehung allgemeiner, nicht religionsgebundener Kriterien als die weitaus geeigneteren erwiesen werden könnten. Da derartige Diskussionen immer auch einen Widerhall unter den am Geistesleben interessierten Muslimen finden werden, werden sie die nun schon so lange verdrängte Frage nach dem Geltungsgrad der islamischen autoritativen Texte, vor allem des Korans, in einem säkularisierten Gemeinwesen aufwerfen, und der bisher so erfolgreich eingesetzte Hinweis, alles sei in der Offenbarungsschrift enthalten, wird an Plausibilität und Glaubwürdigkeit einbüßen: Eine nicht durch apriorische Wahrheitsbehauptung abgewürgte Debatte um Ursprung und Wesen der parlamentarischen Demokratie – um beim Beispiel der politischen Theorie zu bleiben – kann nicht zu dem Ergebnis führen, diese Regierungsform sei mit der in Sure 42, Vers 38 empfohlenen Beratschlagung gemeint und beschrieben, welche die Anhänger Mohammeds pflegen sollen,[6] und die koranische Botschaft enthalte mithin das Gebot, eine parlamentarische Demokratie zu errichten, was wiederum allein wegen dieses koranischen Hinweises ein legitimes Unterfangen sei.

Eine Ausbildung von Imamen, die in einer pluralistischen säkularisierten Gesellschaft tätig werden, muss daher die künftig für die Moscheegemeinden

5 Deutscher Wissenschaftsrat zitiert in FAZ vom 1.2.2010, S. 4.

6 Vgl. hierzu sehr ausführlich R. Badry, Die *zeitgenössische Diskussion um den islamischen Beratungsgedanken unter dem besonderen Aspekt ideengeschichtlicher Kontinuitäten und Diskontinuitäten*, Freiburger Islamstudien 19, Stuttgart 1998.

Verantwortung Tragenden befähigen, selbständig, d.h. ohne auf die in einem muslimischen kulturellen und staatlichen Umfeld für einschlägig geltenden Ausdeutungen zurückzugreifen, den Koran und das Prophetenhadith einer Exegese zu unterziehen. Die künftigen Imame müssen ihren Gemeindemitgliedern auseinandersetzen können, warum innerhalb eines gedanklichen Bezugsrahmens, der weder der Religion an sich noch gar einer bestimmten Religion eine Deutungshoheit zuerkennt und daher im Prinzip veränderbar ist, den vermeintlich ewigen Wahrheiten der Botschaft des Islams nur eine relative Gültigkeit zukommt. Sie müssen ferner begreiflich machen, dass diese Relativierung der islamischen Glaubenswahrheit auf den alltagspraktischen Lebensvollzug durchschlägt, der in einem säkularisierten Gemeinwesen von Normen bestimmt ist, deren Entstehung sich oft zwar religiösen Geboten verdanken mag, die heute aber als auf allgemeinen Menschenrechten fußend verstanden werden und die ohne einen Rückbezug auf die Religion oder eine spezifische Religion anzuerkennen sind.[7] Wie ist das spannungsreiche, ja meist widersprüchliche Verhältnis zwischen Glaubenswahrheiten einerseits und der »Welt« andererseits zu verstehen? Genau diese für die deutschen Muslime von Grund auf neu zu durchdenkende Problematik hatte Bardakoğlu - hoffentlich - im Auge, als er empfahl, man möge einen Lehrstuhl für islamische Theologie gründen, dessen Arbeitsfeld demjenigen der vergleichbaren christlichen Einrichtungen analog sein solle - eine Problematik, die auf den ersten Blick rein »theoretischer« Natur ist, bei genauerer Erwägung allerdings den Alltag der in Deutschland heimisch werdenden Muslime mehr und mehr prägen wird.

Die christliche Theologie hat in einer langen und windungsreichen Entwicklung lernen müssen, mit der Unterscheidung zwischen Glaubenswahrheiten einerseits und der Diesseitsklugheit andererseits umzugehen. Sie übt sich in kritischer Betrachtung der »Welt« in verantwortungsbewusstem Verweisen auf den Glauben. Hierdurch haben die christlichen Kirchen einen geachteten Platz im säkularisierten Gemeinwesen erringen können. Sie begreifen sich, wie u.a. die berühmte Regensburger Rede Benedikts XVI. belegt, dank einem aus der Heilsbotschaft Jesu stammenden den Menschen veredelnden geistigen Erbe als legitime (Mit-)Sachwalter der Vernunft. Die muslimische Gegenrede entzündete sich seinerzeit zwar an einem als anstößig empfundenen Zitat aus einem mittelalterlichen Text, der eigentliche Grund der muslimischen Empörung war aber das die Welt in ihrem Eigenwert ernst nehmende Verständnis der Vernunft, das nachzuvollziehen in der zeitgenössischen islamischen Theologie noch die Vor-

7 Nach Ansicht des an der Münchner Universität arbeitenden Sunniten Hamed Abdel Samad ist an eine »geregelte Insolvenz« zu denken, der die überkommene islamische Art der Weltwahrnehmung zu unterziehen sei: NZZ vom 3.12.2009, zitiert von M. Buth in: *»Panikraum für Camus?«*, in: Mut, Nr. 509, Februar 2010, S. 51.

aussetzungen fehlen. Wo sonst sollte das intellektuelle Milieu zur Schaffung solcher Voraussetzungen drängen, wenn nicht unter den Muslimen in der säkularisierten Diaspora? Vertreter islamischer Verbände, so etwa solche der von der türkischen Regierung installierten DITIB, haben auf der DIK und zuletzt wieder während der 53. Bitburger Gespräche zur Rechtspolitik beteuert, sie bekennten sich ohne Wenn und Aber zur deutschen Rechts- und Werteordnung, wie sie sich beispielsweise im Grundgesetz der Bundesrepublik Deutschland manifestiere. Implizit ist damit die partielle Delegitimierung der autoritativen Texte, des Korans und des Hadith, bereits zugesagt. Aber ist sie von den im KRM zusammengefassten Verbänden auch wirklich gemeint? Jetzt wird es sich zeigen. Nehmen wir ihre diesbezüglichen Bekundungen beim Wort! Setzen wir darauf, dass mit einer akademischen Imamausbildung endlich das Neuland betreten wird, nach dem um die Zukunft ihrer Religion besorgte Muslime schon lange Ausschau halten, und verbauen wir nicht diese Gelegenheit, indem wir, wie im Wissenschaftsrat augenscheinlich diskutiert wurde,[8] für die muslimischen Wissenschaftler ihren Glaubenslehren angepasste »wissenschaftliche« Standards zulassen! Wer sich freischwimmen will, muss zuvor irgendwann einmal die Schwimmweste ablegen.

3. Die Unzulänglichkeit einer auf dem Türkischen fußenden Imamausbildung

Neuland betreten, das heißt aber nichts anderes, als – wie der Wissenschaftsrat es formulierte – eine »reflexive Selbstvergewisserung der pluralen islamischen Tradition im Dialog mit den anderen Universitätsdisziplinen« in Gang zu setzen. Das reiche Erbe muslimischen Nachdenkens über Allah und sein Schöpfertum und über das Wesen des Menschen angesichts dieses allumfassenden Schöpfertums Allahs muss von neuem durchgearbeitet und, sofern ersprießlich, im Ringen um eine Definition des Islams in einem säkularisierten Gemeinwesen fruchtbar gemacht werden. Ohne eine hinreichende Kenntnis des Arabischen ist dies aber ausgeschlossen. Denn, wie schon eingangs bemerkt, weder das Englische noch gar das Türkische ist die Sprache, in der diese intellektuelle Tradition vorliegt. Nur die Kenntnis des Arabischen eröffnet den Zugang zu ihr. Dies gilt in einem Maße, wie es sich der Europäer kaum vorstellen kann, der, ich wiederhole es, seit dem ausgehenden Mittelalter wissenschaftliche Erörterungen auch, und seit dem 19. Jahrhundert fast ausschließlich, in seiner Nationalsprache verfolgen kann. Zwar unternahm die Türkei seit den 20er Jahren des vergangenen Jahr-

8 Vgl. die Aussagen von R. Schulze, zitiert in FAZ, 12.2.2010, S. 12.

hunderts den Versuch einer Nationenbildung nach europäischem Muster; dieser Versuch bemühte sich jedoch gerade nicht um eine Aneignung des geistigen, intellektuellen Erbes des Islams, sondern verbannte es weitgehend aus dem öffentlichen Gedächtnis, nicht zuletzt mittels der Schriftreform.

Nur in Ansätzen – ich denke an die sogenannte Ankaraer Schule, deren Vertreter selbst im eigenen Lande vielfach angefeindet werden – erfolgte in der Türkei seit der Mitte des vorigen Jahrhunderts eine inhaltliche Auseinandersetzung mit jenem Erbe. Zwar hatte Atatürk durch die Abschaffung des Kalifats und die Einschränkung des politischen Einflusses der muslimischen Schariagelehrten seinen Machtapparat den technokratischen und bürokratischen Mitteln moderner Herrschaft geöffnet, dieser sogenannte Laizismus blieb aber Schein, denn stillschweigend setzte er voraus, dass ein Staatsangehöriger der türkischen Republik ein sunnitischer Muslim sei.[9] Daher können denn auch die Ansätze der Ankaraer Schule nicht unmittelbar ein Vorbild für die von einer akademischen Imamausbildung in Deutschland zu leistende Pionierarbeit sein. Denn auch in Ankara lehrt und forscht man eben unter der in Deutschland nicht gegebenen Voraussetzung, dass der sunnitische Islam nicht nur die Staatsreligion sondern auch die Staatsideologie ist:[10] Man debattiert in einem Staat, dessen 1924 – im Jahre der Abschaffung des Kalifats – gegründete staatliche Religionsbehörde für die Bewahrung der »richtigen«, der sunnitischen Denk- und Lebensweise der Staatsbürger zuständig ist, in dieser Hinsicht vergleichbar der marxistischen Ideologie in den einstigen sozialistischen Ländern Mittel- und Osteuropas, deren herrschaftskonforme Auslegung ja ebenfalls Sache staatlicher Sorge war. Seit einigen Jahrzehnten unterhält die türkische staatliche Religionsbehörde Tochterinstitutionen in mehreren europäischen Ländern, um den ihr in der Türkei übertragenen Aufgaben auch bei den dortigen türkischstämmigen Bevölkerungsgruppen nachzugehen, gleichgültig, ob deren Angehörige noch die türkische Staatsbürgerschaft besitzen oder nicht.

---

9 »Da das Kalifat an und für sich in dem Inhalt und Sinn der Begriffe Regierung und Republik eingeschlossen liegt, wird das *Amt* [Hervorhebung von mir] des Kalifats abgeschafft«, heißt es in § 1 des Gesetzes zur Aufhebung des Kalifats von 1924. Atatürk bekräftigte damals, dass die türkische Nationalversammlung gehalten sei, das von ihr gleichsam verkörperte Kalifat als den fruchtbaren Kern des türkischen Staatswesens und der ganzen islamischen Welt zur Geltung zu bringen, Uluğ, Naşit Hakki, *Halifeliğin sonu*, S. 177 – 187, hier S. 190.

10 Ganz in diesem Sinne erklärte Erdogan am 27. Februar 2010 in einer Rede vor Auslandstürken in Istanbul, die er ermutigen wollte, im Interesse der Türkei auf ihre jetzigen Heimatstaaten Druck auszuüben, er verstehe, dass es ihnen schwer falle, eine fremde Staatsangehörigkeit anzunehmen; dieser Schritt müsse ihnen in der Tat vorkommen, »als träten sie zu einer anderen Religion über« (zitiert in FAZ vom 19. März 2010, S. 6). Wir haben es hier nicht mit einer *façon de parler* zu tun, sondern mit einer jedem Laizismus hohnsprechenden religiösen Überhöhung eines Staatswesens.

4. Zusammenfassung

Die Imamausbildung in einem säkularen Staat wie Deutschland mag sich in Einzelheiten von moderner türkische Islamliteratur insbesondere der Ankaraer Schule anregen lassen, ihr Leitstern kann das türkische Schrifttum auf keinen Fall sein. Denn diese Ausbildung hier in Deutschland wird für Muslime innerhalb eines, das sei noch einmal unterstrichen, säkularen Staates eingerichtet, und diesem Umstand hat sie Rechnung zu tragen. Sie hat sich ferner an alle in Deutschland lebenden Muslime zu wenden ohne Ansehung ihrer ethnischen Herkunft und nicht zuletzt auch an diejenigen unter ihnen, die deutschen Ursprungs sind. Aus diesem Gesichtspunkt gewinnen wir somit zusätzlich zu dem eingangs dargelegten religions- und kulturgeschichtlichen Argument ein gewichtiges realpolitisches bzw. gesellschaftliches dafür, die akademische Imamausbildung auf das arabischsprachige Erbe des Islams zu gründen. Sowohl in der Quantität als auch in der Qualität stellt es das Hauptstück der intellektuellen und spirituellen Leistungen der Muslime dar, und – wichtiger noch – es birgt in sich kostbare Keime eines wider die gegenwärtig vorherrschende geistige Fesselung und seit Jahrhunderten erzwungene Weltverwerfung aufbegehrenden subversiven Denkens.

Literatur

Abd al-Ǧabbār ibn Aḥmad al-Qāḍī, *al-Muġnī fī abwāb al-tawḥīd wa l-'adl*, hrsg. v. Taha Husain und andere, Kairo o. J. (etwa ab 1960) (nur Bd. 4 – 9, 11, 13 – 17, 20; mehr nicht erhalten).

Deutscher Wissenschaftsrat, zitiert in FAZ vom 1. 2. 2010, S. 4.

Erdogan zitiert in FAZ vom 19. März 2010, S. 6.

R. Badry, Die *zeitgenössische Diskussion um den islamischen Beratungsgedanken unter dem besonderen Aspekt ideengeschichtlicher Kontinuitäten und Diskontinuitäten*, Freiburger Islamstudien 19, Stuttgart 1998.

T. Nagel, *Die Festung des Glaubens*, München 1988.

Ders., *Im Offenkundigen das Verborgene. Die Heilszusage des sunnitischen Islams*, Göttingen 2002.

Hamed Abdel Samad, in: NZZ vom 3. 12. 2009, zitiert von M. Buth in: »*Panikraum für Camus?*«, in: Mut, Nr. 509, Februar 2010, S. 51.

R. Schulze, zitiert in FAZ, 12. 2. 2010, S. 12.

Uluğ, Naşit Hakki, *Halifeliğin sonu*, Istanbul 1975.

İbrahim Hatiboğlu
Aus dem Türkischen von Hureyre Kam

Die Fähigkeiten und Kompetenzen der Religionsbeauftragten in Europa

In unserer modernen Zeit bilden die sozialen Strukturen in den Gesellschaften einen Teil der sehr komplexen und vielschichtigen Kommunikationsnetzwerke. Das Individuum – mit all seinen jeweils verschiedenen Qualitäten –, das seine Rolle in diesem Netzwerk in angemessenem Maße übernimmt, hat im Vergleich zu den vorherigen Generationen in größerem Maße weitere Aspekte und Besonderheiten zu berücksichtigen.

Die Komplexität und Unübersichtlichkeit der Kommunikation zwischen den Religionen, Gesellschaften und Individuen in unserer globalisierten Welt ist zum größten Teil eben auf den Umstand zurückzuführen, dass man nun gezwungen ist ein viel komplexeres Netzwerk zu überblicken und zu berücksichtigen.

Es ist ein unmögliches Unterfangen, diese neue »Situation« der Zivilisationen und Religionen, in der wir leben, einfach und in direkter Weise durch die Kenntnis und Berücksichtigung der klassischen, traditionellen Lehren lösen zu wollen. Dieselbe Komplexität der Kommunikation kann man auch in der vielschichtige europäische Gesellschaft festmachen, welche verschiedene Schichten in sich birgt. Insbesondere solche Gesellschaften, wie die europäische, welche die Fixpunkte und Attraktionszentren in kulturellen, wirtschaftlichen, politischen und intellektuellen Belangen bilden, sind sozial so breit und unüberschaubar geflochten, dass sie in ihrem Umfeld nicht auf eine oder zwei Mehrheitszivilisationen begrenzt werden können. Aus diesem Grund wird auch Forschung in einem viel größeren Umfang betrieben und die Suche nach Lösungen nimmt viel mehr Zeit und Energie in Anspruch.

Wenn die Frage nach der Kompetenz der Religionsbeauftragten in Europa in einer einfachen, oberflächlichen Art und Weise gestellt und ebenso beantwortet werden soll, so kann man sich mit einer kurzen und knappen Antwort begnügen, die kein tiefes Denken erfordert. Der Versuch eines Lösungsweges, der die philosophische, soziale und die intellektuelle Tiefe dieses Themas nicht berücksichtigt und nur die frühen Originalquellen in Betracht zieht, kann folglich nicht fruchten. Das heißt: Es ist heute für unsere Gesellschaften keine Lösung zu sagen: »Eine Person kann Religionsbeauftragter sein, wenn diese und jene Bedingungen erfüllt sind, ohne dabei das Land oder die Region berücksichtigen zu müssen.«

Demnach wird es immer eine unnütze Bemühung sein Lösungen zu suchen, ohne dabei die gesellschaftliche Wirklichkeit in Betracht zu ziehen und dies wird es dem Individuum unmöglich machen seinen Pflichten gewissenhaft nachzugehen, egal, welche Position er einnimmt. Wenn »eine Position einzunehmen« im Wesentlichen bedeutet, dass man seinen Pflichten gewissenhaft nachgeht, so bedeutet der Mangel an Kompetenz ein Hindernis für die zu übernehmende Verantwortung. In diesem Sinne wird die übernommene Verantwortung nicht erfüllt sein, wenn man im Geiste in alten Zeiten lebt, die aktuelle gesellschaftliche Wirklichkeit ignoriert und ferner bemüht ist die traditionellen Lehren, welche – an Koran und *hadīt* angelehnt – sich in den klassischen Werken etabliert haben, in unseren heutigen Gesellschaften weiterhin voll auszuleben. Dies wird auch schon in der klassischen Logik zur Sprache gebracht: »Die Kenntnis der traditionellen Lehren ist, obwohl notwendige Bedingung, nicht hinreichende Bedingung«.

Die primäre Kompetenz, die eine Person, die in einem multikulturellen Kontext die Position eines Religionsbeauftragten übernehmen soll, mitbringen muss, ist, dass er geistig, aber auch äußerlich eine Ausstrahlung besitzt, die kulturübergreifend in allen Menschen Wohlwollen hervorruft. Während man für sich eine solche Kommunikationsmethode beansprucht, darf natürlich nicht vergessen werden, dass alle Zivilisationen dasselbe Recht innehaben.

Der Prophet des Islam nannte, als er über die Qualifikationen sprach, die ein Imam mitbringen muss, die hervorragende Kenntnis des Korans und Rezitationsfähigkeit als wichtigste Bedingungen. Wenn er ferner einem anderen Volk einen seiner Männer schicken sollte, damit er diesem die Religion lehre, so erwählte er solche Leute, deren Vertrauenswürdigkeit jeden Menschen sogleich überzeugen würde. Es reichte also nicht aus, dass er für den Auftraggeber vertrauenswürdig war (hier der Prophet), sondern er musste vor allen Dingen von sich aus eine solche Vertrauenswürdigkeit ausstrahlen. So sind die zwei wichtigsten Eigenschaften, die ein Religionsbeauftragter mitbringen muss, wissenschaftliche Kompetenz und Vertrauenswürdigkeit oder die vertrauenserweckende Ausstrahlung. Es ist von enormer Wichtigkeit, dass man das Vertrauen aller Schichten gewinnen kann – von den obersten Instanzen bis hin zum gemeinen Volk.

Den Pflichten eines religiösen Führers gerecht zu werden, erfordert daher vor allen Dingen, dass man imstande ist eine direkte Verbindung zu seinen Mitmenschen aufzubauen. Infolge von mangelndem Vertrauen befahl der Prophet einem seiner Gefährten innerhalb von zwei Wochen Hebräisch zu lernen, was dieser befolgte und fortan mit dem offiziellen Schriftverkehr in dieser Sprache beauftragt wurde. Das zeigt darüber hinaus die Bedeutung der Sprache und die Notwendigkeit der Beherrschung aller gängigen Kommunikationsmittel.

Das Problem der direkten Bindung und einer solchen Kommunikation nimmt in einer multikulturellen Gesellschaft, wie sie die europäische darstellt, in der man sogar die Grenzen dieser Multikulturalität nur schwer abstecken kann, weiterhin an Bedeutung zu. Wenn man dem Beispiel des Propheten folgen will, so ist es nicht hinreichend, dass man allein die Sprache und Kultur der Mehrheitsgesellschaft erlernt. Vielmehr ist ständiges Lernen und Verinnerlichen notwendig, um die entsprechenden Instanzen der Bindung und Kommunikation zu erreichen.

Wenn nun aus dieser weiten und flexiblen Perspektive heraus das Problem betrachtet wird, so stellt man fest, dass ein so ausgebildeter Religionsbeauftragter weder von seinem Ursprungsland, noch von seinem Gastland – in welches er geschickt wurde – irgendwelchen kulturellen oder sprachlichen Druck zu spüren bekommen wird. Wenn er beispielsweise nach Deutschland gesandt wird, wo man die größte Population an muslimischen Türken findet, so wird ihn weder die Türkei in irgendeiner Weise begrenzen können die lokale Kultur zu übermitteln, noch wird Deutschland ihm vorschreiben können nur die lokale Kultur zu vermitteln. Wichtig hierbei ist, dass der Beauftragte in keiner Weise in seiner Initiative beschränkt werden kann, mit allen Schichten der Gesellschaft in direkten Kontakt zu treten.

Ein fundamentales Prinzip der direkten Kommunikation beinhaltet die Vertrautheit mit der Geschichte seines Faches, die konsequente Nutzung der Quellen und die dauerhafte Interaktion. Aus dieser Perspektive heraus betrachtet verfügen derzeitig Religionsbeauftragte – bis auf wenige Ausnahmen – nicht über eine hinreichende Formation, um in direkte Verbindung mit den primären Quellen ihres Faches einzutreten. Solche Beauftragte, die ihre Aufgabe allein darin sehen und auch nichts anderes vermögen, als Verse aus dem Koran zu übermitteln, deren Bedeutung sie nicht kennen und Aussprüche des Propheten zu repetieren, deren Originalitätswert sie nicht bemessen können, fristen ihr Dasein nicht nur in multikulturellen, sondern auch in vielen islamischen Gesellschaften als ein wesentliches »Problem« dieser Gesellschaft. Hiermit wurde also dem essentiellen Problem der gesellschaftlichen Wirklichkeit auch noch ein weiteres hinzugefügt: Das Problem der fachlichen Inkompetenz.

Einen weiteren wichtigen Punkt in diesem Zusammenhang gestaltet das Problem der Systematik des Denkens und der »Rechtsschulenauffassung«. Bis in die Moderne lebten die Menschen in einem begrenzten Rahmen und nur innerhalb dessen war ihre Weltanschauung in sich schlüssig und ergab einen Sinn. Weil die Begegnung mit anderen Kulturen nur in einem begrenzten Umfang stattfand, entwickelte man Methoden, die nur die eigene gesellschaftliche Wirklichkeit und die eigenen inneren Differenzen berücksichtigte. Und weil diese traditionellen Methoden jeweils einen Teil desselben Glaubens ausmachten, waren diese bemüht sich einen Bereich in der Tradition zu sichern, statt sich aneinander zu reiben. So entwickelten sich verschiedene Methoden und Rechtsschulen. Mit dem Einfluss der europäischen Aufklärungsbewegung setzte ein neuer Prozess ein, mit dem die abstrakten Dimensionen der Religion in die konkrete Dimension der sichtbaren Welt eingesperrt wurden. Somit geriet die frühere tiefe Einsicht in Vergessenheit und das Bemerkenswerteste und Störendste an der Religion war nunmehr die Religion selbst, oder es wurde so präsentiert. Demnach muss der Beauftragte, der die Verantwortung dieser Aufgabe in einem multikulturellen Umfeld übernehmen soll, zum Einen mit sich und seiner eigenen Vergangenheit in Übereinstimmung leben und zum Anderen muss er genau bewerten können, welchen Denkstrukturen er in welchen Gesellschaftsschichten begegnen wird und in welcher gesellschaftlichen Wirklichkeit diese Menschen leben. Dementsprechend muss er seine Präsentation der Religion anpassen, was eine hohe intellektuelle Kompetenz erfordert.

Außerdem wird es ein solches Bewusstsein dem Beauftragten erleichtern mit den Repräsentanten der verschiedenen Strömungen leichter und sicherer in Verbindung zu treten.

In einem multikulturellen Umfeld kommt auf den Religionsbeauftragten, dem es zukommt, die Gemeinsamkeiten der verschiedenen Gruppen herauszuarbeiten und somit zum besseren Verständnis beizutragen als seine eigene Sicht in den Vordergrund zu stellen, eine sehr große Verantwortung zu. Einen Konsens zu finden, in dem die gemeinsamen Punkte der Wertevorstellungen der lokalen Gesellschaft und der importierten Wertevorstellungen gefunden werden, wird die allgemeine gesellschaftliche Verwirrung verringern, wenn nicht gar verhindern. Menschen, die eine gewisse Zeit in Konsensgesellschaften leben, lernen die Anpassung an die lokalen Umstände, ohne der eigenen Kultur abzusagen, bzw. absagen zu müssen. Die Freiheit der Religionsausübung, sowie die Pflege der eigenen Kultur und Gebräuche ist für die Bildung einer friedvollen Gesellschaft notwendig. Denn der Koran gebietet die Religion des anderen nicht zu verachten. So gilt diese Notwendigkeit nicht nur in westlichen Gesellschaften, wo die Muslime in Minderzahl sind, sondern sie ist auch in islamischen Ländern geboten. Wenn man die Wertevorstellungen des anderen nicht verachtet, so werden die eigenen es ebenfalls nicht. Dieses ist das erste Recht, das sichergestellt werden muss.

Wenn man natürlich in einer festen Erwartung an den Anderen handelt, so bedingt es sich, dass auch der Andere eine starre Erwartungshaltung entwickelt. In unserer heutigen Zeit findet man nirgendwo auf der Welt, dass eine Region nur eine Kultur und nur eine Weltanschauung beherbergt und anderen Kulturen den Lebensraum versagt. Gerade heutzutage, wo eine Konsenskultur nun einmal fundamental wichtig geworden ist, sollte ein weltweiter Konsens darüber herrschen, dass nie der Versuch in Angriff genommen werden darf, die Minderheitenkultur und -weltanschauung zu verändern oder zu transformieren. Der Hauptgedanke sollte sein, dass wir alle dieselbe Zeit und denselben Raum bewohnen und dass das, was wir haben, schützenswert ist. Der Antrieb unserer Aktivitäten muss die Frage werden, wie wir diese Welt zu einem noch lebenswürdigeren Ort machen.

Es darf nicht vergessen werden, dass alle Religionen letzten Endes göttlichen Ursprungs sind und der Menschheit dieselbe Weisheit verkündet haben. Nur erlitten diese Weisheiten Banalisierungen durch die Hand der Menschen, die in einem »Egokrieg« diese Offenbarungen zum Werkzeug ihrer Machenschaften machten. Diese durch Menschen banalisierten Weisheiten werden durch die gemeinsamen Bemühungen der Menschheit die gesellschaftliche Ordnung wiederherstellen. Großes Gewicht kommt hierbei der Forderung zu, dass sowohl die Mehrheitskultur als auch die Minderheitskultur sehr feinfühlig gegenüber den Werten des anderen sein müssen. Die größte Verantwortung liegt in diesem Sinne natürlich auf den Schultern der Staatsführer und Religionsbeauftragten.

Diese ausführlichen Erläuterungen dienen allein dem Zweck, auf die Bedeutung der intellektuellen Kompetenz des Religionsbeauftragten hinzuweisen. Wenn die Bemühungen im Kontext der aktuellen multikulturellen »Situation« vorangetrieben werden, so wird auch bald ersichtlich, wie unangebracht die Diskussionen über Integration und Assimilation sind, die weitläufig in den westlichen Gesellschaften geführt werden.

Die islamwissenschaftlichen oder orientalistischen Institute, die zweifelsohne zu dem Zweck gegründet wurden die islamischen Gesellschaften zu transformieren, werden Dank eines solchen Fensters zu Brücken und Kreuzübergängen zwischen den Kulturen avancieren können. Dem zum Trotz ist es in einem Umfeld, in dem überall vom Kampf der Kulturen gesprochen wird, mehr zu unserem Nutzen, uns eine neue Zukunft aufzubauen als ständig den Weltuntergang vorzubereiten. Die westliche Zivilisation hat während des zwanzigsten Jahrhunderts eine grundlegende kulturelle Transformation erlebt. Diese Entwicklung führte zu einer neuen Sicht des Ostens. Künftig muss der Westen einen solchen Standpunkt entwickeln, der die kulturellen Differenzen bestmöglich ausgleichen und zu einem Konsens führen kann.

Dass einander konträre Kulturen, die noch keinen Weg zum Dialog finden konnten, in so vermischter Weise mit- und ineinander leben, wird auf lange Sicht den Konsens leichter machen. Jedem einzelnen Schritt, den Staatsoberhäupter und Religionsbeauftragte in diese Richtung machen werden, wohnt daher enorme Bedeutung inne. Kein Mensch hat jemals, auch wenn es sich um seinen Feind handelte, von einem gelehrten Menschen einen Schaden erfahren. Denn Wissen ist nicht gleich Macht, wie populär behauptet wird. »Wissen ist ein Führer, der den Menschen zum Recht leitet«, wie es in der islamischen Auffassung formuliert wird. Und die Menschheit hat den größten Schaden aufgrund von Unwissenheit und unwissend handelnden Menschen erlitten.

Vor diesem Hintergrund muss von den europäischen Instanzen gefordert werden, den Religionsbeauftragten, die nach Europa gesandt werden, alle Möglichkeiten bereitzustellen und somit sicherzustellen, dass die Fundamente für die Brücken gründlich gelegt werden, um den nächsten Generationen die bestmögliche Erziehung mitgeben zu können. Mit der Unterstützung dieses Erziehungsprozesses werden Personen heranwachsen, die, sobald sie ihre traditionellen und gesellschaftlichen Kompetenzen vollendet haben, mit Leichtigkeit als junge Friedensbotschafter zwischen den Kulturen fungieren können.

Alle Religionen sind sich darüber einig, dass die einzige Möglichkeit, der Verweltlichungs- oder Banalisierungskrise zu entkommen, die das moderne Zeitalter der Menschheit beschert hat, in der seelischen Erziehung der Menschen liegt. Die effektivste Form dieser Erziehungsform ist interkulturelle Verständigung. Sobald die Mehrheitskultur Druck auf die Minderheitskulturen ausübt, wird weder Konsens möglich sein können, noch werden Begriffe wie »Nächstenliebe« oder »Fürsorge« igendwie Fuß fassen können.

Es ist eine soziologische Tatsache, dass Intellektuelle stets nur einen kleinen Teil der Gesellschaft ausmachen, während die große Mehrheit aus der Gruppe besteht, die wir gewöhnlich schlicht »Das Volk« nennen. Die einzige Möglichkeit der Intellektuellen ihre neuen Ideen oder Lösungen dem Volk anzubieten, sodass sie diese auch wohlwollend aufnehmen, wird sein, sie ihnen so zu präsentieren, dass die neuen Ideen ihren Denkschablonen entsprechen. Somit wird auf lange Sicht eine Änderung des Bewusstseins möglich werden. Auch in den westlichen Gesellschaften wird eine solche Veränderung des Bewusstseins vorerst durch die Etablierung eines Vertrauensverhältnisses zwischen den Religionsbeauftragten und dem Volk möglich sein.

Der religiöse Erzieher ist die stärkste Brücke zwischen dem Volk und der intellektuellen Schicht. Sobald wir von seelischer und spiritueller Erziehung reden, bezeichnet es ein unmögliches Unterfangen, das Volk von außen oder von oben lenken zu wollen. Die Krisen, welche die westlichen Gesellschaften bei der Kommunikation mit den Minderheitenkulturen in ihren eigenen Reihen erleben, stehen größtenteils mit der Vernachlässigung dieses Umstandes in Verbindung.

Um es auf den Punkt zu bringen: Es gibt keine Gesellschaft, die ihre eigene Religion von jemandem lernen will, der wie der Sprecher oder Vertreter einer anderen Kultur oder Religion erscheint. Die Beschränkungen und der Druck in diesem Bereich machen wichtige Faktoren dabei aus, die spirituellen Bemühungen der Menschen von legalen in illegale Bereiche abzulenken.

Der Religionsbeauftragte kann eine warme und effektive Kommunikation zwischen den Kulturen herstellen, wenn Bewegungsfreiheit, Flexibilität und entsprechende Einflussbereiche gewährleistet sind. Wenn zum Beispiel in Deutschland die Institutionen und die gewährten Möglichkeiten den Wünschen und Erwartungen der Gläubigen entsprechen, so werden diese Einrichtungen mit großem Enthusiasmus von den verschiedenen Schichten der Gesellschaft genutzt und unterstützt werden. Hier ist noch einmal hervorzuheben, dass Führungspersonen und Institutionen, die nicht die eigene Religion repräsentieren, stets Quelle von Kommunikations- und Vertrauensproblemen sein werden.

Ohne Unterschied der Religionen, kann der Religionsbeauftragte nur dann eine umarmende, vereinende Rolle übernehmen, wenn er abseits der Tagespolitik partei- und politikübergreifend fungieren kann. Diese Stellung der Religionsbeamten kann nicht nur die Vertreter aller Religionen um einen Tisch versammeln, sondern sogar in kurzer Zeit den Konsens in allen Schichten der Gesellschaft herstellen.

Auch wenn es Grenzen zwischen den Ländern geben mag, kann man im geistigen und kulturellen Sinne heute nicht mehr von Grenzen reden. Jeder Mensch besitzt heute die Möglichkeit, mit all seinen Wertevorstellungen und Traditionen in ein anderes Land zu ziehen und sich dort niederzulassen. Der Transfer von Wissen und Know-how ist im Vergleich zu früheren Zeiten viel leichtgängiger geworden. Wenn demnach Projekte in Bezug auf die Kompetenzen der Religionsbeauftragten entwickelt werden, so dürfen nicht nur die Bedingungen und Möglichkeiten der Vergangenheit in Betracht gezogen werden, sondern es müssen vor allem die künftigen Erwartungen berücksichtigt werden.

Abschließend sei gesagt, dass die Bemühungen einer Kultur die »Gastkulturen« zu formen, fruchtlos bleiben werden und nur Verschwendung von Energie bedeuten. Da solche Bemühungen stets in Zwist münden werden, ist eine Methode vorzusehen, welche die Differenzen berücksichtigt und zur Kommunikation beiträgt. Auch wenn es momentan so scheint, als müsse nur die westliche Zivilisation, die aktuell die Leitkultur ist, allein diese Feinfühligkeit zeigen, so wird doch dieser Zustand in allzu naher Zukunft für alle Kulturen gleichermaßen Geltung haben. Demnach darf diese Diskussion nicht in einem begrenzten Rahmen geführt werden. Vielmehr ist es notwendig, dass in einem viel allgemeineren Sinne nach Lösungen gesucht wird.

Hochschulcurriculare Rahmenbedingungen

Benjamin Jokisch

Hochschulcurriculare Rahmenbedingungen der Imamausbildung in Deutschland. Einige einführende Überlegungen

Angesichts des immer deutlicher zu vernehmenden Postulats einer »Islamischen Theologie« als eigenständige und gleichberechtigte Disziplin an deutschen Universitäten stellt sich die Frage nach der konkreten Ausgestaltung des Faches. Da der Begriff »Islamische Theologie« in der Geschichte des Islam keine Entsprechung, bzw. im Sinne von *kalām* (spekulative Theologie) eine sehr viel eingeschränktere Bedeutung hat, ist er im vorliegenden Kontext auf all jene bereits ergriffenen bzw. noch zu ergreifenden universitären Initiativen zu beziehen, die auf die Ausbildung von Imaminnen und Imamen, i.w.S. auch muslimischen Religionspädagoginnen/Religionspädagogen und Wissenschaftlerinnen/Wissenschaftlern abzielen. Islamische Theologie in diesem Sinne umfasst weitere Bereiche wie z. B. die Geschichte des Islam, Exegese oder das islamische Überlieferungswesen.[1]

Relevant für die Bestimmung von Inhalt und Struktur des Faches dürfte – ohne dem derzeit laufenden Diskurs vorzugreifen und Anspruch auf Vollständigkeit zu erheben – eine Reihe von Faktoren sein, zu denen zunächst als übergeordnete Orientierung das politische Bemühen gehört, den Integrationsprozess zu fördern. Muslime und Muslima, nach den Christen die zweitgrößte religiöse Gruppierung in Deutschland, sollen die Möglichkeit erhalten, auf allen Ebenen der Zivilgesellschaft einschließlich Bildung und Forschung zu partizipieren. Ebenso wie Christentum und Judentum soll dem Islam eine universitäre Plattform zur wissenschaftlichen Reflexion und Artikulation der eigenen religiösen Identität geboten werden.

Integration bedeutet aber auch, Akademikerinnen und Akademiker auszubilden, die im Hinblick auf die spezifische Verfasstheit der muslimischen Gemeinden seelsorgerliche, pädagogische und ähnliche soziale Aufgaben übernehmen können. Dabei haben sie die besondere Funktion, zwischen Gesellschaft

1 Zu einer Reihe neuerer curricularer Modelle in diesem Bereich siehe W. Weiße (Hg.), *Theologie im Plural. Eine akademische Herausforderung*, Münster/New York/München/Berlin 2009.

und muslimischen Gemeinden als Teile eben dieser Gesellschaft zu vermitteln – eine Kompetenz, die einer Förderung durch spezielle Angebote im Lehrplan (z. B. Formen und Techniken des Dialogs) bedarf.

In Bezug auf das Lehrpersonal dürfte ein entsprechender Praxisbezug (z. B. Migrationshintergrund, Erfahrungen in der Gemeindearbeit) sowie eine ausreichende Akzeptanz durch die muslimischen Commnunities und Verbände vorausgesetzt werden. Harry Harun Behr, selbst Inhaber einer Professur für islamische Religionslehre am IZIR (Interdisziplinäres Zentrum für Islamische Religionslehre in Nürnberg-Erlangen), hat dies in seinem Vortrag »Religionspädagogische Kompetenzen von Imamen«[2] anhand mehrerer Beispiele sehr anschaulich illustriert.

Die teils beträchtlichen theologischen Unterschiede zwischen den nicht an eine zentrale Instanz gebundenen muslimischen Gruppierungen – und gerade deshalb werden sie in Deutschland ja noch nicht als Körperschaft des öffentlichen Rechts anerkannt – können die Konsensbildung natürlich erschweren, werden sie aber trotz des einen oder anderen Rückschlags in der Praxis langfristig nicht verhindern können.

Es ist nicht zuletzt die Vielfalt und Heterogenität des Islam, die auf einer anderen Ebene, der Bestimmung der normativen Vorstellungen, erhebliche Spielräume ermöglichen. Da die Scharia, ein Kernbereich des Islam, längst Teil der Rechtskultur in Deutschland geworden ist[3] – nicht selten mit beträchtlichem medialen Echo –, wird es darauf ankommen, im Rahmen der Imamausbildung Wege und Methoden der Harmonisierung divergierender Rechtsvorstellungen zu thematisieren. Ausgehend von der grundsätzlichen und aus rechtsstaatlicher Perspektive notwendigen Kompatibilität der Rechtsordnungen erscheint eine zumindest einführende Qualifizierung der angehenden Imaminnen und Imame sowohl im deutschen als auch im islamischen Recht (einschließlich der islamischen Rechtsmethodologie) wünschenswert.

Eine Frage, die sich generell im Zusammenhang mit dem Fach »Theologie« als universitäre Disziplin stellt, ist die Wissenschaftlichkeit. Inwieweit können und dürfen durch Offenbarungstexte und Traditionen vorgegebene Grundannahmen (Innenansicht) im Zuge einer Außensicht hinterfragt werden? Der hohe Anspruch an die Freiheit der Wissenschaft einerseits und der Schutz der Religionen andererseits hat bei den bekenntnisgebundenen Disziplinen immer wieder zu Konflikten geführt, die zwar in der Theorie nur schwer lösbar sind, in der Praxis jedoch häufig überwunden werden konnten. Prof. Ziebertz, Experte für Religionspädagogik und Didaktik des Religionsunterrichts, liefert in seinem

2 Der Beitrag liegt in diesem Band leider nicht vor.

3 Zu praktischen Beispielen in der deutschen Rechtsprechung siehe M. Rohe, *Der Islam – Alltagskonflikte und Lösungen: rechtliche Perspektiven*, Freiburg im Breisgau 2001.

Vortrag »Der Beitrag der christlichen Theologie zur Imamausbildung«[4] Beispiele wissenschaftlich-methodischer Standards, die in der christlichen Theologie etwa zur Überwindung eines Geschichtspositivismus entwickelt worden sind und sich bewährt haben. Ähnliches gilt sicher auch für die jüdische Theologie, die sich ja ebenfalls mitsamt Rabbinerausbildung auf universitärer Ebene in Deutschland etabliert hat.[5] Christentum und Judentum könnten insoweit aufgrund der praktischen Erfahrungen eine Vorbildfunktion ausüben.

Überschneidungen nicht nur in Bezug auf die Wissenschaftlichkeit gibt es darüber hinaus mit der Islamwissenschaft. Die Islamwissenschaft, im Kern eine philologische Disziplin[6], umfasst insbesondere im Rahmen der neueren B.A.-Studiengänge eine Reihe von Teilgebieten, die, wie dargelegt, ebenso zur Imamausbildung gehören (Geschichte, Exegese, Recht, Überlieferungswesen etc.). Dass diese Disziplinen in mancher Hinsicht (Zielsetzung, sprachliche Ausrichtung, Bekenntnisgebundenheit etc.) Unterschiede aufweisen, dürfte außer Zweifel stehen. Unter der Voraussetzung aber, dass für beide Disziplinen dieselben wissenschaftlichen Standards gelten, wäre in Bezug auf die genannten Teilgebiete eine engere Kooperation, z. B. eine Koordination der Curricula, durchaus denkbar.

Literatur

Jokisch, B. »*Islamwissenschaft: Globalisierung einer philologischen Disziplin*«, in: Reinkowski, M./Poya, A. (Hgg.), *Das Unbehagen in der Islamwissenschaft: Ein klassisches Fach im Scheinwerferlicht der Politik und der Medien*, Bielefeld 2007, S. 37 – 50.

Rohe, Mathias, *Der Islam – Alltagskonflikte und Lösungen: rechtliche Perspektiven*, Freiburg im Breisgau 2001.

Weiße, Wolfgang (Hg.), *Theologie im Plural. Eine akademische Herausforderung*, Münster/New York/München/Berlin 2009.

Ziebertz, Hans-Georg, »*Der Beitrag der christlichen Theologie zur Imamausbildung*« in diesem Band.

4 Siehe folgenden Beitrag in diesem Band.

5 Als modellhaft für die Etablierung der »Jüdischen Theologie« in Deutschland kann die Hochschule für Jüdische Studien in Heidelberg angesehen werden.

6 Jokisch, B. »*Islamwissenschaft: Globalisierung einer philologischen Disziplin*«, in: *Das Unbehagen in der Islamwissenschaft: Ein klassisches Fach im Scheinwerferlicht der Politik und der Medien*, hrsg. v. M. Reinkowski/A. Poya (Bielefeld 2007), S. 37 – 50.

Hans-Georg Ziebertz

Der Beitrag der christlichen Theologie zur Imamausbildung

Anfang 2010 hat der Wissenschaftsrat eine viel beachtete und weit reichende Empfehlung zum Format der Theologien an Universitäten veröffentlicht[1]. Er tritt darin für eine Stärkung der Islamischen Theologie (»Islamische Studien«) an mindestens drei Standorten ein und begründet dies unter anderem mit der Notwendigkeit einer Imamausbildung in Deutschland. In dem Text des Wissenschaftsrates heißt es, dass etwa 25 % des Lehrangebots durch Importe geleistet werden soll – auch durch Importe aus der christlichen Theologie? Diese konkrete Verbindung wird in dem Dokument des Wissenschaftsrates durchaus angedeutet. Vor diesem Hintergrund bekommt die Anfrage, Überlegungen zum Thema *Der Beitrag der christlichen Theologie zur Imamausbildung* anzustellen, eine besondere Aktualität. Allerdings muss ich zugeben, dass mich die Bitte zunächst überrascht und erstaunt hat. Denn wie und wieso sollte die christliche Theologie, die in Deutschland wesentlich lutherische und römisch-katholische, also konfessionelle Theologie ist, zur Ausbildung der Imame einen Beitrag leisten – leisten können? Stellen wir uns die umgekehrte Frage vor: Wäre es denkbar, dass die christliche Theologie die islamische anfragt, ob und welchen Beitrag diese zur Ausbildung christlicher Funktionsträger, also evangelischer Pfarrer und katholischer Priester, leisten könnte und wollte? Diese Frage ist zumindest ungewöhnlich und ungewohnt, aber das impliziert kein Urteil über ihren Gehalt und ihre Relevanz. Es spricht vielmehr für die islamische Theologie, wenn sie sich interessiert zeigt, bei der Entwicklung eines theologischen Programms mit den etablierten christlichen Theologien in einen Austausch zu treten und diese einzubeziehen. Die christlichen Theologien sollten ihrerseits bereit sein, am Ausbau der islamischen Theologie mitzuwirken: nicht im Sinne von Konkurrenz und Kontrolle, sondern aus dem Interesse heraus, dass es um die Erscheinung und Präsenz von Theologie an der Universität insgesamt geht. Die Theologien werden von der Außenperspektive her zusammen daran gemessen werden, ob es ihnen gelingt, beispielsweise gemeinsame Standards in

1 http://www.wissenschaftsrat.de/texte/9678 – 10.pdf (letzter Zugriff 13.05.2010).

Forschung und Lehre zu entwickeln. Hinzu kommt, dass die Etablierung einer islamischen Theologie die Voraussetzungen für eine Institutionalisierung des akademischen interreligiösen Dialogs wesentlich verbessert. Die folgenden Überlegungen sind zwangsläufig äußerst fragmentarisch und vielfach korrektur- und ergänzungsbedürftig. Ich möchte zunächst auf Implikationen des Konfessionsprinzips eingehen, anschließend Eigenheiten der theologischen Ausbildungen reflektieren, Möglichkeiten der Kooperation im Bereich der Professionstheorie ausleuchten, Felder wissenschaftsmethodischer Zusammenarbeit ansprechen und schließlich mit einem Ausblick den Beitrag beschließen.

1. Theologien und Konfessionen

In den Überlegungen des Wissenschaftsrates wird allgemein zwischen Theologie und Religionswissenschaft unterschieden. Wenn der Wissenschaftsrat über den Islam spricht, ist sowohl von Theologie als auch von Islamischen Studien die Rede. Hiervon werden noch einmal Fächer wie Orientalistik und Islamwissenschaft unterschieden. Analog zu den christlichen Theologien werden die islamische Theologie bzw. die Islamischen Studien mit einer sozial vorfindbaren religiösen Praxis in Beziehung gesetzt, wie sie in den muslimischen Gemeinden in Deutschland stattfindet. Damit trägt man den Erwartungen an einen neuen Studiengang Rechnung, dass dessen Absolventen in einer näher definierten Berufspraxis unterkommen können. Für Imame kommen dazu vor allem die Moscheegemeinden in Frage, die wesentlich von islamischen Verbänden und Vereinen getragen werden.

Schon heute gibt es in Deutschland einige Professuren und Lehrstühle für Islamische Religionspädagogik, die notwendig wurden, nachdem in einigen Bundesländern das Schulfach Islamische Religionslehre eingeführt wurde. Gegenwärtig steht die Frage an, das Personal an den Moscheen akademisch auszubilden und zwar in Deutschland, wozu die religionspädagogischen Professuren nicht ausreichen. Will man die Möglichkeit eröffnen, den Berufsweg zum Imam an einer deutschen Hochschule zu eröffnen, sind weitere Fächer nötig. Der Wissenschaftsrat nennt neben der Religionspädagogik die Fächer Exegese (inkl. Sunna), systematische Theologie (Fundamentaltheologie, Dogmatik, Moral/Ethik, islamische Ökumene), historische Theologie (inkl. Sunna, *kalām*, Mystik, Philosophie etc.), Islamisches Recht und Rechtsmethodik, sowie die praktische Theologie.

Aufgrund der Bindung des Imam an Moscheegemeinden muss die universitäre Ausbildung gewährleisten, dass diese Gemeinden bereit sind, die Absolventen anzustellen. Neben der monetären Frage, die hier nicht interessieren muss, geht es dabei vor allem um ideologische Aspekte. Die Gemeinden verlangen keine religionswissenschaftlichen Kenntnisse »über« den Islam, sondern eine binnenperspektivische Kompetenz und ein erklärtes commitment. Daher schlägt der Wissenschaftsrat vor, die islamische Theologie nach dem Muster der konfessionellen Theologien zu gestalten. Wenn »konfessionell« als Bindung an eine bestimmte institutionalisierte Form religiöser Doktrin und Praxis verstanden wird, sieht man im Islam jedoch das Problem, dass dieser, den christlichen Kirchen unähnlich, keine Kirchenstruktur kennt und über eine weniger klare Autoritätshierarchie verfügt. Es ist also schwieriger zu definieren, was die islamische »Konfessionalität« ausmacht. Schon der Begriff »Konfession« ist problematisch und kann nur eine Hilfsfunktion erfüllen. Zwar lässt sich seine Bedeutung auf »Bekenntnis« bzw. »bekenntnisorientiert« fokussieren, jedoch ist die kulturelle Ladung des Begriffs in Deutschland deutlich institutionell (kirchlich) belegt. Was das Bekenntnis im Islam betrifft, sind unterschiedliche Verbände und Gemeinden zu berücksichtigen, die unabhängig voneinander agieren und nicht selten unterschiedliche Interessen verfolgen. Noch schwieriger zeigt sich das Verhältnis zwischen sunnitischen und schiitischen Gemeinden. Sollen Absolventen der islamischen Theologie von diesen Gruppen akzeptiert und angestellt werden, muss das theologische Konzept der Universität der Ausrichtung der Religionsgruppen zwangsläufig Rechnung tragen. Im Gegensatz zur Katholischen oder Evangelischen Kirche hat man es mit einer heterogenen Verbändestruktur zu tun, sodass die theologische Ausrichtung einen common sense oberhalb der Gruppen abbilden muss. Das kann im konkreten Fall bedeuten, dass »Konfessionalität« ein anderes Gesicht bekommen wird, als wir es in der katholischen und evangelischen Theologie gewohnt sind. Um den common sense zu definieren, soll nach der Auffassung des Wissenschaftsrates ein Beratungskreis, in dem wichtige Verbände Sitz und Stimme haben, die Referenzgruppe bilden, in der »Konfessionsfragen« (bis hin zu Berufungen) abgestimmt werden. Es ist daher zu erwarten, dass zumindest eine niedrig gehängte Variante des Konfessionalitätsprinzips auch für die islamische Theologie bzw. die Islamischen Studien gelten wird. Freilich ist noch offen ob es einen solchen Beratungskreis geben wird, wie man diesen personalisiert und welche Befugnisse ihm eingeräumt werden.

Wenn die Empfehlungen des Wissenschaftsrates von der Politik angenommen und umgesetzt werden, weitet man das Konfessionsprinzip aus und etabliert eine weitere religiös-theologische Säule an der Universität. Die geschieht parallel zu den Schulen, wo neben dem katholischen und evangelischen (teilweise jüdischen) Religionsunterricht ein islamischer eingerichtet wird. In vielen europäischen Ländern geht man einen anderen Weg, indem man an der Schule einen Religionsunterricht für alle anbietet, der überkonfessionell ausgerichtet ist. Dessen Curriculum wird zwar in der Regel mit den entsprechenden Religionsgemeinschaften abgestimmt, aber der Unterricht will und soll nicht in eine konkrete Religion einführen. Entsprechend unterhält man an den Universitäten Abteilungen für Religious Studies. Wir können dies in unserem Nachbarland, den Niederlanden, gut studieren. Wenn es an den dortigen Reichsuniversitäten (also nicht-konfessionell getragenen Staatsuniversitäten) einen Fachbereich Theologie gibt, ist dieser nach dem duplex ordo Prinzip organisiert. Dieses Prinzip beinhaltet, dass einige Fächer als voraussetzungslose Wissenschaft definiert werden, in denen Erkenntnisgewinnung ohne doktrinale Voreinstellung möglich sei. Dazu gehören zum Beispiel die historischen und exegetischen (also textkritischen) Fächer und eine auf philosophischer Grundlage konzipierte systematische Theologie. Davon werden Fächer unterschieden, die mit der Doktrin und Praxis einer Religionsgemeinschaft eng verbunden sind, also Dogmatik, Liturgiewissenschaft und Pastoraltheologie. Diese Fächer werden als »kirchliche Ausbildung« verstanden: sind kein institutioneller Teil der theologischen Fakultät, sondern folgen als ein »Supplement«, allerdings im Kontext der Universität und beruhend auf akademischen Standards. Dieser eigene kirchlich verantwortete Bereich umfasst meist zwei Jahre und schließt in der Regel an das vierjährige Studium der »voraussetzungslosen« Fächer an. Damit will man Wissenschaft von religiöser Normativität unterscheiden und beiden einen jeweils eigenen Platz zuweisen, wobei die kirchliche Ausbildung konsekutiv auf das allgemeine theologische Studium folgt. Während im ersten Teil des Studiums Studierende unterschiedlicher Denominationen gemeinsam studieren, erfolgt die kirchliche Ausbildung nach Konfessionen getrennt. An konfessionell ausgerichteten Universitäten (darunter auch zwei islamische Institutionen), die nach dem simplex ordo organisiert sind, entfällt diese Unterscheidung und deren Konzept ist der Theologenausbildung in Deutschland ähnlich. In den vergangenen Jahren ist in den Niederlanden (wie auch in Skandinavien und England) eine Veränderung derart zu erkennen, dass die Fakultäten nicht nur ihre Abteilungen für vergleichende Religionswissenschaft ausgebaut haben (worin Fächer wie Islamwissenschaft und Judaistik selbstverständlich sind), sondern dass sich traditionelle Fakultäten insgesamt in Richtung einer religionswissenschaftlichen Wissenschaftsauffassung bewegen. Angehörige unterschiedlicher religiöser Bekenntnisse gehören zu ein- und derselben Abteilung und kooperieren darin. Mit dieser Entwicklung, die sicher auch dem jeweiligen Säkularisierungsgrad geschuldet ist, gibt man gegenüber der Konfessionsfixierung hierzulande einer unabhängigen Wissenschaftsorientierung den eindeutigen Vorzug. Eine gemeinsame Linie im Theologiebetrieb ist im zusammenwachsenden Europa jedoch nicht zu erkennen, wofür unter anderen historische Gründe anzuführen sind, entscheidend ist auch die Religionspolitik der Länder sowie die Rolle der Religionsgemeinschaften im öffentlichen Leben. Ein Wissenschaftsverständnis, das normative und nicht-normative Wissenschaft unterscheidet, kann sicher mit Gründen kritisiert werden, aber das Problem ist auch in Deutschland virulent und führt immer wieder zu Diskussionen über den Ort der Theologie an einer wissenschaftlichen Hochschule.

In Deutschland kennt man keinen duplex ordo. Der Weg, der hierzulande beschritten wird, besteht aus einer Parallelität von Studiengängen zu den gesellschaftlich relevanten Religionen. Dafür gibt es historische Gründe, vertragliche Grundlagen (Konkordate und Staats-Kirchen Verträge), die Idee, dass auf diese Weise Pluralität gestaltet und nicht neutralisiert wird, und sicherlich eine Reihe von machtpolitischen Gründen. Die Universitätslandschaft in Deutschland zeigt, dass mit parallelen Religionssäulen durchaus gearbeitet werden kann. Weil aber in diesem Modell keine direkten institutionellen Querverbindungen zwischen den Fächern gegeben sind, besteht die Gefahr der intellektuellen Separierung. Es braucht also gezielte Anstrengungen, um der Separierung zu begegnen. Zum einen, um wissenschaftliche Standards abzugleichen und diese voranzutreiben, zum anderen aufgrund der Ambivalenz von Religion, die sozial und gesellschaftlich stabilisierend und destabilisierend wirken kann, sodass der wechselseitig kritische Dialog eine stimulierende und kritische Funktion für das Wissenschaftstreiben und die religiöse Praxis entfalten kann. Dies geschieht freilich heute schon, wenn man etwa die zahlreichen Bemühungen um den interreligiösen Dialog beobachtet, die aus den Theologien heraus betrieben werden. Darin darf man ein gutes und hoffnungsvolles Zeichen sehen. Gezielte wissenschaftliche Kooperationen werden diesen Prozess verstärken.

2. Die Eigenheiten theologischer Ausbildungen

Kehren wir zurück zu der mir gestellten Frage, ob die christliche Theologie etwas zur Ausbildung von Imamen im Kontext der Universität beitragen kann. Ich möchte die Frage jedoch wechselseitig ausweiten: Welchen Beitrag können die theologischen Partnerdisziplinen für die jeweiligen Ausbildungsbelange leisten, wenn man die Bedingungen der konfessionellen Trennung der Theologenausbildung berücksichtigt?

Lassen Sie mich kurz erläutern, warum diese Überlegungen für die christlichen Theologien bedeutsam sind – und analog wohl auch für die islamische Theologie. Es kommt so gut wie nie vor, dass ein evangelischer Student ein Studienprogramm an einer katholisch-kirchlichen Hochschule besucht oder umgekehrt ein katholischer an einer evangelischen Hochschule studiert. Selbst wenn das aus der Sicht der Hochschulen möglich ist, stellen sich Probleme spätestens dann ein, wenn dieser Student am Ende des Studiums eine Anstellung in seiner Kirche sucht. Soweit ich sehe, ist die Ausbildung des zukünftigen kirchlichen Personals in Deutschland ganz und gar eine Sache der jeweiligen

Konfession. Gemeindeaufbau, Seelsorge, Predigt, Kasualienpraxis usw. stehen in Beziehung zu einer klar definierten konfessionellen Verwendungspraxis und werden, bei aller ökumenischen Kooperation, kaum interdisziplinär konzipiert. Selbst die Ausbildung der Lehrkräfte für die Schule hat nach dem Willen der Kirchen getrennt zu erfolgen. Und es scheint, dass die beiden christlichen Kirchen das je Eigene derzeit eher wieder stärker betonen.

Bleiben wir einen Moment bei den konfessionellen Rahmenbedingungen ohne jedoch zu vergessen, dass es bereits zahlreiche Vereinbarungen und funktionierende Kooperationen im universitären Lehr- und Forschungsalltag gibt. Ein entscheidender Aspekt der Frage, die zu beantworten ist, betrifft den Vergleich der Berufsgruppen und -felder. In der evangelischen und katholischen Theologie gibt es zwei zentrale Berufsgruppen: die Pfarrer/Priester und die Lehrer. Der Priester hat nach katholischem Verständnis nicht nur eine Funktion, einen Job, sondern er ist Teil des kirchlichen Amtes – und damit eingebunden in das sakramentale Selbstverständnis der katholischen Kirche – womit man gewissermaßen im innersten Bezirk des religiösen Mysteriums angekommen ist, mit dem zahlreiche weitere Auflagen verbunden sind: Lebensweise, Spiritualität, Gehorsamspflichten, usw. Dieses zusammen wird als so speziell betrachtet, dass man aus katholischer Perspektive schon kaum einen Import aus der evangelischen Theologie akzeptieren würde, geschweige denn aus der islamischen Theologie. Ich mache darauf aufmerksam, weil dieser Hintergrund sicher nicht zu vernachlässigen ist, wenn man auf umgekehrt ausgerichtete Beiträge für die Imamausbildung fokussiert. Im Blick auf die religionspädagogischen Angebote für angehende Lehrer sind ähnliche Fragen gegeben, allerdings gibt es in diesem Bereich bereits eine erfolgreiche Zusammenarbeit.

Welche Berufsstränge vergleichen wir miteinander? Ein Imam ist »Oberhaupt« und »Vorsteher«, er ist »Vorbeter« und »Prediger«, er erfüllt also Aufgaben, die wesentlich mit dem Arbeitsfeld Moschee verbunden sind. Aslan spricht in diesem Band von religious service, community service und intellectual leadership. Nimmt man die gemeindeorientierten Aufgaben als wesentliche Kennzeichen des Berufsfeldes Imam, stellen sich aus christlicher Perspektive Assoziationen zum Pfarrer und Priester ein. Dies umso mehr, wenn in der schiitischen Vorstellung dem Imam ein spezielles Wissen und ein besonderes Verständnis des Korans sowie die exklusive Autorität in dessen Interpretation zugesprochen wird. Auf der anderen Seite würde man von islamischer Seite in Kenntnis der christlichen Ämter vermutlich nicht behaupten, dass der Imam mit einem »Geistlichen« verglichen werden kann, weil letztendlich alle Gläubigen, die den Ritus des Gebets beherrschen, diese Aufgabe wahrnehmen können. Der Islam versteht sich gerade nicht als eine priesterschaftliche Religion. Für den Lehrbetrieb ist es sicher notwendig, eine nähere Bestimmung des Berufs des

Imam zu leisten, um angeben zu können, welche Disziplinen vorrangig in das Gespräch eintreten könnten.

Wenn Imame den Pfarrern und Priestern ungleich sind, kann man sie mit Lehrern im christlichen Sinn vergleichen? Religionslehrer leisten eine Entschlüsselung des christlich-religiösen Kulturgutes im Kontext einer Konfession, aber unter Bezug auf den gesellschaftlichen und schulpädagogischen Bildungsauftrag. Sie haben (wenn sie nicht Priester/Pfarrer sind) kein Amt in der Kirche, sie leiten keine Gemeinde und sind nicht als Prediger tätig oder mit Ritualen betraut. Daher ist der Vergleich Imam-Lehrer auch nicht ohne Weiteres möglich.

Im universitären Alltag der Vorlesungen und Seminare sind mit diesen Unterscheidungen durchaus Konsequenzen verbunden, was die Art und den Zuschnitt von Veranstaltungen betrifft. Schon allein im christlichen Kontext zeigt sich in Kursen und Übungen, die mit konkreten Berufsfeldern zu tun haben, der spezielle konfessionelle Charakter am deutlichsten. Zum Beispiel die Predigt im christlichen Kontext: man kann unter der Berücksichtigung der gemeinsamen Quellen (Bibel) und der Hilfsdisziplinen (wie z. B. Rhetorik) einen gemeinsamen Kurs zur Theorie der Predigt machen, aber es bleibt ein spezieller Bereich erhalten, der mit dem Verständnis der Predigt im Protestantismus und im Katholizismus zu tun hat, mit dem Verständnis des Predigers, dem Amtsbegriff und der Einbettung der Predigt in den Gottesdienst bzw. die Eucharistie.

In der Lehrerbildung scheint mir die Lage einfacher zu sein. An den meisten Universitäten, die evangelische und katholische Theologie beherbergen, gibt es eine partielle Anerkennung von Scheinen – zumindest in der Religionspädagogik und zumindest dann, wenn sich ein katholischer Student zum Examen meldet, der nicht nur Seminare zu Luther, Zwingli und Calvin besucht hat – und umgekehrt, wenn ein evangelischer Student nicht nur Seminare zum Papsttum belegt hat. Die beiden christlichen Kirchen verfolgen seit einiger Zeit aber eher einen restriktiven Kurs, als dass sie ökumenische Kooperationen beherzt unterstützen. Bisweilen bewegt sich die Kooperationspraxis an den Universitäten in einer nicht definierten Grauzone. Diese Kontextbedingungen muss man m. E. nüchtern sehen, denn sie markieren vielerorts den status quo, was nicht heißt, dass dieser konserviert werden sollte.

Es ist leicht einsichtig, dass die Ausweitung der Kooperation auf den christlich-islamischen Bereich für viele Partner Neuland darstellt. Innerhalb der christlichen Ökumene gibt es zumindest gemeinsame Quellen und eine gemeinsame Geschichte, d. h., die Familienähnlichkeiten sind erkennbar und präsent. Hingegen ist die Fremdheit von Islam und Christentum noch groß und man bewegt sich allenfalls in einem Kreis »weit entfernter Verwandter«. Auch die Betonung der Gemeinsamkeit als »abrahamitische Religionen« kann nicht darüber hinweg täuschen, dass man sich nur aus der Distanz kennt. Wir stehen am Anfang einer Zusammenarbeit, die noch einen stark experimentellen Charakter hat.

3. Professionstheorie

Die Theologien bieten Studienprogramme mit Berufsfeldbezug an, auch wenn ein Studium selbst keine Berufsausbildung ist. Es vermittelt notwendige vor allem intellektuelle Kompetenzen, diese sind aber nicht hinreichend, um einen Beruf erfolgreich ausüben zu können. Daher sehen viele Berufskonzeptionen eine an die Universität anschließende Ausbildungsphase vor wie die Pastoralausbildung, das Vikariat oder das Referendariat. Die universitäre Bildung beruht auf drei Säulen: der Beschäftigung mit Wissenschaft, die implizite und explizite Bezugnahme auf ein Berufsfeld sowie die Integration innerhalb der Person der Lernenden sowie ihre Weiterentwicklung[2].

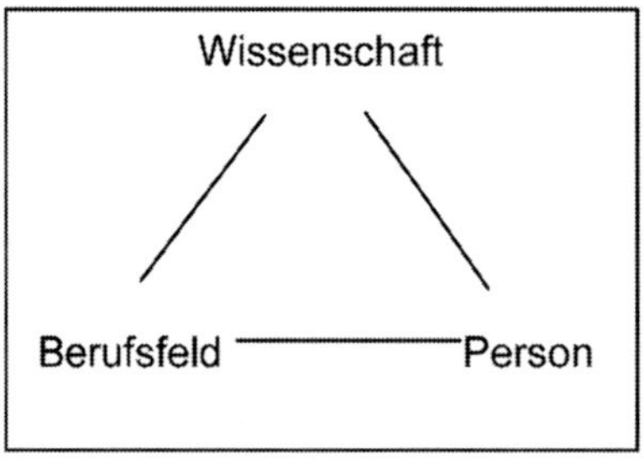

Wissenschaft: Der universitäre Beitrag zur Bildung religiöser Funktionsträger resultiert aus der Stellung im Professionalisierungsprozess. Professionelles Handeln ist allgemein gesprochen die »fallspezifische Anwendung universellen Regelwissens«[3]. Für professionelles Handeln bedeutet dies, dass zum Beispiel fachwissenschaftliche, psychologische und soziologische Kompetenzen zu

2 Vgl. Heil/Faust-Siehl, »*Wissenschaft – Berufsfeld – Person. Möglichkeiten und Grenzen universitärer (Religions-)Lehrerbildung*«, in: rhs 43, 2000, S. 126 – 132; zum Folgenden Ziebertz, »*Religionslehrerbildung an der Universität (Lehrprogramm)*«, Lehrstuhl für Religionspädagogik an der Universität Würzburg 2001, auf: http://www.rp.theologie.uni-wuerzburg.de/lehre/lehrprogramm (letzter Zugriff 15.07.2010).

3 Vgl. Oevermann, »*Theoretische Skizze einer revidierten Theorie professionalisierten Handelns*«, in: Combe, Arno/Helsper, Werner (Hgg.), *Pädagogische Professionalität. Untersuchungen zum Typus pädagogischen Handelns*, Frankfurt a.M. 1996, S. 70 – 182; Bauer/Kopka/Brindt, *Pädagogische Professionalität und Lehrerarbeit. Eine qualitative empirische Studie über professionelles Handeln und Bewusstsein*, Weinheim/München 1996.

einem Habitus verschmolzen werden, der flexibles und situationsadäquates Agieren und Reagieren in Handlungsfeldern ermöglicht. Habitus ist eine durch Sozialisation, Erziehung und Bildung gewonnene Haltung, in der allgemeine Strukturen personengebunden realisiert werden. Der Habitus schafft die individuelle Disposition, die Handeln ermöglicht. Wenn in der theologischen Bildung von Habitus gesprochen wird, ist damit eine »reflexive Handlungskompetenz« auf dem Feld religiöser Bildung und Seelsorge gemeint. Die Universität ist auf ein wissenschaftliches Fachstudium ausgerichtet, das Studium ist demnach zuerst ein wissenschaftliches. Es sollen wissenschaftliche Kompetenzen erlernt werden, die für den späteren Beruf als Grundlage notwendig sind. Als erste Phase hat die universitäre Bildung die Aufgabe, die wissenschaftlichen Grundlagen der Profession zu liefern. Die universitäre Ausbildung ist demnach nur ein Baustein eines Prozesses hin zum »fertigen« Theologen. Sie ist von Ansprüchen entlastet, die sie aufgrund des Wissenschaftsbezugs selbst nicht leisten kann (z. B. die Vermittlung rein handlungspraktischer Fertigkeiten). In diesem Sinne wird im Theologiestudium ein wissenschaftlich-reflexiver Habitus als Grundlage der späteren Berufskompetenz vermittelt.

Berufsfeld: Wissenschaftlichkeit bedeutet jedoch nicht fehlenden Berufsfeldbezug, im Gegenteil. Im Blick auf den Lehrerberuf spricht die von der Kultusministerkonferenz eingesetzte Kommission von »berufsorientierter Wissenschaftlichkeit«[4] und vom »Ende der Beliebigkeit«[5]. Der Terminus »Berufsfeldbezug« könnte den Eindruck wecken, als ginge es darin um eine Einübung in das spätere Handeln in Schule und Gemeinde. Diese Erwartung kann nur enttäuscht werden. Daher ist die Klarstellung wichtig, dass die Universität Studierende nicht in praktischem Sinn befähigt, Lehrerin oder Lehrer, Pfarrerin oder Pfarrer, Imamin oder Iman zu sein. Die Universität macht sich den »Berufsfeldbezug« zur Aufgabe, indem sie die Praxis schulischen Lehrens und Lernens und gemeindlicher Seelsorge und Diakonie theoretisch vermittelt und in ihrer Forschung Theorien über eben diese Praxis entwirft. Es geht um den Einbezug des Berufsfelds mit wissenschaftlichen Mitteln. Das Berufsfeld kommt als Bezugspunkt für die Auswahl von Curricula oder als Gegenstand erfahrungswissenschaftlicher Forschung in den Blick, nicht jedoch als handlungspraktisches Übungsfeld. Schulpraktische Übungen und Praktika in den Gemeinden erlauben den Studierenden einen Einblick in das Berufsfeld, aber sie sind kein Teil der praktischen Ausbildung, die im Referendariat, Vikariat oder in der Pastoralausbildung einen größeren Stellenwert einnehmen[6]. Die Universität vermittelt

4 *Perspektiven der Lehrerbildung in Deutschland. Abschlussbericht der von der Kultusministerkonferenz eingesetzten Kommission*, hrsg. v. Ewald Terhart, Weinheim/Basel 2000, S. 87.
5 Ebd. S. 16.
6 Altrichter/Lobenwein, »*Forschendes Lernen in der Lehrerbildung? Erfahrungen mit reflek-*

vor allem kognitive Schemata, die entsprechend des Berufsfeldbezugs nicht nur allgemein, sondern speziell auf die Bedingungen der Schule und Gemeinde beziehbar sein sollen.

Person: Die Ausbildung hat schließlich Auswirkungen auf die Biographie der beteiligten Personen[7]. Dazu ist eine biographische Auseinandersetzung mit den an der Universität kennen gelernten wissenschaftlichen Methoden und Inhalten notwendig. Wissen und Wissensgenerierung sind nicht nur eine Sache des Kopfes, sondern berühren den ganzen Menschen. Persönliche Haltungen steuern die Auswahl und Interpretation von Inhalten[8]. Ebenso können persönliche Glaubenshaltungen von theologischen Einsichten in Frage gestellt werden. Im Wissenschaftsbetrieb können biographische Bezüge nicht immer direkt oder unmittelbar thematisiert und bearbeitet werden. Manche Veranstaltungen eignen sich mehr, andere weniger, den Personbezug ausdrücklich anzusprechen. Entscheidend ist, dass diese Lerndimension überhaupt von Anbietern von Lehrveranstaltungen in den Blick genommen wird.

Alle drei Komponenten verdienen Beachtung. Sie erfahren in unterschiedlichen Lehrangeboten unterschiedliche Aufmerksamkeit. Erst in diesem Dreieck lässt sich das Ziel der universitären Bildung adäquat erfassen: die Herausbildung eines wissenschaftlich-reflexiven Habitus. Wenn die Frage der Imamausbildung an der Universität diskutiert wird, steht m. E. der wissenschaftlich-reflexive Habitus im Vordergrund und nicht die Erwartung, allseitig praktisch versierte Studierende abzuliefern, die nach dem Studium sogleich als Imame arbeiten könnten. Dazu wird man eine konsekutive Phase vorsehen müssen, die dem Referendariat gleicht.

4. Berufsfeldreflexion

Weiter oben wurde die Frage angerissen, was die Komponenten des Imamberufs sind. Auch wenn man den Imam nicht als Priester/Pfarrer verstehen will, sind einige Tätigkeitsmerkmale identisch. Dazu möchte ich auf die Praktische Theologie zurückgreifen, die Handlungsfelder bestimmt und damit Theoriebildung verknüpft. Die Praktische Theologie (im christlichen Kontext) reflek-

---

tierenden Schulpraktika«, in: Dirks, Una/Hansmann, Wilfried (Hgg.), *Reflexive Lehrerbildung. Fallstudien und Konzepte im Kontext berufsspezifischer Kernprobleme*, Weinheim 1999, S. 169–196.

7 Ziebertz, *»Biographisches Lernen«*, in: Georg Hilger/Stefan Leimgruber/Ders., *Religionsdidaktik*, München [6]2010.

8 Vgl. Bucher/Arzt, *»Vom Katecheten zur Religionspädagogin. Eine empirische Untersuchung über die Studienmotive, die religiöse Sozialisation und die Studienerwartungen von jungen Theologinnen«*, in: Religionspädagogische Beiträge 42, 1999, S. 19–47.

tiert die Handlungspraxen Predigt, Soziale Hilfe (Caritas), Seelsorge, Religiöse Initiation und Unterricht, Religiöse Bildung, Gestaltung und Aufbau von Gemeinde/Gemeinschaft, sowie die Feier der Rituale. Diese Handlungspraxen finden wir in allen christlichen Denominationen, ungeachtet der speziellen konfessionellen Ausgestaltung. Ich vermute, dass diese im Großen und Ganzen auch im Islam identifizierbar sind. Die Praktische Theologie kennt im Raum der Universität durchaus Übungen, in denen konkretes Handeln eingeübt wird. Aber weil die universitäre Bildung keine Berufs*ausbildung* im engen Sinne ist, liegt ihr Fokus auf der Reflexion von Praxis – das ist etwas anderes als Praxis selbst. Wir drücken dies durch entsprechende Begrifflichkeiten aus. In der folgenden Darstellung werden links die Reflexionsebene und rechts die Handlungspraxis selbst benannt.

Reflexionsebene	*Handlungspraxis*
Koinonia	Gemeinschaftsaufbau/Gemeindebildung
Liturgik	Feier der Rituale
Homiletik	Predigen
Diakonik	Soziale/individuelle Hilfe und Beratung
Poimenik	Seelsorge
Katechetik	Unterrichten/Lehren
Religionspädagogik	Bildung/Lernen

Wenn es im universitären Kontext um die Reflexion und um Theoriebildung geht, so rekurriert diese in der Regel nicht exklusiv auf konfessionelle Spezifika, sondern oftmals sogar auf nicht-theologische Disziplinen. Um einige Beispiele zu geben: In der Homiletik sind es Sprechakttheorien oder Rhetorik, in der Diakonik Theorien des Marktes, der Arbeit, Armut, der Beratung und Sozialarbeit, usw., in der Koinonik kommen Organisations- und Kommunikationstheorien in den Blick, in der Religionspädagogik Bildungstheorien aus der Pädagogik, Lerntheorien aus der Psychologie, usw. Auf dieser Ebene der theoretischen Reflexion wird keine speziell konfessionelle Sprache gesprochen. Vielmehr gilt, dass die Suche nach Qualitätsstandards in diesen Bereichen geradezu interdisziplinär erfolgen muss. Wenn wir etwa aus der Religionspädagogik die Frage der Bibeldidaktik herausgreifen: Es ist heute selbstverständlich, evangelische und katholische Handbücher parallel zu konsultieren. Oder die Frage der Ziele des Religionsunterrichts an der öffentlichen Schule: Hierzu gibt es einen regen Austausch zwischen den Disziplinen und das bessere Argument und nicht die Konfessionszugehörigkeit gibt des Ausschlag für die Rezeption von Konzepten.

Man kann diese Handlungsfelder im Blick auf das Tätigkeitsprofil eines Imam überprüfen und anpassen. In jedem Fall wird es eine Reihe von Parallelen geben.

Die Theoriebildung zum Beispiel im Blick auf die Ziele, den Zusammenhalt, die Leitung und die Kultur einer religiösen Gemeinde kann dabei gar nicht so unterschiedlich sein. Die Unterschiede zeigen sich im Spezifischen einer Praxis, und zwar nicht nur zwischen Islam und Christentum, sondern bereits innerhalb der christlichen Kirchen – denken wir an eine katholische Gemeinde im bayerischen Oberammergau, in Leipzig oder Leer. Die Parameter der Gemeindeleitung müssen auf diese Praxis anwendbar sein, aber die Reflexion der Parameter ist nicht auf einen partikularen Rahmen zu reduzieren.

Wenn sich die Praktische Theologie in diesem Sinne versteht und akademisch etabliert, eröffnen sich auf der Reflexionsebene zahlreiche Kooperationsmöglichkeiten. Die konkrete Praxis ist und bleibt eine Sache der konkreten Religionsgemeinschaften. Sie hat auf der Reflexionsebene ihren Platz, aber als reflektierte Praxis.

5. Methodologischer Austausch und Kooperation in Forschung und Lehre

Theologie an der Universität ist im Kern Wissenschaft. Wissenschaft produziert Erkenntnis, die methodisch und systematisch gewonnen wird und intersubjektiv überprüfbar sein soll. Erkenntnis kann nicht auf die Einfälle kluger Köpfe reduziert werden. Im Folgenden möchte ich einige Beispiele geben, wie im Blick auf das methodisch geleitete Wissenschaftsverständnis Kooperation zustande kommen kann. In der christlichen Theologie haben sich Fächergruppen herausgebildet, die durch ein spezielles Wissenschaftstreiben gekennzeichnet sind.

Beispiel 1: In der Bibel-Exegese dominiert eine historisch-kritische Arbeitsweise, die im 19./20. Jahrhundert in zähen Kämpfen der kirchlichen Autorität abgerungen wurde. Bis dahin kannte man eine geschichtspositivistische Bibelauslegung, bei der das offenbarte Wort Gottes in der Bibel und deren Auslegung gewissermaßen als ein Arbeitsschritt verstanden wurde. Diese Form der Bibelanalyse wird (neben anderen Methoden) in den konfessionellen Theologien ebenso gehandhabt wie etwa in der Society of Biblical Literature (SBL), die nichtkonfessionell organisiert ist und der nicht nur Theologen angehören. Eine dem Geschichtspositivismus ähnliche Form der Textauslegung ist im westlichen Wissenschaftsbetrieb sicher nicht mehr kommunizierbar.

Ich bin nicht mit den vielen Schulen der Koranauslegung im Islam vertraut. Jedoch ist bekannt, dass dieser Bereich nicht ohne Fallstricke ist. Ist es denkbar, dass sich die Koranexegese hierzulande auf einen ähnlichen Weg macht? Ist es denkbar, dass sich muslimische und christliche Theologen über die wissenschaftlichen Methoden der Textauslegung in Bibel und Koran verständigen?

Wird man sich einigen können, dass die universitäre Exegese Texte nicht nur gläubig auszulegen, sondern deren historische und redaktionelle Schichten freizulegen hat, dass zwischen Exegese und der Verwendung der Texte in der Predigt ein Unterschied besteht? In diesem Bereich hat die christliche Theologie in Deutschland (und darüber hinaus) einige Standards erarbeitet und könnte diese in ein Gespräch einbringen. Auf der Ebene der Wissenschaft, so meine ich, sollte diese Verständigung prinzipiell möglich sein. Für den Aufbau einer islamischen Theologie in Deutschland und für die Ausbildung von Imamen scheint mir hierin jedenfalls eine Herausforderung zu liegen.

Beispiel 2: In der Systematischen Theologie dominiert eine hermeneutische Arbeitsweise, die im Kern die Frage reflektiert, in welcher Beziehung das erkennende Subjekt und der zu erkennende Gegenstand stehen und wie Erkenntnis entsteht, die vor dem Forum der Vernunft Bestand hat, die sich in Frage stellen lässt und die kritisierbar ist. Bis zum Beginn des 20. Jahrhunderts und teilweise darüber hinaus haben sich diese Disziplinen als Apologetik verstanden, was einen hohen Grad an Normativität implizierte. Wenn man die jeweiligen Wissenschaftsgeschichten untersucht, werden die Gründe für diese Entwicklungen offensichtlich: Die systematische Theologie hatte den Glauben nicht mehr nur gegenüber den Bestreitungen durch den Atheismus zu verteidigen, sondern die Möglichkeit und Rationalität von Religion im Kontext einer säkularen und pluralistischen Gesellschaft zu reflektieren. Hinzu kam die stärkere Bewusstwerdung des religiösen Pluralismus mit der Folge, dass sich eine neue Disziplin Religionstheologie entwickelte, die das Verhältnis der Religionen miteinander untersucht und auf Dialog ausgerichtet ist. Der Weg zur Hermeneutik hat die entsprechenden Disziplinen verändert. Ihre Erkenntnisgewinnung beruht (im positiven Fall) auf nachvollziehbaren und kritisierbaren Argumenten und nicht mehr auf Positionalismus. Für das Bestehen in einer aufgeklärten säkularen Gesellschaft war dieser Schritt unumgänglich.

Der Islam hat seit seinem Beginn zahlreiche Erfahrungen mit hermeneutischen Verfahren gemacht und der Austausch könnte erweisen, ob eine gemeinsame Wissenschaftssprache möglich ist. Wissenschaftstreiben ereignet sich kontextuell und wenn die islamische Theologie in Deutschland nicht nur die arabische oder türkische Gesellschaftsmatrix zugrunde legt, wird sie die kontextuellen Herausforderung durch ein modernes säkulares Gesellschaftsgefüge ebenso spüren und damit umgehen müssen. Eine der Herausforderungen liegt darin, die Mono-Perspektive der eigenen Religion im wissenschaftlichen Arbeiten mit einer Multi- und Inter-Perspektive verbinden zu können. Theologen, die darin ausgebildet sind, werden anders handeln, als wenn sie nur in der Mono-Perspektive zu denken gelernt haben. Das gilt für Pfarrer und Lehrer, und es sollte m. E. auch für Imame gelten können. Auch in diesem Bereich halte ich Kooperation für möglich und nötig.

Beispiel 3: Der Gegenstand der Praktischen Theologie, die weiter oben schon zur Sprache kam, ist die religiöse Praxis in Gemeinden, in schulischen und außerschulischen Handlungsfeldern sowie in gesellschaftlichen Bereichen, die nicht direkt als »kirchlich« identifizierbar sind (Medienarbeit, Kunst und Kultur, usw.). Als wissenschaftliche Disziplin ist die Praktische Theologie nicht auf Berufsausbildung reduzierbar, sondern sie versucht, über ihren Gegenstand Theorien zu bilden. Die Praktische Theologie kennt viele Methoden und eine davon ist die empirische Forschung. Der empirische Ansatz ist vielleicht auch deshalb am Besten interkonfessionell kommunizierbar, weil er methodologisch »Normativität« zum Gegenstand hat und diese nicht ausschließlich produzieren will. Eine in diesem Sinn verstandene Praktische Theologie »füttert« die Praxis nicht nur normativ in dem Sinn, dass sie angibt, wie Praxis funktionieren soll, sondern kann einerseits die Praxis mit Hilfe von Forschung über sich selbst aufklären und sie kann andererseits der religiösen Autorität die Normativität der Praxis widerspiegeln, um damit die Grundlagen für einen Diskurs zu entwickeln, was sein soll. Ein solcher Ansatz beruht auf einem kritischen Grundverständnis von praktischer Wissenschaft.

Ich sehe keinen Grund, warum Praxis in der islamischen Theologie nicht auch auf kritische Weise aufgegriffen und reflektiert werden kann. Insofern man, wie ich es im vorausgehenden Abschnitt versucht habe, vergleichbare Praxisfelder und -probleme identifizieren kann, steht einer christlich-islamischen Kooperation m. E. nichts im Wege. Für zukünftige Imame sollte ein reflexives Verhältnis zur Praxis ebenso gewünscht sein wie für christliche Funktionsträger. Es ist Teil der Professionalität religiöser Akteure, die Spannung zwischen Theorie und Praxis zu erkennen und darin reflexions- und handlungsfähig zu sein.

Beispiel 4: Eine Teildisziplin der Praktischen Theologie berührt die Lehrerbildung. Wie soll Religion unterrichtet werden? – eine Frage, die in Europa sehr unterschiedlich beantwortet wird. Wie auch immer man sich in diesem Spektrum verortet, einige Gemeinsamkeiten ergeben sich aus der »hoheitlichen« Aufgabe des Lehrerberufs. Die Frage des gesellschaftlichen Interesses an Bildung, die Integration von Religion in den öffentlichen Bildungskanon, der Anspruch an das was Schule leisten soll, usw. – dies hat zu tun mit einer Bildungstheorie und einem Verständnis von Didaktik, das zunächst nicht spezifisch konfessionell geprägt ist. Es ist gerade das Bildungsverständnis der Moderne, dass Bildung in hohem Masse Selbstbildung ist, dass die zu Bildenden *Subjekte* ihres Bildungsprozesses sind und dass doktrinale Inhalte immer nur der Gegenstand sind und sein sollen, an dem sich Bildung vollzieht. Bildung ist nicht gleichzusetzen mit der Einträufelung von Inhalten. Sie geschieht, um Menschen mit den kulturellen Voraussetzungen ihrer Lebenswelt vertraut zu machen und um sie zur Selbständigkeit und Autonomie zu führen. Dieser Ansatz impliziert einen erheblichen Unterschied zur religiösen Erziehung in der Familie oder religiöser Initiation in religiösen Gemeinden.

In diesen Diskurs, den evangelische und katholische Theologen auf derselben Augenhöhe mit Pädagogen und Didaktikern führen, ist die Islamische Religionspädagogik eingebunden. Sie muss sich an den herrschenden Standards ausrichten, die das öffentliche Bildungswesen prägen, und sie ist aufgefordert, ihren Beitrag zur Weiterentwicklung zu leisten. Insofern Imame Bildungsaufgaben wahrnehmen sollen, werden sie mit diesen Diskursen vertraut sein müssen. Die bestehende fruchtbare Kooperation zwischen der christlichen und islamischen Theologie rspt. Religionspädagogik kann auf dem Erreichten aufbauen.

Bespiel 5: Erfahrungen mit »best practice« gibt es in der Forschung: Ich habe selbst bei einer Reihe internationaler Forschungsprojekte mit islamischen Kollegen erfahren können, wie fruchtbar es ist, sich auf den Weg der Verständigung über Konzepte zu machen[9]. In einer empirischen Untersuchung muss man sich klar darüber werden, was Äquivalente für »Kirche« im Islam und Judentum sein können, oder ob es sie nicht gibt. Dasselbe gilt für Fragen der religiösen Initiation, des religiösen Amtes, des Gottesverständnisses, usw. Eine solche Kooperation verhilft den Beteiligten klarer zu sehen, was die eigenen Konzepte bedeuten. Sie ist auf mittelfristige Sicht ein Weg, der zu mehr Interreligiosität innerhalb der Monoreligiosität führt. Wenn sich eine Theologie nicht »konfessionalistisch« einmauern will, wird sie darin eine wünschenswerte und notwendige Entwicklung sehen.

Beispiele für »best practise« gibt es auch in der Lehre: Warum sollen christliche und islamische Studierende in einem Seminar nicht gemeinsam fragen können, wie mit unverschuldetem Leid umgegangen werden soll (Theodizee), wie die Religionen darauf antworten, wann und wie der Mensch vor Gott gerechtfertigt ist, welche Impulse die Religionen zur Bewahrung der Schöpfung geben, wie Sexualität, Ehe, Männer- und Frauenrechte in den Religionen behandelt werden, wie Aufklärungsdenken, Wissenschaftsverständnisse und Religion zusammengebracht werden können (oder nicht), wie aus religiöser Perspektive Säkularität und religiöser Pluralismus zu bewerten sind, usw.

Wenn angehende christliche und islamische Theologen die andere Religion nicht nur von der Literatur her kennen, sondern an der Universität die Mög-

9 Vgl. z. B. Ziebertz/Kay, *Youth in Europe. Vol. 1: An international empirical Study about Life Perspectives*, Münster ^{2}2009; dies., *Youth in Europe. Vol. 2: An international empirical Study about Religiosity*, Münster ^{2}2009; Ziebertz/Kay/Riegel, *Youth in Europe. Vol. 3: An international empirical study of the significance of Religion for Life Orientation*, Münster 2009; Ziebertz, *»Biographisches Lernen«*, in: Georg Hilger/Stefan Leimgruber/Ders., *Religionsdidaktik*, München ^{6}2010; ders., *Gender in Islam und Christentum. Theoretische und empirische Studien*, Münster 2010.

lichkeit haben, zeitweise auch miteinander zu lernen, schärft dies die Profilierung beider Ausbildungen im interreligiösen Bereich und kann die spätere Praxis zugunsten eines nachbarschaftlichen Verhältnisses beeinflussen.

6. Ausblick

Der zu erwartende Ausbau der islamischen Theologie in Deutschland lässt die etablierten Theologien nicht unberührt. Ungeachtet der speziellen religiösen Differenzen (historisch, theologisch und praktisch) werden in der Öffentlichkeit letztlich alle Theologien zusammen Imagebildend sein. Daher sollte es ein allgemeines Interesse aller Beteiligten sein, diesen Prozess kollegial zu begleiten und Hilfestellungen zu geben, wo dieser erwünscht und nötig sind. Es sollte klar geworden sein, dass Kooperation nicht bedeuten kann, in paternalistischer Manier Ratschläge zu erteilen. Lernen können alle Partner voneinander.

Was das Theologietreiben unter den konkreten Voraussetzungen in Deutschland betrifft, hat die christliche Theologie selbst ernorme Veränderungen vollzogen und sich inzwischen auf eine Weise etabliert, mit der sie im Wissenschaftsbetrieb einigermaßen bestehen und überleben kann. Sie ist eben nicht nur ein Sprachrohr der Kirche, sondern eine Disziplin, die sich an wissenschaftlichen Standards orientiert (wofür sie manche Kirchenvertreter nicht nur lieben). Die moderne christliche Theologie hat ein Wissenschaftsverständnis entwickelt, das weitgehend mit der säkularen Gesellschaft kompatibel ist und das in der Universität kommuniziert werden kann – ungeachtet periodisch wiederkehrender Störfeuer. Sie nimmt einen gesellschaftlichen Auftrag wahr, indem sie das Wissen um die christliche Tradition reflektiert – und sie ist daher in gewissem Sinne auch eine Kulturwissenschaft. Damit gibt es für die islamische Theologie Wegmarken, an denen sie sich orientieren kann. Manches wird sie übernehmen können, in anderen Fragen wird sie einen eigenen Weg suchen müssen.

Die strukturelle Verankerung der Theologien sollte nicht zu einem neuen parallelen Konfessionalismus führen. Die Chance liegt darin, zu einer Wissenschaft von den Religionen zu kommen, die sich methodisch an anerkannten Standards ausrichtet bzw. diese in kritischem Dialog entwickelt und die inhaltlich dialogisch aufgestellt ist. Noch tut sich die Gesellschaft insgesamt schwer, den Islam als Teil der westlichen/deutschen Kultur anzunehmen. Der Weg ist aber vorgezeichnet, dass die islamische Theologie dazu einen wichtigen Beitrag leisten wird. Es sollte in beiderseitigem Interesse sein (christlich und islamisch), sich über die gesellschaftliche und kulturelle Rolle von Religion zu verständigen und auch im Blick auf die gesellschaftliche Präsenz zu gemeinsamen Einsichten und Positionen zu kommen.

Wenn, wie hier geschehen, die islamische Theologie die christliche zum Nachdenken bringt, über sich selbst hinaus zu blicken und sich für den Nachbarn zu interessieren, ist das ein offensiver Schritt, der Anerkennung verdient. Weitere Schritte sind vorgezeichnet und es darf gespannt machen, wohin die Entwicklung in den nächsten Jahren führen wird.

Literatur

Altrichter, Herbert/Lobenwein, Waltraud , »*Forschendes Lernen in der Lehrerbildung? Erfahrungen mit reflektierenden Schulpraktika*«, in: Dirks, Una/Hansmann, Wilfried (Hgg.), *Reflexive Lehrerbildung. Fallstudien und Konzepte im Kontext berufsspezifischer Kernprobleme*, Weinheim 1999, S. 169 - 196.

Bauer, Karl-Oswald/Kopka, Andreas/Brindt, Stefan, *Pädagogische Professionalität und Lehrerarbeit. Eine qualitative empirische Studie über professionelles Handeln und Bewusstsein*, Weinheim/München 1996.

Bucher, Anton A./Arzt, Silvia, »*Vom Katecheten zur Religionspädagogin. Eine empirische Untersuchung über die Studienmotive, die religiöse Sozialisation und die Studienerwartungen von jungen Theologinnen*«, in: Religionspädagogische Beiträge 42, 1999, S. 19 - 47.

Heil, Stefan/Faust-Siehl, Gabriele, »*Wissenschaft - Berufsfeld - Person. Möglichkeiten und Grenzen universitärer (Religions-)Lehrerbildung*«, in: rhs 43, 2000a, S. 126 - 132.

Oevermann, Ulrich, »*Theoretische Skizze einer revidierten Theorie professionalisierten Handelns*«, in: Combe, Arno/Helsper, Werner (Hgg.), *Pädagogische Professionalität. Untersuchungen zum Typus pädagogischen Handelns*, Frankfurt a.M. 1996, S. 70 - 182.

Perspektiven der Lehrerbildung in Deutschland. Abschlussbericht der von der Kultusministerkonferenz eingesetzten Kommission, hrsg. v. Ewald Terhart, Weinheim/Basel 2000.

Ziebertz, Hans-Georg, »*Religionslehrerbildung an der Universität (Lehrprogramm)*«, Lehrstuhl für Religionspädagogik an der Universität Würzburg 2001, auf: http://www.rp.theologie.uni-wuerzburg.de/lehre/lehrprogramm (letzter Zugriff 15. 07. 2010).

Ders./Kay, William (Hgg.), Youth in Europe. Vol. 1: *An international empirical Study about Life Perspectives*, Münster [2]2009.

Ders./Kay, William (Hgg.), Youth in Europe. Vol. 2: *An international empirical Study about Religiosity*, Münster [2]2009.

Ders./Kay, William/Riegel, Ulrich (Hgg.), *Youth in Europe. Vol. 3: An international empirical study of the significance of Religion for Life Orientation*, Münster 2009.

Ders., »*Biographisches Lernen*«, in: Georg Hilger/Stefan Leimgruber/Ders., *Religionsdidaktik*, München [6]2010.

Ders. (Hg.), *Gender in Islam und Christentum. Theoretische und empirische Studien*, Münster 2010.

Ders. (Hg.), *Menschenrechte, Christentum und Islam*, Münster 2010.

Peter Graf

Zur Bedeutung des interreligiösen Dialogs in der Ausbildung von Imamen

Das Amt des Imams zählt zu den ersten, den allgemeinsten und zugleich höchsten religiösen Stellungen, die der Islam an seine Gläubigen vergibt. Selbst Propheten werden mit dem hohen Titel des Imams ausgezeichnet: In Sure 2 wird Abraham, nachdem dieser seine Prüfung bestanden hatte, von Gott mitgeteilt: »*Siehe, ich mache dich zu einem Imam für die Menschen.*«[1] Der Imam steht im Glauben vor den Gläubigen und führt sie. Wörtlich bezeichnet der arabische Begriff einen ›führenden Menschen‹, einen, der ›vorne steht‹.

- Daher ist der Imam mehr als Vorbeter und Wahrer der Tradition und religiöser Rituale. Er begleitet seine Gemeinde auf ihrem Weg, mehr noch, er geht ihr voran, nimmt eine Schlüsselfunktion nicht nur in der gläubigen Praxis der Gemeinde ein.
- So ist der Imam nicht nur für den Binnenraum der Moschee zuständig: Er nimmt eine Schlüsselfunktion in der Beratung der Familien, in Fragen des Rechts, der Erziehung, Fragen von Ehe und Partnerschaft ein.
- Der Imam vertritt[2] die Gemeinde auch nach außen gegenüber der Öffentlichkeit, gegenüber anderen Moscheegemeinden, aber auch gegenüber christlichen und andersgläubigen Gemeinden oder der säkularen und politischen Öffentlichkeit.

Allein die Tatsache, dass in rund 2400 Moscheegemeinden in Deutschland täglich dieses bedeutsame Amt konkret ausgeübt wird, Imame die neue Minderheit der Muslime nach innen leiten, nach außen öffentlich vertreten, ist ein ausreichender Grund, gemeinsam über dieses Amt nachzudenken, gemeinsam Erwartungen und Kompetenzen im Blick auf die Binnen- und Außenfunktion des Imams zu formulieren, die das gegenseitige Verstehen voranbringen.

- Die Notwendigkeit dieser Reflexion wird dadurch belegt, dass sie ebenso in Frankreich, Österreich und der Schweiz unübersehbar geführt wird. Ein

1 Sure 2, Vers 124.
2 Das männliche Geschlecht schließt die ›Imamin‹ ein.

neuer Universitätsstudiengang hat eben begonnen, dem religiösen Personal zusätzliche Kompetenzen zu vermitteln.[3]

- In Deutschland wird diese Notwendigkeit zusätzlich dadurch belegt, dass wir aus einer Zeit der gegenseitigen Nicht-Wahrnehmung und Sprachlosigkeit kommen. Die ›*Deutsche Islam-Konferenz*‹, in der zum ersten Mal auf hohem Regierungsniveau mit fast allen muslimischen Gruppierungen in aller Form verhandelt wird, ist eben diese Tage drei Jahre alt geworden.
- Die Relevanz, über dieses Amt nachzudenken, liegt schließlich auch darin, dass Imame über die Korankurse und andere Aktivitäten Aufgaben in der Erziehung der nachwachsenden Muslime übernehmen. Diese Aufgabe ist umso bedeutsamer, als es bislang in den meisten Bundesländern – von wenigen Projekten abgesehen – nicht gelungen ist, trotz der rechtlichen Verpflichtung des Staates, in öffentlichen Schulen muslimischen Schülern einen *Islamischen Religionsunterricht* anzubieten. Die religiös ethische Erziehung junger Muslime liegt daher weitgehend in ihrer Hand. Imame bestimmen weitgehend darüber, wie junge Muslime den Islam in Europa verwirklichen werden.

Muslime und Moscheegemeinden sind auf Dauer Teil unserer Gesellschaft geworden, Imame werden täglich als die Vertreter der Muslime in der Öffentlichkeit wahrgenommen, ob sie diese Funktion nun bewusst übernehmen oder nicht, ob sie aus sprachlichen oder anderen Gründen bereit oder imstande sind oder nicht, diese Aufgabe wahrzunehmen. Insofern findet ihre religiöse und kulturelle Vermittlerfunktion immer schon statt, die Frage ist allerdings, wie und welcher Form sie ausgeführt wird.[4]

Da der Islam im Westen in einer Art Diaspora verwirklicht wird, müssen Imame hochkomplexe und neue Aufgaben übernehmen, die sich so in ihren Herkunftsländern nicht stellen. Und sie nehmen diese Aufgabe wahr: Imame beraten die Familien in entscheidenden Fragen etwa zur Erziehung ihrer Kinder, zum Schulbesuch, Kleidung der Mädchen und Fragen der Partnerschaft. Wir wissen, dass sie auch sehr unterschiedlich, teilweise konträr entscheiden, die Teilnahme an einer Klassenfahrt oder bestimmten Unterrichtseinheiten wird in der einen Gemeinde erlaubt, in der anderen nicht. Im letzteren Fall nützen Elternbesuche der Lehrer nicht mehr viel, werden gemeinsame Klassenfahrten

3 Universitätslehrgang ›Muslime in Europa‹ – Ednan Aslan mit den fünf Lehrmodulen: 1. Gemeindepädagogik; 2. Islam in Europa; 3. Sozialpädagogik; 4. Recht, Staat und Bildung in Österreich; 5. Muslime in Österreich.

4 Eine neuere empirische Studie von Rauf Ceylan dokumentiert ein extrem stark variierendes, in meinen Augen auch von den Muslimen nicht hinnehmbares Spektrum der Selbstdefinition von Imamen in Deutschland.

zu Unternehmen für verbleibende Restgruppen von Schülern, findet kein überzeugender Sportunterricht für Mädchen mehr statt.

Allein dieser Einfluss in der Beratung der Familien ist so bedeutsam, dass für die Imamausbildung Kenntnisse zum Bildungswesen und Schulrecht, zu Fragen der Sozialisation in Familie und Jugend notwendig erscheinen, nicht um junge Muslime ihren Gleichaltrigen anzugleichen, sondern um auch ihnen einen möglichst gleichrangigen Weg in die Bildungs- und Berufswelt zu erschließen. Eben an dieser Stelle zeigt sich auch, dass die oft hergestellte Querverbindung zwischen Imamen einerseits und Priestern oder Pastoren andererseits nicht hilfreich ist, letztlich nur Fehler produziert. Nicht nur ist die Ausbildung und Funktion der christlichen Geistlichen im Gottesdienst eine vollkommen andere, sie haben alle keinen vergleichbaren Einfluss auf die Familien, ihre Beratung in Fragen von Erziehung, Partnerwahl und Ehe, nehmen diesen aus unterschiedlichen Gründen nicht mehr wahr.

Die genannten Punkte zur religiösen Stellung der Imame, ihren Aufgaben in der Begleitung und Beratung ihrer Gemeinde, ihre Schlüssel-Funktion in der Sozialisation junger Menschen schaffen eine erste Begründung der Kooperation. Sie beziehen sich vor allem auf die Schnittstellen der muslimischen Gemeinden zu ihrer Umwelt. In der Ausbildung von Imamen zu kooperieren wird neue Möglichkeiten erschließen, die Verbindungen nach außen, zu den anderen Gruppen offener zu strukturieren, Bildungsprozesse landesweit abzustimmen und neue Prozesse gegenseitigen Verstehens einzuleiten.

1. These: Imame in Kooperation auszubilden, wobei die theologischen Kernbereiche ihrer Ausbildung vollständig den Muslimen überlassen bleiben, ist notwendig, um neuen Raum für gegenseitiges Vertrauen zu schaffen.

Wie die Vertreter muslimischer Dachorganisationen immer wieder bekunden, ist in einem Verhältnis des Vertrauens und Verstehens vieles möglich, kann Neues aufgebaut werden. Wer sind die anderen, wie verstehen sie ihre Aufgaben, wie ihr Verhältnis zur Umwelt? In einem Klima des gegenseitigen Vertrauens ist viel möglich, was noch vor kurzem unmöglich schien. Ich würde hinzufügen: In einem Verhältnis des gegenseitigen Misstrauens und fehlenden Wissens über den anderen ist nicht nur nichts Neues mehr möglich, im Gegenteil, die Dinge werden den destruktiven Kräften überlassen. In sozialen Prozessen gilt, was in allen Lebensprozessen gilt: Es gibt aufbauende Prozesse der Konstruktion oder zerstörerische Kräfte der Dekonstruktion – tertium non datur –, da Lebensprozesse weder Stillstand noch Pausen kennen. Es gilt, nach einer langen Phase der ausgrenzender Prozesse der Nicht-Wahrnehmung und des Einander-Übergehens den konstruktiven Weg zu wählen: Unser großer Mentor Eugen Biser hat diesen Zusammenhang in folgende Worte gefasst:

»Wir leben in einer Stunde des Dialogs und überleben nur, wenn die wachsenden Konfrontationen durch eine Kultur der Verständigung überwunden werden.«[5]

Einen weiteren Grund für Kooperation ruft meine 2. These auf:

2. These: Imame in Kooperation auszubilden, ist eine Notwendigkeit, um die professionellen Kriterien für die Übernahme von Imamen in den öffentlichen Dienst abzustimmen.

In Zukunft werden staatliche Behörden, um ihre verfassungsmäßig gebotenen Neutralitätspflicht zu erfüllen, Imame für die Seelsorge von Muslimen in den Krankenhäusern, bei der Bundeswehr, in den Strafanstalten, auch in der kommunalen Verwaltung einstellen. Dieses ist bei 4,3 Mio. Muslimen im Land nur noch eine Frage der Zeit, genauer der Rechtssprechung. Damit müssen mit dem Staat auch die professionellen Kriterien zur Ausübung dieses Amtes und seiner Bezahlung vereinbart werden. Aus diesem Grund ist es jetzt nötig, gemeinsam die professionelle Struktur, Dauer und Form der Ausbildung jener Imame zu beschließen, immer vorausgesetzt, dass es den muslimischen Verbänden überlassen bleibt, den theologischen Kern der Ausbildung zu formulieren. Ähnlich wie die Ausbildung von Religionslehrern betrachte ich die Imamausbildung als eine *res mixta*, eine gemeinsame Angelegenheit von Staat und Religionsgemeinschaft, unbeschadet der inhaltlichen Zuständigkeit und theologischen Kompetenz der Religionsgemeinschaft.

An dieser Stelle mache ich einen Schnitt, da eigene Erfahrungen mich gelehrt haben: Alle organisatorischen Bedarfe, juristischen Pflichten, politischen Aufgaben im Sinne der Neutralität des Staates im Verhältnis zu den Muslimen werden nicht ausreichen, um die nötigen kultur- und bildungspolitischen Strukturen für eine gemeinsame Imamausbildung zu schaffen. Alle Formen der Besitzstandsicherung, der Abgrenzung von Revieren und Zuständigkeiten haben nichts mit einem ernsten Dialog zu tun, Martin Buber nannte diese Gespräche Formen des *Sich-Auseinandersetzens.*

Rechtliche Notwendigkeiten anzuerkennen, strukturelle Aufgaben zu erkennen genügen nicht, die Dinge auch konzeptionell-konstruktiv zu gestalten und inhaltlich auszufüllen. Vielmehr wird das Wort von Mario Erdheim: ›*Das*

5 Antwort der Eugen-Biser-Stiftung auf den Offenen Brief »*A Common Word Between Us and You*«, hrsg. v. Biser, Eugen/Heinzmann, Richard, Kohlhammer, Stuttgart 2009.

Fremde stellt das Eigene in Frage‹ weiterhin seine ganze Kraft entfalten, um bisherige Besitzstände zu sichern, sich gegenseitig mit je eigenen Erwartungen zu lähmen. Die Beine zu spreizen hindert daran, vorangehen. Wenn jeder nur auf sich selbst blickt, kann der gemeinsame Weg nicht gefunden werden. Der große Lehrer der Menschheit, Lao-Tse, hat diese grundlegende Erfahrung in seinem 24. Spruch prägnant beim Namen genannt:[6]

»Wer sich auf die Zehen stellt,
steht nicht fest.
Wer die Beine spreizt,
schreitet nicht fort.
Wer *sich* ansieht,
leuchtet nicht.
Wer *sich* recht ist,
zeichnet sich nicht aus.'

Wer *sich* rühmt,
hat kein Verdienst.
Wer *sich* erhebt,
ragt nicht empor.
[...]
Jeder verabscheut es.
Darum:
Wer Tao hat,
hält es nicht so.«

Tao steht für den gemeinsamen Weg, seit Jahrtausenden die ebenso große wie allein weiterführende Aufgabe. Es gibt immer tausend Gründe, dem Tao-Weg Steine in den Weg zu legen, um Eigenes zu sichern, anstatt gemeinsam Neues zu erfahren.

Voraussetzung für den Weg des Dialogs ist ein Zusätzliches, ein Mehrwert, der gewonnen werden soll: Es geht um einen interkulturell-interreligiösen Dialog im Sinne des *›echten Religionsgesprächs‹* von Martin Buber, das nicht abgebrochen wird, wenn es ernst wird, wenn wesentliche Fragen des Weltbildes anstehen. Zu Martin Bubers Zeit war er nicht möglich. Das echte Religionsgespräch *›von Angesicht zu Angesicht‹* ist in neuer Form zwischen Muslimen und Christen heute zu führen. Es gründet auf zwei Bedingungen:

1. die Bereitschaft, gemeinsam zu lernen, neue Konzepte zu erkunden,
2. die Bereitschaft, auf die Fragen des anderen in allem Ernst zu Antwort zu geben.

6 Lao-Tse, *Tao Te King*, übertragen v. Victor von Strauß, hrsg. v. W.Y.Tonn, Manesse, Zürich 1959 , S. 87.

Dies bedeutet nach M. Buber, *gemeinsam Ver-ANT-WORTUNG* zu übernehmen. Alles andere sind Scheingespräche. Das ›*echte Religionsgespräch*‹ bedeutet, dass die Muslime wie die Christen und Beamten des Staates in allem Ernst bereit sind, voneinander zu lernen. Die Christen sind nicht mehr allein in Fragen des Glaubens noch steht es ihnen zu, eigene Maßstäbe theologischer oder institutioneller Art als Norm für andere zu setzen. Diese bedeutete, einen Ekklesiozentrismus zu pflegen. Andererseits pflegen eingewanderte Muslime, die sich auf den Blick zurück beschränken, einen Kulturalismus, der sie daran hindert, die neue Lebenswelt anzuerkennen.

Ohne diese Lernbereitschaft auf beiden Seiten – ohne ein Religionsgespräch –, allein über formale Strukturen, Rechte, Zuständigkeiten und gegenseitige Erwartungen zu handeln, anstatt das Selbstverständnis der Gläubigen auf beiden Seiten inhaltlich zu thematisieren, wird es nicht gelingen. Gelingt dieses Religionsgespräch allerdings, so führt es zu einem konzeptionellen Mehrwert, führt in die Tiefenstrukturen des Glaubens, also der Vertiefung des je eigenen Glaubens ›von Angesicht zu Angesicht‹ in gegenseitiger Achtung, ohne Verlust und ohne Vermischung. Dies schließt ein schmerzliches Aufbrechen von tradierten, doch vorläufigen Oberflächenstrukturen ein, also grundlegende Lernprozesse.

Daher lautet meine 3. These:

3. These: Die eigentliche Quelle für eine Imamausbildung im Rahmen eines interreligiösen Dialogs liegt im konzeptuellen Gewinn einer inhaltlichen Vertiefung des eigenen Glaubens, der für die Partner aus dem ›Religionsgespräch‹ entspringt.[7]

Die Erfahrung des Dialogs zu gewinnen, verlangt mehr als den Wunsch nach Integration, mehr als die Suche nach verbleibenden Schnittmengen. Es geht um eine neue Erfahrung aus gemeinsamen Lernen, der Reflexion über den Glauben, die Stellung von Christen und Muslimen in der modernen – weithin säkularen – Gesellschaft:

> δια-λογοζ, bezeichnet nicht das Wort, das interaktiv zwischen den Menschen hin und hergeht, einander wie ein Tennisball zugespielt: je härter der eine schlägt, umso härter

7 »Eine Zeit echter Religionsgespräche beginnt, – nicht jener so benannten Scheingespräche, wo keiner seinen Partner in Wirklichkeit schaute und anrief, sondern echter Zwiesprache, von Gewissheit zu Gewissheit, aber auch von aufgeschlossener Person zu aufgeschlossener Person. Dann erst wird sich die echte Gemeinschaft weisen, nicht die eines angeblich in allen Religionen aufgefundenen gleichen Glaubensinhalts, sondern die der Situation, der Bangnis und Erwartung.« Martin Buber, *Das dialogische Prinzip*, Heidelberg, [5]1984, S. 149.
»Der wirkliche Glaube – wenn ich denn das Sich-stellen und Vernehmen so nennen darf – fängt da an, wo das Nachschlagen aufhört, wo es einem vergeht.« Ebd. S. 155.

> der Rückschlag des anderen, sondern jenes, das durch den Menschen hindurchgeht, ihn beim Hören verändert und als Antwort neu und verändert wieder hervorkommt, ähnlich wie Gespräch mit einem Arzt, der Diagnose.

Der Anspruch des Dialogs liegt nicht in der Belehrung, nicht im Feststellen von Zuständigkeiten, nicht im Festhalten an tradierten Strukturen auf der einen, nicht im Bestehen auf etablierte Herrschaft auf der anderen Seite. Er beschränkt sich auch nicht auf die Erarbeitung einer Schnittmenge als kleinsten gemeinsamen Nenner, der uns eben noch verbindet: es beinhaltet nach Buber: *»echte Zwiesprache, von Gewissheit zu Gewissheit, von aufgeschlossner Person zu aufgeschlossener Person«.*[8]
Der interreligiöse Dialog gelingt nur unter diesem hohen Anspruch: Er allein erzeugt fundierte Antworten auf die Aussage ›Ich bin Muslim‹. Bedeutsam wird die Rede ›Ich bin Muslim‹ dann, wenn ein Hörer da ist, der nicht Muslim ist und zuhört. Ihm gegenüber wird aus der Feststellung ›Ich bin Muslim‹ eine große Frage, er wird um eine fundiertere Antwort bitten als jemand, für den es selbstverständlich ist, Muslim zu sein. Aufgrund des im interreligiösen Dialog aufgespannten offenen Raums gibt das Religionsgespräch allein Antwort auf die wesentlichen Fragen, ja, die hier letztlich entscheidende Frage. Sie lautet: Warum sollen die Muslime es nicht vollkommen in eigener Regie übernehmen, Imame auszubilden, wo und wie sie das allein wünschen? Warum sollen Christen in Europa sich nicht weiter so definieren, wie sie das seit Generationen im ›christlichen Abendland‹ gewohnt sind, als ob sie weiterhin als Gläubige allein wären, über einen Vorrang in Fragen des Glaubens in Westeuropa verfügend? Wenn die vornehmste Aufgabe religiöser Lehrer, also auch der Imame, darin besteht, ihr Haus des Glaubens bewohnbar für die Gläubigen, vor allem junge Menschen, zu machen, dann müssen sie über die religiöse Landkarte ringsum nachdenken. Nur über die Antwort anderer, die in derselben Umwelt leben, sie jedoch anders sehen, erfahren sie eine vertiefte Analyse des Ortes, an dem sie selbst stehen. Dieser konzeptuelle Gewinn ist es, der aus dem interreligiösen Dialog entspringt. Seine Bedeutung liegt für Muslime, die großenteils eingewandert sind, auf der Hand. Doch die Christen hat Landes-Bischof Johannes Friedrich 2004 aufgerufen, eine neue Aufmerksamkeit für die neue, nicht mehr nur christliche Umwelt zu entwickeln:

> »Wir leben faktisch in der Diaspora und sind nicht wirklich diasporafähig.«[9]

Wenn der muslimische Glaube ebenso wie der christliche leben und sich in Zukunft entfalten soll, dann geschieht dies nur im realen Raum der gegebenen Welt, also im Blick, mit Rücksicht und im Spiegel der anderen. Eine moderne

8 Ebd. S. 149.
9 Bischof Friedrich, CIG Nr. 43/2004, S. 479.

Theologie muss daher den interreligiösen Dialog einschließen. Alles andere bedeutet Verengung und Rückzug in eine Welt, die für die Jugend auf beiden Seiten keine Gültigkeit mehr hat. Alois Glück hat in seiner Antrittsrede als Präsident des Zentralkomitees der Katholiken eben für mehr Offenheit gegenüber der aktuellen Welt plädiert und eindringlich vor dem Rückzug in kirchliche Schutzräume gewarnt. Das Gegenteil, die Öffnung der je eigenen Räume ist geboten. Religiöse Gemeinden machen ihr eigenes Haus des Glaubens dadurch bewohnbar, dass sie geschlossene Wände aufbrechen, Fenster und Türen zu den anderen öffnen. Kein Haus kann bestehen ohne Fundamente und ohne Mauern. Allein die nach draußen aufgebrochenen Fenster und Türen laden dazu ein, das Haus des Glaubens zu bewohnen, lassen den befestigten Schutzraum zum Raum für lebendige Wirklichkeit werden. Auch diesen Zusammenhang hat Lao-Tse in seinem 11. Spruch für die Menschheit formuliert.[10] Einen offenen Raum zu schaffen, der nicht bereits angefüllt ist, damit junge Gläubige dorthin einziehen, ihn mit ihrem Leben füllen, dort wohnen und ihren Glauben entfalten, ist die Aufgabe aller, die Menschen auf ihrem religiösen Weg begleiten. Menschliche Existenz findet dort statt, wo sich Beziehung ereignet. Eingangs habe ich erwähnt, dass ich die vornehmste Aufgabe des Imams darin sehe, die junge Generation von Muslimen auf ihrem Weg als zukünftige Bürger Europas – in Beziehung zu ihren Mitmenschen – zu begleiten.

In dieser Aufgabe des Imams überschneidet sich die Binnensicht innerhalb der Moscheegemeinde mit der Außensicht, Muslime zu einem gläubigen Leben in einer nichtmuslimischen Umwelt zu befähigen. Da für die christlichen Gemeinden Gleiches gilt, fokussiert dieser Blickwinkel des Wohnhauses mit Nachbarn nicht nur die Binnen- und Außensicht, er verbindet beide Sichtweisen zu einer interreligiösen Brücke zwischen beiden Religionen. Für niemanden genügen mehr die Binnen- oder die Außensicht allein, keine Gemeinde kann sich damit zufrieden geben, nur sich selbst zu sehen. Diese Struktur des doppelten Übergangs von innen nach außen, die Spiegelung von außen nach innen, diesen Prozess nicht nur innerhalb der eigenen Gemeinde, sondern von der einen zur anderen Religion zu verwirklichen, führt zu meiner letzte These:

---

10 Lao-Tse, *Tao Te King*, S. 68:
»Dreißig Speichen treffen auf eine Nabe:
Gemäß ihrem Nicht-sein ist des Wagens
Gebrauch. [...]
Man bricht Tür und Fenster aus, um ein Haus zu machen:
Gemäß ihrem Nicht-sein ist des Hauses Gebrauch.«

4. These: Religiöse Selbstfindung findet an der Schnittstelle von Binnen- und Außensicht zwischen den Religionen statt, eben in der Antwort auf die Frage: ›*Wer sind wir im Spiegel der anderen?*‹

Wenn die Aufgabe von Imamen darin liegt, Menschen auf ihrem Weg der religiösen Selbstfindung zu leiten, dann führt kein Weg an der Sicht des anderen, mit denen Muslime in Beziehung stehen, vorbei. »Der Mensch wird am Du zum Ich« formulierte M. Buber.[11] Weder das Sich-selbst-Betrachten genügt noch die Sicht der anderen allein, um sich selbst zu finden. Vielmehr befähigen beide Sehweisen zusammen, eine Haltung zu finden, die überzeugt: ihre Überzeugungskraft wirkt nach innen ebenso wie nach außen. Jede religiöse Gemeinde muss auf Dauer nicht nur nach innen, sondern auch nach außen überzeugen. Nur in diesem Kontext religiöser Sozialisation können junge Menschen sich selbst finden, ein sicheres Selbstbild entfalten und auf tragfähigen Grundlagen ihren eigenen Weg in die Welt finden.

Der hierzu nötige Dialog wird neue Fragen aufwerfen, doch dazu hat Sokrates den Dialog als eine die abendländische Philosophie grundlegende Methode erfunden: Der Dialog belehrt nicht durch Wissen und Lehre, sondern dadurch, dass er Fragen aufnimmt und vertieft. Eben darin liegt seine Leistung, Wissenschaft zu begründen, vorläufiges Wissen und Oberflächenstrukturen aufzubrechen, um darunter liegende Tiefenstrukturen zu erkennen. Auf der Oberfläche kann jeder Wissen nachschlagen, doch es bleibt Faktenwissen und bricht wie dünnes Eis ein, wenn es belastet wird. Innere Orientierung muss je neu gefunden und aus tiefen Fundamenten von innen begründet werden.

Muslimische Theologen und die Religionswissenschaft verweisen auf neue wissenschaftliche Fragen, die sich dem Islam im Westen stellen und eben hier – im Dialog – zu bearbeiten sind. Ich nenne hier beispielhaft drei Themen der Forschung:

1. Nach Ömer Özsoy wird im Koran keine direkte Definition von Individuum und Gemeinschaft vorgetragen, vielmehr ist der Vorrang der Gemeinschaft bestimmend. Auch das Verhältnis zum ›Anderen‹ ist ein dialektisches, das der medinensischen Vorrangstellung der muslimischen Gemeinde entspricht.[12] Ähnlich stellt Peter Antes fest, dass das Begriffspaar ›Individuum-Gesellschaft‹ in der islamischen Welt grundlegend anders gelesen wird als in der europäischen Geistes- und Rechtsgeschichte.[13]

11 Martin Buber, *Das dialogische Prinzip*, Heidelberg, [5]1984, S. 32.

12 Özsoy, Ömer, »*Individuum, Gemeinschaft und der »Andere« im Koran*«, in: *ISLAM und EUROPA als Thema der deutsch-türkischen Zusammenarbeit*, Deutsche Botschaft Ankara, Bd. II, Ankara 2004, S. 10–14.

13 Antes, Peter, »*Individuum, Gemeinschaft und Autorität in der Europäischen Denktradition*«,

2. Das Verhältnis zwischen staatlicher und religiöser Autorität, das nach Ömer Özsoy seit der Zeit in Medina von der Übereinstimmung beider Seiten und der Vormacht des Islam ausgeht, ist in neuer Form auf die Situation der Muslime in nichtmuslimischen Staaten und allgemeinen Menschenrechten abzustimmen.[14]

3. Der Begriff der ›Diaspora‹ wird in sozial- und kulturwissenschaflichen Studien verwendet, um das Leben der Muslime als ein Leben in der Fremde zu fassen: Dieses Konzept ist nach P. Antes weder zutreffend noch hilfreich, da die Muslime in Westeuropa in der Mehrzahl nicht vertrieben wurden und junge Muslime keine Migration mehr kennen. Darüber hinaus kann dieses Konzept weder den einheimischen Muslimen noch den Konvertiten einen zutreffenden Platz zuweisen.[15]

Wer sollte für Europa so fundamentale Themen wie die genannten bearbeiten, wenn nicht ein Institut, das einerseits beauftragt ist, Imame für Europa auszubilden, andererseits im Dialog tragfähige Grundlagen für die Verwirklichung des eigenen Glaubens in Beziehung zu Andersgläubigen zu schaffen? Dabei geht es weder um neue Lehren noch um Institutionen, sondern um Menschen, die als junge Gläubige ihre Fragen einbringen und nur auf der Basis von dialogischer Reflexion ihren Glauben in der gegebenen Welt konkret verwirklichen können. Sie müssen sich täglich orientieren, ihnen genügt oberflächliches Wissen nicht, das wie dünnes Eis keiner Belastung standhält. Sie benötigen eine tiefe Verankerung im Glauben, denn sie allein sind es, die glauben. Nur Menschen glauben, nicht Institutionen oder noch so vollendete Kirchen oder Moscheen. Eine Imame-Ausbildung im Dialog steht von Anfang an in ihrem Dienst und dient ihrem Weg, in gegenseitiger Achtung ihren eigenen Glauben überzeugend zu leben.

Literatur

Antes, Peter, »*Individuum, Gemeinschaft und Autorität in der Europäischen Denktradition*«, in: *ISLAM und EUROPA als Thema der deutsch-türkischen Zusammenarbeit*, Deutsche Botschaft Ankara, Bd. III, Ankara 2004, S. 29–35.

Ders., »*Von der Migration zur islamischen Diaspora*«, in: Graf, Peter (Hg.), *RELIGIONEN*

in: *ISLAM und EUROPA als Thema der deutsch-türkischen Zusammenarbeit*, Deutsche Botschaft Ankara, Bd. III, Ankara 2004, S. 29–35.

14 Özsoy, Ömer, »*Individuum, Gemeinschaft und der »Andere« im Koran*«, S. 12.

15 Antes, Peter, »*Von der Migration zur islamischen Diaspora*«, in: Graf, Peter (Hg.), *RELIGIONEN IN MIGRATION. Grenzüberschreitung als Aufforderung zum Dialog*, Göttingen, V&R 2006, S. 51–58.

IN MIGRATION. Grenzüberschreitung als Aufforderung zum Dialog, V&R, Göttingen 2006, S. 51 – 58.

Antwort der Eugen-Biser-Stiftung auf den Offenen Brief »*A Common Word Between Us and You*«, hrsg. v. Biser, Eugen/Heinzmann, Richard, Kohlhammer, Stuttgart 2009.

Bischof Friedrich, CIG Nr. 43/2004.

Buber, Martin, *Das dialogische Prinzip*, Heidelberg, [5]1984.

Lao-Tse, *Tao Te King*, übertragen v. Victor von Strauß, hrsg. v. W. Y. Tonn, Manesse, Zürich 1959.

Özsoy, Ömer, »*Individuum, Gemeinschaft und der »Andere« im Koran*«, in: *ISLAM und EUROPA als Thema der deutsch-türkischen Zusammenarbeit*, Deutsche Botschaft Ankara, Bd. II, Ankara 2004, S. 10 – 14.

Berufsbild Imam

Irene Schneider

Einführungsgedanken zum Berufsbild Imam

Kurzzusammenfassung des Panels »Berufsbild Imam AG I« bezogen auf die Vorträge von Prof. Dr. de Wall und Prof. Dr. Hıdır

Die wohl größte Problematik bei dem »Berufsbild« ist die Frage der späteren Anstellung und Besoldung. Diese Frage war zuvor in der Tagung schon von einem Vertreter der Verbände aufgeworfen worden: Welcher Vater könnte seinem Sohn empfehlen, Imam zu werden, wenn die Frage, wie er damit seinen Lebensunterhalt verdient, nicht geklärt ist? Bisher ist gänzlich ungeklärt, ob die islamischen Verbände an deutschen Hochschulen ausgebildete Imame einstellen und vor allem, wie sie besoldet werden sollen. Fragen der Loyalität und der Doppelbelastung – wenn der Imam gleichzeitig als Religionslehrer an einer staatlichen Schule tätig sein sollte – kommen hinzu. Vor dem Hintergrund der weitgehend noch (mit Ausnahme der Imame der DITIB) unausgebildeten und ehreamtlichen Imame in den bundesdeutschen Moscheen scheint es noch ein langer Weg bis hin zu einem klaren Karrierekonzept.

Der erste Vortrag von Prof. Dr. Heinrich de Wall, Erlangen, lotete die rechtlichen Möglichkeiten und Grenzen der Beschäftigung von Imamen im säkularen Staat aus.

Diese sind sicherlich die Grundlage, jedoch ist natürlich dann im Einzelnen herauszufinden, inwieweit der bundesrepublikanische Staat gewillt ist, sich finanziell zu engagieren und welche Rolle in diesem Zusammenhang den Verbänden bzw. konkret den Moscheen, welche die Imame anstellen sollen, zukommt.

Die Diskussion dreht sich danach u. a. um die Frage, ob die Beschäftigung von Personen beim Staat, die »nebenbei« auch noch Imame sind, Loyalitätskonflikte aufwerfen würde. Hingewiesen wurde dabei auf das Gebot der Gleichbehandlung von Trägern von Kindertageseinrichtungen, die keine Gewinnorientierung verfolgen dürfen.

Hingewiesen wurde des Weiteren darauf, dass die pädagogische Kompetenz bei Pfarrern oder Imamen, die im Religionsunterricht eingesetzt werden, problematisch sein könnte.

Gefragt wurde danach, ob die Ausbildung von Imamen an staatlichen Universität ein staatskirchliches Element sei. Prof. de Walls Antwort darauf war, dass das Angebot eines Theologiestudiums an einer staatlichen Universität kein staatskirchliches Element ist, das durch das Grundgesetz untersagt wäre. Wie das BVerfG erst kürzlich festgestellt hat, ist konfessionelle Theologie an staatlichen Universitäten grundsätzlich zulässig. Dies gilt selbstverständlich auch für die islamische Theologie.

Der zweite Vortrag behandelte die Frage, wie eine *iğāza* aussehen könnte. In dem Vortrag gab Prof. Özcan Hıdır Informationen zur Geschichte der »klassischen« Form der *iğāza*, die zunächst nur eine Lehrerlaubnis v. a. für bestimmte bearbeitete Texte war und die man von einem bestimmten Lehrer erhielt. In seinem Vortrag überlegte er, wie der Terminus im neuen, säkularen Kontext mit neuen Inhalten zu füllen sei. Die Fragen bezogen sich auf die Funktion der *iğāza* als ein Vermittlungsinstrument islamischer Werte an die Studenten. Weiterhin: ob die Institution der *iğāza* im europäischen Kontext realisierbar sei und zuletzt, welche Unterschiede zwischen dem geplanten Studiengang in Osnabrück und dem Universitätsprogramm von Leiden er sehe.

Erol Pürlü

Imamausbildung in Deutschland – Erfahrungen und Kompetenzen der islamischen Verbände am Beispiel des Verbands der Islamischen Kulturzentren (VIKZ)

Die Ausbildung von Imamen in Deutschland ist in der letzten Zeit zu einem der wichtigen gesellschaftlichen Themen geworden. So hat die Politik die Bedeutung von Imamen für die Integrationsdebatte entdeckt und es gibt auch bereits bundesweit unterschiedliche Fortbildungsprojekte für Imame in Landeskunde und deutscher Sprache.

Es besteht Konsens zwischen Muslimen, staatlichen und gesellschaftlichen Einrichtungen, dass die Imamausbildung zukünftig in Deutschland geschehen muss. Hierbei stellt sich nur die Frage: Wer, wo, wann, und wie die Imamausbildung (ge)macht und gestaltet werden soll.

Für den Verband der Islamischen Kulturzentren e.V. (VIKZ) ist die Thematik der Imamausbildung nicht neu. Seit den 1980er Jahren bildet der VIKZ seine Imame selbst aus und ist somit die einzige islamische Organisation hierzulande, die eine eigene Ausbildungsstätte für Imame bundesweit betreibt.

Bevor man sich detailliert mit der Thematik Imamausbildung in Deutschland auseinandersetzt, müssten erst einmal eine Bestandsaufnahme vorgenommen und verschiedene Fragestellungen geklärt werden.

Wie viele Imame gibt es bereits? Wie groß ist der Bedarf an Imamen hierzulande? Wer sind die »Abnehmer« von Imamen? Wie kann man vorhandene Imame weiterbilden? Denn man muss bedenken, dass man die vorhandenen Imame nicht in die Arbeitslosigkeit entlassen kann. Wie viele werden mit der Zeit ausgewechselt, sei es, dass sie in Rente gehen oder sei es, dass sie wieder in die Herkunftsländer zurückkehren?

Die Ausbildung eines Imams hängt letztendlich von vielen Faktoren und Erwartungen ab, die man an ihn stellt. So kann eine dreijährige Ausbildung für die Gemeindearbeit ausreichend oder eine akademische Ausbildung notwendig sein, wenn es darum geht, den Einsatzbereich von Imamen über die Moscheegemeinde hinaus zu erweitern, wie zum Beispiel Betätigung in öffentlichen Schulen oder Anstalten.

1. Wer ist ein Imam?

In der öffentlichen Diskussion wird stets über den Begriff und Beruf »Imam« gesprochen, der hierzulande noch nicht geschützt ist. So werden viele Fertigkeiten in einen Imam hineinprojiziert, von dem man erwartet, dass er quasi als ein »Superimam« alle gesellschaftlichen Fragen der Integration, Religion und Seelsorge bewältigen soll.

Der Begriff des Imam kann im islamischen Kontext unterschiedliche Bedeutungen haben wie Vorbeter in der Moschee, großer Gelehrter (z.B. Gründer einer Rechtsschule) oder religiöse Autorität (im schiitischen Zusammenhang). Im türkischen Sprachgebrauch wird meistens auch Hodscha (persisch für Gelehrter) für den Vorbeter in der Moschee gebraucht.

Im Sinne eines Vorbeters kann jeder männliche Muslim als Imam fungieren, der sich mit dem rituellen Gebet und der rituellen Waschung ausreichend gut auskennt. Er muss wissen, wie die rituelle Waschung und das rituelle Gebet vollzogen wird, was sie ungültig macht und was nicht. Für die Frauengemeinde könnte auch eine Imamin das rituelle Gebet leiten, was sich jedoch in der Praxis kaum durchgesetzt hat.

Aber damit wäre die Erwartung an einen Imam in einer Moscheegemeinde auf gar keinen Fall erfüllt. Ein Imam, der eine Moschee hierzulande leitet, muss mehr als nur das Vorbeten beherrschen. Deshalb sollte erst einmal der Aufgabenbereich eines Imams in einer muslimischen Gemeinde definiert werden.

1.1. Aufgaben eines Imams in einer Moschee

Zum Aufgabenbereich eines Imams in der Moschee gehören:
- Abhalten von fünfmal täglichen Gebeten, Leitung von Freitags- und Festgebeten,
- Abhalten von Predigten,
- Religionsunterricht für muslimische Kinder, Jugendliche und Erwachsene,
- seelsorgerische Tätigkeiten (z.B. bei Sterbefällen, Gefängnis, Krankenhaus),
- Jugend- und Bildungsarbeit,
- Abhalten von Zeremonien (z.B. Hochzeit),
- Ansprechpartner in religiösen Fragen und Beratung von Muslimen in religiösen Angelegenheiten,
- Dialogtätigkeit mit anderen Religionsgemeinschaften.

2. Ausbildungskonzept des VIKZ

2.1. Der Träger VIKZ

Der Träger der Imam- und Theologinnenausbildung in seinen Einrichtungen Köln und Bergisch Gladbach ist der Verband der Islamischen Kulturzentren e.V. (VIKZ). Er wurde im Jahre 1973 in Köln gegründet. Dem Verband sind bundesweit um die 300 selbständige Moschee- und Bildungsvereine angeschlossen, unter denen sich auch 20 Schülerwohnheime befinden, in denen Schülerinnen und Schülern, die deutsche Regelschulen besuchen, schulische Hilfestellung gegeben wird.

Ziel und Zweck der Verbandsarbeit des VIKZ ist die religiöse, soziale und kulturelle Betreuung von Muslimen in Deutschland.

Der VIKZ ist ein gemeinnütziger Verein und versteht sich als eine islamische Religionsgemeinschaft. Der Status der Religionsgemeinschaft wurde dem VIKZ im Jahre 1994 vom Innenministerium des Landes Nordrhein-Westfalen im Rahmen der Meldegesetzangelegenheit deklaratorisch bescheinigt.[1] Es ist allgemein bekannt, dass es dafür keinen eigenen verwaltungsrechtlichen Akt der Anerkennung gibt.

2.2. Seminar für Islamische Theologie

Der VIKZ veranstaltet seit den 1980er Jahren eine Ausbildung zu muslimischen Theologinnen und Theologen. Sie nennt sich Seminar für Islamische Theologie, was wir heute mit Ausbildung von weiblichen und männlichen Hodschas wiedergeben können.

In den Anfangsjahren geschah die Ausbildung in Form von Wochenend- und Ferienseminaren.

Später im Jahre 1998 erwog der VIKZ das Seminar für Islamische Theologie als Ergänzungsschule zu betreiben und stellte einen entsprechenden Antrag an die Kölner Bezirksregierung.

Die Kölner Bezirksregierung verwies auf die Verfassung des Landes Nordrhein-Westfalen Art. 16(2) und 19(2), in der es heißt:

> »Religionsgemeinschaften ordnen und verwalten ihre Angelegenheiten selbständig innerhalb der Schranken der für alle geltenden Gesetze. Sie haben das Recht, ihre Ämter ohne Mitwirkung des Staates und der politischen Gemeinden zu verleihen oder

1 Schreiben des Innenministeriums vom 12.08.1994, Az: IV A3 – 224.

zu entziehen und Ausbildungsstätten für die Ausbildung ihrer Religionsdiener zu errichten und zu unterhalten.«[2]

Dies ist nichts anderes als das verfassungsrechtlich garantierte Recht für Religionsgemeinschaften auf die Errichtung von Ausbildungsstätten ohne der Genehmigung des Staates zu bedürfen, was aus der Weimarer Verfassung Artikel 137 Absatz 3 hervorgeht.

In der Frage der Anerkennung des Imams und der muslimischen Theologinnen als Beruf waren die Behörden damals überfordert, was unter anderem aus einem Schreiben des Ministeriums für Arbeit, Soziales und Stadtentwicklung, Kultur und Sport des Landes Nordrhein-Westfallen an den VIKZ hervorgeht. Darin heißt es:

»[...] hinsichtlich der Anerkennung des Berufs »Islamischer Theologe« ist mit einer ganzen Reihe Ressorts Kontakt aufgenommen worden [...] Letztendlich fühlt sich bei der derzeitigen Rechtslage keiner für zuständig.«

Darin hieß es weiter:

»Die Einrichtung eines Lehrstuhls für Islamische Theologie ist unter anderem Gegenstand der Beratungen der LAG der Ausländerbeiräte.«[3]

Letztendlich mussten Gerichte darüber befinden. Finanz- und Sozialgerichte entschieden, dass die Ausbildung als solche anzuerkennen ist.[4]

Bei dem Lehrgang des VIKZ handelt es sich um ein dreijähriges Vollzeitstudium mit den Ausbildungsabschnitten: Grundausbildung und Hauptstudium, dem sich ein einjähriges Praktikum in einer Moscheegemeinde anschließt. Voraussetzung für die Aufnahme zur Ausbildung ist die mittlere Reife oder der Abschluss der Vollzeitschulpflicht. Die Auszubildenden zahlen weder Studiengebühren, noch werden sie vergütet.

Ziel der Ausbildung ist es, die Teilnehmer so zu qualifizieren, dass sie Moscheegemeinden leiten und sich um die religiösen Belange der Muslime kümmern können.

2.2.1 Lehrinhalte

Die Teilnehmer müssen sich in unterschiedlichen islamischen Fächern qualifizieren. Es handelt sich dabei um die Fächer Koranrezitation, *taǧwīd*, Arabische Schrift und Sprache, Semantik, Syntax und Rhetorik, *fiqh* mit Schwerpunkt *ʿibādāt* (gottesdienstliche Handlungen), *uṣūl al-fiqh* (Standardwerk: *Mirʾāt al-uṣūl fī šarḥ mirqāt al-wuṣūl* des als Mollā Ḫosraw bekannten Muḥammad ibn

2 Schreiben der Bezirksregierung Köln vom 04.05.98, Az: 49.2.

3 Schreiben des genannten Ministeriums an VIKZ vom 16.12.1998 : Aktenzeichen 522.

4 Finanzgericht Düsseldorf Az: 14 K 5073/03Kg, Sozialgericht Duisburg Az: S 4 KN 122/00.

Farāmurz), Kelamwissenschaft (Standardwerk: *Šarḥ al-ʿaqāʾid* des ʿUmar at-Taftāzānī), Einführung in *ḥadīṯ*- und *tafsīr*-Wissenschaft und Islamische Geschichte.

Den Imamen werden elementare Wissenschaften, die sogenannten *ʿulūm al-ʿalīya* (Sprache, Logik usw.) vermittelt, mit denen sie Zugang zu den eigentlichen islamischen Wissenschaften (*ʿulūm* wie *fiqh*- und *kalām*-Wissenschaften usw.) bekommen.

Der VIKZ orientiert sich dabei an den Lehren des sunnitisch-ḥanafītischen Islam.

2.2.2 Grundausbildung, Hauptstudium und Praktikum

Die Grundausbildung dauert ein Jahr und kann in Bildungseinrichtungen des VIKZ abgeschlossen werden.

Mit dem Abschluss des Hauptstudiums wird der theoretische Teil des Lehrgangs abgeschlossen. Diese zweite Stufe dauert zwei Jahre. Hier erfolgt das eigentliche Studium der islamischen Fächer.

Auf der letzten Stufe erfolgt ein berufspraktisch orientiertes Praktikum in einer Moscheegemeinde bei einem dafür qualifizierten Imam. Mit dem Abschluss des praktischen Jahres wird der Kandidat befähigt eine Gemeinde zu leiten.

3. Interreligiöse und interkulturelle Fortbildung von Imamen

Neben regelmäßiger interner Fortbildung von Imamen finden auch in Zusammenarbcit mit anderen Einrichtungen interreligiöse und interkulturelle Fortbildungskurse für Imame statt.

3.1. Julaica-Schulungen

In Zusammenarbeit mit der evangelischen Bildungseinrichtung Hackhauserhof in Solingen werden seit dem Jahr 2006 Julaica-Schulungen für angehende Imame angeboten. Dabei werden Imame zu Jugendleitern fortgebildet. Sie absolvieren Qualifizierungsseminare für freizeitpädagogische Betreuung von Kindern und Jugendlichen. Dies geschieht in drei Wochenendseminaren, in denen spezifische Themen der Jugendarbeit behandelt und in praktischen Rollenspielen geübt werden, wie beispielsweise Rechtsfragen, Anleitung und Moderation von Gruppen, Handlungsoptionen für Verhaltensicherheit, Umgang mit Kindern und Jugendlichen, Regeln, Rituale, Partizipation, Teamarbeit, Projektentwicklung usw.

Die Teilnehmer werden auch mit klassischen freizeitpädagogischen Gruppenangeboten vertraut gemacht. Hier geht es darum, Einzelveranstaltungen organisatorisch wie freizeitpädagogisch zu planen und zu gestalten.

3.2. Dialogtagungen in Kooperation mit Kirchen und der Bundeszentrale für politische Bildung auf Landes- bzw. Bundesebene

Mit Dialogtagungen wird der interkulturelle und interreligiöse Dialog gepflegt. Hier kommt es zur Begegnung zwischen den Imamen und Vertretern christlicher und anderer Religionsgemeinschaften sowie Multiplikatoren in deren Einrichtungen. So erhalten die Imame einen Einblick in die religiöse Vielfalt in Deutschland und bekommen aus erster Hand Informationen über andere Religionen, zugleich können sie ihr eigenes Religionsverständnis den Gesprächspartnern kundtun. Diese Veranstaltungen werden in Zusammenarbeit mit staatlichen und kirchlichen Einrichtungen durchgeführt. Als Beispiel seien unter anderem die Dialogtagungen in Zusammenarbeit mit Evangelischer und Katholischer Kirche und der Bundeszentrale für politische Bildung genannt. Die Kooperationspartner dieser Dialogtagungen oder Imamtagungen, wie sie auch genannt werden, sind bundesweite bzw. landesweite Träger.

3.3. Interreligiöser Dialog auf örtlicher Ebene

Durch Kontakte zu den örtlichen Kirchen entwickelt sich auch der interreligiöse Dialog auf örtlicher Ebene. Hier sammeln Imame Erfahrungen über das, was die Menschen vor Ort bewegt und was sie interessiert. Diese Ebene des Dialogs ist sehr wichtig, da die Gemeinden vor Ort die Basis bilden und so das gegenseitige Verständnis und Vertrauen besser aufgebaut werden kann.

3.4. Fortbildungskurse für Imame auf kommunaler Ebene

Mittlerweile bieten auch verschiedene Städte in Deutschland wie Berlin, Frankfurt und München Fortbildungskurse für Imame an. Dabei werden ihnen landeskundliche Themen vermittelt, wichtige staatliche und religiöse Einrichtungen bekannt gemacht sowie das Verhältnis zwischen Staat und Religion in Deutschland erklärt. An diesen Fortbildungskursen nehmen auch Imame des VIKZ teil.

3.5. Fort- und Weiterbildung auf universitärer Ebene

Der VIKZ interessiert sich auch für universitäre Fortbildung seiner Imame. So begrüßt er, dass die Universität Osnabrück ein Fort- und Weiterbildungsprogramm für Imame auf universitärer Ebene geplant hat. Hier können sich die Imame des VIKZ in Gemeinde- und Jugendpädagogik sowie andere Weltreligionen weiterbilden.

4. Zukunftsperspektive

Die Imamausbildung ist keine gewöhnliche Berufsausbildung, die nur bestimmte Fertigkeiten und Wissen vermittelt. Sie vermittelt auch Werte, die in die Lebensführung eines Imams einfließen und gelebt werden müssen, um authentisch in der muslimischen Gemeinschaft anzukommen und deren Vertrauen zu gewinnen. Denn Imame haben in einer muslimischen Gemeinde Vorbildfunktion. Deshalb müssen sie sich dessen bewusst sein, bevor sie sich zu diesem Amt entscheiden.

Das Vertrauen zu Imamen kann zudem gestärkt werden, wenn sie eine Anbindung zu bzw. den Zuspruch von islamischen Religionsgemeinschaften in Deutschland haben.

Bei der Imamausbildung auf universitärer Ebene sollte auch der Einsatz im Religionsunterricht an öffentlichen Schulen und in öffentlichen Anstalten wie Bundeswehr, Gefängnis- und Notfallseelsorge oder Krankenhaus in Auge gefasst werden. Diese stellen für die Imame ein neues Betätigungsfeld dar, das weitere Qualifikationen von Imamen abverlangen kann als der gewöhnliche Dienst in einer Moscheegemeinde.

Eine Imamausbildung in Deutschland kann nur Erfolg versprechen, wenn die Bedarfslage hierzulande eruiert und die Ausbildung in Kooperation mit islamischen Religionsgemeinschaften durchgeführt wird. Die Mitwirkung von islamischen Religionsgemeinschaften bei der Ausbildung vom Imamen ist unumgänglich, wenn diese Imame in den Einrichtungen dieser Religionsgemeinschaften eingestellt werden wollen.

Literatur

Finanzgericht Düsseldorf Az: 14 K 5073/03Kg, Sozialgericht Duisburg Az: S 4 KN 122/00.
Schreiben der Bezirksregierung Köln vom 04.05.98, Az: 49.2.
Schreiben des Innenministeriums vom 12.08.1994, Az: IV A3 – 224.
Schreiben des genannten Ministerium an VIKZ vom 16.12.1998 : Aktenzeichen 522.

Elhadi Essabah

Praktische Erfahrungen – Alltägliche Erwartungen an Imame – Praxisbericht

Mein kurzes Referat hat das Thema: »Praktische Erfahrungen – Alltägliche Erwartungen an Imame in Deutschland – Praxisbericht«.

1. Praktische Erfahrungen

Hier möchte ich zunächst ganz kurz berichten davon berichten, wie ich persönlich – als Muslim und Islamwissenschaftler – die Imame in Regensburg, in München und in Frankfurt erlebt habe. (Diese Imame waren nicht nur nicht in der Lage, mit der deutschen Sprache klar zu kommen und sich darin auszutauschen, vielmehr waren sie auch nicht theologisch, pädagogisch und wissenschaftlich ausgebildet).

Die Konsequenz einer solchen Situation ist es natürlich, viele Missverständnisse und Probleme zu erwarten. Dies auf zwei Ebenen:

1. Das Missverständnis, wie diese muslimischen Imame selbst den Islam zunächst verstehen und ihn weiter reflektieren (sehr traditionell, nicht wissenschaftlich und nicht zeitgemäß). Die Bevölkerung in Deutschland (Muslime und Nicht-Muslime) haben große Probleme und zahlreiche Schwierigkeiten mit diesem traditionellen, unwissenschaftlichen und nicht zeitgemäßen Verständnis des Islam. Viele Muslime vor allem leiden darunter, weil sie mit diesem Verständnis nicht harmonisch mit ihren aktuellen und alltäglichen Leben klar kommen können.

Um zu erklären, dass diese sehr schwierige Situation gar nicht mit dem Islam selbst zu tun hat, sondern mit dem Mangel an Wissen und eher mit dem Mangel an Ausbildung, möchte ich diese Beispiele aus der Geschichte muslimischer Gelehrten zitieren und erklären:

a) Bereits im Jahre 150 n.H. (767 n.Chr.), als Abū Ḥanīfa, der berühmte Rechtsgelehrte und Begründer der *ḥanafītischen* Rechtsschule, starb, entwickelten seine (ebenfalls bekannt gewordenen) Schüler und Nachfolger

Abū Yūsuf und Muḥammad ibn al-Ḥasan al-Šaybānī viele zusätzliche Interpretationen und religiöse Meinungen, die zum Teil in der Zeit ihres Lehrers unbekannt waren, andererseits ersetzten sie altbekannte Ansichten durch neue. Als die Leute sie fragten: »Warum vertretet ihr (zum Teil) völlig andere Meinungen als euer Lehrer und Gründer der Rechtsschule, Abū Ḥanīfa?«, antworteten ihnen die »neuen Rechtsgelehrten« Folgendes: »Die Notwendigkeit solcher neuen Interpretationen und unterschiedlichen Meinungen liegt nicht in verschiedenen Argumentationsmethoden oder Beweisen begründet, sondern liegt an den unterschiedlichen zeitlichen Voraussetzungen.«[1]

D.h. die Zeit und die unterschiedlichen zeitlichen Voraussetzungen spielen nach muslimischen Experten und Rechtsgelehrten eine sehr wichtige Rolle bei der Interpretation der Religion.

b) Ebenso spielt der Raum eine vorrangige Rolle bei der Interpretation der Religion, denn wir wissen, dass von dem Rechtsgelehrten und Gründer der damaligen *šāfiʿītischen* Schule Abū Idrīs al-Šāfiʿī (gest. 204 n. H./820 n. Chr.) in der islamischen Welt bedeutend seit dem 8. Jh. nach Chr. überliefert ist, dass er zwei verschiedene Rechtsauslegungen vertreten habe. Das zeigte sich, als er vom Irak nach Ägypten übersiedelte. Er legte sein Verständnis so dar: »Unsere Meinungen und Interpretationen, die wir im Irak gemacht haben, sind gültig für die Leute, die im Irak leben. Und unsere neuen Meinungen und Interpretationen, die wir in Ägypten entwickelt haben, sind gültig allerdings für die Leute, die hier in Ägypten leben.«[2]

Auch Said Ramadan hat dieses Phänomen betrachtet und beschreibt, »[...] dass al-Šāfiʿī seine Ansichten über bestimmte Dinge änderte, insbesondere nachdem er seinen Wohnsitz von Irak nach Ägypten verlegt hatte. Als er gefragt wurde: »Warum hast du deine Meinung geändert?«, antwortete er: »Jene entsprach dem, was wir gesehen hatten, diese entspricht dem, was wir sehen.««[3]

Diese historischen Beispiele sollen zeigen, dass schon sehr früh ein Bewusstsein für die Relativität von Koraninterpretationen vorhanden war. Fachleute widmeten ihm ein eigenes islamwissenschaftliches Fach, genannt *maqāṣid al-šarīʿa*. Eine seiner Grundregeln lautet folgendermaßen: »Es besteht die Notwendigkeit einer Veränderung der religiösen Meinungen und Interpretationen (arab.: *fatāwā* = Gutachten) je nach der Veränderung der Zeit, des Raumes, der Gewohnheiten und Situationen.«[4]

1 al-Šāṭibī, *al-Iʿtiṣām*, Bd. 2, Kairo 1332 H., S. 168–171.
2 Mustafa al-Zarqa, *al-Madḫal al-fiqh al-ʿāmm ilā al-ḥuqūq al-madaniyya*, Teil 1, Damaskus 1952, S. 245.
3 Said Ramadan, *Das islamische Recht: Theorie und Praxis*, Wiesbaden 1980, S. 85.
4 al-Qarāfī, *al-Furūq*, Bd. 3, Kairo 1344–46 H.(für alle Bände), S. 14–15.

Ein Faktum, das den Imamen, die ich in Regensburg, München und in Frankfurt erlebt habe, gar nicht bewusst ist.

c) Auch *al-ʿurf* als Quelle des islamischen Rechts (*al-ʿurf*, arab., meint die Sitte und den Brauch einer bestimmten Gesellschaft, die sowohl in Worten wie in Taten ihren Ausdruck finden) muss man immer im Auge behalten und mit berücksichtigen, wie der bekannte und anerkannte Koran- und *ḥadīṯ*-Wissenschaftler Šihāb al-Dīn al-Qarāfī gelehrt und geschrieben hat: »[...] doch immer, wenn *al-ʿurf* sich verändert, dann muss das berücksichtigt werden. Und wenn es überholt ist, dann muss mit einberechnet werden. Man soll nicht an dem, was geschrieben wurde, für Ewigkeit festhalten, [...] denn die Zementierung vorausgegangener religiöser Meinungen und Interpretationen für die Ewigkeit ist ein Irrweg in der Religion, ein Zeichen der Unwissenheit und ist getragen von der Absicht, die früheren muslimischen Fachleute zu bestätigen.«[5]

2. Das Missverständnis, wie diese Imame (die meisten kommen aus der Türkei, aus Marokko, aus Ägypten usw.) wiederum die europäische Kultur und die christliche Religion verstehen und die sich daraus entwickelnde Frage, ob sie wirklich fähig sind, hier in Deutschland einen guten Beitrag leisten zu können. Die Erfahrung, die ich mit solchen Imamen gemacht habe, zeigt mir, dass es zahlreiche Missverständnisse auf dieser Ebene gibt und die oft auftauchen und leider als Barriere einer positiven und konstruktiven Integration der muslimischen Bevölkerung in der Gesellschaft entgegenstehen.

2. Praktische Vorschläge und Lösungen

Als Muslim und Islamwissenschaftler möchte ich in diesem Zusammenhang einige Vorschläge machen, um solche Missverständnisse und Probleme überwinden zu können:

1. Ich bin in der festen Überzeugung, dass eine deutliche Notwendigkeit besteht eine »neue und moderne islamische Theologie« zu entwickeln. Denn der Bedarf nach mehreren Lehrstühlen für »Islamische Theologie« an zahlreiche Universitäten Deutschlands ist ziemlich groß.

Der Bedarf nach mehr Religionslehrerinnen und Religionslehrern für »Islamunterricht« für Schülerinnen und Schüler besonders mit muslimischem Hintergrund ist ebenfalls groß.

Und der Bedarf und die Notwendigkeit einer Ausbildung von »Imamen in

5 Ebd. Bd. 1, Kairo 1344–46 H. S. 167–177.

Deutschland«, nicht nur sprachlich, sondern auch theologisch, pädagogisch und wissenschaftlich sind noch größer.

Von daher kann ich als Islamwissenschaftler die Mühe und den Versuch der Universität Osnabrück mit Prof. Dr. Bülent Ucar, Leiter des Zentrums für Interkulturelle Islamstudien, und seinem Team in diesem Sinne nur herzlich begrüßen und stark unterstützen.

2. Wenn man heutzutage die politische Lage in der Welt betrachtet, dann bin ich darüber hinaus der festen Überzeugung, es muss sich eine tolerante, friedliche, moderne und konstruktive Auffassung des Islam wieder entwickeln und etablieren. Nur dadurch haben der Islam als Weltreligion und die Muslime überall in der Welt, vor allem in Europa, eine wahre Chance mit der moderne Zeit und entsprechenden Gesellschaften zu kommunizieren und sich auszutauschen. Dies muss aber auch als Schutz, vor allem für unsere muslimische Kinder und Jugendlichen, vor der Gefahr eines religiösen Fanatismus gesehen werden.

Literatur

al-Šāṭibī, *al-I'tiṣām*, Bd. 2, Kairo 1332 H.
al-Qarāfī, *al-Furūq*, Bd. 1, Kairo 1344 – 46 H.
Ders., *al-Furuq*, Bd. 3, Kairo 1344 – 46 H.
Ramadan, Said, *Das islamische Recht: Theorie und Praxis*, Wiesbaden 1980.
al-Zarqa, Mustafa, *al-Madḫal al-fiqh al-'āmm ilā al-ḥuqūq al-madaniyya*, Teil 1, Damaskus 1952.

Michael Meyer-Blanck

Erfahrungen auf dem Hintergrund der Ausbildung evangelischer Theologinnen und Theologen

1. Der rechtliche Rahmen

Die Ausbildung von Geistlichen ist in Deutschland unter einer juristisch ähnlichen Struktur geregelt wie der Religionsunterricht an öffentlichen Schulen. Es handelt sich um eine gemeinsame Angelegenheit des Staates und der jeweiligen Religionsgemeinschaft, um eine »res mixta«. Seit der Weimarer Reichsverfassung von 1919 ist der Bestand der katholischen und evangelischen theologischen Fakultäten festgehalten[1] und durch den preußischen Staatskirchenvertrag von 1931 gesichert. Auf dieser Rechtsgrundlage beruht auch die Gestaltung der gegenwärtigen theologischen Fakultäten bzw. der Abteilungen für Evangelische Theologie. Es liegt im Interesse des Staates und der Kirche, dass Religionsunterricht an der Schule und Theologenausbildung an der Universität zugleich von kritischem wissenschaftlichem Geist und von Realitätsbezug zum Glauben der Religionsgemeinschaften geprägt ist. Der wissenschaftliche Kontext wird durch die Universität, der Bezug zum gelebten Glauben durch die Mitwirkung der Kirchen gewährleistet. Durch dieses Zusammenwirken kann die Ausbildung insgesamt besser sein, weil sie präzise auf die Stellung der Religion in der funktional differenzierten Gesellschaft bezogen ist. Dies ist in Deutschland in dieser Form erst seit der Weimarer Reichsverfassung von 1919 der Fall, als die Staatskirche abgeschafft wurde.[2] Seitdem gibt es ein genau austariertes Vorgehen bei Berufungen von Professoren und bei der Verabschiedung von Studienordnungen.

Die Lehramtsausbildung für Lehrkräfte des konfessionellen Religionsunterrichtes erfolgt ebenso wie die Pfarrerausbildung unter dem Grundsatz, dass die vom Staat ermöglichte und geordnete Zivilgesellschaft einen rechtlichen Rah-

1 Weimarer Reichsverfassung (WRV) Art. 149,3: »Die theologischen Fakultäten an den Hochschulen bleiben bestehen.«

2 WRV Art. 137,1: »Es besteht keine Staatskirche«. Durch Art. 140 des Grundgesetzes wurde Art. 137 der WRV als Bestandteil des Grundgesetzes übernommen.

men für die religiöse Kommunikation benötigt. Zugrunde liegt dabei die Überzeugung, dass es sich bei der Religion um eine zwar individuelle, aber nicht um eine private Angelegenheit handelt. Die dem Gemeinwesen förderliche Entfaltung der Religionsfreiheit[3] ist im Interesse des Staates. Dieser nämlich ist nach der Verfassung verpflichtet, den Bürgern die Ausübung der Religion zu ermöglichen. Nach den schrecklichen Erfahrungen im Nationalsozialismus ist der verfassungsrechtliche Rang dieser Bestimmungen sogar noch einmal gestiegen: Artikel 4 und 7 des Grundgesetzes gehören zu den Grundrechten der Verfassung. Die Grundrechte in Art. 2 – 18 haben prinzipiell nicht Institutionen (und deren Rechte oder »Privilegien«) im Auge. Sie garantieren vielmehr die Rechte des einzelnen Bürgers gegenüber der staatlichen Gewalt. Legislative, Exekutive und Judikative sind an die Grundrechte gebunden (GG, Art. 1,3). Das Recht der positiven Religionsfreiheit gehört dabei unter die Gesamtüberschrift von Artikel 2,1 des Grundgesetzes: »Jeder hat das Recht auf die freie Entfaltung seiner Persönlichkeit, soweit er nicht die Rechte anderer verletzt.«

Die freie Entfaltung der Persönlichkeit aber ist ein Bildungsvorgang. Die Aufgabe des Staates ist es dafür zu sorgen, dass jeder – also nicht nur der deutsche Staatsbürger! – das Recht zu dieser Bildung verwirklichen kann. Dazu schafft der Staat die nötigen Rahmenbedingungen. Weil der Staat der Realität seiner Bürger entsprechen muss, greift er auch auf die Religionsgemeinschaften zurück.

2. Zwei Ausbildungsphasen: Studium und »Vikariat«

In der Pfarramtsausbildung unterscheiden wir zwei Phasen: das universitäre Studium und das sich anschließende »Vikariat«, das dem Referendariat der Lehrer und der Juristen entspricht. Die Differenzierung in diese beiden Phasen ist das Ergebnis einer längeren Entwicklung. Seit der Reformation ist es der Regelfall, dass evangelische Pfarrer[4] ein wissenschaftliches Studium absolvieren. Im Laufe des 19. und 20. Jahrhunderts stellte es sich aber heraus, dass das Studium nicht ausreicht, weil den Anforderungen der Berufspraxis durch die akademische Lehre allein nicht entsprochen werden kann. Während es in frü-

3 Grundgesetz (GG) Art. 4 und 7.

4 Studierte *Theologinnen* wurden seit der Notsituation des Kirchenkampfes (1933 – 1945) zunächst nur vertretungsweise als »Pfarrvikarinnen« mit geringen Rechten eingesetzt. Die ersten evangelischen Pfarrerinnen mit vollen Rechten gab es in Deutschland dann in der Pfälzischen Landeskirche im Jahre 1958; die letzte evangelische deutsche Landeskirche, die Frauen ein volles Pfarramt übertrug, war die Landeskirche Schaumburg-Lippe (im Jahre 1991). – Seit 1992 werden anglikanische und seit 1996 altkatholische Frauen zu Priesterinnen geweiht.

heren Zeiten genügt hatte, nach der wissenschaftlichen Bildung zu einem erfahrenen älteren Pfarrer in die Lehre zu gehen, diesen zu vertreten[5] und damit seinen Spuren zu folgen, ergab sich im Laufe der Jahrzehnte die Notwendigkeit einer theoretisch reflektierten Praxiszeit, nämlich eine von »Predigerseminaren«[6] begleitete Praxiseinführung. An die Stelle der Imitation von Praxis trat seit dem Ende des 19. Jahrhunderts eine zweite Ausbildungsphase, in der bis heute die theologische Wissenschaft und eine Theorie kirchlicher Praxis aufeinander zu beziehen sind.

Theoretisch beschrieben entsprechen damit das Referendariat und das Vikariat den Erfordernissen einer funktional differenzierten Gesellschaft, in der das eigene Handeln im Bildungs-, Rechts- und Religionssystem nicht mehr nur von Vertretern dieses Systems übernommen werden kann. Erforderlich ist vielmehr eine Theorie des eigenen Handelns im Zusammenhang von Anthropologie und Gesellschaftstheorie. Es ist bekannt, dass ein Mangel an theoretischem Blick auf die Praxis die Problematik eines so genannten »burn out« befördert, weil allzu leicht sachbedingte Schwierigkeiten auf die eigene Person bezogen werden.

Inzwischen sind die beiden Phasen für alle Pfarrerinnen und Pfarrer geläufig geworden. Als Faustregel des Verstehens hat sich etabliert, dass die erste Phase (akademisches Studium) der *Reflexion von Praxis* dient, während die zweite Ausbildungsphase dem *kritischen Einüben von Praxis* gewidmet ist. Auch die erste Phase benötigt dabei Praxiserfahrungen – weil diese anderenfalls nicht reflektiert werden können. Umgekehrt benötigt auch die zweite Phase Theorie – weil die Praxis anderenfalls kein Widerlager hätte. Schließlich ist anzumerken, dass die *dritte Phase*, die Begleitung in den ersten Berufsjahren, in den letzten drei Jahrzehnten immer wichtiger geworden ist. Erst in der eigenen beruflichen Verantwortung stellen sich viele Probleme, auf die man zuvor in weitaus weniger betreffender Weise aufmerksam geworden war.

Schließlich ist der Beruf des Pfarrers sehr anspruchsvoll; und nicht nur aufgrund dieser Tagung zur Imamausbildung kann man als das Zentrum des Pfarrberufes die Verantwortung für das öffentliche Gebet der Kirche angeben. Pfarrerinnen und Pfarrer erfüllen sehr viele verschiedene Aufgaben. Aber die markanteste Aufgabe ist eben doch die des öffentlichen *Vorbetens.*[7] Diese Auf-

5 Daher der Name »Vikariat«.

6 Dazu vgl. Birgit Weyel, *Praktische Bildung zum Pfarrberuf. Das Predigerseminar Wittenberg und die Entstehung einer zweiten Ausbildungsphase evangelischer Pfarrer in Preußen*, Tübingen 2006.

7 Dazu vgl. Michael Meyer-Blanck, »*Geistliche Bildung. Wie lernen Pfarrerinnen und Pfarrer das öffentliche Gebet?*«, in: R. Mielke/H. Süselbeck (Hgg.), *Grundlagen und Vollzüge pastoraler Existenz*, Festschrift K.-A. Bauer, Neukirchen-Vluyn 2002, S. 51–59.

gabe erfordert eine lange Ausbildung, deren erste beide Phasen in der Regel 8 – 10 Jahre umfassen.

Literatur

Grundgesetz (GG) Art. 4 und 7.

Michael Meyer-Blanck, »*Geistliche Bildung. Wie lernen Pfarrerinnen und Pfarrer das öffentliche Gebet?*«, in: R. Mielke/H. Süselbeck (Hgg.), *Grundlagen und Vollzüge pastoraler Existenz*, Festschrift K.-A. Bauer, Neukirchen-Vluyn 2002, S. 51 – 59.

Weimarer Reichsverfassung (WRV) Art. 149,3.

WRV Art. 137,1.

Birgit Weyel, *Praktische Bildung zum Pfarrberuf. Das Predigerseminar Wittenberg und die Entstehung einer zweiten Ausbildungsphase evangelischer Pfarrer in Preußen*, Tübingen 2006.

Mouhannad Khorchide

Der Beitrag der Imame zur Etablierung einer islamisch-europäischen Identität bei jungen Muslimen

Zu seinen Lebzeiten war der Prophet Mohammed sowohl geistlicher, als auch politischer Anführer der muslimischen Gemeinde. Er war nicht nur Vorbeter in der Moschee, sondern zwischen 622 und 632 n. Chr. zugleich das Staatsoberhaupt in Medina. War der Prophet abwesend, übernahm jemand anderer die Funktion des Vorbetens und wurde kurzfristig, also nur in Bezug auf das jeweilige Gebet, zum Imam. Der Begriff »Imam« bezeichnete also eine Funktion, die des Vorbetens, und keine gesellschaftliche Rolle oder einen Beruf. Dies änderte sich im Laufe der Zeit, als sich der Islam auf viele Länder der Erde ausbreitete und die Zahl der Muslime anstieg. In den verschiedenen Ländern wurden immer mehr Moscheen errichtet, die von Imamen betreut wurden. Mit der Zeit etablierte sich im sunnitischen Islam die Bezeichnung »Imam« als Beruf und als gesellschaftliche Rolle.

In den meisten islamischen Ländern werden Imame vom jeweiligen Religionsministerium eingesetzt. In der Regel sind diese Imame Absolventen von theologischen Gymnasien bzw. theologischen Hochschulen. Ihr Aufgabengebiet beschränkt sich hauptsächlich auf das Vorbeten der täglichen Pflichtgebete und das Halten der Freitagspredigt, in manchen Moscheen leiten sie an den Wochenenden zusätzlich einen islamischen Religionsunterricht für Kinder und Jugendliche. Die Erwartungen an den Imam und damit das Profil des Imams in Europa durchliefen jedoch einen Wandel. Heute wird von Imamen in Europa nicht nur erwartet, das Gebet zu leiten und die Freitagspredigt zu halten, sondern auch ihre muslimische Gemeinde über den Islam aufzuklären, den Islam an Kinder und Jugendliche zu vermitteln, sowie Mediationsarbeit und einen Beitrag zur Integration des Islams in die europäischen Gesellschaften zu leisten, die Teilnahme am interreligiösen Dialog und an interreligiösen Veranstaltungen usw. Damit veränderte sich auch das Profil der Moschee. Moscheen sind nicht nur Orte des Gebets, sondern zugleich Orte der Selbstvergewisserung der islamischen Identität. Moscheen spielen heute in Europa eine zentrale Rolle in der Reproduktion der kollektiven islamischen Identität. Bis in die 1990er Jahre nahmen weder die Wissenschaft noch die Politik diese Rolle der Moschee wahr.

Der Grund dafür liegt darin, dass in den früheren Integrationstheorien davon ausgegangen wurde, dass die völlige Assimilation der Migranten[1] in die Aufnahmegesellschaft zwangsläufig das einzige logische Resultat des Eingliederungsprozesses sei und somit der Islam für muslimische Migranten immer mehr an Bedeutung verlieren und Moscheen eine geringere Rolle spielen werden. Assimilation beschreibt dabei den Prozess der totalen Aufgabe der Herkunftskultur mit gleichzeitiger Übernahme der Aufnahmekultur; bestehende kulturelle Differenzen verschwinden somit. Baumann geht davon aus, dass sich die Konzepte der Assimilation erst durch die Herausbildung des modernen Nationalstaates etablierten, in denen »Ausländer« – anders als »Inländer« – ihre Loyalität beweisen müssen, da ihnen die Loyalitätsvermutung vorenthalten wird.[2]

Bei den verschiedenen Modellen der Eingliederung, welche die Migrationssoziologen beschrieben haben, handelt es sich meist um Phasenmodelle, die allerdings keine Erklärungen liefern, »wie, wann und unter welchen Bedingungen sich der Übergang von einer Phase zur nächsten vollzieht«[3].

Eines der ersten Integrationsmodelle geht auf H. G. Duncan zurück. Duncan beschreibt dabei ein Modell, das sich in drei Generationensequenzen der Assimilation gliedert.[4]

- Erste Generation: Hier kommt es überwiegend zur ökonomischen Anpassung an das Aufnahmeland. Um ihre Kulturen zu bewahren, ziehen sich Angehörige der ersten Generation in die eigene Community zurück.
- Zweite Generation: Angehörige der zweiten Generation eignen sich beide Kulturen an.
- Dritte Generation: Bei der dritten Generation kommt es zu einer völligen Aufgabe der Herkunftskultur zugunsten der Aufnahmekultur; es tritt eine völlige Assimilation in die »core culture« des Aufnahmelandes ein.

Das Endstadium einer Integration ist nach Duncan also unvermeidlich eine vollkommene Assimilation,[5] allerdings wird dieses Stadium erst von der zweiten bzw. dritten Generation erreicht. Park beschreibt den Verlauf dieses Prozesses als gesetzmäßig und irreversibel:

> »The impression that emerges from this review of international and race relations is that the forces which have brought about the existing interpenetration of people are so vast and irresistible that the resulting changes assume the character of a cosmic process

1 An dieser Stelle sei darauf hingewiesen, dass der einfachen Lesbarkeit halber alle im Maskulinum angeführten Begriffe auch das weibliche Geschlecht implizieren.
2 Vgl. Zygmunt Baumann, *Moderne und Ambivalenz*, Frankfurt a. M. 1992.
3 Petrus Han, *Soziologie der Migration*, Stuttgart 2005, S. 46.
4 Vgl. ebd. S. 45.
5 Vgl. Anette Treibel, *Migration in modernen Gesellschaften*, Weinheim 1999, S. 92.

> [...] In the relations of races there is a cycle of events, which tends everywhere to repeat itself [...] The race relations cycle [...] is apparently progressive and irreversible. Customs regulations, immigration restrictions and racial barriers may slacken the tempo of the movement; may perhaps halt it altogether for a time; but cannot change its direction; cannot at any rate, reverse it.«[6]

Auch in den Migrationstheorien, die sich vordergründig mit der zweiten und dritten Generation beschäftigen, gehen die meisten Autoren von einem Assimilationsmodell aus.[7]

Han kritisiert die Annahme des linear progressiven Verlaufs der Assimilation, denn »Assimilation kann auch durch Diskontinuität und Regression bestimmt sein, so dass sie als ›uneven assimilation‹, d. h. ungleichmäßig verlaufende Assimilation, bezeichnet«[8] werden kann. Der Assimilationsprozess muss also nicht zwangsläufig irreversibel progressiv nur in eine Richtung verlaufen. Diese Annahme ist auch empirisch nicht haltbar.

Das Re-Segmentationsmodell von Marcus Lee Hansen gehört zu den ersten Modellen, die nicht von einer progressiven Entwicklung ausgehen. Hansen beschreibt die Situation der Einwanderer in den 1930er Jahren in den USA wie folgt: Während die zweite Generation die Einwanderungsgeschichte der Eltern vergessen möchte, zeigt die dritte Generation ein großes Interesse für ihre Herkunftskultur und begibt sich auf die Suche nach der Geschichte der Großeltern (»what the son wishes to forget, the grandson wishes to remember«).[9]

Phinney[10] konnte durch seine Untersuchungen der Integration chinesischer Migranten in den USA ebenfalls nachweisen, dass bei der zweiten Generation die Loyalität zur eigenen Ethnie fast verschwindet, während sie bei der dritten Generation wieder zunimmt. Hansen erklärt dies folgendermaßen: Angehörige der zweiten Generation leben in einer aussichtslosen Situation zwischen zwei Kulturen, die sie nicht miteinander vereinbaren können; er verwendet hier auch die Formulierung »zwei Welten«, in denen die Angehörigen der zweiten Generation leben. Als Reaktion auf diese aussichtslose Situation lehnen diese die Herkunftskultur ihrer Eltern ab und wenden sich nur mehr der Kultur des Aufnahmelandes zu. Angehörige der dritten Generation stehen nicht mehr vor dieser Problematik; sie sehen sich nicht mehr als Migranten und interessieren

---

6 Robert E. Park, *Race and Culture,* Glencoe 1950, S. 149 f.

7 Vgl. Konstantin Lajios, *Familiäre Sozialisations-, soziale Integrations- und Identitätsprobleme ausländischer Kinder und Jugendlicher in der Bundesrepublik Deutschland,* Opladen 1991.

8 Petrus Han, *Soziologie der Migration,* Stuttgart 2005, S. 48.

9 Vgl. Marcus Lee Hansen, *The Immigrant in American History.* Cambridge/Mass. 1948.

10 Vgl. J. Phinney, »*Ethnic identity in adolescents and adults*«, Washington, DC 1990, S. 499 – 514.

sich unverfänglich für die Kultur und die Geschichte ihrer Vorfahren. Laut Hansen verursacht die ablehnende Haltung der Aufnahmekultur gegenüber den Migranten der zweiten Generation eine ebenso ablehnende Haltung dieser Jugendlichen der eigenen Kultur gegenüber, während Akzeptanz das Interesse an der Herkunftskultur weckt.

Andere Ansätze gehen von der Annahme aus, dass Ethnizität im Eingliederungsprozess nicht völlig verschwindet.[11] Nach diesen Ansätzen erleben die zweite und dritte Generation Ethnizität bewusst; auch wenn sie sich mit der eigenen Ethnizität nicht identifizieren, sind sie in irgendeiner Form an sie gebunden. Diese Bindung kann aus einer Identifikation mit abstrakten Werten und Idealen, die als Symbole für die Herkunft dienen, bestehen. Die Auseinandersetzung mit der Herkunftskultur bzw. Ethnizität führt zu einer erhöhten Sensibilität gegenüber dieser und resultiert in der bewussten Entfremdung von oder der bewussten Hinwendung zu ethnischer Kultur.[12]

Herbert Gans machte in seinem Modell der »Symbolischen Ethnizität« auf das Problem der Identität der dritten Generation aufmerksam. Er geht von der Annahme aus, dass ethnische Kategorien für Angehörige der zweiten Generation nicht von Bedeutung sind, sie greifen auf diese lediglich in Form von Symbolen zurück.[13] Obwohl ethnische Symbole Teil der ethnischen Kulturen sind, werden diese bei Angehörigen der dritten Generation betonter eingesetzt; sie verwenden die sichtbaren Symbole, um ihre Identität zu betonen. Es geht also nicht um eine Neuentdeckung ethnischer Symbole, sondern um eine sichtbarere Form von lange bestehenden Symbolen und um den Ausdruck einer neuen Phase der Assimilation. Symbolische Ethnizität ist also ein Ausdruck der Individualität in einer von der Mehrheitskultur gezeichneten Gesellschaft. Gans macht auch auf eine andere Sache aufmerksam, und zwar, dass vieles, was als ethnisches Verhalten erscheint, in Wirklichkeit ein Ausdruck des Verhaltens bestimmter sozioökonomischer Schichten (vor allem der Arbeiterklasse) ist. Man darf stärkere Sichtbarkeit von Ethnizität nicht mit gestiegener ethnischer Aktivität verwechseln. Ornig beschreibt Gans' Gedanken:

»Denn verstärkte Öffentlichkeitswirksamkeit von Angehörigen ethnischer Minderheiten sei ein Resultat des sozialen Aufstieges beziehungsweise der besseren gesellschaftlichen Integration von Menschen mit Migrationshintergrund. Ihre soziale Integration führte sogar oft dazu, dass sie sich sogar eher weniger in ethnischen Kollektiven engagieren, und stellte also keineswegs mehr ethnische Mobilisierung dar. ›Ethnics‹, wie Gans Nachkommen der Immigran-

11 Vgl. Vladimir Nahirny/Joshua Fishman, »*American Immigrant Groups*«, Sociological Revue 1965.

12 Vgl. Nikola Ornig, *Die Zweite Generation und der Islam in Österreich*, Graz 2006, S. 53.

13 Vgl. Herbert J. Gans, »*Symbolic Ethnicity*«, New York 1996.

ten der Dritten Generation nennt, hätten demzufolge auch immer weniger Motive, Bindungen mit anderen ›ethnics‹ einzugehen. Ethnische Gruppenbildung im sozialen Leben würde sich in der Folge auflösen. Unabhängig davon würden sie sich jedoch selbst weiterhin als ›ethnics‹ empfinden. Sie seien damit beschäftigt, ihr Gefühl ethnisch – also zum Beispiel türkisch oder arabisch – zu sein, aufrechtzuerhalten und Wege zu finden, um diesem Gefühl Ausdruck zu verleihen. Ethnisch geprägtes Rollenverhalten sei also weniger ein askriptiv-determiniertes als ein freiwilliges Verhalten, das Menschen sich wie andere Rollen aussuchen. Die ethnische Identität sei also mehr und mehr eine Wahloption. [...] Wenn also die Funktion ethnischer Kultur und ethnischer Gruppen abnimmt und Identität der primäre Weg ist, ethnisch zu ›sein‹, dann erhält Ethnizität für Menschen anstatt einer instrumentellen Funktion eine expressive Funktion. So Gans. Ethnizität wird zur Freizeitaktivität und verliert an Relevanz, etwa hinsichtlich der Regulierung von Familienbeziehungen. Die Symbole der Ethnizität sind form- und gestaltbar.«[14]

Mary Waters sieht als Grund für die symbolische Ethnizität der zweiten und dritten Generation vor allem die Suche nach Gemeinschafts- und Konformitätsgefühlen bei gleichzeitigem Verlangen nach Individualität.[15]

»Über symbolische Ethnizität könne ein – teilweise romantisch verklärtes – Zugehörigkeitsgefühl zu einer Gemeinschaft erzeugt werden. Die Gemeinschaft, auf die rekurriert werde, sei aber eine, die die Individualität des/r Einzelnen nicht beeinträchtigt und keine Konformitätsansprüche stellt. Aus Zugehörigkeitsansprüchen entstehen also keine Verpflichtungen. Ethnische Traditionen können selektiv übernommen werden, zum Beispiel überholte Geschlechterrollen und sexistische Aspekte können so abgelehnt werden.«[16]

Das Ziel einer pluralistischen Gesellschaft ist, nach Waters, die Ermöglichung einer symbolischen Ethnizität für alle.

Neuere Forschungsansätze in Europa betonen die Abhängigkeit der Entwicklung des Eingliederungsprozesses von den gesellschaftlichen Chancen und der gesellschaftlichen Anerkennung von Migranten der zweiten und dritten Generation.[17] Gerade Angehörige der dritten Generation fühlen sich mit der hiesigen Gesellschaft stark verbunden, ihre Distanz zur Heimatkultur ihrer Großeltern ist sehr groß. Je stärker sie sich integriert fühlen, desto größer sind auch ihre Erwartungen an das Aufnahmeland; diese sind vor allem Ansprüche auf Gleichbehandlung und Chancengleichheit in allen gesellschaftlichen Insti-

14 Nikola Ornig, *Die Zweite Generation und der Islam in Österreich*, Graz 2006, S. 54 f.

15 Vgl. Mary Waters, »*Ethnische Identität als Option*«, in: Axel Honneth (Hg.), *Pathologien des Sozialen. Die Aufgaben der Sozialphilosophie*, Frankfurt a.M. 1994, S. 205–232.

16 Nikola Ornig, *Die Zweite Generation und der Islam in Österreich*, Graz 2006, S. 55.

17 Vgl. Ursula Mehrländer, *Türkische Jugendliche – keine beruflichen Chancen in Deutschland*, Bonn 1983.

tutionen (Bildung, Arbeits- und Wohnungsmarkt), aber auch die Erwartung, anerkannt und akzeptiert zu sein.

Wie sieht nun die Situation bei den Muslimen in Europa aus? Zuerst muss man sich vor Augen halten, dass

> »[...] Einwanderung und Islam in Europa im Großen und Ganzen gleichbedeutend sind. So handelt es sich in den meisten europäischen Ländern – mit der Ausnahme Großbritanniens – bei der überwiegenden Mehrheit der Zuwanderer um Muslime und bei der überwiegenden Mehrheit der Muslime in den Ländern Westeuropas um Zuwanderer.«[18]

Dadurch überlagern sich verschiedene Dimensionen des Andersseins, der Fremdartigkeit, und so verschärfen sich Probleme der Abgrenzung, der Anpassung und der Integration; ethnische Dimensionen überlagern sich mit nationalen, religiösen und sozioökonomischen.

In Deutschland handelt es sich bei der ersten Generation der Muslime großteils um jene, die in den 1960er und 70er Jahren als »Gastarbeiter« im Zuge des von Deutschland mit einigen Ländern abgeschlossenen Anwerbeabkommens ins Land gekommen sind. Sie kamen primär aus der Türkei, sind also in einem islamischen Land aufgewachsen, in dem seinerzeit die religiöse Tradition noch weitgehend ungebrochen bestand. Sie wurden in ihren Heimatländern sozialisiert und internalisierten dort Werte und Normen. Für Angehörige dieser Generation war Religion nicht mehr als ein Teil ihrer Herkunftsidentität. Muslimsein war Teil des Selbstverständnisses als Türke- oder Arabersein. Eine reflexive Zuwendung der ersten Generation zur eigenen Kultur und zur eigenen Religion setzte vor allem mit dem Familiennachzug ein. Die Eltern hatten Angst vor der Entfremdung und »Entgleitung« ihrer Kinder, die ja in einem anderen Werte- und Normensystem aufwuchsen. Die Notwendigkeit der kulturellen Erziehung trug somit zur Verstärkung der kulturellen kollektiven Identität unter den muslimischen Migranten der ersten Generation bei. Die Bedeutung der Religion in der zweiten Generation differenziert sich stärker aus. Dies begründet sich dadurch, dass die zweite Generation in ihrer Sozialisation - Sprache, Identitätsentwicklung - stärker einer Spannung zwischen den Orientierungen der Herkunfts- und Aufnahmegesellschaft ausgesetzt ist,[19] und Religion daher als eine (mögliche) Bewältigungsstrategie gesehen wird. Religiöse Hinwendung kann als Reaktion auf Ambivalenz, auf empfundene Unvereinbarkeiten und Druck gedeutet werden. Im Unterschied zum Elternhaus werden den religiösen Symbolen und Inhalten spezifische (individuelle) Bedeutungen unterlegt.[20] So kann Religion für Jugendliche ein »Code« sein, um Selbstbewusstsein zu si-

18 José Casanova, »*Transit*«, in: Europäische Revue, Nr. 27/2004.

19 Vgl. Oliver Hämmig, *Zwischen zwei Kulturen*, Opladen 2000.

20 Vgl. Nikola Tietze, *Ausgrenzung als Erfahrung*, Bielefeld 2006.

gnalisieren, und zwar in Abgrenzung zur Umwelt, aber auch zu den Eltern.[21] Als Reaktion auf wahrgenommene oder vermutete Geringschätzung und soziale Ausgrenzung erhält sie eine wichtige Funktion für das kollektive Selbstverständnis.[22] Sozioökonomische Benachteiligung, Diskriminierung und »cultural isolationism« gelten allgemein als wichtiger Hintergrund oder überhaupt als Erklärung für eine verstärkte Hinwendung zu einem ausgehöhlten Islam bei der zweiten Generation. Bei diesen Jugendlichen geht es nicht um eine reflexive Hinwendung zur Religion, sondern um die Suche nach einer kollektiven Identität. Die Erwartungen dieser Jugendlichen an die europäischen Gesellschaften sind hoch, hier, wo sie geboren und aufgewachsen sind, erwarten sie eine Heimat, die ihnen nicht nur Chancengleichheit im Bildungssektor, auf dem Arbeitsmarkt und dem Wohnungsmarkt bietet, sondern auch eine innere Heimat, in der sie sich als anerkannte Menschen entfalten können. Sie suchen nach innerer Sicherheit, die ihnen die Mehrheitsgesellschaft durch Anerkennung und Akzeptanz bieten kann.

Werden diese Erwartungen nicht erfüllt, und haben die Jugendlichen das Gefühl, diskriminiert zu sein, dann kommt es zu verschiedenen Reaktionen. Manche kapseln sich völlig ab, sie gehen zu beiden Systemen – zur Kultur der Eltern und zur Mehrheitsgesellschaft – auf Distanz. In der Literatur werden sie meist als »Marginalisierte« bezeichnet. Viele der muslimischen Jugendlichen greifen reaktiv bei der Suche nach einem sicheren »Wir-Gefühl« auf die Religion zurück (so genannte »Schalenmuslime«).

Schalenmuslime stützen sich auf ausgehöhlte Identitäten; es handelt sich dabei um religiöse oder auch nationale Schalenidentitäten. Sowohl die Religion als auch die nationale Herkunft – beide dienen als Reservoir für die Herausbildung von kollektiven Identitäten, derer sich diese Jugendlichen bedienen, wenn die Situation dies verlangt.

Auf die Frage nach der Identifikation der Jugendlichen mit dem Islam geben diese in Studien und Befragungen an, sehr stolze Muslime zu sein und dass der Islam eine zentrale Rolle in ihrem Leben spielt. Hier könnte schnell der falsche Eindruck entstehen, dass diese Jugendlichen ein starkes und stabiles Verhältnis zum Islam haben. Fragt man bei diesen Jugendlichen allerdings nach, ob sie den Islam praktizieren, dann geben die meisten an, dies nicht, oder nur unregelmäßig zu tun.

Es ist für viele Jugendliche einfach, auf abstrakte Kategorien wie Religion zurückzugreifen, um kollektive Identität zu konstruieren. Plötzlich rückt die

21 Vgl. Sigrid Nökel, *Die Töchter der Gastarbeiter und der Islam*, Hamburg 2002.

22 Vgl. Nikola Tietze, *Ausgrenzung als Erfahrung*, Bielefeld 2006; vgl. auch Wilhelm Heitmeyer/Joachim Müller/Helmut Schröder, *Verlockender Fundamentalismus*, Frankfurt a. M. 1997, die darin auch die Ursache von Gewaltbereitschaft sehen und diese Gruppe als Risikogruppe definieren.

religiöse Identität, die bislang nur im Hintergrund als Teil des Türke-Seins bzw. des Ägypter-Seins usw. war, in den Vordergrund. Trotz geringem Interesse an den Inhalten der Religion und des fehlenden religiösen Praktizierens sehen sich die Jugendlichen als stolze Muslime und meinen, ohne den Islam gar nicht leben zu können. In den Gesprächen mit ihnen zeigt sich, dass sie wenig Wissen und Informationen über den Islam besitzen; ihre Kenntnisse beschränken sich auf das, was sie zu Hause beiläufig erfahren. Dadurch kommt es bei ihnen zur verstärkten Vermischung von Heimattraditionen und religiösen Normen.

Für die Konstruktion einer kollektiven Identität bedienen sich viele Jugendliche eines Islam »ohne Inhalt«; der Islam, den sie leben, ist mit einer leeren Schale zu vergleichen. Die Religion dient der Konstruktion einer kollektiven Identität, die auch Schutz vor dem »Anderen« bietet. Diese Jugendlichen fühlen sich als unwillkommene Ausländer und als benachteiligte Außenseiter. Durch den Islam, der vor allem als Bindeglied zu anderen Migranten-Jugendlichen gleicher Herkunft bzw. Religion gesehen wird, können sie ein gewisses Gefühl der Sicherheit aufbauen. Sie halten sich überwiegend an die gottesdienstlichen kollektiven Praktiken. Diese finden ihren Ausdruck in der Gemeinschaft, werden im Bezug zur Gruppe verrichtet und von ihr mehr oder weniger kontrolliert. Fast alle Jugendlichen fasten also im Ramadan, viele männliche Jugendliche gehen freitags mit ihren Vätern zum gemeinschaftlichem Freitagsgebet in die Moschee, und Mädchen tragen ein Kopftuch; so erfüllen sie die Erwartungen der Eltern bzw. der sozialen Kontrolle seitens der eigenen Community und konstruieren gleichzeitig eine reaktive kollektive Identität, die ihnen das notwendige Gefühl der Sicherheit und Stärke vermittelt. Gottesdienstliche individuelle Praktiken, die unabhängig von der Gruppe verrichtet werden und sich deren Kontrolle entziehen, wie z. B. das tägliche Gebet oder die Koranlektüre, die in der islamischen Lehre einen hohen Stellenwert haben, finden hingegen keine Berücksichtigung.

Diese religiöse kollektive Identität ist also als Reaktion zu verstehen – einerseits auf die Erwartungen der Eltern und der eigenen Community, andererseits auf das Gefühl der Nicht-Anerkennung seitens der Mehrheitsgesellschaft. Gerade aus dem letztgenannten Punkt wird diese Identität über die Beschreibung des Anderen und weniger über die Beschreibung des Eigenen skizziert. Das heißt: Wenn Jugendliche beschreiben, was sie als Muslime ausmacht, geben sie weniger an, was sie sind, sondern vielmehr, was sie nicht sind. Auffällig bei vielen Gesprächen mit muslimischen Jugendlichen ist ihre Betonung, dass sie sich öfters diskriminiert fühlen, nicht weil sie direkte Diskriminierungserfahrungen erlebt haben – z. B. Beschimpfungen –, sondern vielmehr, weil sie sich nicht genug anerkannt fühlen. Man behandle sie »wie Fremde«; sie seien die »Anderen«, die »Ausländer«.

Für die erste Generation war dies weniger problematisch, da die Erwartungen anders waren. Nun kommt es aber bei Jugendlichen der zweiten Generation zu einer Umwertung: Hier geboren und aufgewachsen, erwarten sie, auch hier eine Heimat geboten zu bekommen, in der sie sich heimisch fühlen können. Bei Nichterfüllung dieser Erwartungen beginnen die Jugendlichen, kulturelle Gegensätze zu konstruieren und vorhandene zu übertreiben. Es kommt zur Überbetonung von Differenzen. Gemeinsamkeiten in den Ein- und Vorstellungen, aber auch religiöse Gemeinsamkeiten werden heruntergespielt. Ein offenes Islamverständnis, das nicht nur Gemeinsamkeiten mit den anderen Weltreligionen betont, sondern auch das im Koran verankerte Prinzip der Würdigung aller Menschen als Menschen – unabhängig davon, welcher Weltanschauung sie angehören – spricht diese Jugendlichen weniger an, denn sie suchen nach Elementen in der Religion, die ihr Anderssein betonen sollen. Begriffe wie Aufklärung oder Moderne werden pauschal als »westlich« abgelehnt, ohne sich mit deren Inhalten zu beschäftigen. Hier besteht die Gefahr der Instrumentalisierung der Religion, im Sinne einer reaktiven Rückbesinnung, die sich durch das Festhalten an sichtbaren Symbolen äußert, um Grenzen zwischen Kollektiven auf der Basis religiöser Differenz zu ziehen.

In diesem Rahmen kommt den Moscheen und somit den Imamen eine entscheidende Rolle zu, die ausgehöhlte islamische Identität vieler Jugendlicher mit einem sinnvollen Inhalt zu füllen. Dabei geht es um die aktive Beantwortung von Fragen wie »Was macht einen Muslim aus?«, »Wie gestaltet sich die Beziehung zwischen Mensch und Gott?«, »Wie wird Gott zum besten Freund?«, »Wie gestaltet der Mensch seine eigene Religiosität?« und »Wie wird der Mensch zur Gotteserfahrung befähigt?«.

Dies setzt jedoch nicht nur fundiertes theologisches Wissen voraus, sondern auch fundierte Kenntnisse der Lebenswirklichkeit von jungen Muslimen in Europa. Es geht weniger um die Frage, wo Imame ausgebildet werden sollen, sondern vielmehr um die theoretisch-theologischen Grundlagen der Imamausbildung.

In seiner Studie über den außerschulischen islamischen Religionsunterricht in Nordhein-Westfalen betont Alacacioglu zwar die Bedeutung des Unterrichtes in den so genannten Koranschulen für die Sozialisierung der Kinder und Jugendlichen und seine Rolle bei der Erziehung der muslimischen Jugendlichen zu gesetzestreuen Bürgern und bewertet diese Zielsetzung des Religionsunterrichts als positiv, sie »entspricht dem modernen religionspädagogischen Verständnis von Religionsunterricht«[23]. Er stellt allerdings fest, dass dieser Unterricht stärker im Sinne affirmativer Vermittlung normativ-religiöser Vorgaben ausgerichtet

23 Hasan Alacacioglu, *Außerschulischer Religionsunterricht für muslimische Kinder und Jugendliche türkischer Nationalität in NRW. Eine empirische Studie zu Koranschulen in türkisch-islamischen Gemeinden*, Münster 1999, S. 258.

ist: Der Katechismus bestimmt »eindeutig die Ziele und Inhalte des Religionsunterrichts sowie das didaktische Vorgehen. Die Aussagen des Katechismus gelten als unhinterfragbar und werden den Schülern in den didaktischen Formen des Memorierens und der Textanalyse nahe gebracht. Dieses Verständnis des Religionsunterrichts hat ebenso weitreichende Auswirkungen auf das Lehrer-Schüler-Verhältnis: Der Lehrer gilt hier als Verkünder der Wahrheiten des Katechismus, der Schüler als jemand, der zu diesen Wahrheiten geführt werden muß«.[24]

Daraus ergibt sich die Herausforderung, die Imamausbildung so zu gestalten, dass sie einerseits dem Bedürfnis der Muslime nach der Wahrung einer islamischen Identität gerecht wird und andererseits einen Beitrag zur Herstellung von Harmonie zwischen dem Muslimsein und dem Europäersein leistet.

Durch die religiöse Erziehung in den Moscheen sollten die jungen Muslime nicht nur befähigt werden, ihr Leben in eigener Verantwortung zu führen, sondern zugleich ihrer Verpflichtung gegenüber dem Staat und der Gesellschaft gerecht zu werden.

Dies setzt allerdings voraus, den Islam so zu verstehen und zu interpretieren, dass er gläubigen Muslimen eine theoretische Grundlage liefert, um über Traditionen, die mit modernen Werten wie Menschenrechten, Pluralismus und Demokratie nicht vereinbar sind, kritisch zu reflektieren.

Die letzten Jahre haben gezeigt, dass eine falsch verstandene Religion, die für politische Zwecke instrumentalisiert wird, zu einer Gefahr für den gesellschaftlichen Zusammenhalt werden kann.

Die Ausbildung von Imamen muss daher darauf ausgerichtet sein, die europäische Dimension in die theologische Ausbildung zu implementieren. Die islamische Religion hat eine starke gesellschaftliche Dimension, sie spielt für sehr viele Muslime bei der Deutung der sozialen Realität eine wichtige Rolle und übt daher einen starken Einfluss auf das Zusammenleben aus. Dies birgt aber die Gefahr, dass eine falsch verstandene oder bewusst instrumentalisierte Religion zu einer Abschottung von Gläubigen und zu deren gesellschaftlichen Desintegration führen kann. Um dies zu vermeiden, darf die theologische Ausbildung keine abstrakte, vom Alltagsleben der Menschen und dessen Anforderungen abgehobene sein, sondern müsste sich aus dem jeweiligen Kontext heraus entwickeln und durch die Implementierung gesellschaftlicher Aspekte und Fragestellungen zu einem dynamischen und praktischen Element der Lebensgestaltung werden.

Eine an Europa orientierte Imamausbildung verhindert die Isolierung des Islam von europäischen Kulturphänomenen und bettet ihn in alltägliche Le-

24 Ebd. S. 255.

benszusammenhänge ein. Sie leistet dabei einen aktiven Beitrag für eine europäische islamische Identitätsbildung.

Literatur

Hasan Alacacioglu, *Außerschulischer Religionsunterricht für muslimische Kinder und Jugendliche türkischer Nationalität in NRW. Eine empirische Studie zu Koranschulen in türkisch-islamischen Gemeinden*, Münster 1999.

Zygmunt Baumann, *Moderne und Ambivalenz*, Frankfurt a. M. 1992.

José Casanova, »*Transit*«, in: *Europäische Revue*, Nr. 27/2004.

Herbert J. Gans, »*Symbolic Ethnicity*«, in: John Hutchinson/Anthony D. Smith, *Nationalism: critcal concepts in political science*, Bd. 4, New York 1996.

Oliver Hämmig, *Zwischen zwei Kulturen*, Opladen 2000.

Petrus Han, *Soziologie der Migration*, Stuttgart 2005.

Marcus Lee Hansen, *The Immigrant in American History*, Cambridge/Mass. 1948.

Wilhelm Heitmeyer/Joachim Müller/Helmut Schröder, *Verlockender Fundamentalismus*, Frankfurt a. M. 1997.

Konstantin Lajios, *Familiäre Sozialisations-, soziale Integrations- und Identitätsprobleme ausländischer Kinder und Jugendlicher in der Bundesrepublik Deutschland*, Opladen 1991.

Ursula Mehrländer, *Türkische Jugendliche – keine beruflichen Chancen in Deutschland*, Bonn 1983.

Vladimir Nahirny/Joshua Fishman, »*American Immigrant Groups*«, in: *Sociological Revue* 1965.

Sigrid Nökel, *Die Töchter der Gastarbeiter und der Islam*, Hamburg 2002.

Nikola Ornig, *Die Zweite Generation und der Islam in Österreich*, Graz 2006.

Robert E. Park, *Race and Culture*, Glencoe 1950.

J. Phinney, »*Ethnic identity in adolescents and adults*«, auf: http://research.pvfnet.com/PDFs/Ethnic%20Identity%20in%20Adolescents%20and%20Adults_Phinney_1990.pdf (letzter Zugriff 15. 07. 2010), Washington, DC 1990, S. 499–514.

Nikola Tietze, *Ausgrenzung als Erfahrung*, Bielefeld 2006.

Anette Treibel, *Migration in modernen Gesellschaften*, Weinheim 1999.

Mary Waters, »*Ethnische Identität als Option*«, in: Axel Honneth (Hg.), *Pathologien des Sozialen. Die Aufgaben der Sozialphilosophie*, Frankfurt am Main 1994, S. 205–232.

Rauf Ceylan

Imamschulungen durch die Konrad-Adenauer-Stiftung in der Türkei: Inhalte, Erfahrungen und Perspektiven

Einleitung: Imame als Multiplikatoren

Die Berufsgruppe Imam existiert offiziell nicht und wird daher auch nicht registriert. Wir wissen aber, dass in Deutschland ca. 2500 islamische Einrichtungen existieren. Es kann davon ausgegangen werden, dass es sich bei mindestens 2000 dieser Einrichtungen um Moscheevereine handelt. Anhand der Zahl der Moscheevereine kann man auf die Zahl der Imame schließen. Mit relativer Sicherheit können wir daher sagen, dass etwa 2000 Imame in Deutschland tätig sind.[1] Wenn man davon ausgeht, dass pro Moschee etwa 150–250 Muslime die Freitagsgebete besuchen (Zahl kann steigen, wenn der Freitag auf einen Feiertag in Deutschland trifft oder in den Schulferien liegt), dann erreichen die 2000 Imame Tausende alleine an einem Tag pro Woche. Zwischen 3,8 bis 4,2 Millionen Muslime leben in Deutschland. Während Frankreich einen maghrebinisch geprägten Islam und England einen indo-pakistanisch geprägten Islam aufweist, ist der Islam in Deutschland eindeutig türkisch geprägt. Mit etwa 2,7 Millionen stellen die türkeistämmigen Migranten (Türken, Kurden) den größten Teil der Muslime dar. Sie dominieren das islamische Leben in Deutschland mit ihren zahlreichen religiösen Strukturen. Wir können davon ausgehen, dass ca. 70 % der Imame türkeistämmig sind. Ein Großteil der restlichen 30 % verteilt sich auf Ex-Jugoslawien und Nordafrika. Über 90 % der Imame in Deutschland stammen nach wie vor aus dem Ausland. Nur die wenigsten sind in Deutschland sozialisiert.

Anders als beim Priesteramt wie beispielsweise im katholischen Christentum ist der Imam kein geweihter Amtsträger. Die Anrede Imam ist zudem kein geschützter Titel. Daher können ihn auch Muslime tragen, die nur eine Mindest-Kompetenz zur Leitung von Gottesdiensten besitzen (informelle Bildung). Denn

1 Die weiteren Ausführungen zu den Imamen basieren auf die Publikation des Verfassers *Prediger des Islam. Imame in Deutschland. Wer sie sind und was sie wirklich wollen*, Freiburg 2010.

unter »Imam« ist primär die Person zu verstehen, welche die täglichen Gemeinschaftsgebete leitet. Dieser steht im Gottesdienst vor der Gemeinde und leitet die Zeremonie durch Koranrezitationen und rituelle Bewegungsabläufe. Er sorgt dafür, dass die Abläufe im Gemeinschaftsgebet synchron durchgeführt werden. Jeder reife männliche Muslim mit minimalen religiösen Kompetenzen (Memorieren bestimmter Gebetsformel sowie Koranverse) kann diese Rolle spontan in kleineren Gemeinden einnehmen. Während diese Funktion im weiteren Sinne täglich in den Gemeinschaftsgebeten von jedem Muslim erfüllbar ist, sind die Anforderungen an einen angestellten Imam in den Moscheen weit größer. Diese schließen nicht nur das Leiten der Gemeinschaftsgebete ein, sondern vielfältige Verpflichtungen. Für diese Aufgaben werden sie bezahlt. In der Regel ist eine universitäre Ausbildung oder zumindest eine schulische Eignung erforderlich, aber das ist eben keine Voraussetzung. Daher variiert das Qualifikationsniveau unter den Imamen und ihr Aufgabenspektrum erheblich.

1. Imame können ihre Brückenfunktion nicht ausschöpfen

Das arabische Wort »Imam« bezeichnet wörtlich übersetzt einen führenden Mann bzw. eine Person, die vorne steht. In den meisten Wörterbüchern wird der Begriff als Vorbeter bzw. Leiter des Gebets oder als Gebieter in religiösen Angelegenheiten beschrieben. Die Rolle des Imams schließt sämtliche (geistige) Führungs- und Leitungsfunktionen im religiösen Bereich mit ein. Imame üben daher einen großen Einfluss auf die muslimische Gemeinde aus. Sie sind die theologische Referenz, sind wichtige gesellschaftliche sowie politische Multiplikatoren. Muslimische Kinder und Jugendliche erhalten zudem ihre religiöse Erziehung durch die Imame in Moscheegemeinden. Imame prägen die Religiosität und die religiöse Orientierung dieser jungen Menschen. Damit beeinflussen sie auch die Zukunft des Islams in Deutschland. Darüber hinaus übernehmen die Imame zahlreiche andere Aufgaben wie die Rolle des Vorbeters, die seelsorgerische Betreuung der Gemeinde oder die Vermittlung in Ehe- und Scheidungskonflikten. Allerdings sind mit dem Import der oft nicht deutschsprachigen Imame aus dem Ausland viele Konflikte vorprogrammiert:

- lange Orientierungsphase nach der Einreise in Deutschland,
- Teil-Inklusion aufgrund temporärerer Aufenthaltsabsichten,
- Kommunikationsprobleme mit den jüngeren Gemeindemitgliedern,
- keine aktive Teilnahme am interreligiösen Dialog aufgrund fehlender Sprachkompetenzen,
- die Predigten korrelieren nicht mit Lebensrealität der Muslime usw.

Man könnte die Liste der Defizite weiter ausführen, allerdings reicht der Verweis darauf, dass der Imam im Grunde in Deutschland gesellschaftlich stumm bleibt, die hiesige Gesellschaft nicht kennt und auch innerhalb der Moscheestrukturen massive Kommunikationsprobleme herrschen. Dadurch kann der Imam seine Brückenfunktion nicht gänzlich ausschöpfen. So übernimmt der Imam beispielsweise die (psychosoziale) Beratung der Gläubigen. Er ist für die Herstellung der sozialen Aussöhnung in der Gemeinde sowie für die Vermittlung in Ehe- und Scheidungskonflikten zuständig. Da andere außerfamiliäre, professionelle Institutionen nicht aufgesucht werden, gehen muslimische Paare in der Gemeinde auf die Vermittlungsbemühungen des Imams ein. Allerdings ist der Imam nicht als Mediator pädagogisch qualifiziert. Er könnte in diesem Fall jedoch seine Brückenfunktion nutzen, um die Gemeindemitglieder an professionelle Stellen vermitteln. Das setzt voraus, dass er die professionellen Hilfsstellen kennt, aber vor allem Vertrauen in diese Netzwerke hat.

2. Die kleine Lösung: Imamschulungen der Konrad-Adenauer-Stiftung

Vor dem Hintergrund der genannten Defizite hat das Goethe-Institut Ankara bereits 2002 damit angefangen, Imamen des türkischen Amtes für religiöse Angelegenheiten (Diyanet) in der Türkei Sprachkurse anzubieten. In einem mehrwöchigen Sprachkurs lernen die Imame die Grundkenntnisse der deutschen Sprache. Die Imame dieses Amtes sind Beamte des türkischen Staates. Ähnlich wie Diplomaten werden sie nach einem Rotationsverfahren alle vier Jahre ausgetauscht. Sie haben in der Regel das sicherste Beschäftigungsverhältnis unter allen Imamen in Deutschland und werden entsprechend gut entlohnt. Da sie allerdings nach dem Rotationsverfahren einreisen und überwiegend in der türkischsprachigen muslimischen Community verbleiben, haben sie kaum Möglichkeiten, Deutschland kennenzulernen.[2] Daher bietet die Konrad-Adenauer-Stiftung seit 2006 ein einwöchiges Landeskundeseminar an. Durch die Kooperation mit Diyanet versucht die Konrad-Adenauer-Stiftung über die direkte Einbindung der Imame in Bildungsmaßnahmen, relevante Multiplikatoren in der Integrationsarbeit sowie im interreligiösen Dialog zu erreichen. Sie sind deshalb besonders wichtige Multiplikatoren, weil diese Autoritäten sich künftig im Rahmen ihrer weiteren beruflichen Verwendung in Deutschland und in der Türkei intensiv mit dem Themen Islam, Integration und Dialog auseinandersetzen werden.

2 Durchschnittlich kommen etwa 100 Imame nach Deutschland.

Das Seminar basiert auf einem Curriculum, das durch didaktische Materialien vervollständigt wird. Es besteht aus 4 Modulen[3] und der Gesamtumfang der Lehrveranstaltungen beträgt 37 $\frac{1}{2}$ Stunden:

1. Praktisches Wissen für den Alltag,
2. Religionen in Deutschland,
3. Politik, Wirtschaft und Werte in Deutschland,
4. Migration, Bildung und Medien.

Gegenstand des ersten Moduls sind Wissensbestände, die im Alltag in Deutschland, insbesondere auch im professionellen Alltag eines Imams, von Bedeutung sind. Dazu gehören praktische Informationen über das Gesundheits-, Sozial- und Bildungswesen, Ausländer- und Vereinsrecht, über Konsum, Banken, Beratungsstellen und Telekommunikation. Das Modul verfolgt dabei zwei Kompetenzziele: Zum einen sollen die Imame darin qualifiziert werden, praktische Fragen des Alltagslebens in Deutschland – die sie oder die Gemeindemitglieder der Moscheen betreffen – selbstständig zu lösen. Zum anderen geht es vor allem darum, die religiösen Autoritären auf praktische Alltagsfragen in ihrem Beruf vorzubereiten. Sie sollen befähigt werden, als sachkundige Ratgeber jenseits religiöser Probleme zu fungieren, um beispielsweise über die verschiedenen Beratungsstellen informiert zu sein oder sich in zentralen ausländerrechtlichen Fragen auskennen. Diese Kompetenzbildung ist insofern eine Entlastung für den Imam, da er in der Gemeinde nicht jedes Problem selbst lösen, sondern die Mitglieder der Gemeinde an die entsprechenden professionellen Stellen vermitteln kann.

Das zweite Modul behandelt die religiöse Landschaft Deutschlands. Neben Informationen über die rechtlichen Voraussetzungen religiöser Gemeinschaftsbildung, wird den Imamen ein Überblick über die zentralen nichtislamischen Konfessionen in Deutschland (Protestantismus, Katholizismus, Judentum), über die Ausprägungen des Islam (Sunniten, Alewiten, nationale Besonderheiten), über den Umgang mit nichtreligiösen Menschen sowie Kenntnisse über alltagspraktische Fragen des Lebens in einer multireligiösen Gesellschaft (Ökumene, Zusammenarbeit zwischen Christen, Muslimen und Juden, Moral vs. Gesetz, religiöse Rituale) vermittelt. Die Imame sollen einen Überblick über das Spektrum der religiösen Lebensformen/Lebensstile in Deutschland erwerben und für den interreligiösen und interkulturellen Dialog sensibilisiert werden. Dabei wird auch auf mögliche Konflikte zwischen religiöser Moral und staatlichen Gesetzen hingewiesen, welche die Imame selbst zu bewältigen lernen müssen. Einen Schwerpunkt bildet vor allem die muslimische Community in

3 Prof. Dr. Arnd-Michael Nohl, ein renommierter Experte für Erziehungspädagogik, hat für dieses Projekt den Lehrplan und die entsprechenden Module entwickelt.

Deutschland. Dabei wird der Transformationsprozess der Moscheevereine in Deutschland von rein sakralen zu multifunktionalen Zentren nachgezeichnet. Zudem wird anhand migrationssoziologischer Theorien die besondere Situation der Muslime im Prozess der Identitätsfindung und vor dem Hintergrund des Emanzipationsprozesses vom Herkunftsland aufgezeigt. Imame sollen verstehen, dass die türkisch-muslimische Community in Deutschland nicht direkt mit den Muslimen in Deutschland vergleichbar ist. In diesem Kontext wird den Imamen auch vermittelt, dass die Imamrolle in Deutschland eine andere ist als in der Türkei. Im Herkunftskontext ist der Imam grundsätzlich für die Leitung der Gottesdienste und anderer Rituale (Totenwaschung, Trauungen usw.) verantwortlich, in Deutschland dagegen erwarten die Gemeindemitglieder allerdings auch andere Rollen. Folgendes charakteristisches Zitat aus dem Mund eines Imams in Deutschland, der auf diese Rolle nicht vorbereitet war, verdeutlicht den Rollenwandel:

> »Die Imame in Europa haben es viel schwerer als in der Türkei. Hier stehen sie vor vielen Herausforderungen. Ich werde bei Ehekonflikten angerufen, dann muss ich Eheberater sein. Wenn Eltern wegen der Schulprobleme ihrer Kinder mich ansprechen, muss ich ein Pädagoge sein. Und wenn jemand in der Gemeinde Schulden hat, die er nicht zahlen kann, dann muss ich vermitteln und sogar den Schuldner-Berater spielen. Und das alles muss ich neben meinen regulären Pflichten erledigen. [...] Es ist wirklich sehr, sehr schwierig hier als Imam in Europa zu arbeiten. Die Imame aus der Türkei sind auf diese neue Rolle nicht vorbereitet.« (Imam Ihsan G.)

Die wichtige Rolle des Imams als Brückenfunktion wird noch mal bei der Darstellung der neuen Anforderungen an seine Position in der Moscheegemeinde in Deutschland den Teilnehmern untermauert. Damit soll sozusagen ein »Kulturschock« reduziert werden.

Im dritten Modul wird die demokratische Grundordnung der Bundesrepublik Deutschland thematisiert. Neben Themen wie das Grundgesetz, die Mechanismen politischer Willensbildung, die Instanzen der Rechtspflege, Wirtschaft, werden die Imame auch mit der Frage des Umgangs mit der Pluralität von moralischen Werten und Kulturen konfrontiert. Einen Inhalt bildet schließlich auch die soziale Struktur Deutschlands (Schichten, regionale Unterschiede etc.) und die Ausdifferenzierung der Gesellschaft nach zahlreichen Milieus. Die Imame sollen somit die zentralen Elemente der demokratischen Grundordnung der Bundesrepublik kennen lernen und Fragen der politischen Willensbildung diskutieren können. Dabei erhalten die Teilnehmer auch einen Überblick über die zentralen Wertedebatten in Deutschland. Kompetenzziel dieses Moduls ist es, dass die Imame erste Fähigkeiten entwickeln, um mit der Unterschiedlichkeit von Werten praktisch umzugehen.

Im letzten Modul werden schließlich die Gemeinsamkeiten und Unterschiede in den Lebensstilen und Kulturen in Deutschland (auch in Bezug auf Familienverständnis und Generationen) erörtert. Weitere Elemente des Moduls bilden Fragen der (türkischen) Migration sowie die ökonomische, politische, soziale und kulturelle Lage der Migrantinnen und Migranten in Deutschland. Desweiteren wird die Situation junger Migrantinnen und Migranten und deutscher sowie türkischer Medien hierzulande thematisiert. Das deutsche Bildungssystem – das in der Regel die meiste Aufmerksamkeit bei den Imamen bei diesem Modul erregt – stellt einen weiteren Inhalt dar. Bei diesem Schwerpunkt werden die PISA-Studie und die IGLU-Studie vorgestellt, um die Mechanismen im Bildungssystem – vor allem die Selektionsmechanismen – den Teilnehmern zu vermitteln. Aus den genannten Inhalten werden die Ziele des Moduls ersichtlich: Imame sollen Verständnis und Empathie für die kulturelle Vielfalt entwickeln, auf die – Erfolge wie Misserfolge – Integrationsprozesse in der Migrationssituation aufmerksam gemacht werden und Medienarbeit sowie Inhalte der deutschen und türkischen Medien und deren Rolle bei der Meinungsbildung verstehen.

Die positiven Rückmeldungen der Imame belegen, dass die Vorbereitungsseminare der Konrad-Adenauer Stiftung sehr effektive Vorbereitungsmaßnahmen sind. Über 90 % der Imame geben jährlich an, dass sie sich auf ihren Dienst in Deutschland viel besser vorbereitet fühlen. Diese jährlichen positiven Bewertungen begründen auch, dass seit 2006 jährlich in Ankara und Bursa die Seminare erfolgreich weiter angeboten werden. Allerdings fällt auf, dass die Imame sich wünschen, dass weitere Begleit-Seminare in Deutschland angeboten werden. Die Vorbereitungsseminare in der Türkei sind in der Tat nur Impulse, damit die Imame in Deutschland dieses Grundwissen vertiefen, und vor allem mit ihrer Praxis in Verbindung setzen können. Mittlerweile haben andere Institutionen wie das Bundesamt für Migration und Flüchtlinge diesen Bedarf erkannt und haben daher seit 2009 ein bundesweites Modellprojekt zur Fortbildung von Imamen in Deutschland gestartet. Das Projekt »Imame für Integration« ist ein Produkt der gemeinsam Kooperation vom Goethe-Institut, dem Bundesamt für Migration und Flüchtlinge und der Türkisch-Islamischen Union. Das Programm sieht intensive Sprachkurse sowie praxisbezogene landeskundliche Inhalte vor. In einer dreijährigen Projektlaufzeit ist angestrebt, ca. 130 Imame in jeweils neun Kurs bundesweit auszubilden. Als erste Hochschule wird die Universität Osnabrück im Wintersemester 2010/11 mit einem Universitären Weiterbildungsprogramm starten mit dem Ziel, die Imame und das seelsorgerische bzw. religionspädagogische Betreuungspersonal in den muslimischen Gemeinden in den Schwerpunkten Landeskunde und Gemeindepädagogik zu schulen. Zwar bilden all diese Maßmaßnahmen wichtige Schritte, allerdings bleiben sie nur die kleine Lösung im Eingliederungsprozess der Muslime in Deutschland.

3. Die große Lösung: Theologie-Studium in Deutschland

Geistliche übernehmen auch in der säkularisierten Gesellschaft eine gewichtige Rolle. Egal ob Rabbiner, Pastor oder Imam – sie alle üben eine wichtige Funktion aus. Sie trösten, geben Hoffnung und unterweisen zu religiösen Themen. Sie nehmen damals wie heute eine Brückenfunktion ein. Imame in Deutschland nehmen dabei eine noch wichtigere Rolle ein, auch wegen der Migrationssituation der Muslime. Imame sind wichtige Multiplikatoren in der muslimischen Community. Sie werden von Muslimen bei religiösen, sozialen und kulturellen Fragen konsultiert, weil sie Vertrauenspersonen sind, weil sie denselben religiös-kulturellen Hintergrund haben wie sie und die Muslime damit die Hoffnung verbinden, dass er sie besser versteht. Obwohl der Imam die theologische Referenz ist, kommen über 90 % der Imame aus dem Ausland und ein großer Teil nur nach dem Rotationsverfahren. Vor diesem Hintergrund sind die Imamschulungen der Konrad-Adenauer-Stiftungen effektive Vorbereitungsmaßnahmen für die Imame der DITIB, da sie mit zahlreichen positiven Effekten verbunden ist:

- der interkulturelle und interreligiöse Dialog wird in Deutschland forciert;
- die Beziehungen zwischen der Türkei und Deutschland werden intensiviert;
- das Deutschlandbild der türkischen Imame wird verbessert;
- nach dem Dienst in Deutschland ist zu erwarten, dass die Multiplikatoren positive Rückwirkungen auf ihr Land und die türkischen Gesellschaft haben.

Abschließend ist darauf hinzuweisen, dass zwar sowohl die Vorbereitungen in der Türkei als auch die Fortbildungsmaßnahmen in Deutschland zwar sinnvolle Maßnahmen sind, allerdings stellen sie nur kleine Lösungen dar. Mittelfristig müssen wir in Deutschland junge Muslime an deutschen Hochschulen als Theologen ausbilden. Der Wissenschaftsrat – wenn auch sehr spät – hat zurecht empfohlen, in Deutschland zwei bis drei Islamische Institute zu gründen. Diese Institute würden die Aufgaben haben – neben der Ausbildung von muslimischen Religionslehrern und der Förderung des wissenschaftlichen Nachwuchses – Imame in Deutschland auszubilden. Die Universität Osnabrück wird dieses Postulat bereits im Wintersemester 2012/13 mit der Gründung eines Islamischen Instituts umsetzen. Damit werden bundesweit zum ersten Mal – und unabhängig vom Herkunftsland! – muslimische Theologen auf deutschem Boden ausgebildet.

Literatur

Rauf Ceylan, *Prediger des Islam. Imame in Deutschland. Wer sie sind und was sie wirklich wollen*, Freiburg 2010.

Margret Spohn

MünchenKompetenz – Weiterbildung für Imame und muslimische Seelsorger/innen in München

Gleich vorweg: in diesem Artikel geht es nicht um die theologische Ausbildung von Imamen, muslimischen Seelsorgerinnen und Seelsorgern, sondern um den Erwerb einer »KommunalKompetenz« für in den Gemeinden tätige Theologinnen und Theologen. Kommunen können und sollten keine Anbieter theologischer Inhalte sein – dies bleibt akademischen Einrichtungen vorbehalten. Kommunen haben jedoch ein Interesse daran, dass Integration in ihrer Stadt kein leeres Wort bleibt, sondern alle Bewohnerinnen und Bewohner gleichermaßen und gleichberechtigt Zugang in die gesellschaftlichen Kernbereiche (Arbeit, Wohnen, Ausbildung, Kultur etc.) erhalten.[1] Städten sollte es zudem ein Anliegen sein, dass ihre Dienstleistungen allgemein bekannt und für alle zugänglich sind. Ferner sollte es Wege geben, den Informationsfluss zwischen den Bewohnerinnen/Bewohnern einerseits und der Kommune andererseits sicher zu stellen. In München leben Menschen aus über 180 Ländern. 36 % der Bevölkerung haben einen sogenannten Migrationshintergrund[2]. Eine Verwaltung muss sich bewusst sein, dass, falls sie ihrer Rolle als Dienstleister gerecht werden möchte, sie ihre Angebote interkulturell öffnen, sprich dafür sorgen muss, dass alle den gleichen Zugang zu Informationen haben.[3] Ein möglicher Weg der interkulturellen Öffnung ist es, Personen als Multiplikatorinnen/Multiplikatoren in die Lage zu versetzen, als Mittlerin und Mittler zwischen Verwaltung und gesellschaftlicher Gruppe zu fungieren. Dies war die erste Ausgangsüberlegung für MünchenKompetenz.

Die Stelle für interkulturelle Arbeit[4] der Landeshauptstadt München ist eine Querschnittsstelle, die die interkulturelle Orientierung und Öffnung der Ver-

1 Aus dem Integrationskonzept der Landeshauptstadt München. Definition: Integration. www.muenchen.de/interkult (letzter Zugriff 15.06.2010).

2 Die Landeshauptstadt München definiert Menschen mit Migrationshintergrund als Ausländerinnen/Ausländer und Deutsche mit Migrationshintergrund, die selbst oder ein Elternteil nach 1955 zugewandert sind.

3 Die interkulturelle Öffnung selbst ist nicht Gegenstand dieses Artikels.

4 Siehe auch www.muenchen.de/interkult (letzter Zugriff 15.06.2010).

waltung zu ihren Hauptaufgaben zählt. Ein weiterer Arbeitsschwerpunkt der Stelle liegt in der Einrichtung und Durchführung des interreligiösen Dialogs. Auch hier stehen keine theologischen Inhalte im Vordergrund, sondern unter dem Aspekt der gleichberechtigten Teilhabe hat die Stelle für interkulturelle Arbeit bereits eine Vielzahl an Aktionen durchgeführt, die auf die gesellschaftliche Teilhabe und die Ermöglichung der durch die Verfassung garantierten Rechte der Münchnerinnen und Münchner muslimischen Glaubens abzielten. Dazu gehören unter anderem:

Die Einrichtung des Runden Tischs Muslime

Dieses Gremium ist beim dritten Bürgermeister angesiedelt und gibt zwei Mal im Jahr Vertreterinnen und Vertretern muslimischer Verbände die Möglichkeit, direkt – analog zu einer Bürgerinnen-/Bürgerversammlung – mit der Stadtspitze anstehende Fragen (z. B. zu muslimischen Beerdigungen oder dem europäischen Jahr der Armut) zu diskutieren. Der Runde Tisch ist kein Gremium, das theologische Fragen erörtert oder dazu Stellungnahmen erarbeitet. Vielmehr geht es hier um die enge Verzahnung zwischen den städtischen Angeboten und den muslimischen Gemeinden. So sind im Jahre 2010, dem europäischen Jahr der Armut, eine Vielzahl an Aktionen mit den Moscheegemeinden zu diesem Thema in München geplant. Der Runde Tisch bietet die Möglichkeit zur gesellschaftlichen Teilhabe durch direkte Bürgerinnen-/Bürgerbeteiligung.

Die Monate des religiösen Trialogs (zwischen 2004 und 2006)

Gemeinsam mit »Weißt Du wer ich bin« (ein Projekt getragen von der Arbeitsgemeinschaft christlicher Kirchen in Deutschland, dem Zentralrat der Juden in Deutschland, dem Zentralrat der Muslime in Deutschland und der Türkisch-Islamischen Union der Anstalt für Religion) hat die Stelle für interkulturelle Arbeit, Sozialreferat, Projekte gefördert, die gemeinsam von Menschen jüdischen, christlichen und muslimischen Glaubens gestaltet worden sind. Die Stadt stellte hier – gemeinsam mit dem Projektpartner – einen finanziellen Rahmen zur Verfügung und übernahm die Organisation und Koordination. Dadurch wurde eine Plattform für den interreligiösen Austausch und interkulturelle Begegnungen geschaffen.

Die Koordination der Einrichtung des muslimischen Religionsunterrichts in München

Am 10. 10. 2006 stellte die Fraktion BÜNDNIS 90/DIE GRÜNEN den Antrag, die Stelle für interkulturelle Arbeit möge ein Fachgespräch zum Thema Islamunterricht organisieren. Als Folge dieses Fachgesprächs hatte die Stelle für interkulturelle Arbeit dann auch die Federführung für den ein Jahr später gestellten Folgeantrag, den Islamischen Religionsunterricht an einer Münchner Schule zu realisieren. Die Aufgabe der Verwaltung lag hier darin, erstmals alle Akteure (Kultusministerium, Staatliches Schulamt, Schulreferat, Vertreterinnen und Vertreter muslimischer Eltern, Lehrerinnen und Lehrer, Schulleitungen) zusammenzubringen und den Raum zu schaffen, gemeinsam nach einer Lösung zu suchen. Der im April 2008 gegründete Muslimische Elternverein München e.V. wurde in Folge Träger des Islamischen Religionsunterrichtes an zwei Münchner Schulen. Die Stelle für interkulturelle Arbeit hatte für das konstituierende Treffen eingeladen und Räumlichkeiten zur Verfügung gestellt.

An diesen Beispielen sollte deutlich geworden sein, dass die Stadt – und hier besteht eine originäre Aufgabe der Kommune – den Rahmen für diese Form des Austauschs und der Integration schaffen muss. Sie kann – eben weil sie nicht religiös gebunden ist – eine Plattform bilden, auf der religiöse Menschen in die säkulare Stadtgesellschaft integriert werden. Dies stellte die zweite Grundüberlegung für MünchenKompetenz dar.

MünchenKompetenz wurde zwischen November 2008 bis Oktober 2010 durchgeführt. Das Projekt wurde finanziell durch das Bundesamt für Migration und Flüchtlinge (BAMF) sowie des EIF (den europäischen Integrationsfonds) gefördert. Kooperationspartner waren die Muslimische Akademie in Berlin sowie die Akademie für politische Bildung in Tutzing.

1. Die Projektidee[5]

In München ist der Islam neben dem Christentum die zweitstärkste Religion in der Stadt. Einen zentralen Part im muslimischen Gemeindeleben übernehmen Vereine und Moscheegemeinden. Hier kommt Imamen, muslimischen Seelsorgerinnen und Seelsorgern eine Schlüsselrolle zu. Neben der Wahrnehmung ritueller Aufgaben spielen sie zumeist auch für die religiöse Unterweisung und religiöse Sozialisation

5 Die Punkte: »Die Projektidee, die Inhalte und die Rahmenbedingungen« sind in leichter Abwandlung dem Artikel »*Muslime im säkulären Staat. Die Rolle der Kommune im interreligiösen Zusammenleben.* »*MünchenKompetenz*« – *eine Stadt schult Imame und muslimische Seelsorger/innen*« entnommen. Migration und Soziale Arbeit, 32. Jahrgang, 2010, Heft 1, S. 57 – 61.

der Kinder und Jugendlichen eine wichtige Rolle. Ihre Aufgaben und Funktionen sind nicht allein hierauf beschränkt, denn zugleich erfüllen viele von ihnen auch die Aufgabe der geistlichen (vergleichbar mit seelsorgerischen) und auch sozialen Betreuung der Gemeindemitglieder. Als religiöse Autoritäten übernehmen sie zugleich eine wichtige Aufgabe in den Orientierungen der Familien, die Mitglied einer Gemeinde sind oder diese ohne eine Mitgliedschaft nutzen. Als religiöse Autoritäten können sie den Angehörigen verschiedener Generationen unter den Gemeindemitgliedern positive Impulse geben und positiv auf sie einwirken. Dies gilt gleichermaßen für die Erwachsenen wie auch für Heranwachsende und Kinder. Darüber hinaus sind die Imame, Seelsorgerinnen und Seelsorger auch häufig für die Außenkontakte zuständig und erfüllen Aufgaben im Bereich des interreligiösen und interkulturellen Dialogs, etwa wenn Besuchergruppen in eine Moschee kommen und über die Grundlagen des Islams und die Praxis gelebter Religiosität informiert werden.

Häufig sind die Imame, Seelsorgerinnen und Seelsorger jedoch mit dem weiten Feld an Aufgaben und der Erwartungen, die an sie gerichtet werden, in verschiedener Hinsicht überfordert. Die meisten Imame Seelsorgerinnen und Seelsorger, die in den islamischen Gemeinden tätig sind, haben ihre berufliche Qualifikation außerhalb Deutschlands erworben und kommen erst im Erwachsenenalter als Migrantinnen/Migranten nach Deutschland. Dies bedeutet, dass sie in einem anderen Staat sozialisiert wurden und mit den Strukturen in der Bundesrepublik nicht hinreichend oder sogar kaum vertraut sind. Hinzu kommen geringe oder defizitäre Kenntnisse des Deutschen, das sie als Fremdsprache in vielen Fällen erst in Deutschland erlernen. Im Falle staatlich besoldeter Religionsbeauftragter aus der Türkei, die für einen befristeten Zeitraum nach Deutschland kommen, gibt es zwar seit einiger Zeit vorbereitende Sprach- und landeskundliche Kurse, die sie bereits in ihrem Heimatland besuchen. Vom Umfang her sind jedoch auch diese vorbereitenden Maßnahmen nicht ausreichend, um sie auf ihren Auslandsdienst adäquat vorzubereiten. Das in den Kursen vermittelte theoretische Wissen entbehrt zwangsläufig der Möglichkeit praktischer Aneignung und Festigung.

Die faktische Situation, dass die meisten Imame, Seelsorgerinnen und Seelsorger nicht in Deutschland, sondern im Herkunftsland der Muslime sozialisiert wurden, die sie in der Bundesrepublik betreuen, bedeutet zugleich, dass sie mit den Besonderheiten der Lebenssituation der hier lebenden Muslime nicht hinreichend vertraut sind und auch aus diesem Grunde die an sie herangetragenen Erwartungen kaum erfüllen können. Aus den genannten Gründen besteht ein großer Bedarf an Maßnahmen für die Zielgruppe der Imame, Seelsorgerinnen und Seelsorger, mit denen ein Beitrag zu ihrer Integration geleistet wird und sie zugleich in lebensweltlichen Belangen einen Beitrag zur Integration ihrer Klientel, den Mitgliedern islamischer Gemeinden in die kommunalen Strukturen, leisten können. Und hier setzt genau das Interesse einer Kommune an, die ein großes Interesse daran hat, dass die Dienstleistungen, Hilfsangebote und Interventionen dort ankommen, wo sie benötigt werden. Auf dieser Grundlage entstand im Rahmen der Veranstaltungsreihe »Vielfalt ist machbar« gemeinsam mit der Muslimischen Akademie in Berlin bei einer Veranstaltung 2007 die Idee, eine Weiterbildung für Imame zu entwickeln. Diese Personengruppe sollte dahingehend qualifiziert werden, dass sie Schlüsselrollen in der Integration wahrnehmen können. Die Weiterbildung zielte nicht auf die Vermittlung theologischer Inhalte ab, sondern Ziel war ganz konkret, die Integration der Imame, muslimischen Seelsorgerinnen und Seelsorger zu fördern, ihre Kompetenz als gesellschaftliche Akteurinnen und Akteure zu stärken, ihre Vernetzung mit Institutionen und Einrichtungen zu ermöglichen, um dadurch die Integration der Muslime in bestehende Strukturen zu erleichtern.

Die Stelle für interkulturelle Arbeit,[6] Sozialreferat, der Landeshauptstadt München lud Ende 2007 zu einem zweitägigen Seminar, zu dem Imame unterschiedlicher Moscheevereine, katholische und evangelische Geistliche, Vertreterinnen und Vertreter aller städtischen Referate (Dezernate), Wohlfahrtsverbände, das Bundesamt für Migration und Flüchtlinge, Vertreterinnen eines Frauenhauses und weitere Akteurinnen und Akteure geladen waren, um gemeinsam das Grundkonzept von »MünchenKompetenz«[7] zu erarbeiten.

Die Weiterbildung sollte folgende Ziele erreichen:

- Förderung der Integration der Imame, Seelsorgerinnen und Seelsorger durch die Vermittlung von Wissen über Bundes-, Landes- und kommunale Strukturen des Gemeinwesens sowie staatlicher und nichtstaatlicher Einrichtungen und der diesbezüglichen gesetzlichen Regelungen.
- Förderung der Kompetenzen der Imame, Seelsorgerinnen und Seelsorger als gesellschaftliche Akteurinnen und Akteure, um in konkreten Situationen problemlösungsorientierte Initiativen zu ergreifen und zu begleiten.
- Förderung der Vernetzung der Zielgruppe mit Institutionen und Einrichtungen.
- Eine wichtige Zieldimension des Weiterbildungsprogramms ist es, die Imame, Seelsorgerinnen und Seelsorger als Multiplikatorinnen und Multiplikatoren mit dem Wissen und der Kompetenz auszustatten, ihre eigene Klientel an jeweils zuständige soziale Einrichtungen und staatliche Institutionen verweisen bzw. begleiten zu können. Zugleich helfen sie dabei, bestehende Hemmschwellen der Klientel beim Zugang zu Einrichtungen, Diensten und Angeboten abzubauen. Als

6 Die Stelle für interkulturelle Arbeit, Sozialreferat, fördert die Integration und gestaltet aktiv das Zusammenleben aller Menschen in München, die Vielfalt der Stadtgesellschaft sowie die interkulturelle Orientierung und Öffnung der Verwaltung. Die Stelle unterstützt und vernetzt Verwaltung, Verbände und Organisationen bei ihren interkulturellen Aufgaben. Mehr unter: www.muenchen.de/interkult (letzter Zugriff 15.06.2010).

7 Die Muslimische Akademie in Berlin, die Kooperationspartnerin der Stelle für interkulturelle Arbeit, entwickelte zeitgleich und in enger Abstimmung das Projekt »BerlinKompetenz«, das auch parallel durchgeführt wurde.

religiöse Autoritäten genießen sie das Vertrauen ihrer Klientel und wirken als Multiplikator/Multiplikatorin und/oder Mittler/Mittlerin.
- Eine weitere Zielsetzung des Weiterbildungsprogramms ist der Abbau negativer Wahrnehmungen und von Vorurteilen. Diese Zielsetzung bezieht sich sowohl auf die Zielgruppe des Projektes als auch auf Akteurinnen und Akteure der Mehrheitsgesellschaft.

2. Die Inhalte der Fortbildung

Die Module waren gemeinsam mit der Projektgruppe erarbeitet worden und hatten zum Ziel, möglichst viele Bereiche des täglichen Lebens abzudecken und die Imame und muslimischen Seelsorger/innen mit den Personen in Schlüsselpositionen und -stellen in Kontakt zu bringen.

Modul	Inhalte	Institutionen/Einrichtungen	Exkursionen
1. Modul 01.12.2008 Angekommen in Bayern	Vorstellung der Teilnehmenden und des Teams Erwartungsabfrage Vorstellung der Fortbildungsinhalte Zentrale Daten in München und Bayern (Migrationsgeschichte)	Projektteam Evaluator des Projekts Projektteam Projektleitung/ LH München	Interkulturelle und interreligiöse Stadtführung
2. Modul 19.01.2009 Geschichte, Verfassung und Politik der BRD	Entstehung und Politisches System der BRD Rolle des GG/Wahl und Parteiensystem Trennung Staat – Kirche	Referenten der Politischen Akademie Tutzing	Sozialministerium/ Freistaat Bayern
3. Modul 9.02.2009 Dienstleistungen der Stadtverwaltung	Aufbau und Angebot der Stadtverwaltung Projekt MOVAPLUS Jugendamt Alte Menschen Referat für Gesundheit/ Umwelt (RGU) Referat für Arbeit und Wirtschaft Frauenhäuser	Stelle für Interkulturelle Arbeit/ LH München RGU/ LH München Jugendamt LH München Alten- und Servicezentrum Ramersdorf LH München LH München Frauenhilfe München	Sozialbürgerhaus Mitte
4. Modul 16.03.2009 Integration in München	Integrationskonzept der LH München Integrationskurse des BAMF Bürgerschaftliches Engagement Rolle der Vereine in der Migrations-/ Integrationsarbeit	Stelle für IK Arbeit/ LH München Regionalkoordination BAMF Stelle für IK Arbeit/ LH München Vertreter/in des Muslimrates, des Ausländerbeirats sowie Açilim (Verein)	Initiativgruppe e.V.
5. Modul 27.04.2009 Bildungs-/ Ausbildungssystem und Arbeitsmarkt	Frühkindliche Erziehung Mehrgliedriges Schulsystem Duales Ausbildungssystem Rolle der Eltern im Schul- und Ausbildungssystem	Stelle für IK Arbeit/ LH München Schul- und Bildungsberatung/ LH München Handwerkskammer München Ausländischer Elternverein, Muslimischer Elternverein	ARGE im Sozialbürgerhaus Orleansplatz

(Fortsetzung)

Modul	Inhalte	Institutionen/Einrichtungen	Exkursionen
6. Modul 18. 05. 2009 Interkulturelles und Interreligiöses Leben	Werte u. Erziehungsnormen sowie Familienstrukturen Brauchtum, Feste Stellung der Religionsgemeinschaften	Islamische Gemeinde Penzberg Occurso e.V.	Moschee (Islamische Gemeinde Penzberg) Kirche (Pfarrei St. Ursula) Synagoge (Israelitische Kultusgemeinde München)
7. Modul 15. 06. 2009 Rechtsstaatliche Prinzipien	Kinderrechte Gleichheit v. Mann und Frau Antidiskriminierung Vergleich: hiesiges Rechtssystem u. Islamisches Recht Bürgerrechte/Bürgerpflichten	Kinderbeauftragte der LH München Gleichstellungsstelle LH München AMIGRA Referent (universitärer Bereich) Referent (universitärer Bereich)	Kreisverwaltungsreferat/ LH München und Polizei München
8. Modul 06. 07. 2009 Gesundheits- und Sozialsystem	Gesundheitssystem Hilfe in Notlagen	Referat für Gesundheit und Umwelt/ LH München Amt für soziale Sicherung/ LH München	AWO Café 104 und «Ärzte der Welt«

3. Die Rahmenbedingungen

Das Projektteam und die Evaluation

Das Projektteam bestand aus der wissenschaftlichen Leitung[8], angesiedelt bei der Stelle für interkulturelle Arbeit der Landeshauptstadt München, einer wissenschaftlichen Mitarbeiterin[9], die die komplette Organisation übernahm, die Termine besprach, und für den ganzen Ablauf zuständig war sowie für die Evaluation.[10]

Die Dolmetscherinnen/Dolmetscher

Mit zum Team gehörten auch vier Dolmetscherinnen und Dolmetscher - zwei für Arabisch und zwei für Türkisch. Alle Referentinnen und Referenten wurden gebeten, ihren Vortrag sowie ein fachliches Glossar zu ihrer Rede den Dolmetscherinnen und Dolmetschern zehn Tage vor Beginn des entsprechenden Moduls zur Verfügung zu stellen, sodass diese sich auf den Vortrag vorbereiten und das Glossar ins Arabische und Türkische übersetzen konnten. Das Glossar war auch aus den Gründen notwendig, da viele Begriffe aus einer engen Fachsprache stammten und nur mit Erklärung überhaupt deutlich wurden.

Beispiel der Übersetzung eines Glossars ins Arabische und Türkisch:

»Evaluation
Evaluation ist die wissenschaftliche Beschreibung, Analyse und Bewertung von Projekten. So z. B. werden Daten (Fragebögen, Interviews) mit dem Ziel erhoben, um Informationen zur Verbesserung des Weiterbildungsprogramms zu liefern. Die gesamte Evaluation ist anonym, d. h. es werden keine persönlichen Informationen aus dem Interview an Dritte weitergegeben.

Proje Değerlendirmesi[11]
Proje değerlendirmesi, projelerin bilimsel izahati, analizi, ölçümü anlamına gelmektedir. Böylelikle ilerletme eğitimini geliştirmek icin gerekli olan bilgiler elde etmek amacıyla anketler ve röportajlar yapılır. Proje değerlendirmesinin

8 Dr. Margret Spohn, Stelle für interkulturelle Arbeit, LH München; margarete.spohn@muenchen.de.
9 Michaela Hillmayer.
10 Dr. Halit Öztürk, FU Berlin.
11 Aus dem Modul 1: Vorstellung der Evaluation

tamamı anonimdir, yani üçüncü bir şahsa şahsi ve özel bilgiler aktarılmayacaktır.

تقييم

التقييم هو الوصف العلمي لتحليل وتقدير المشاريع. تُجمع مثلاً البيانات (من مقابلات صحفية واستبيانات) لهدف تقديم معلومات لتحسين نظام استكمال التعليم. تُستعمل هذه المعطيات فقط لتقييم نتائج المشروع وتبقى سرية حيث لا توصّل منها معلومات شخصية لأي طرف آخر.«

Clearingstellen[12]
im psychosozialen Bereich sind das Einrichtungen, die Informationen bereitstellen und beiwichtigen gesundheits- und sozialbezogenen Entscheidungen Hilfe anbieten z. B. ob und welche Erziehungshilfe eine Familie braucht, ob eine Behandlung nötig ist u.s.w.

مراكز الفحص النفساني هي منشئات في المجال النفسي تقوم بتقديم مساعدات معلوماتية لتسهيل إقرار مساعدات اجتماعية ، مثلاً هل وأي نوع من المساعدة تحتاجها العائلة وهل هناك حاجة لتقديم معالجة وألخ.

Kliring yerleri (açıklığa kavuşturma yerleri) bir ailenin çocuk eğitme yardımına ihtiyacı olup olmadığını, varsa hangi yardıma ihtiyacı olduğunu göstererek bununla ilgili gerekli bilgileri hazır tutan ve sağlıksal ve sosyal mânada önemli kararların alınmasına yardımcı olan psiko-sosyolojik alanda çalışan kuruluşlardır.«

Die Referentinnen und Referenten

Der Großteil der Referentinnen und Referenten arbeitete in München und war in der Beratungsarbeit tätig. Vor dem zweiten Modul wurden alle Referentinnen und Referenten gemeinsam zu folgenden Themen eingeladen:

- Vorstellung des detaillierten Programms sowie der Arbeitsmaterialien,
- Informationen zu den Teilnehmerinnen/Teilnehmern und deren Vorstellungen und Wünschen an die Referate (im ersten Modul abgefragt),
- Bekanntmachung der einzelnen Akteurinnen/Akteure untereinander,
- Vorstellung der Dolmetscherinnen und Dolmetscher, wichtige Hinweise und Tipps für die Referentinnen und Referenten, Absprachen zwischen Dolmetscherinnen/Dolmetschern und Referentinnen/Referenten,

12 Übersetztes Glossar aus dem Modul 3: Aufgaben des Referats für Gesundheit und Umwelt.

- Absprachen zu Inhalt und Umfang von Vorträgen, Präsentationen und Skripten sowie Übersetzungen,
- Absprachen zu den geplanten Exkursionen bezüglich Ablauf, Inhalten, Infomaterialien,
- Infomaterialien der verschiedenen teilnehmenden Organisationen, Institutionen und Einrichtungen für die Arbeitsmaterialien,

Dieses Treffen wurde von den Referentinnen und Referenten im Nachhinein als sehr positiv bewertet, da sie das Gefühl hatten, sich nun genau auf die Zielgruppe vorbereiten zu können.

Die Gewinnung der Teilnehmerinnen und Teilnehmer

Die Stelle für interkulturelle Arbeit der Stadt München steuert seit 2002 aktiv den interreligiösen Dialog in München. Zwei Mal im Jahr findet beim dritten Bürgermeister der »Runde Tisch Muslime« statt, bei dem sich Vertreterinnen und Vertreter von über 40 muslimischen Vereinen direkt mit dem Bürgermeister über aktuell anstehende Fragen austauschen, mit der Stadtspitze Probleme ansprechen und gemeinsam an Lösungen arbeiten. Zudem initiierte die Stelle für interkulturelle Arbeit gemeinsam mit »Weißt Du wer ich bin« 2006 die »Monate des religiösen Trialogs«, indem sie Veranstaltungen mit organisierte und finanzierte, in denen sich jüdische, christliche und muslimische Münchnerinnen und Münchner für ein gemeinsamen Projekt zusammenschlossen. Für solche Aktivitäten stehen bis heute finanzielle Fördermöglichkeiten bereit. Zudem kooperiert die Stelle eng mit dem Muslimrat[13] München, der auf Initiative des Bürgermeisters gegründet wurde und der offizielle Ansprechpartner für die Stadt München ist. Im Muslimrat sind ca. 20 Vereine gemeinsam organisiert. Weitere gute Kontakte zur muslimischen Gemeinde entstanden durch die Initiierung des muslimischen Religionsunterrichts an zwei Münchner Schulen. Auch in diesem Prozess war die Stelle für interkulturelle Arbeit federführend tätig. Die an MünchenKompetenz teilnehmenden Imame, Seelsorgerinnen und Seelsorger stammen zu einem großen Teil aus diesen seit vielen Jahren bestehenden Arbeitskontakten. Allerdings wurden jedoch auch ca. die Hälfte der Teilnehmenden durch die – gut beworbene – Auftaktveranstaltung auf die Weiterbildung aufmerksam.

13 www.muslimrat-muenchen.de (letzter Zugriff 15.06.2010).

Die konkrete Durchführung

Die Weiterbildung fand in acht ganztägigen Modulen – jeweils an einem Montag – zwischen Dezember 2008 und Juli 2009 statt. Die Module dauerten von 9.00 bis 17.00 Uhr und begannen mit einem morgendlichen theoretischen Input. Nach dem (vegetarischen bzw. Halal) Mittagessen und der Möglichkeit zum Gebet standen die Nachmittage dann für den praktischen Teil und die Exkursionen zur Verfügung. Der Montag war in Abstimmung mit verschiedenen Vertretern/innen der muslimischen Gemeinden getroffen worden. Insgesamt nahmen 25 Personen (17 Männer und sechs Frauen) aus insgesamt elf Ländern[14] an der Weiterbildung teil – ausgesucht nach Herkunftsland, Geschlecht und Gemeindezugehörigkeit. Sieben Personen[15]gaben an, eine unbefristete Stelle als Imam zu haben, vier sind ehrenamtlich als Imam tätig. Elf Personen gaben an, seelsorgerisch tätig zu sein.

4. Die Bewertung

MünchenKomeptenz wurde projektbegleitend evaluiert.[16] Neben dieser durchgehenden wissenschaftlichen Begleitung ist es vor allem der »Nachhaltigkeitsbericht« der Evaluation, der sechs Monate nach Beendigung der Maßnahme erstellt wurde, der Einblick in die längerfristigen Wirkungen des Vorhabens gibt.[17] Im Folgenden werden die Projektziele sechs Monate nach Ablauf des Projektes erneut überprüft:

Ziel: Förderung der Integration der Imame, Seelsorgerinnen und Seelsorger.

Die Teilnehmerinnen und Teilnehmer wurden gebeten selbst einzuschätzen, wie sie ihre Integration vor und nach der Teilnahme an MünchenKompetenz einschätzen: Vor der Weiterbildung sahen sich die Teilnehmer/innen zu 50 % als sehr gut und gut integriert – nach der Weiterbildung belief sich dieser Wert auf 90 %.

14 Albanien, Ägypten, Bosnien, Mazedonien, Türkei, Israel, Marokko, Algerien, Tunesien, Afghanistan, Deutschland.
15 Mehrfachnennungen möglich.
16 Die Evaluation wurde von Dr. Halid, Öztürk von der FU Berlin durchgeführt. Eine Veröffentlichung der Ergebnisse ist in Vorbereitung.
17 Dr. Halit Öztürk, *Nachhaltigkeitsbericht*, Berlin, Januar 2010, unveröffentlicht.

»Ich lebe nun seit meinem achten Lebensjahr in Bayern und das war für mich das erste Projekt, in dem man nicht nur vom Helfen sprach, sondern in dem man miteinander geholfen hat. Sonst sprach man nur von Hilfsangeboten und Projekten, aber in diesem Projekt sagte man: ›Kommt mit aufs Boot und lass uns gemeinsam was verändern.‹ Insofern war das, das beste Projekt, was bisher für Migranten stattgefundenen hat.« (Teilnehmerin)

Ziel: Förderung der Kompetenzen der Imame, Seelsorgerinnen und Seelsorger als gesellschaftliche Akteurinnen und Akteure

Die Teilnehmerinnen und Teilnehmer wurden gebeten einzuschätzen, wie sie selbst ihre Fähigkeiten vor und nach der Weiterbildung einschätzten, ihre Gemeindemitglieder an die fachlich kompetenten Stellen zu verweisen.

»Ich bin zwar schon seit über sechs Jahren in München, aber mein Wissen über die Möglichkeiten in München sind nicht so viel. Und solches Wissen hab ich von MüKo[18] bekommen. Jetzt sehe ich auch, dass ich in meiner Gemeinde viele Fragen direkter beantworten kann. Früher hab ich allgemeine Sachen gesagt ohne konkret zu werden. Irgendwie will man ja auch sein Gesicht nicht verlieren (lacht). Jetzt klappt alles viel besser und darüber bin ich wirklich sehr froh, weil ich auch selbst sehe, ich kann viel besser helfen als früher.« (Teilnehmer)

Ziel: Förderung der Vernetzung mit Institutionen und Einrichtungen

Auch hier wurden die Teilnehmerinnen und Teilnehmer gebeten zu beurteilen, wie sie ihre eigene Vernetzung mit Institutionen vor und nach der Weiterbildung sehen.

Vor der Weiterbildung gaben sich die Teilnehmerinnen und Teilnehmer diesbezüglich die Schulnote 4,3. Nach der Weiterbildung eine 3,1.

»Also, wir sind dabei uns mit diesen Einrichtungen zu vernetzen. Mit einigen hab ich schon einiges telefonisch gefragt oder die Adressen weitergegeben und empfohlen. Manchmal sehe ich noch, dass die Einrichtungen auch misstrauisch gegenüber uns sind, wenn wir sagen, wir sind von der muslimischen islamischen Gemeinde. Aber wenn ich dann sage, dass ich sie im März bei MüKo kennengelernt habe, und ich mich deshalb an sie wende, dann sehe ich, dass sie uns dann anders, freundlicher behandeln.« (Teilnehmer 1)

»[...] jetzt kann man erwähnen, dass man bei MüKo teilgenommen hat und bekommt mehr Achtung. [...] Der Name MüKo hat dann ein bestimmtes Gewicht.« (Teilnehmerin 3)

18 MüKo ist die Kurzform von MünchenKompetenz.

Ziel: Förderung der Integration der Muslime in den Gemeinden in die bestehenden Strukturen

Die Integration der Gemeindemitglieder sahen 44 % ›befriedigend‹ vor der Weiterbildung. Nach der Weiterbildung wurde sie zu 47,1 % mit ›gut‹ bewertet.

> »Wir können bessere Aufklärungsarbeit leisten und Veranstaltungen durchführen und in unseren Veranstaltungen geht es eben nicht nur um den Islam, sondern zum Beispiel um Gesundheit, was wir ja auch in der Weiterbildung hatten.[...].« (Teilnehmerin 3)
> »[...] Ich baue auch das Wissen, das ich während dieser Weiterbildung gelernt habe, in meine Freitags- und Sonntagspredigten ein.« (Teilnehmer 1)

Ziel: Abbau von negativen Wahrnehmungen und Vorurteilen

Gefragt wurden die Teilnehmerinnen und Teilnehmer nach ihrem Bild von der deutschen Gesellschaft und ob sich das durch die Weiterbildung verändert habe. Vor der Weiterbildung gaben 44,4 % an, ein positives und eher positives Bild zu haben. Dieser Wert war nach der Weiterbildung auf 94,4 % gestiegen.

> »Ich kannte diese Einrichtungen nicht wirklich. Habe daher nur das aufgenommen, was ich über andere gehört habe. Zum Bsp. die Information über das KVR. Jetzt habe ich ein anderes Bild über sie. Jetzt habe ich keine Angst oder habe durch dieses Kennenlernen auch Mut offen und sachlich mit ihnen zu diskutieren. Auch den Muslimen in meiner Gemeinde sage ich das so [...]. Die Mehrheit auf beiden Seiten möchte zusammenleben, zusammen arbeiten und einfach seine Ruhe haben. Dass die Stadt uns so vieles anbietet, haben wir in dieser Weiterbildung gesehen. Jetzt sage ich das auch so offen zu denen, die sich beklagen, bringe diese Möglichkeiten ein und dann merke ich, dass dann auch andere über solche positiven Möglichkeiten berichten. « (Teilnehmerin 1)

Bereits während der Laufzeit des Projektes hatten sich erste Ergebnisse der erhofften Vernetzung gezeigt. So kann der Imam einer indonesischen Gemeinde (Teilnehmer von MünchenKompetenz), der keine eigenen Räumlichkeiten hat, nun die Räumlichkeiten der afghanischen Gemeinde (der afghanische Imam war ebenfalls Teilnehmer von MünchenKompetenz) mit seiner Gemeinde nutzen. Zudem werden sich Teilnehmerinnen und Teilnehmer von MünchenKompetenz zu dem Verein »MünchenKompetenz e.V.« zusammenschließen, um das Netzwerk zwischen den Geistlichen unterschiedlicher Moscheegemeinden aufrecht zu erhalten. Die Imame wollen ein gemeinsames Sprachrohr bilden und u. U. in Kooperation mit der Stadt weitere Veranstaltungen anbieten. Nach dem Besuch einer Institution, die für Menschen ohne Versicherungsschutz medizinische Nothilfe leistet, hat eine Moscheegemeinde, deren Imam an MünchenKompetenz teilnahm, dieser Einrichtung für die Behandlung eines Schwerkranken Geld gespendet.

5. »Nachwirkungen« von MünchenKompetenz

Mitte November 2009 fand gemeinsam mit der Bundeszentrale für politische Bildung – in dem Programm »Religion im säkularen Staat« – eine Tagung mit den Imamen, Seelsorgerinnen und Seelsorgern von MünchenKompetenz gemeinsam mit katholischen und evangelischen Geistlichen sowie Gemeindevorsteherinnen und -vorstehern statt. Unter dem Thema »Gemeindeleben konkret« – Gemeindearbeit und Seelsorge bei Christen und Muslimen – wurde zum einen der Austausch zwischen den Gemeinden initiiert, aber auch nach Wegen gesucht, wie Muslime in die Notfall-Seelsorgestrukturen der Landeshauptstadt wie auch in die Seelsorge in Krankenhäusern und Gefängnissen integriert werden können. Aus dieser Idee soll ein neuer Projektantrag generiert werden.

Bundesweit und darüber hinaus hat MünchenKompetenz zahlreiche Kommunen inspiriert nach dem Beispiel von MünchenKompetenz eigene Reihen zu initiieren. Derzeit sind in Augsburg, Stuttgart, Nürnberg, Frankfurt, Salzburg und Hamburg ähnliche Seminare geplant oder laufen bereits. Eine weitere Projektidee ist es, gemeinsam mit MünchenKompetenz e.V. diese entstehenden Netzwerke zur Initiierung einer »KommunalKompetenz« weiter zu nutzen. Ein entsprechender Antrag wird gerade vorbereitet.

MünchenKompetenz ist als Best Practice Beispiel in den Projektatlas der Islamkonferenz aufgenommen worden.

6. Die (theologische) Ausbildung von Imamen und muslimischen Seelsorgern/innen und »KommunalKompetenz

Die Erfahrungen aus München, die Begeisterung der Teilnehmerinnen, Teilnehmer und die Reaktionen anderer Kommunen und Moscheevereine zeigt, dass jenseits der Diskussion um eine theologische Ausbildung muslimischer Geistlicher »KommunalKompetenz« fester Bestandteil auch der universitären Ausbildung werden sollte. Nur dann ist es den angehenden Theologinnen und Theologen möglich ihre Gemeindemitglieder in den Kommunen adäquat in allen Fragen des Alltags und des tägliches Lebens, sowie in Akutsituationen zu beraten. Zu denken sind hier mehrere Modelle. Möglich wäre es, dass die Studierenden studienbegleitend an einem entsprechenden Seminar teilnehmen. Kommunen könnten diese Seminare in Zusammenarbeit mit den Moscheevereinen anbieten, oder Moscheevereine übernehmen in Zusammenarbeit mit der Kommune die Trägerschaft. Denkbar wäre auch, dass die Studierenden nach Ende des Studiums im Rahmen eines ein- oder zweijährigen Praktikums in der

Moscheegemeinden an einem Seminar teilnehmen, sodass sie noch direkter den Alltagsbezug hätten. Folgende Kriterien sollten dabei berücksichtigt werden:

- Die Idee von MünchenKompetenz ist problemlos auf andere Kommunen zu übertragen. Die Module können in der Grundstruktur erhalten bleiben, müssen jedoch auf die lokalen Bedingungen angepasst werden.
- Unter dem Aspekt der Vernetzung sollte darauf geachtet werden, dass die Personen referieren, die auch im konkreten Fall die Ansprechpartnerinnen und -partner für ein anstehendes Problem, bzw. Schlüsselpersonen in Schlüsselpositionen sind.
- Sowohl die inhaltliche Ausarbeitung als auch die Werbung sollte in enger Absprache mit den muslimischen Gemeinden vor Ort erfolgen.
- Es muss Zeit für Diskussion und Dialog eingeplant werden.
- Die Räumlichkeiten sollten so ausgesucht werden, dass sowohl ein gemeinsames Mittagessen (Speisevorschriften beachten!) als auch das mittägliche Beten möglich ist.
- Die Referentinnen und Referenten sollten auf Praxisnähe eingeschworen werden! Je konkreter ein Sachverhalt dargestellt wird (»Stellen Sie sich vor, zu Ihnen, als Imam, kommt eine Familie und sagt: ›Morgen muss ich aus der Wohnung raus‹ – Was machen Sie dann mit der Familie? Stellen Sie sich vor, zu Ihnen kommt eine Mutter und sagt Ihnen: ›Mein Sohn kann morgen in einer Schnellimbisskette mit der Arbeit anfangen und verdient dort 650 Euro im Monat. – Wieso sollte er eine Lehre machen, wo er doch nur 200 Euro im Monat bekommt?‹ Stellen Sie sich vor, zu Ihnen kommt ein Gemeindemitglied und sagt: ›Bei mir ist jemand, der hat keine Papiere und der ist sehr, sehr krank‹. Was raten Sie ihm?) umso mehr Nutzen haben die Teilnehmerinnen und Teilnehmer davon.
- Zur Halbzeit mit den Teilnehmenden nochmals besprechen, ob die Inhalte der Weiterbildung in ihrem Sinne sind, sich Themen verschoben haben, Themen intensiver behandelt werden, weitere Themen weggelassen werden sollten.
- Bei MünchenKompetenz haben sich Materialmappen mit Hand-outs zu den jeweiligen Vorträgen, den Glossaren, den Übersetzungen und Materialien der besuchten Einrichtungen bewährt. Am Ende der Fortbildung wurden alle Module auf eine CD ROM gebrannt und mit der Abschlussurkunde übergeben.
- Bewährt hat sich ebenfalls, dass während der gesamten Laufzeit, mindestens eine Ansprechpartnerin/ein Ansprechpartner sowohl den Referentinnen/Referenten, den Dolmetscherinnen/Dolmetschern als auch den Teilnehmenden für alle organisatorischen Fragen zur Verfügung steht und engen Kontakt zur Projektleitung hält.
- Teilnehmende und Dozierende immer wieder ermuntern, sich gegenseitig (in

die Institution, in die Moschee) einzuladen, um ein Thema intensiver diskutieren, um ein Thema einer größeren Anzahl von Menschen zugänglich machen zu können.

Die theologische Ausbildung von Imamen, muslimischen Seelsorgerinnen und Seelsorgern sollte die späteren Arbeitsfelder der Auszubildenden von Anfang an im Blick haben. Die Theologinnen und Theologen werden in den Moscheegemeinden vor Ort in den Kommunen tätig werden. Sie werden ein Basiswissen zu städtischen Strukturen, zur Arbeit der Wohlfahrtsverbände, zu den Angeboten der Integrationskurse etc. brauchen, um adäquat beraten zu können. Theologische Ausbildung und KommunalKompetenz sollten die zwei Seiten einer Medaille sein.

Literatur

Stelle für interkulturelle Arbeit, Landeshauptstadt München, »*Das Integrationskonzept*«, 2008, auf: www.muenchen.de/interkult (letzter Zugriff 15.06.2010).

Spohn, Margret, »*Muslime im säkularen Staat. Die Rolle der Kommune im interreligiöses Zusammenleben. »MünchenKompetenz« – eine Stadt schult Imame und muslimische SeelsorgerInnen*«, in; Migration und Soziale Arbeit, 32 Jg. H.1, Februar 2010, S. 57 – 61.

Marfa Heimbach

Das Projekt »Religionen im säkularen Staat« – Dialogseminare für PfarrerInnen, Imame und zivilgesellschaftliche Akteure

Die Notwendigkeit einer Imamausbildung und die Einführung islamischer Theologie an deutschen Hochschulen stehen heute wie selbstverständlich auf der Agenda, wenn über eine Integration des Islam in die religiös pluralistische Gesellschaft in Deutschland gesprochen wird. Imame sind in den Mittelpunkt gerückt, sie werden immer mehr zur Projektionsfläche hoher Erwartungen. Erwartungen, die weit über ihr ursprüngliches Berufsbild hinausreichen. Können sie das leisten? Oder, wie viel davon können sie leisten?

Das Bild, das die erste umfangreichere Studie zu Imamen in Deutschland aus dem Jahr 2010 zeichnet, ist eher ernüchternd.[1] Auf breiter Ebene aber hat sich bereits vieles verändert. Es sind Prozesse in Bewegung gesetzt worden, deren Ergebnisse eher langfristig wirksam werden, kurzfristig aber, das liegt in der Natur von Prozessen, nur schwer messbar sein dürften.

Noch vor 10 Jahren war der Imam eine unbekannte, kaum wahrgenommene graue Eminenz. Dabei gab es auch damals schon rund 2000 Moscheegemeinden in Deutschland und nahezu jede von ihnen hatte auch einen Imam. In vielen Regionen Deutschlands wirkten Pfarrer, Pfarrerinnen und Imame in ihren Gemeinden jahrelang in unmittelbarer Nachbarschaft, ohne sich zu kennen, ohne je miteinander ein Wort zu wechseln. Die Imame kamen notwendigerweise aus dem Ausland, aus den Herkunftsländern der Muslime in Deutschland. Und sie saßen genauso wie ihre Landsleute über Jahre hinweg auf dem berühmten »gepackten Koffer«. Allein schon der sprachlichen Verständigungsprobleme wegen traten sie als Berufsgruppe kaum in Erscheinung, weder auf den Veranstaltungen der Kirchen zum interreligiösen Dialog noch in der Kommunikation zwischen zum Beispiel kommunalen Ämtern, Schulen und muslimischen Familien oder Schülern. Ihnen fehlte jedes Instrumentarium für die Kontaktaufnahme, sie blieben so unsichtbar als Repräsentanten ihrer Gemeinden, dass auch umgekehrt die christlichen Kollegen oder Vertreter kommunaler Ämter kaum

1 Vgl. Rauf Ceylan, *Die Prediger des Islam. Imame – wer sie sind und was sie wirklich wollen*, Freiburg 2010.

Gelegenheit hatten, mit ihnen in Kontakt zu treten. »Ich habe noch nie in meiner Arbeit direkt mit einem Imam sprechen können, schon gar nicht gleich mit so vielen von Ihnen, dabei wäre es so wichtig, mich mit Ihnen austauschen zu können«, meinte die Sozialarbeiterin Nermin Yumurtacı[2] auf der Auftaktveranstaltung des Projekts »Religionen im säkularen Staat – Dialogseminare für Imame und PfarrerInnen« im Jahr 2004 in Brühl.

1. Die Idee

Die Idee des Projekts ist denkbar einfach, basis- und praxisorientiert: Orte der konkreten Begegnung zu schaffen, magische Kontaktgrenzen zu überwinden, auf Augenhöhe Imame da abholen, wo sie stehen, Impulse und Anregungen für neue Wege zu entwickeln, aber auch handfeste Informationen zu geben, wo aufgrund der unterschiedlichen Biographien und Erfahrungshorizonte Wissenslücken bestehen.

Geht man davon aus, dass Pfarrerinnen und Pfarrer in katholischen oder evangelischen Gemeinden wichtige Schlüsselfunktionen ausüben als Theologen in Fragen der Religion, als Vorbilder, Ratgeber oder Pädagogen, so liegt zumindest die Vermutung nahe, dass dies bei den Imamen in den islamischen Gemeinden ebenfalls der Fall ist. Was denken oder wissen Imame über das Leben außerhalb ihrer Gemeinden? Wie vermitteln sie gelebte Religiosität im deutschen Alltag? Wie bewerkstelligen das ihre christlichen Kollegen? Sind Imame überhaupt bereit, mit den christlichen Kollegen in nachhaltigen Kontakt zu treten und umgekehrt? Welche Berührungspunkte gibt es in der Bewältigung alltäglicher Problemstellungen? Lassen sich Synergieeffekte für die Zusammenarbeit an der Basis, in Stadtteilen zwischen Moschee, Kirchen und kommunalen Stellen erreichen?

Dem Projekt »Religionen im säkularen Staat« voraus ging im Jahr 2002 die Einrichtung der jährlich vom Goethe-Institut in Ankara in enger Abstimmung mit der türkischen Religionsbehörde Diyanet durchgeführten Intensivsprachkurse mit landeskundlichem Programm als Vorbereitung auf die Dienstentsendung der Diyanet-Imame nach Deutschland.[3] Diese Kurse standen und stehen allerdings nur den Imamen offen, die das Diyanet dafür erwählt und die später in Deutschland in einer der DITIB-Gemeinden ihre Tätigkeit aufnehmen. Imame anderer türkischer Verbände in Deutschland sind nicht zugelassen.

2 Nermin Yumurtacı ist Diplom Sozialarbeiterin in der Familienberatung der Stadt Köln.

3 Vgl. »*Imame lernen Deutsch – ein deutsch-türkisches Kooperationsprojekt*«, auf: http://www.auswaertiges-amt.de/diplo/de/Aussenpolitik/KulturDialog/InterkulturellerDialog/Konkret/DeutschkurseImame.html (letzter Zugriff 03.05.2010).

Im Jahr 2003 fand dann eine Pilottagung in Wiesbaden mit Imamen der DITIB in Hessen[4] statt. Anschließend wurde das Konzept insofern weiterentwickelt, als es von nun an einem konsequent dialogischen Prinzip folgen sollte. Und zwar zweistufig, sowohl in der inhaltlichen Vorbereitung der Seminare durch Bildung einer Kooperationsgemeinschaft aus Vertretern der katholischen und der evangelischen Kirchen, Vertretern der islamischen Verbände und der Bundeszentrale für politische Bildung. In der Durchführung der Seminare sollte sich diese dialogische Zusammensetzung etwa in gleichrangigen Zahlen der Teilnehmer fortsetzen.

Im Jahr 2004 wurde dann das bundesweite Projekt »Religionen im säkularen Staat – Dialogseminare für PfarrerInnen und Imame« ins Leben gerufen. Es wird gefördert vom Bundesministerium des Innern und der Bundeszentrale für politische Bildung (bpb), die auch die bundesweite Projektleitung übernommen hat. »Die Bundeszentrale für politische Bildung möchte mit dieser und vielen anderen Maßnahmen zeigen, dass ein kenntnisreicher Dialog mit Menschen muslimischen Glaubens zu den Eckpfeilern politischer Bildung in unserem Land gehört«,[5] erläutert die Bundeszentrale ihr Engagement auf dem weiten Feld des christlich-islamischen Dialogs. Dies unter der Voraussetzung, dass religiöse Gemeinden ja nicht in einem gesellschaftlichen Vakuum agieren, sondern in einem stetigen Prozess der Interaktion mit zivilgesellschaftlichen Akteuren und Institutionen oder umgekehrt, letztere mit den Angehörigen der Religionsgemeinschaften. »Weil Christen und Muslime als Bürgerinnen und Bürger in diesem Land zusammenleben, haben sie – so meine ich – eine Verpflichtung, das friedliche Miteinander zu suchen und zu pflegen. Dies können und dürfen Staat und Gesellschaft von ihnen erwarten«,[6] formuliert das Bundesinnenministerium die Zielsetzung. »Eine besondere Verantwortung in diesem Prozess haben diejenigen, die innerhalb ihrer Gemeinschaften eine religiös begründete Verantwortung tragen. Pfarrerinnen und Pfarrer, deren pastorale Mitarbeiter und in den Gemeinden ehrenamtlich Tätige besitzen ebenso wie Imame, Imaminnen, deren Gemeindevorstände und ehrenamtlich Tätige eine Vorbildfunktion für die Dialog.«[7]

4 Organisiert wurde diese Veranstaltung vom Interkulturellen Rat in Deutschland und anderen Trägern sowie gefördert vom Bundesministerium des Innern.

5 Christoph Müller-Hofstede, in: »*Grußwort der Bundeszentrale für politische Bildung zur Auftaktveranstaltung zum Projekt in der Fachhochschule des Bundes in Brühl*«, 07.09.2004.

6 Juliane Kalinna, damals Leiterin des Referats Kirchen und Religionsgemeinschaften im Bundesministerium des Innern, in: »*Grußwort des Bundesministerium des Innern zur Auftaktveranstaltung zum Projekt in der Fachhochschule des Bundes in Brühl*«, 07.09.2004.

7 Ebd.

2. Ein Raum für Dialog als Leitgedanke und Grundkonzept

Für alle Tagungen des Projekts steht als methodischer Leitgedanke im Vordergrund, auf Augenhöhe ›miteinander, nicht übereinander zu reden‹. Teilweise bis zu einem Jahr lang dauert die Vorbereitung der einzelnen Seminare und schon in der Vorbereitung gilt es, zweifelsohne vorhandene strukturelle und institutionelle Asymmetrien konstruktiv zu überwinden. Somit sind auch die jeweiligen islamischen Verbände gleichrangig in die Verantwortung der Planung und Durchführung einbezogen. Die Vorbereitungsteams wechseln regional, denn regionale Verortung ist ein weiterer wesentlicher Grundgedanke, um auch die Nachhaltigkeit der Begegnung außerhalb des geschützten Seminarortes zu fördern. Die Begegnung eines Imams aus Stuttgart mit einem Kommunalmitarbeiter aus Duisburg und einem Pastoralreferenten aus Hannover ist fraglos anregend, wird aber in der gelebten Alltagsrealität kaum eine Fortsetzung erfahren. Die Tagungen sollen aber konkret zur Möglichkeit der regionalen Begegnung und Kontaktaufnahme beitragen.

Zwei Kompromisse mussten allerdings in der Durchführung pragmatisch eingegangen werden: Erstens konnte jede Tagung nur in Kooperation mit jeweils einem der islamischen Verbände durchgeführt werden. Dies entspricht natürlich nicht der gelebten Realität in Stadtteilen oder Schulen, ließ sich aber einerseits aufgrund innerislamischer Vorbehalte nicht umgehen, andererseits begannen die Verbände auch gerade erst in diesen Jahren, sich selbst konkreter in der Gesellschaft zu verorten. Es ist daher als erfreulicher Fortschritt zu verzeichnen, dass im Sommer 2010 in der Katholischen Akademie Rottenburg-Stuttgart erstmals eine Dialogtagung für Imame, Pfarrerinnen und Pfarrer zum Thema »Seelsorge« in Kooperation mit gleich drei islamischen Verbänden stattfinden konnte, mit der Türkisch Islamischen Union (DITIB), dem Verband der islamischen Kulturzentren (VIKZ) und der Islamischen Gemeinschaft der Bosniaken (IGBD). Die Planung einer derartigen gemeinsamen Tagung ist vor 4–5 Jahren undenkbar gewesen.

Ein zweiter Kompromiss an den Dialog war die konsequente Hinzuziehung einer Simultanübersetzung. Dass deutsche Sprachkenntnisse für eine konstruktive Arbeit im Dialog vor allem aber auch für eine konstruktive Auseinandersetzung mit den Lebensbedingungen und Lebensrealitäten der Gemeindemitglieder unabdingbar sind, steht hier außer Frage. Fehlende Sprachkenntnisse der Imame sollen aber, so das Konzept des Projekts, die Einbeziehung der Imame in den Diskurs nicht in eine ferne Zukunft verlagern, sondern es soll im Jetzt, im Rahmen der aktuellen Gegebenheiten kein Hinderungsgrund bestehen, sich mit allen Fragen rund um den religiösen und gesellschaftspolitischen Arbeitsalltag von Pfarrern und Imamen auseinanderzusetzen. Die Übersetzung gibt von daher den Imamen die Gelegenheit, nicht nur alles zu verstehen, sondern sich auch aktiv an den Diskussionen zu beteiligen, was sie auch intensiv nutzen.

Beide Kompromisse hatten letztlich aber auch durchaus positive Aspekte: Man konnte sich intensiver jeweils einem Verband und seinen Strukturen zuwenden und es konnten so rein zahlenmäßig und organisatorisch jeweils fast alle Imame des jeweiligen Verbandes einer bestimmten Region an der Tagung teilnehmen.

Die notwendige Übersetzung andererseits offenbarte deutlich, welch riesiges Feld der wechselseitige sprachliche Transfer als eigenes Thema noch darstellt. Begriffe wie »Seelsorge«, »Beichtgeheimnis« oder auch »Pastoral« mitsamt ihren sprachlichen Konnotationen haben zunächst keine auch nur annähernden Pendants in der türkischen, arabischen oder bosnischen Sprache. Dasselbe gilt umgekehrt auch für den adäquaten Transfer islamtheologischer Sprache und ihrer Konnotationen aus dem Arabischen oder Türkischen im Hinblick auf die Lebensrealitäten der Muslime in Deutschland. Schon auf der zweiten Tagung mit DITIB-Imamen in Iserlohn (2004) räumte ein Imam auf dem Podium ein:

> »Unser Problem ist oft, dass besonders die jüngeren Gemeindemitglieder unsere (türkische) Sprache nicht mehr ausreichend beherrschen, um uns zu verstehen.«[8]

Lautete das Fazit daraus im Jahr 2004 noch, die Jugendlichen müssten wieder besser Türkisch lernen, so wandelte sich diese Auffassung in den folgenden Jahren und gab einer anderen Erkenntnis Raum: »Die Grundkenntnisse, die wir im Sprachkurs des Goethe-Instituts erwerben, finden hier keine praktische Fortsetzung in der Anwendung. Denn wir kommen in eine perfekt auf Türkisch organisierte Community. Wir haben lange Zeit überhaupt gar keine Gelegenheit, ein einziges Wort auf Deutsch wechseln zu müssen.«[9]

3. Die Themen

Die auf den Seminaren bearbeiteten Themen gliedern sich in fünf Hauptbereiche, deren Schwerpunkte regional leicht variieren können. Methodisch wird der Wechsel zwischen Vorträgen, Diskussionen und Gruppenarbeit verfolgt. Wenn es der zeitliche Rahmen der in der Regel 2–3tägigen Seminare zulässt, finden auch gemeinsame Besuche bei kirchlichen, islamischen oder kommunalen Institutionen statt. Themenschwerpunkte:

a) Die Beziehung von Staat und Religionsgemeinschaften in Deutschland,

8 DITIB-Imam auf der Dialogtagung in der Ev. Akademie Iserlohn, 13.09.2004.

9 DITIB-Imam auf der Dialogtagung in der Kath. Akademie Heinrich Pesch Haus, Ludwigshafen, 07.12.2005.

b) Aufgaben, Anforderungen und Fragestellungen für Pfarrerinnen, Pfarrer und Imame in der täglichen Gemeindearbeit sowie die Bedeutung ehrenamtlicher Mitarbeiterinnen und Mitarbeiter in den Gemeinden,
c) Soziale Handlungsfelder in Kommune, Kirchen und Moscheevereinen,
d) Praktische Erfahrungsberichte aus regional verorteten Kooperations-Projekten,
e) Arbeit in Kleingruppen zu verschiedenen Themen, wenn möglich die Gruppen nach regionaler geographischer Nähe zusammengestellt.

3.1 Die Beziehung von Staat und Religionsgemeinschaften in Deutschland

Gerade dieses Thema erfreut sich hoher Aufmerksamkeit. Nicht zuletzt hier liegen die meisten Wissenslücken und Verständnisschwierigkeiten auf muslimischer Seite begründet. Begriffe wie »Religionsfreiheit«, »weltanschauliche Neutralität des Staates« in Gegenüberstellung zu einer staatlichen Religionsbehörde wie dem Diyanet oder der Unterschied zwischen Laizismus und säkularem Staat oder partnerschaftlich-juristische Konstruktionen wie die Religionsgemeinschaft als Körperschaft des öffentlichen Rechts bedürfen aufgrund ihrer Komplexität wiederholter vertiefender Betrachtung. Das gleiche gilt für die Verortung des Religionsunterrichts an öffentlichen Schulen nach Art. 7 GG. Eng damit verknüpft ist der Erkenntnisprozess über den bestehenden Unterschied zwischen schulischem Religionsunterricht, vor allem in dessen Funktion, Methodik und Didaktik, in Abgrenzung zur religiösen Unterweisung innerhalb der Religionsgemeinschaften und Gemeinden. Naturgemäß liegt auf dem gesamten Themengebiet des Religionsverfassungsrechts eine Asymmetrie im Erfahrungshorizont zwischen christlichen und zivilgesellschaftlichen Akteuren auf der einen, Muslimen auf der anderen Seite vor. Für die christliche und zivilgesellschaftliche Seite ist es aber durchaus erhellend, auch die eigene Lerngeschichte im Hinblick auf Religionsfreiheit oder Säkularisierung vieler Lebensbereiche, die oft sehr kontrovers abgelaufen ist, zu reflektieren und selbstkritisch in den Dialog einzubringen.

3.2 Aufgaben, Anforderungen und Fragestellungen für Pfarrerinnen, Pfarrer und Imame in der täglichen Gemeindearbeit sowie die Bedeutung ehrenamtlicher Mitarbeiterinnen und Mitarbeiter in den Gemeinden

Wie wird man Pfarrer oder Pfarrerin, wie wird man Imam? Dass auch beim Ausbildungsweg zum Pfarrer bzw. zum Imam eine Asymmetrie vorliegt, weil der Pfarrerberuf ein akademisches Hochschulstudium voraussetzt, wohingegen bekanntermaßen die traditionelle Imamausbildung weder einheitlich geregelt noch an einen Hochschulabschluss gebunden ist, ist klar. Ebenso ungleich stellt sich die institutionelle Verankerung dar, denn keiner der islamischen Verbände ist z. B. als Körperschaft des öffentlichen Rechts anerkannt. Doch in vielen alltäglichen Fragestellungen, Betreuungsaufgaben der Gemeindemitglieder, Problemen der Gemeindemitglieder im Lebensalltag, Ehe oder Kindererziehung, bei Geburten, Hochzeiten oder Todesfällen weisen die Anforderungen an Pfarrer, Pfarrerin oder Imam viele Gemeinsamkeiten auf und zeigen, dass sich die Gemeinden am liebsten den Super-Pfarrer, den Super-Imam wünschen. Spätestens an diesem Punkt rückt die Frage der Aufgabenteilung in den Mittelpunkt und damit die Bedeutung ehrenamtlicher Mitarbeiter und Mitarbeiterinnen, ohne die heute keine christliche und auch keine islamische Gemeinde überleben könnte. Gerade Genderfragen, Seniorenarbeit und auch die Jugendarbeit ruhen fast ausschließlich auf den Schultern der Ehrenamtlichen oder sind zumindest in hohem Maß von einer guten Zusammenarbeit zwischen theologischen und ehrenamtlichen Mitarbeitern der Gemeinde abhängig. Daher wurde noch im ersten Projektjahr die Definition der Zielgruppe der Dialogtagungen auf christlicher Seite auf die Pastoralebene, die ebenfalls theologisch ausgebildet ist, ausgedehnt sowie auf die Gruppe der ehrenamtlichen Mitarbeiter beider Religionsgemeinschaften und die Moscheevorstände.

3.3 Soziale Handlungsfelder in Kommune, Kirchen und Moscheevereinen Praktische Erfahrungsberichte aus regional verorteten Kooperations-Projekten

Die Themenbereiche 3.3 und 3.4 überschneiden sich in weiten Bereichen und sind je nach regionalen Gegebenheiten oder Besonderheiten mit unterschiedlichen Schwerpunkten vertreten: Das Spektrum reicht einerseits von seelsorgerlichen Handlungsfeldern wie christlich-muslimischen Kooperationsprojekten zur Krankenhaus-, zur Gefängnisseelsorge bis hin zur Arbeit mit Trauernden. Ferner geht es um Vertrauen bildende Maßnahmen gegenüber Beratungsstellen, Mädchenberatungsstellen, Erziehungsberatungsstellen sowie Möglichkeiten der Kooperation; ferner die Arbeit von Diakonie und Caritas; die Arbeit der Ausländerbeauftragten; die Erfahrungsberichte und Fragestellungen bestehender regionaler interreligiöser und interkultureller Arbeitskreise; die Selbsterfahrungs- und Lernprozesse konfessionell gebundener evangelischer oder katholischer Kindergärten, die aufgrund spezifischer Stadtteillage plötzlich zu 90 % muslimische Kinder hatten und vieles weitere. Jeder dieser vielfältigen Themenbereiche verdient Vertiefung und kann im Rahmen des Projekts nur beispielhaft angerissen werden. Hier geht es eher um die Sensibilisierung der

Wahrnehmung von Problemfeldern einerseits sowie den sensiblen Umgang mit Berührungsängsten andererseits, die Anregung zur Nachahmung von gelungenen Projekten und Lernprozesse einerseits zuzulassen bzw. Fragestellungen, die das eigene Vermögen übersteigen, vertrauensvoll zu delegieren und Hilfe anzunehmen.

3.4 Arbeit in Kleingruppen zu verschiedenen Themen, wenn möglich die Gruppen nach regionaler geographischer Nähe zusammengestellt

Methodisch ermöglicht die Kleingruppe die intensivere Begegnung, persönliche Kontaktaufnahme und gibt auch schüchterneren Menschen die Gelegenheit, sich am Diskurs zu beteiligen. Im Sinne des Projekts sollen sich hier auch diejenigen finden können, die geographisch nah beieinander arbeiten. Alle Arbeitsgruppen werden christlich-muslimisch moderiert, das thematische Verfahren ist unterschiedlich: Mal themenungebunden, die Mitglieder der Arbeitsgruppe sollten ihr Thema selbst entwickeln; mal sind Oberthemen vorgegeben, die dann gemeinsam besprochen werden. Dazu gehören: Jugendarbeit in Gemeinden, Umgang mit alten Menschen, bi-religiöse Eheschließungen, Seelsorgebereiche in Krankenhaus oder Gefängnis, religiöse Unterweisung und schulischer Religionsunterricht. Die Auswahl der Themen ist vielfältig, variiert von Seminar zu Seminar und ist vor allem an der im Vorfeld der Tagung geäußerten Bedarfslage orientiert.

4. Zahlen und Ausblick

Seit 2004 haben durchschnittlich 2 – 4 Dialogseminare pro Jahr stattgefunden, durchgeführt jeweils im fachkundigen Rahmen einer der katholischen oder evangelischen Akademien, die mit ihrer professionellen Logistik wertvolle Partner oft schon in der Vorbereitungsphase geworden sind. Insgesamt fanden bislang 20 Seminare statt, in der überwiegenden Zahl in Kooperation mit der Türkisch Islamischen Union (DITIB), ferner mit dem Verband der islamischen Kulturzentren (VIKZ), mit der Islamischen Gemeinschaft der Bosniaken (IGBD) und eine Tagung mit der Alevitischen Gemeinde Deutschland (AABF) und alevitischen Dede und Ane anstelle von Imamen. Als Meilenstein in der gemeinsamen Kooperationsgeschichte ist die oben schon erwähnte Seelsorge-Tagung im Sommer 2010 in Stuttgart zu werten, bei der eben erstmals alle drei genannten islamischen Verbände gemeinsam als Kooperationspartner und Teilnehmende mitwirken. Rund 650 Imame und Moscheevorstände haben seit

2004 an einem der Seminare teilgenommen und rund 600 Pfarrer, Pfarrerinnen, kirchliche und zivilgesellschaftliche Multiplikatoren.

Drei der Tagungen fallen aus dem konzeptionellen Rahmen heraus: erstens die Tagung »Konflikt als Chance« (2006) mit DITIB, die sich speziell der Erarbeitung von Konfliktthemen aus Familie, Gesellschaft und Schule widmete, mit dem Ziel, gemeinsam Strategien zur erarbeiten, um Konflikte offen zu thematisieren und zu diskutieren. Zweitens die Tagung »Grenzen erkennen – Grenzen verschieben« (2008), die speziell die Perspektiven und das Selbstverständnis von Frauen in der Gemeinde- und Vereinsarbeit zum Thema hatte. Hier kooperierten als Novum neben dem VIKZ[10] die DITIB[11] sowie das Begegnungs- und Fortbildungszentrum muslimischer Frauen (BFmF) und das Zentrum für Islamische Frauenforschung (ZIF) sowie das Multiplikatorinnennetzwerk Gladbeck. Die dritte konzeptionell variierende Tagung »Gemeindeleben konkret« (2009) fand als Ausnahme nicht in dialogischer Kooperation mit einem islamischen Verband statt, sondern in Kooperation mit dem Projekt »MünchenKompetenz«, einem mehrmonatigen Fortbildungsprojekt mit kommunalpolitischem Schwerpunkt, das die Stadt München 2009 für die Imame aller Gemeinden des Stadtgebiets angeboten hat. Die Kooperation beider Projekte mit ihrer unterschiedlichen Ausrichtung ist als hervorragender Synergieeffekt für beide Projekte zu werten.

Für die meisten Imame bedeutet die Teilnahme an der Tagung den ersten Schritt heraus aus den engen Strukturen ihrer Gemeinde hinein in die Welt der Gesellschaft, in der sie leben. Ebenso konkret gestaltet sich die Begegnung und der Diskurs für kirchliche und zivilgesellschaftliche Multiplikatoren, für die Imame nicht länger Objekte der Spekulation, sondern ein Gegenüber in der Kommunikation sind. Impulsgebende, längerfristige Prozesse anzuregen und fördernd zu begleiten, das ist wohl der wichtigste Effekt der Dialogseminare.

Rafet Öztürk, Dialogbeauftragter der DITIB: »Unsere Imame müssen wissen, dass ihre Aufgaben in Deutschland vielfältiger und schwieriger sind, als in der Türkei [...] Es hat sich eine Sprache des Dialogs entwickelt, die den Imamen Impulse gibt, ihre Aufgaben besser wahrnehmen und Hürden leichter überwinden zu können.«[12] Im Zuge der Dialogseminare erlebte die Dialogabteilung der DITIB eine enorme Aufwertung und wurde zum festen Bestandteil der Verbandsorganisation.

Auch Seyfi Öğütlü vom Verband der Islamischen Kulturzentren betont als Resümee neben der Bedeutung der konkreten Wissensvermittlung über z. B. das

10 Anlässlich dieser Frauentagung schuf der VIKZ erstmals für den Verband die Funktion und Stelle einer Frauen- und Dialogbeauftragten, die es auch heute noch gibt.

11 DITIB hatte 2008 als einziger islamischer Verband vorübergehend eine Frau im Vorstand. 2010 gibt es keine Frau mehr im Vorstand. Eine Frauenbeauftragte hat DITIB nicht.

12 Rafet Öztürk, »*Statement zum Projekt auf der Fachtagung: Zwischenresümee*«, Berlin 22.03.2010.

Verhältnis von Staat und Kirchen sowie kirchliche Organisationsstrukturen die Intensität der Impulse und Lernprozesse, die für die Imame von den Tagungen ausgegangen seien. Wichtig sei für den Verband und die Imame außerdem die erlebte und damit nachhaltige Erkenntnis, dass Sprachkenntnisse und positive Atmosphäre in einem unmittelbaren Zusammenhang stehen.[13] Zu ergänzen ist noch, dass der in Genderfragen eher als konservativ geltende Verband angeregt durch die Frauentagung 2008 als einziger Verband die Position einer Frauenbeauftragten geschaffen hat.

Stellvertretend für die kirchlichen Kooperationspartner formuliert Pfr. Bernd Neuser, er empfinde das Dreieck ›Kirche-Moschee-Staat‹ als sehr produktiv und die zivilgesellschaftliche Beteiligung als neutralisierend gegenüber einem leicht auftretenden Gefälle im reinen christlich-islamischen Dialog.[14]

Viele lokale Kooperationen sind als Folge der Dialogseminare entstanden. Verhängnisvoll wirkt sich hier nur die fehlende Kontinuität der Imame in DITIB-Gemeinden aus, die spätestens alle vier Jahre wechseln. Dennoch wurden auch bei DITIB Impulse gesetzt, wie der Ausbau der Dialogabteilung, die ab 2006 verstärkt verfolgte Maßnahme, bevorzugt Imame nach Deutschland zu schicken, die in der Türkei Theologie studiert haben. Auch das Stipendienprogramm, Theologiestudenten aus Deutschland in Ankara auszubilden und anschließend wieder als Imame nach Deutschland zu entsenden, fand seine Impulse in diesem Projekt wie auch das Projekt ›ProDialog‹, eine DITIB-interne Fortbildung für Multiplikatorinnen und Multiplikatoren in den Gemeinden. Und auch der VIKZ hat sich in den Tagungen selbstkritisch und reflektierend dem Diskurs über die so häufig in der Öffentlichkeit kritisch diskutierten Schülerwohnheime gestellt und sich vor allem nach Jahren der Zurückgezogenheit dem zuverlässigen, dauerhaften und konstruktiven Dialog geöffnet. Die Kooperation mit dem bosnischen Verband IGBD ist noch zu neu, um hier Aussagen treffen zu können. Erfreulich aber ist, dass sich auch dieser Verband nun verstärkt in die bestehenden Kommunikationsstrukturen einbringen wird.

Auch die Bundeszentrale für politische Bildung, wie alle staatlichen Institutionen in Deutschland religiös neutral, hat mit diesem Projekt Neuland betreten. Verpflichtet dem Anspruch, Demokratie durch Bildung in der Bevölkerung zu verbreiten und Motivation für diesen Prozess zu wecken, sieht die Bundeszentrale das Projekt als offenen Anfang eines politischen Selbstbildungsprozesses.[15]

---

13 Seyfi Öğütlü (Generalsekretär des VIKZ), »*Statement zum Projekt auf der Fachtagung: Zwischenresümee*«, 22.03.2010.

14 Bernd Neuser (Witten) war bis 2008 Leiter der Beratungsstelle für christlich-islamische Begegnung der evangelischen Kirche im Rheinland und in Westfalen (Sitz: Wuppertal), die bis zu ihrer Schließung 2008 mehrfach Kooperationspartner der Dialogseminare war.

15 Christoph Müller-Hofstede, Bundeszentrale für politische Bildung, »*Grußwort zur Dialog-Tagung in Stuttgart-Hohenheim*«, 21.06.2010.

Die praxisnahe Orientierung der Seminare an Alltagsanforderungen der Gemeinden, die Sensibilisierung für dringend gefragte Handlungsfelder wie alle seelsorgerlichen Bereiche sowie die Entwicklung einer auf solidem Vertrauen beruhenden wechselseitig kritischen und selbstkritischen Diskurskultur auch zu schwierigen gesellschaftlichen Themen gehören zur politischen Bildung in unserem Land.

Gerade durch die langjährige Kontinuität des Projekts und die Zusammenarbeit mit den Vertretern beider Kirchen und der islamischen Verbände können viele Ressourcen freigesetzt und Prozesse längerfristig entwickelt und begleitet werden. Viele offene »Baustellen« harren noch der thematischen Vertiefung. Das wichtigste aber ist, handlungsorientiert in Kommunikation zu gehen und zu bleiben, denn Dialog ist ein Prozess mit Anfang, aber ohne Ende.

Literatur

Ceylan, Rauf, *Die Prediger des Islam. Imame – wer sie sind und was sie wirklich wollen*, Freiburg 2010.

»*Imame lernen Deutsch – ein deutsch-türkisches Kooperationsprojekt*«, auf: http://www.auswaertiges-amt.de/diplo/de/Aussenpolitik/KulturDialog/InterkulturellerDialog/Konkret/DeutschkurseImame.html (letzter Zugriff 03.05.2010).

Kalinna, Juliane, »*Grußwort des Bundesministerium des Innern zur Auftaktveranstaltung zum Projekt in der Fachhochschule des Bundes in Brühl*«, 07.09.2004.

Müller-Hofstede, Christoph, »*Grußwort der Bundeszentrale für politische Bildung zur Auftaktveranstaltung zum Projekt in der Fachhochschule des Bundes in Brühl*«, 07.09.2004.

Ders., Bundeszentrale für politische Bildung, »*Grußwort zur Dialog-Tagung in Stuttgart-Hohenheim*«, 21.06.2010.

Öğütlü, Seyfi (Generalsekretär des VIKZ), »*Statement zum Projekt auf der Fachtagung: Zwischenresümee*«, 22.03.2010.

Öztürk, Rafet, »*Statement zum Projekt auf der Fachtagung: Zwischenresümee*«, Berlin 22.03.2010.

Peter Graf

Berufsbild Imam

Gegen Ende dieser Tagung, in der ein weit aufgespanntes Feld von Themen bearbeitet worden ist, kommen wir zu einem Gegenstand, der dann ansteht, wenn es um den Kern geht, wenn es ›ernst‹ wird: das Berufsbild des Imams in Westeuropa. Die vielen im Laufe der Tagung besprochenen Themen münden in die Frage: »Welche Merkmale kennzeichnen das Berufsbild Imam?« Die Aufgabe des Imams wird in vielen Ländern seit Jahrhunderten ausgefüllt, doch in Deutschland ist es seit einigen Jahrzehnten neu, dass hier Imame wirken. Bisher kommen sie in der Regel aus einem Herkunftsland. Nun steht die Aufgabe an, sie in diesem Land auszubilden für jene Gemeinden, die in diesem Land in neuer Form ihren muslimischen Glauben verwirklichen.

Die Frage nach dem Bild des Imams, der neuen Berufsbildung für dieses Amt in Deutschland führt in den Kern der Themen dieser Tagung, ist geradezu ihr Herzstück. Der Imam kommt aus der Gemeinde und geht in die Gemeinde, um sie in der Entfaltung ihres Glaubens zu begleiten und zu leiten. Er steht in ihrer Mitte dann, wenn sich die Gemeinde zum Gebet und zur Predigt versammelt. Das religiöse Leben der Gemeinde ist der Ausgangspunkt jeder Religion und Theologie. Die Wissenschaft über die Lehre folgt der Praxis, diese geht der Wissenschaft voraus. Theologien stellen Reflexionsebenen des Weges dar, den die Gemeinden unter der Leitung eines Imams gehen. Ein Imam kann die Gemeinde nicht leiten ohne theologische Studien, doch er ist mehr als nur Anwender theologischer Konzepte, der Rituale auszuführen weiß. Zusammen mit seiner Gemeinde wirft er die Fragen auf, die theologisch zu strukturieren sind, und bearbeitet sie. Insofern geht die Gemeinde der Theologie voraus, wie der Vollzug gläubigen Lebens der Dogmatik voraus geht. Es geht nicht ohne das Wissen, das Lehrbücher vermitteln, doch sie dienen dem Leben aus dem Glauben, das Menschen verwirklichen, jeden Tag neu in sehr verschiedenen Lebenssituationen. Nicht das Zitieren von Lehren verleiht dem Glauben seine Dignität, sondern das Gebet und die Verehrung des Göttlichen im Raum von Offenbarung. Nicht tradierte Handlungsmuster schaffen jene existentielle Relevanz, die dem Glauben zukommt, sondern die Suche und das Erkennen der je eigenen Stellung und Aufgabe in einer von Gott geschaffenen Welt. Am Anfang – in principio – stehen Menschen, die sich zusammen mit anderen auf den Weg des Glaubens begeben, in und mit ihrer Gemeinde. Sie sind das Prinzip theologischer Lehren und religiöser Pflichten.

Diese je neue Reflexion dessen, wer wir Menschen als Gläubige sind, welchen Weg wir zu gehen haben, findet in den Gemeinden statt, unter der Leitung eines Imams. Insofern liegt seine anspruchsvolle Aufgabe darin, den Glauben in der Gemeinde zu erneuern. Prägnant hat Martin Buber diese Aufgabe aller Gläubigen Menschen in einen Satz gefasst:

> »Der wirkliche Glaube – wenn ich denn das Sich-stellen und Vernehmen so nennen darf – fängt da an, wo das Nachschlagen aufhört, wo es einem vergeht.«[1]

Mit dieser großen Aufgabe sind Imame betraut. Sie können sie nicht leisten ohne eine fundierte theologische Ausbildung, doch sie müssen ihre Kenntnisse und ihr Wissen übersetzen, hinein in eine konkrete Umwelt des Hier und Jetzt und bezogen auf bestimmte Menschen. Muslimische Gemeinden leben hier in einer spezifischen Umwelt, sie verwirklichen ihren Glauben als den Glauben einer Minderheit in einer Diaspora-Situation, die leider durch eine politische Entwicklung gekennzeichnet ist, die international durch Krieg und Konflikt gekennzeichnet ist. Hinzu kommt, dass Imame den Glauben des Islam ähnlich wie die Christen in einer säkular bestimmten Welt vertreten, die gläubige Menschen herausfordert, die durch ihr allgegenwärtiges Angebot in den Medien ein Weltbild entwirft, das einer gläubigen Orientierung entgegen steht. In diesem Kontext können Imame vor allem die junge Generation nur dann erfolgreich auf ihrem Weg in den Glauben begleiten, wenn es ihnen gelingt, den Islam nicht nur innerhalb der Gemeinde überzeugend zu lehren, sondern ihn auch gegenüber der nichtmuslimischen Umwelt so zu vertreten, dass die Gemeinde wie ihr Glaube Anerkennung erfährt. Die eigene Binnenwahrnehmung muss durch die Erfahrung der Achtung von außen bestärkt werden. Daher kann die Aufgabe der Imame nicht breit genug konzipiert werden.

Hier mit uns spricht darüber einer der Imame und Gemeindeleiter, Herr Avni Altiner, der diese Aufgabe seit vielen Jahren mit großer Überzeugungskraft übernommen hat. Die Entwicklung des Verhältnisses zwischen dem Land Niedersachsen und den Muslimen hat er wesentlich mit gestaltet. Er ist Gründungsmitglied der Schura Niedersachsen, ihr Vorsitzender seit 5 Jahren. Wenn im Land Niedersachsen im Bereich der religiösen Erziehung von Muslimen in den Schulen, der Ausbildung von islamischen Religionslehrern und nun der Ausbildung von Imamen eine bundesweit einmalige Entwicklung möglich geworden ist, dann ist das wesentlich ein Verdienst von Avni Altiner, der über viele

---

1 Martin Buber, *Das dialogische Prinzip*, Heidelberg, [5]1984, S. 155.

Jahre für den anspruchsvollen Weg des interreligiösen Dialogs steht. Ich habe das selbst erfahren und bedanke mich für das gemeinsame Handeln in Kooperation mit den Ministerien. Hiermit bitte ich Herrn Altiner, der seit vielen Jahren für die Muslime in Niedersachsen am ›Runden Tisch‹ im Kultusministerium in Hannover Verantwortung übernommen hat, um seinen Beitrag.[2]

Literatur

Martin Buber, *Das dialogische Prinzip*, Heidelberg ^{5}1984.

2 Der zweite Referent dieser Arbeitsgruppe, Herr Kollege Talip Kücükcan aus Istanbul, konnte leider aus organisatorischen Gründen seine Reise nach Osnabrück nicht antreten.

Avni Altiner

Wie kann das Referendariat künftiger Imame in Moscheen zielgerecht organisiert werden?

Als erstes möchte ich mich zu dem Begriff des »Referendariats« äußern, der in der hier zu klärenden Frage enthalten ist: Wenn in meinem Beitrag den Begriff »Referendariat« benutze, der eigentlich für angehende Lehrerinnen und Lehrer verwendet wird, ist damit ein Vorbereitungsdienst gemeint, der Teil der Ausbildungszeit ist. Das Referendariat dauert in der Regel zwei Jahre und soll praktische Kenntnisse vermitteln, die im Universitätsstudium nicht vermittelt werden konnten.

Das Vikariat wiederum ist die praktische Vorbereitung für den Beruf des evangelischen Pastors bzw. Pfarrers. Voraussetzung für die Aufnahme in das Vikariat ist ein mit dem ersten theologischen oder ersten kirchlichen Examen abgeschlossenes Studium der evangelischen Theologie.

Ähnliche Konstruktionen gibt es für andere Berufszweige. Wie jedoch sieht es für Imame aus?

Was Imame benötigen ist eine *iğāza*. Die *iğāza* ist ein Zertifikat, ähnlich einem Diplom. Der Begriff wurde erstmals im 9. Jh. als akademischer Grad eingeführt. Verwendet wurde er in einer Madrasa oder auch in der medizinischen Ausbildung. Ursprünglich wurde er auch in der Ausbildung in verschiedenen Künsten für jene verwendet, die dadurch die Lehrbefugnis erhielten. Inzwischen wird die *iğāza* als ein weit verbreiteter religiöser Begriff verwendet, welcher eine hohe wissenschaftliche Qualifikation ausdrückt. Die *iğāza* ist demnach ein Nachweis darüber, dass man in einem bestimmten Wissenschaftsgebiet über die erforderliche Qualifikation verfügt. Ich erwähne dies, weil die Akzeptanz bzw. Anerkennung der Ausbildung von Imamen ein zentrales Anliegen sowohl des Staates als auch der Muslime selbst ist.

Die Anerkennung durch die muslimischen Arbeitgeber erfordert vor allem den Kontakt und die Kooperation mit den künftigen Arbeitgebern (d.h. den Moscheevereinen) sowie ein Praktikum, was inzwischen üblich ist, etwa in einem Studium der Pädagogik oder der Religionswissenschaft. Letzteres könnte durch ein Pflichtpraktikum von mindestens drei Monaten während der Ausbildungsphase gewährleistet werden. So bekämen die Studierenden nicht nur einen Einblick in die Praxis, sondern auch Gewissheit über das gewählte Berufsziel.

Die »Organisation« des im Beitragstitel erwähnten Referendariats bzw. der Phase vor Eintritt in das eigentliche Berufsleben, erfordert feste und vertrauenswürdige Partner auf muslimischer Seite. Damit eine zielgerichtete Organisation stattfindet, wird eine genaue Arbeitsplatzbeschreibung für Imame nötig sein. Dies sollte vor allem mit den Schura-Moscheen in Niedersachsen besprochen werden, zumal davon auszugehen ist, dass die DITIB zum gegenwärtigen Zeitpunkt kein Interesse an hier ausgebildeten Imamen hat.[1]

Imame sind in der Moschee – in der Regel – mit Vorbeten, Predigen, Beratung (Eheberatung, Konfliktschlichtung usw.), Unterricht (Koranunterricht für Kinder, Jugendliche und Erwachsene) oder traditionellen Tätigkeiten wie Beerdigungen oder Hadsch-Organisationen beschäftigt.

Den angehenden Imamen müssen die konkreten Arbeitsfelder bewusst sein. Den aufnehmenden Institutionen bzw. Moscheevereinen muss wiederum klar sein, was von ihnen erwartet wird, und sie müssen den Anforderungen gerecht werden. Schließlich müssen sie die Phase vor Eintritt in das Berufsleben organisieren! Allerdings muss berücksichtigt werden, dass in den Moscheen unterschiedliche Voraussetzungen vorherrschen. Nicht jede Gemeinde verfügt über dieselben Möglichkeiten. Daher wäre eine Definition der Mindestanforderungen, die für eine reibungslose Organisation nötig wären, nötig: Diese sind vor allem folgende: Der angehende Imam muss alle Gebete leiten können (dies schließt neben den täglichen Gemeinschaftsgebeten auch das Freitagsgebet, das Tarâwih-Gebet im Ramadan, die Festegebete sowie das Totengebet mit ein). Er muss Freitags- und Feiertagspredigten halten, den Koran unterrichten können und die Gemeinde in religiösen Fragen beraten.

Da Deutschland nicht das einzige europäische Land ist, in dem über eine Imamausbildung diskutiert wird – dies wird z.B. auch in Dänemark, der Schweiz, Großbritannien, Frankreich und den Niederlanden getan – lohnt es sich, einige Beispiele aus den Nachbarländern zur Rate zu ziehen. Dabei wäre zu berücksichtigen, dass dieses Thema auch dort relativ jung ist.

Um die praktischen Arbeitsfelder im europäischen Kontext näher zu beleuchten, können wir als erstes das Beispiel Großbritannien betrachten. Dort bietet unter anderem The Muslim College in London (gegründet 1978) neben vielen Angeboten auch ein Ausbildungsprogramm für Imame an. 1987 begann das College mit seinen Kursen für Muslime. Die ersten Absolventen beendeten

1 Dass die DITIB keinen Bedarf an in Deutschland ausgebildeten Imamen hat, wurde so von Bekir Alboga zum Ausdruck gebracht, siehe dazu http://www.deutsche-islam-konferenz.de/nn_1875024/SubSites/DIK/DE/ImameTheologie/Diskussion/diskussion-node.html?__nnn=true (letzter Zugriff 12.07.2010).

ihre Ausbildung mit einem Magister-Abschluss in Islamische Studien 1990.[2] Das College bietet gemeinsam mit dem Birkbeck College an der Universität von London acht Kurse an mit Zertifikaten und einem Diplom in Islamic Studies. Die Kurse sind folgendermaßen strukturiert:

Kurs 1: Einführung in den Islam
Kurs 2: Koran- und Hadith-Studien
Kurs 3: Scharia und Rechtsmethodologie
Kurs 4: Islamische Geschichte und Kultur
Kurs 5: Islamische Theologie und Philosophie
Kurs 6: Soziale und politische Themen im Islam
Kurs 7: Einführung in die arabische Literatur
Kurs 8: Arabische Literatur

Die Ausbildung umfasst folgende praktische Arbeitsfelder, wobei hier nicht in die Details eingegangen werden soll:[3] Predigt, Seelsorge, Rechtsauskünfte, Moscheeverwaltung, Gemeindearbeit, Dialog und Bildung.

Imame sind demnach nicht allein für das Vorbeten oder für die Predigten zuständig. Sie haben viel mehr Funktionen, auf die sie vorbereitet werden müssen. Da die soeben genannten Punkte praktische Arbeitsfelder betreffen, ist ein mindestens einjähriger Vorbereitungsdienst nötig sein. Für die Praxis heißt das, dass in Niedersachsen sogenannte »Pilot-Moscheen« benötig werden, die die nötige Infrastruktur schaffen, um sich den Imamen anzubieten. Für die Organisation und Begleitung bzw. Betreuung des Ganzen wird eine Art »Prediger-Seminar« für Imame benötigt, wie etwa das Islamische Wissenschafts- und Bildungsinstitut in Hamburg, womit auch die privaten islamischen Einrichtungen in die Pflicht genommen werden können.

Bei den Recherchen stieß ich auch auf einen einjährigen postgradualen Masterstudiengang in Islamischer Theologie an der Theologischen Fakultät der Universität Leiden, der einem dreijährigen BA-Studium folgt.[4] Nachdem die niederländische Regierung kritisiert wurde, 2005 nur die Vrije Universiteit in Amsterdam für ein islamisch-theologisches Ausbildungsprogramm gewählt zu haben, beschloss das dortige Bildungsministerium auch anderen Universitäten die Möglichkeit zu geben, Vorschläge in Bezug auf islamische Theologie zu unterbreiten. Im Zuge dessen erhielt die Universität Leiden 2,3 Mio. Euro staatliche Unterstützung für den Zeitraum 2006–2010 für ein vierjähriges BA- und MA-Programm in islamischer Theologie.[5] Das Studium der islamischen Theologie in Leiden enthält einen wissenschaftlichen und einen religiösen Be-

2 Siehe mehr auf: www.muslimcollege.ac.uk/About%20us.htm (letzter Zugriff 12.11.08).
3 Siehe www.muslimcollege.ac.uk/index.asp?id=138&type=detail (letzter Zugriff 12.11.08).
4 Die Leiden Universität (gegründet 1575) ist die älteste Universität der Niederlande mit einer sehr langen Tradition in Islamischen Studien.
5 www.muslimcollege.ac.uk/index.asp?id=138&type=detail (letzter Zugriff 12.11.08).

reich. Während der erste Bereich von der Universität gefördert und durchgeführt wird, mit Focus auf die wissenschaftliche und akademische Ausbildung, lässt der zweite Bereich Raum für die islamischen Organisationen, das Studium durch ihr eigenes religiöses Ausbildungsprogramm zu ergänzen.[6] Der akademische Part startete September 2006. Der religiöse Part wartet noch auf den Beschluss der Vereinbarungen mit den betroffenen islamischen Organisationen.

In den Niederlanden werden die Muslime von dem am 01. November 2004 staatlich anerkannten Muslimischen Kommittee (CMO) vertreten. Unter ihrem Dach sind die Holländische Diyanet Stiftung (Islamitische Stichting Nederland),[7] die Föderation der Türkisch-Islamischen Kulturvereine, die Nord- und Südholländische Milli Görüş, der Holländische Verband Islamischer Kulturzentren (VIKZ) sowie die Organisationen der marrokanischen, pakistanischen und surinamesischen Muslime versammelt. Am 1. September 2006 wurde die 2005 gestartete theologische Ausbildung an der Vrije Universität durch das Imam-Ausbildungsprogramm der Holländischen Diyanet Stiftung, der 146 Moscheen des Landes angehören, erweitert. Weil die Stiftung die vierjährige Ausbildung für Imame für nicht ausreichend hielt, haben türkische Studenten durch die Erweiterung die Möglichkeit, zwei weitere Jahre in Haseki (Türkei) zu studieren. Zuvor hatte das CMO die Kritik an dem Vorhaben geäußert, dass es ein unmögliches Unterfangen sei, qualifizierte Imame in nur zwei oder drei Jahren ausbilden zu wollen. Selbst wenn die Absolventen einen universitären Abschluss in islamischer Theologie erhalten würden, würde man sie niemals als religiöse Autoritäten in Moscheen akzeptieren.[8] Die Universität erhielt daraufhin 1,5 Mio. Euro staatliche Unterstützung für eine sechsjährige Ausbildung. $1\frac{1}{2}$ Jahre der bisher dreijährigen BA-Ausbildung in islamischer Theologie beinhalten theologische Themen und ein Jahr lang werden Themen mit Bezug auf die niederländische Gesellschaft unterrichtet. Zusätzlich folgt diesem Studium ein einjähriges Vollzeit- bzw. zweijähriges Teilzeit-Studium »MA Religion und Philosophie: Islamische Seelsorge«.

Im ersten Durchgang studieren 48 Studenten (überwiegend Niederländer marokkanischer und ägyptischer Herkunft) islamische Theologie. Man kann allerdings davon ausgehen, dass diese unter den gegenwärtigen Studienbedingungen in den Moscheen der großen türkisch-islamischen Verbände (die Nord-

6 Das duplex-ordo System existiert neben der Universität Leiden noch an der Universität Utrecht und wird bereits mit den Kirchen praktiziert. Vgl. *Imams in Nederland: wie leidt ze op? Rapport van de Adviescommissie Imamopleidingen*, hrsg. v. Ministerium für Bildung, Kultur und Wissenschaft, 2003, S. 10, auf: www.minocw.nl/documenten/ho-doc-2003-imamo pleiding.pdf (letzter Zugriff 12.07.2010).

7 In Deutschland als DITIB bekannt.

8 Vgl. van Koningsveld, P. S./Drees, Willem B., *The Study of Religion and the Training of Muslim Clergy in Europe*, Leiden University Press, 2008, S. 379.

und Südholländische Milli Görüş, die Holländische Diyanet Stiftung, der Holländische Verband Islamischer Kulturzentren) keine Einstellung finden werden.

Ein weiteres Beispiel könnte die Imam-Ausbildung am Institut de Formation des Imams in Paris sein. Ende der 1990er Jahre gestartet und – trotz Laizismus – staatlich gefördert, wurden ca. 50 Imame ausgebildet, die allerdings nur den Status eines Vorbeters haben. Laut Ausbildungsplan wäre die nächste Stufe ein Imam, der auch predigen darf. Als höchsten Status wertet das Institut einen Imam-Mumtaz, der auch lehren darf.[9]

Mein Beitrag bezog sich nicht auf die Inhalte der theologischen Ausbildung. Ich möchte dennoch in sehr verkürzter Weise auf die Aufgaben der zu errichtenden Professuren eingehen. Während auf christlicher Seite biblische Theologie besteht, haben wir adäquat dazu in der islamischen Theologie den Koran und die Koranexegese. Im Vergleich zur historischen Theologie auf christlicher Seite wären es Islamische Geschichte (inkl. Sîra), Kelâm-Richtungen, Rechtsschulen, Philosophie und Mystik in der islamischen Theologie. Adäquat zur systematischen Theologie in Christentum, haben wir Aqîda (d.h. die islamische Glaubenslehre). Und im Vergleich zur praktischen Theologie haben wir in der islamischen Theologie z.B. Fiqh und Fiqh al-Ibâdah, womit die Glaubenspraxis berührt wird. Nehmen wir die Arabistik hinzu, so ergibt sich daraus der Bedarf an mindestens fünf zusätzliche Professuren zu den bereits bestehenden Professuren für Islamische Religionspädagogik an der Universität Osnabrück.

Die Organisation des Ganzen bedarf also – wenn man es in einem Schlusssatz formulieren sollte – einer intensiven Kooperation zwischen Universität und Moschee, ähnlich wie dies zwischen Universität und Schule geschieht.

Literatur

Imams in Nederland: wie leidt ze op? Rapport van de Adviescommissie Imamopleidingen, hrsg. v. Ministerium für Bildung, Kultur und Wissenschaft, 2003, auf: www.minocw.nl/documenten/ho-doc-2003-imamopleiding.pdf (letzter Zugriff 12.07.2010).

Özdil, Ali-Özgür, *Voraussetzungen und Ansätze islamischer Theologie an Universitäten in westeuropäischen Gesellschaften*, unveröffentlichte Dissertation, Hamburg 2010.

van Koningsveld, P.S./Sjoerd, Peter /Drees, Willem B. (Hgg.), *Study of Religion and the Training of Muslim Clergy in Europé : Academic and Religious Freedom in the 21st Century*, Leiden, University Press 2008.

www.deutsche-islam-konferenz.de/nn_1875024/SubSites/DIK/DE/ImameTheologie/Diskussion/diskussion-node.html?__nnn=true (letzter Zugriff 12.07.2010).

www.muslimcollege.ac.uk (letzter Zugriff 12.07.2010).

9 Vgl. Özdil, Ali-Özgür, *Voraussetzungen und Ansätze islamischer Theologie an Universitäten in westeuropäischen Gesellschaften* (unveröffentlichte Dissertation, Hamburg 2010), S. 184 f.

Abschließende Zusammenfassung

Marfa Heimbach

Abschlussdiskussion

Die Empfehlungen des deutschen Wissenschaftsrates zur Einrichtung islamtheologischer Lehrstühle an deutschen Universitäten sowie zur universitären Ausbildung von Imamen können als Steilvorlage für die Internationale Tagung zur Imamausbildung im Februar 2010 in Osnabrück angesehen werden. Denn seit über einem Jahr bereits plant das Institut für Interkulturelle Islamstudien unter der Leitung von Prof. Bülent Ucar eine Weiterbildung für Imame, die bereits in Deutschland arbeiten. Im Wintersemester 2010 soll die zwei Semester dauernde Fortbildung beginnen. Ca. 25 Plätze stehen zur Verfügung. Dies ist aber nur als Übergangslösung gedacht, denn langfristiges Ziel ist die Einrichtung einer regulären Islamischen Theologie mit, so wünscht sich Bülent Ucar, fünf Lehrstühlen ausgestattet. Der Lehrbetrieb könnte, wenn alles gut geht, im Wintersemester 2012/13 starten. Vom Land Niedersachsen hat die Universität seit Beginn der Planungen klare politische und vom Bundesamt für Migration in Nürnberg finanzielle Unterstützung erhalten. Innenminister Uwe Schünemann betont, eine universitäre Imamausbildung werde die Integration fördern und er erhofft sich, dadurch Öffnungsprozesse in den muslimischen Gemeinden anstoßen zu können. Wissenschaftliche Institute seien die beste Voraussetzung für die Schaffung eines offenen und demokratischen Diskurses, denn es müsse in Zukunft einen Islam geben, der hier zu Hause ist. Wer aber wird der Partner auf islamischer Seite sein? Wenn Islamische Theologie in Deutschland auf einem soliden juristischen und theologischen Fundament stehen will, kann sie die Rechnung nicht ohne die islamischen Verbände in Deutschland aufmachen. Andererseits kann sie sich auch nicht allein auf die islamischen Verbände als Vertreter des Islams stützen, dazu fehlt es dort an theologisch wissenschaftlicher Qualifikation. Ein Staatsvertrag zwischen dem Land Niedersachsen und den islamischen Gemeinschaften in Niedersachsen könnte eine Lösung darstellen. Dazu müssten sich die muslimischen Verbände allerdings auf eine gemeinsame Position einigen. In der Schura Niedersachsen haben sich bereits die meisten, vor allem die größeren der islamischen Verbände an einen runden Tisch gesetzt. Außer DITIB. Und so richtet sich der Appell des Innenministers denn auch konkret an diesen größten der islamischen Verbände. Denn tatsächlich glänzt die DITIB auf der Tagung durch Abwesenheit, während die anderen drei Mitgliedsverbände des Koordinationsrats der Muslime (KRM) zugegen sind. Minister Schünemann legt Wert auf die Feststellung, man dürfe den Aufbau einer Islamischen Theologie in Osnabrück nicht von einem Staatsvertrag abhängig machen. Auch das Modell eines wissenschaftlichen Beirats analog zur Islamischen Religionspädagogik wäre denkbar. Dies birgt allerdings auch Gefahren, wie das Beispiel an der Nachbaruniversität Münster zeigt, und kann aus religionsverfassungsrechtlicher Perspektive letztlich auch nur ein zeitlich begrenztes Übergangsmodell darstellen.

Ayman Mazyek, Generalsekretär des Zentralrats der Muslime in Deutschland (ZMD), sieht in der nun schon 20 Jahre währenden Diskussion um den einen Ansprechpartner eine Sackgasse und betont die Pluralität des Islam in Deutschland, die allerdings für den Staat eine ungleich größere Herausforderung darstelle, als Qualitätsmerkmal. Für die Muslime stehe die Lehre im Vordergrund, nicht die Politik.

Professor Ucar entwirft die Vision eines grundständigen Studienangebots im gebotenen Rahmen wissenschaftlicher Kriterien analog zur katholischen und evangelischen Theologie. Der Fächerkanon der Zukunft solle neben *ḥadīṯ*-Wissenschaften, *tafsīr*, *fiqh* usw. alle relevanten Gebiete der islamischen Theologie abdecken. Dazu befähigte Hochschullehrer, die dem wissenschaftlichen Standard gerecht werden können, gleichzeitig aber als religiöse Autoritäten anerkannt sind, wird man auf längere Sicht in Deutschland nicht ohne weiteres finden können. Möglicherweise wird man anfangs stark auf ausländische Wissenschaftler und Theologen angewiesen sein. Zunächst werde es ab Herbst 2010 aber um ein Weiterbildungsprogramm gehen und da Frauen nicht aus dem universitären Kontext ausgeschlossen werden dürfen, derzeit aber keine Frauen als Imame in deutschen Gemeinden tätig sind, lautet der Titel folgerichtig: »Universitäres Weiterbildungsprogramm für Imame, LehrerInnen in Moscheegemeinden.« Die Zulassung setzt ausreichende Deutschkenntnisse voraus und beinhaltet unter anderem den Erwerb einer Sprachkompetenz bezüglich des religiösen Vokabulars zu theologischen Inhalten. Weitere Schwerpunkte bilden Informationen über Geschichte, Politik, Recht und Gesellschaft sowie pädagogische Kenntnisse für die Jugend- und Gemeindearbeit.

Bislang haben die Verbände, außer der zurückhaltenden DITIB, großes Interesse an der geplanten Fortbildung gezeigt. Gleichzeitig hat die Tagung in Osnabrück aber auch verdeutlicht, wie viele Fragen noch offen sind und welchen Spagat zwischen staatlichen Erwartungen, wissenschaftlichem Anspruch und theologischer Anerkennung man noch wird bewältigen müssen. Die Fantasie vom Super-Imam, dem ›akademischen Integrationsbeauftragten und Alleskönner‹, muss ebenso auf den Boden der Realitäten zurückgeholt werden wie auch die Frage zu klären ist, durch wen den akademischen Imamen eventuell in Zukunft eine *iǧāza*, eine Art Zertifikat oder Autorisierung zur Aufnahme der Arbeit aus theologischer Perspektive erteilt werden kann. Vor allem aber müssen die Moscheeverbände als zukünftige Arbeitgeber die Absolventen und ihre Qualifikation akzeptieren und auch bezahlen können. Daher steht das Institut für Islamstudien in konkretem Dialog mit den islamischen Verbänden, denn ein Blick in die europäischen Nachbarländer, vor allem in die Niederlande, zeigt, dass Imamausbildung scheitern kann, wenn sie rein akademisch bleibt.

Hans-Michael Goldmann

Schlussgedanken zur Imamausbildung

In Deutschland gibt es heute etwa 2 300 Moschee-Gemeinden. Nicht jede von ihnen hat einen festen Imam, sodass die genaue Zahl der islamischen Geistlichen unbekannt ist. Die Mehrzahl von ihnen stammt noch immer aus dem Ausland: ca. 1/3 der Imame gehören der Ditib (Türkische Anstalt für Religion) an. Vorgesetzter und Koordinator dieser »Ditib-Imame« ist der jeweilige Religionsattaché im türkischen Generalkonsulat, der auch die Inhalte der Freitagspredigt bestimmt.

Lehrstühle für islamische Theologie an deutschen Hochschulen gibt es nicht. Es gibt nur staatlich finanzierte Lehrstühle für Religionspädagogik an den Universitäten Osnabrück, Münster und Nürnberg-Erlangen. An der Universität Frankfurt Main ist eine durch ausländische Sponsoren (Türkei) finanzierte Stiftungsprofessur errichtet worden. Abgeschlossen werden die entsprechenden Studien mit »Master in islamischer Religionspädagogik«. Den Bedarf an Lehrern für Islamischen Religionsunterricht schätzt der Wissenschaftsrat, der Bund und Länder in der Forschungs- und Hochschulpolitik berät, auf 2000 Stellen.

Laut einer Studie des Osnabrücker Religionswissenschaftlers Rauf Ceylan gibt es eine relativ hohe Unzufriedenheit der deutschen Muslime mit den in der Türkei ausgebildeten Imamen. Das geben die befragten Imame selbst zu. Die Notwendigkeit einer Imamausbildung hierzulande wird somit auch von den Muslimen selbst erkannt und befürwortet.

Auch die Politik hat das Gebot der Stunde erkannt. 2005 wurde beispielsweise im Koalitionsvertrag zwischen der CDU und der FDP in Baden-Württemberg die Absicht, Imame in Deutschland auszubilden, formuliert.

Der Wissenschaftsrat empfiehlt, zwei bis drei Institute für islamische Studien an bestehenden Universitäten neu zu gründen. Die Studierenden sollen vorbereitet werden für die Arbeit als islamische Geistliche in Gemeinden, als Religionslehrer in Schulen, in der muslimischen Sozial- und Gemeindearbeit sowie in der Wissenschaft. Islamische Studien sind in Deutschland derzeit nicht als wissenschaftliches Fach etabliert, was der Bedeutung der größten nichtchristlichen Glaubensgemeinschaft in Deutschland nicht gerecht wird.

Deshalb fordert die FDP, so schnell wie möglich mit dem Aufbau des Fachs zu beginnen. Dabei ist es wichtig, Muslime in Beiräten einzubeziehen: die islamische Gemeinschaft soll an der Ausarbeitung der Studiengänge und an der Auswahl des wissenschaftlichen Personals beteiligt werden. Damit wird eine Auflage des Grundgesetzes erfüllt, das den Religionsgemeinschaften in Deutschland das Recht auf Selbstbestimmung garantiert. Ich teile daher den Vorschlag des Wissenschaftsrats, an den Universitäten, die Institute für islamische Studien aufbauen, »theologisch kompetente Beiräte« einzurichten. In diese sollten sowohl Vertreter von islamischen Verbänden und islamische Geistliche, als auch muslimische Persönlichkeiten des öffentlichen Lebens berufen werden.

Durch meine gute Zusammenarbeit und den ständigen Meinungsaustausch mit Vertretern des Islam weiß ich, dass diese für den Islam keine Sonderbehandlung in Anspruch nehmen wollen, sondern lediglich eine Gleichstellung mit anderen Religionen im Bereich der Hochschulforschung und Lehre anstreben. Es wird häufig die starke Ausrichtung der für die Muslime zuständigen deutschen Behörden auf die Türkei bemängelt und die übermäßig enge Kooperation des Innenministeriums mit der türkischen Religionsbehörde, was schließlich die Herausbildung eines europäischen, deutschen Islams verhindert.

Häufig wird den Befürwortern einer Imamausbildung in Deutschland entgegengehalten, die flachen (horizontalen) Strukturen, d.h. die Abwesenheit von Hierarchien im Islam, würden gegen die Etablierung der islamischen Theologie an den Universitäten sprechen. Hier kann man aber auf das Judentum verweisen, wo es ebenfalls teilweise sehr unterschiedliche Strömungen gibt, was der Ausbildung von Rabbinern etwa im Abraham-Geiger-Kolleg in Potsdam nicht entgegen steht.

Die Adressaten eines solchen Bildungsangebotes seitens des Staates wären u.a. deutsche Muslime, die ganz ›normal‹ studieren, so wie evangelische oder katholische Theologie studiert wird. Fraglich ist aber, ob diese Absolventen tatsächlich eine Einstellung in Moscheegemeinden als Geistliche oder als religiöses Betreuungspersonal, z.B. als Religionslehrer und -lehrerinnen erhielten. Einige befürchten, dass solcherart Ausgebildete als »zu liberal« gelten werden. Die Moscheen können nur bedingt dazu angehalten werden, einen Imam einzustellen, der nicht nach ihrem religiösen Selbstverständnis ausgebildet worden ist. Es wird wahrscheinlich Schwierigkeiten geben, die »liberalen Imame« zu vermitteln. Doch hier könnte der Staat Anreize schaffen, damit von den Moscheegemeinderäten gerade diese Absolventen bevorzugt werden. Der Staat darf keine Imame bezahlen, aber der Imam macht in der Gemeinde auch Sozialarbeit, die Personalkosten für diese Tätigkeit des Imams könnte der Staat übernehmen. Der Imam kann außerdem den staatlich finanzierten Religionsunterricht an den Schulen erteilen – z.B. mit einer Teilzeitstelle und Beamtenstatus.

Entscheidend wird also sein, die islamischen Religionsgemeinschaften auf dem Weg der Herausbildung eines »europäischen Islams« mitzunehmen. Hier sind vor allem die Bundesländer gefordert.

Zusätzlich zu den komplett neu auszubildenden Imamen könnte man die bereits praktizierenden Imame, also diejenigen, die wirklich am Puls der Zeit sind, weiter qualifizieren, damit der Islam, der hier praktiziert wird, integrationsfördernd ist. Die Türkei mit ihrer Religionsbehörde wirbt damit, dass sie auch deutschstämmigen Türken – nämlich deutsche Bildungsinländer einlädt, dort eine Ausbildung zu machen, selbstverständlich auf türkisch, womit wir wieder ein Integrationsproblem haben. Dem können wir Einhalt gebieten, wenn wir gute Angebote machen, die hohen Standards entsprechen.

Berufstätige Imame könnten berufsbegleitend an deutschen Universitäten weitergebildet werden. Dabei geht es nicht um ein theologisches Studium, sondern um ein landeskundliches Studium mit einer Dauer von zwei Semestern.

Selbstverständlich muss die islamisch-theologische Ausbildung auch ein Angebot an Frauen sein. Weibliche Imame gibt es bislang nicht, es gibt nur weibliches religiöses Betreuungspersonal – als Vorbeterin für Frauen, Religionslehrerin oder Sozialarbeiterin.

Zusammenfassend weise ich also darauf hin, dass die Ausbildung von Imamen hierzulande nicht nur aus Paritätsgründen (Gleichberechtigung des Islam), sondern auch aus integrationspolitischen Erwägungen wichtig ist. Die Islamische Religionspädagogik als Fach und Studiengang zu stärken, kann die deutsche Hochschullandschaft nur bereichern und den Islam in Deutschland von der Abhängigkeit von im Ausland oder nicht ausreichend wissenschaftlich ausgebildeten Imamen befreien.

Aiman A. Mazyek

Imamausbildung an staatlichen Universitäten

Warum es sich Staat und Verwaltung so schwer machen mit den derzeitigen Vertretungen der Muslime – Rolle der Kirchen

Konkurrenz ist etwas Gutes. Angesichts der vier Dachverbände im KRM und einer Reihe von trägerfreien Moscheen könnte man eigentlich stolz auf diese Pluralität bei uns Muslimen sein, auch wenn sie für den Staat eine gewisse Herausforderung darstellt. Doch sollte dieser in der Lage sein angesichts der vielen christlicher Konfessionen und der Erfahrung mit ihnen die Differenz anzunehmen und damit umzugehen.

Seit über 20 Jahren bemühen sich nun die Muslime um einen Religionsunterricht nach Art. 7,3 und darum, dass Politik sie als Ansprechpartner ernst nimmt, damit die nötige verfassungsrechtliche Grundlage dafür geschaffen wird, dass Islamunterricht auf Deutsch unter deutsche Schulaufsicht endlich angeboten wird. Dies gilt auch für den Ausbildungsgang für Imame an staatlichen Universitäten.

Für uns steht die Lehre im Vordergrund und nicht die Politik und deshalb haben wir immer dafür plädiert, beispielsweise beim Ausbildungsweg für Imame, dass diese am besten hierzulande ausgebildet werden und dass dafür die rechtlichen und strukturellen Voraussetzungen geschaffen werden müssen.

Imame in der Gemeinde sind nicht in erster Linie Kulturübersetzer oder Integrationslotsen für die Mehrheitsgesellschaft oder gar Ansprechpartner für Sicherheitsbeamte; nein, Imame sind in erster Linie Wissensvermittler, Betreuer und Ansprechpartner für die religiösen Belange der Gemeinde. Natürlich haben Imame dabei auch eine Integrationsfunktion und deshalb ist es so wichtig, dass sie die deutsche Sprache und Kultur kennen und hierzulande heimisch sind.

1. Empfehlungen Wissenschaftsrat und das leidige Thema der muslimischen Vertretungen

Wir begrüßen folgerichtig die Empfehlungen des Wissenschaftsrates in diesem Zusammenhang und weisen gleichzeitig darauf hin, dass der Bekenntnis- und Konfessionscharakter der zu lehrenden Theologie an der Universität gewahrt werden und dass die institutionelle Beteiligung der islamischen Religionsgemeinschaft entlang der religionsverfassungsrechtlichen Kriterien verlaufen muss. Ansonsten hat das Projekt keine Chance, schon alleine deshalb, weil sie sonst von den Kirchen abgelehnt werden, da man nicht gewillt sein dürfte »falsche« Vorbilder oder Präzedenzfälle zu schaffen.

Die sogenannten »Islamischen Zentren« an den Universitäten, die der Wissenschaftsrat für die Weiterentwicklung der Theologien an den Hochschulen vorgeschlagen hat, mit den kaum geregelten Beiräten als eine Art Provisorium entspricht nicht ganz der von der Verfassung vorgesehenen optimalen Rückversicherung durch die Religionsgemeinschaft. Hier muss noch nachgebessert werden, damit nicht auf der Projektionsfläche Islam Sonderposten verteilt werden, die dann später allgemein als »rechtliche Erfahrung« in den gesellschaftlichen Diskurs einfließen.

Der Ruf, man solle auch die Vertreter der nichtorganisierten Muslime einbeziehen, denn schließlich vertrete der KRM zwar den überwältigende Mehrheit der Moscheegemeinden, aber eben nicht alle Muslime, mag vielleicht gut gemeint sein, aber er führt ins Leere, weil er ein Paradoxon darstellt. Denn entweder ist man organisiert und entsendet Vertreter oder man ist nicht organisiert und kann folglich keine Vertreter bestimmen. Das ist ein demokratisches Prinzip, welches auch im Kontext der Muslime zu gelten hat und doch haben Politik und Verwaltung so ihre Schwierigkeit anzuerkennen, was Muslime an Vertretungsstruktur zu Markte tragen. Doch die Ausgestaltung der Vertreterstruktur der Muslime, die sicherlich zum gegenwärtigen Zeitpunkt noch nicht abgeschlossen ist, bleibt Sache der Muslime selbst. Weder Staat, wie beispielsweise bei der DIK geschehen, wo bestimmte Teilnehmer sozusagen als Islamvertreter inthronisiert wurden, noch universitäre Strukturen können und dürfen den Muslime dies vorschreiben.

2. Steht Staatskirchenrecht zur Disposition? – Rolle der Kirchen

Ich werbe in diesem Zusammenhang für mehr Aufrichtigkeit in der Debatte. Entweder man will bestehendem Recht weiter Geltung verschaffen, dann muss man sich wohl oder übel bei den religionspolitischen Themen mit den Verbänden und den darin angeschlossenen Moscheegemeinden in Benehmen setzen. Will man das aber nicht, dann möge man das Kind beim Namen nennen und nicht ständig vorgeschobenen Argumente liefern, wie Repräsentanz, Sicherheitsbedenken oder Ähnliches mehr. Dann soll man offen sagen, was man meint, nämlich dass das man das heutige deutsche Religionsverfassungsrecht (und damit Kirchenrecht) zu verändern gedenkt oder zumindest in Teilen hinterfragen will. Dieses Thema alleine auf den Rücken der Muslime auszutragen, finde ich unehrlich und feige.

Die Kirchen sollten sich zukünftig ernsthaft überlegen, ob sie nicht besser fahren, wenn sie die Muslime noch klarer und deutlicher bei ihrer Forderung nach Bekenntnisunterricht und konfessioneller Imamausbildung unterstützen – durchaus auch aus Eigeninteresse.

Und so unterstützenswert die Projekte der dialogischen, komparativen und interreligiösen Wissenschaften, die vor allem Kirche in Kontext Islamunterricht und Imamausbildung anbietet, auch sein mögen, zum oben genannten Thema des bekenntnisorientierten Unterrichtes und der konfessionell gebundenen Imamausbildung gehört diese Debatte eher abgetrennt.

3. Islamische Theologie gehört an die Universitäten

Angesichts der verzerrten Debatten über den Islam in der Öffentlichkeit brauchen wir aber vermehrt Anstrengungen, die diesen im öffentlichen Raum – und dazu zähle ich insbesondere die Universität – erkennbar und erfassbar machen. Deswegen ist die Debatte um die Imamausbildung in Deutschland fruchtbar und gut. Es ist auch ein Gewinn für die Muslime selbst, wenn sie sich mit ihrem Glauben im Rahmen eines wissenschaftlichen Diskurses in die Stätte staatlicher Universitäten begeben.

Zudem sollte die Lehre dabei weder eine kulturwissenschaftliche Schlagseite aufweisen, noch – wie nicht selten gefordert – eine Veranstaltung der kritischer Hinterfragungen von Wahrheitsansprüchen sein (dafür sind andere Disziplinen und Formen in der Wissenschaft zuständig). Der Inhalt der Lehre muss zweifelsfrei und eindeutig dem Tatbestand eines Bekenntnisunterrichtes entsprechen, ähnlich verhält es sich mit der Imamausbildung.

Müfit Bahadir

Imamausbildung in Deutschland

Als Vizepräsident für Internationale Beziehungen meiner Universität und Mitglied im DAAD-Vorstand sehe ich natürlich mit einem besonders sensibilisierten Blick auf die Bemühungen der Universität Osnabrück zur Aus- und Fortbildung von Imamen in Niedersachsen. Diesen schwierigen Prozess beim Aufbau der geeigneten Strukturen und die Entwicklung der Curricula auf universitärem Niveau begleite ich seit etwa zwei Jahren.

Es ist gut, dass die Uni Osnabrück hierbei schrittweise vorgeht.

Um dem gegenwärtigen dringenden Handlungsbedarf bei Imamen aus den Herkunftsländern gerecht zu werden, sie mit Geschichte, Kultur und Gepflogenheiten in Deutschland vertraut zu machen, ihnen die interkulturelle Kompetenz und die deutsche Sprache als unabdingbare Voraussetzungen für die Integration der muslimischen Mitbürger in die hiesige Gesellschaft zu vermitteln, ist deren berufsbegleitende Fortbildung zweifellos das adäquate Instrumentarium. Viele der Imame sind eine nur begrenzte Zeit in Deutschland und werden gleich nach der Ankunft in die Gemeindearbeit eingebunden. Sie sind Vorbeter, Seelsorger, Problemlöser und Berater in allen Lebenslagen. Dass sie jedoch mit Problemen ihrer Gemeindemitglieder, die aus der Interaktion mit der Mehrheitsgesellschaft entstehen, vielfach überfordert sind, liegt ebenfalls auf der Hand. Denn ihre Kenntnisse über die Mehrheitsgesellschaft sind begrenzt. Diese gilt es zu verbessern, sodass Imame auch ihren Beitrag zur Integration der Gemeindemitglieder ohne vollständige Aufgabe ihrer Traditionen und Wertesysteme leisten können.

Allerdings ist die Fortbildung der Imame nur ein Übergangszustand auf dem Wege zum grundständigen Studium der islamischen Theologie mit dem Berufsziel Imam oder Religionslehrer. Neben dieser dringenden kurzfristigen Aufgabe ist die grundständige Ausbildung von Imamen an Deutschen Universitäten das zweite und wichtigere Standbein. Denn der Islam ist mit über vier Millionen Gläubigen die drittgrößte Religionsgemeinschaft in Deutschland. Es ist nur folgerichtig, dass sie als solche ihre Theologen und »Priester« in Deutschland ausbilden und aus den Gemeinden selbst gewinnen können muss.

Der Aufbau von islamisch-theologischen Fakultäten an Deutschen Universitäten ist eine unabdingbare Voraussetzung hierfür. Die muslimische Bildungselite der zweiten und dritten Generation mit Migrationshintergrund bildet hierfür eine exzellente Grundlage.

Beim Aufbau islamisch-theologischer Fakultäten ist unbedingt darauf zu achten, dass sie in Ausstattung und Personal den beiden christlich-theologischen Fakultäten ebenbürtig sind. Denn nur wenn auf der internationalen Bühne wahrgenommen wird, dass die Bemühungen in Deutschland zur Ausbildung von islamischen Geistlichen und Lehrern wirklich ernsthaft und nicht als Alibi betrieben wird, die wissenschaftlichen und theologischen Grundlagen, Konzepte und Curricula mit anerkannten theologischen Fakultäten in den Herkunftsländern Schritt halten können, wird auch die Akzeptanz in der hiesigen muslimischen Bevölkerung für die Ausbildung der islamischen Geistlichen in Deutschland wachsen.

Daraus resultieren drei zentrale Forderungen:

1. Die islamische Theologie muss auf gleichem Niveau und in der gleichen wissenschaftlichen Tiefe geforscht und unterrichtet werden wie die katholische und evangelische Theologie. Die Ausstattungen der Fakultäten müssen vergleichbar sein, um anerkannt und akzeptiert zu werden.
2. Die Ausbildung der islamischen Geistlichen (Imame, Religionslehrer) muss mit dem gleichen Anspruch und Selbstverständnis erfolgen wie die Ausbildung der christlichen Priester und Religionslehrer.
3. Nur wenn die islamisch-theologischen Fakultäten international konkurrieren können, werden sie auch in Deutschland selbst anerkannt. Einen »Islam Light« darf es nicht geben. Daher sollte gleich vom Beginn des Aufbaus dieser Fakultäten an eine engere Kooperation mit international anerkannten Universitäten in der Islamischen Welt angestrebt werden, etwa in Form von Studenten- und Dozentenaustausch, Dual-Degree Programmen etc. Ein verpflichtendes Auslandssemester der muslimischen Studierenden an den Partneruniversitäten schafft die Voraussetzungen dafür.

Jede Religion steht im wesentlichen auf zwei Säulen:

a) Inhalte, in Form des geschriebenen Wortes (Thora, Bibel, Koran), und
b) Traditionen; diese führten letztlich zur Entstehung unterschiedlicher Konfessionen, wie z. B. katholisch/evangelisch, sunnitisch/schiitisch etc.

Ebenso wie die christlichen Kirchen für sich ein Deutungsmonopol für ihre Glaubensinhalte reklamieren, gilt dies für den Islam. Im akademischen Kontext stehen jedoch die wissenschaftlichen Aspekte und die Methodenentwicklung im Vordergrund. Daher ist die Mitwirkung von islamischen Gemeindemitgliedern in Deutschland, häufig theologische Laien, bei der Ausbildung an den Universitäten zwar im Interesse der Akzeptanz erwünscht, kann aber nur einen beratenden Charakter haben.

Welche und wie ausgebildete Imame in den Moscheegemeinden eingestellt werden, werden die Gemeindemitglieder selbst bestimmen. Eine staatliche Einmischung wäre sicherlich nicht zweckdienlich. Insbesondere sollte eine Überfrachtung der gesamten Thematik mit religionsfremden Aspekten der Integration (Stichwort: Kopftuch) dringend vermieden werden, die den Eindruck des Ignorierens von Traditionen oder gar der Disziplinierung erwecken könnten.

In zahlreichen deutschen Ländergesetzen findet man das Gebot, »Bei gleicher Eignung werden Frauen bevorzugt«, das sich wie ein Roter Faden durch alle Stellenanzeigen staatlicher Institutionen hindurch zieht. Dies gilt jedoch z. B. nicht für die katholische Kirche, wo das Priesteramt nur von Männern bekleidet werden kann. Dennoch bleiben für die katholischen Frauen genügend religiöse Betätigungsfelder im Umfeld der Gemeinden, der Sozialarbeit und der Gemeindefürsorge. Das gleiche gilt für die islamischen Religionsgemeinschaften. Die Forderung nach der Ausbildung von »Imaminnen« würde die Traditionen ignorieren, wenig Akzeptanz finden und nicht zweckdienlich sein.

Als Umweltwissenschaftler weiß ich, dass der Reichtum der Welt und des Ökosystems in der »Biodiversität«, also die Verschiedenheit der Spezies in der Natur, begründet ist. Ein gesundes Ökosystem profitiert von der Verschiedenheit seiner Organismen in Nahrungsnetzen.

Der Reichtum einer Gesellschaft wiederum resultiert aus den Unterschiedlichkeiten der Kulturen und Religionen sowie dem respektvollen Umgang miteinander. Integration darf nicht verwechselt werden mit »Assimilation«, sondern sollte stets die »Diversity« der Individuen im Auge behalten, und die Mehrheitsgesellschaft sollte lernen, mit ihr umzugehen.

Große, stabile, westliche Gesellschaften, wie z. B. die USA, machen es uns vor. Das sollte uns in Deutschland und Europa ebenfalls gelingen.

Personenverzeichnis

Avni Altiner ist Vorsitzender der Schura Niedersachsen, Hannover.

Adnan Aslan, Ass. Prof. Dr., ist Islamischer Theologe an der ISAM (Forschungsinstitut von Diyanet) in Istanbul.

Müfit Bahadir, Prof. Dr., Chemiker und ist Vizepräsident der TU Braunschweig.

Martina Blasberg-Kuhnke, Prof. Dr. Theol., ist Vizepräsidentin für Studium und Lehre der Universität Osnabrück und Professorin für Praktische Theologie.

Christoph Bochinger, Prof. Dr., ist Inhaber des Lehrstuhls für Religionswissenschaft II der Universität Bayreuth.

Ismet Bušatlić, Prof., lehrt das Fach »islamische Kultur und Zivilisation« an der Fakultät der islamischen Wissenschaften (Fakultet islamskih nauka, FIN) in Sarajevo, Bosnien-Herzegowina. Seit zwei Jahren ist er der Dekan der Fakultät.

Rauf Ceylan, Prof. Dr., lehrt Religionswissenschaft/Islamische Religionspädagogik an der Universität Osnabrück.

Roland Czada, Prof. Dr., lehrt Politikwissenschaft an der Universität Osnabrück.

Elhadi Essabah, Dr., ist Islamwissenschaftler an der Universität Regensburg.

Fadil Fazlić, Prof., lehrt an der Fakultät der islamischen Wissenschaften (Fakultet islamskih nauka, FIN) in Sarajevo, Bosnien-Herzegowina und ist dort der Inhaber des Lehrstuhls für die Ausbildung der Imame, Predige und Moscheelehrer.

Mohammed Ghaly ist Wissenschaftlicher Mitarbeiter der Islamwissenschaften an der Universität Leiden/Niederlande.

Peter Graf, em. Prof. Dr., lehrte interkulturelle Pädagogik an der Universität Osnabrück.

Şinasi Gündüz, Prof. Dr., ist Dekan der Theologischen Fakultät der Universität Istanbul.

İbrahim Hatiboğlu, Prof. Dr., ist Dekan der Theologischen Fakultät der Çanakkale Onsekiz Mart Universität/Türkei.

Eberhard Hauschildt, Prof. Dr., ist Evangelischer Theologe an der Universität Köln.

Marfa Heimbach, M.A., ist Wiss. Mitarbeiterin an der Universität zu Köln, Freie Mitarbeiterin der Bundeszentrale für politische Bildung, Bonn und des Westdeutschen Rundfunks, Köln.

Hans Michael Heinig, Prof. Dr., ist Professor für Öffentliches Recht und Kirchenrecht an der Georg-August-Universität Göttingen und im Nebenamt Leiter des Kirchenrechtlichen Instituts der EKD.

Özcan Hıdır, Ass. Prof., ist Islamischer Theologe und lehrt an der Universität Rotterdam.

Benjamin Jokisch, PD Dr., ist Islamwissenschaftler an der Universität Freiburg im Breisgau.

Martin Jung, Prof. Dr., ist Evangelischer Theologe an der Universität Osnabrück.

Mouhannad Khorchide, Dr., lehrt Islamische Religionspädagogik an der Universität Münster.

Michael Kiefer, Dr., ist Islamwissenschaftler in Düsseldorf.

Oddbjørn Leirvik, Prof. Dr., ist Professor für Interreligiöse Studien an der Universität Oslo, Norwegen.

Thomas de Maizière, Dr., ist Bundesminister des Innern.

Aiman Mazyek ist Politologe, Islamwissenschaftler, Publizist und Generalsekretär des Zentralrats der Muslime in Deutschland (ZDM).

Michael Meyer-Blanck, Dr. theol., Professor für Praktische Theologie/Religionspädagogik an der Evangelisch-Theologischen Fakultät der Rheinischen Friedrich-Wilhelms-Universität Bonn.

Tilman Nagel, Prof. Dr., lehrt Islamwissenschaften und Arabistik an der Universität Göttingen.

Claus-Dieter Osthövener, Prof. Dr., ist Professor für Evangelische Theologie und lehrt Systematische Theologie an der Universität Wuppertal.

Mizrap Polat ist Islamwissenschaftler, islamischer Theologe und islamischer Religionspädagoge.

Andreas Pott, Prof. Dr., ist Direktor des Instituts für Migrationsforschung und Interkulturelle Studien an der Universität Osnabrück.

Erol Pürlü ist Islamwissenschaftler und Dialogbeauftragter des VIKZ.

Yasar Sarikaya, Dr., ist Lehrer, muslimischer Theologe und Religionspädagoge in Paderborn.

Arnulf von Scheliha, Prof. Dr., ist Direktor des Instituts für Evangelische Theologie an der Universität Osnabrück.

Irene Schneider, Prof. Dr., lehrt Islamwissenschaft an der Universität Göttingen.

Uwe Schünemann ist niedersächsischer Ministers für Inneres, Sport und Integration.

Margret Spohn, Dr., arbeitet in der Stelle für interkulturelle Arbeit der Landeshauptstadt München.

Andreas Tunger-Zanetti, Dr. phil., ist Forschungsmitarbeiter am Zentrum Religionsforschung der Universität Luzern sowie Koordinator am Zentrum für Religion, Wirtschaft und Politik der Universitäten Basel, Lausanne, Luzern, Zürich und des Collegium Helveticum.

Bülent Ucar, Prof. Dr., ist Islamwissenschaftler und Leiter des Zentrums für Interkulturelle Islamstudien an der Universität Osnabrück.

Firouz Vladi, Dipl.-Geologe, ist Bildungsreferent im Vorstand der Schura Niedersachsen e.V.

Heinrich de Wall, Professor Dr. iur., hat den Lehrstuhl für Kirchenrecht, Staats- und Verwaltungsrecht an der Universität Erlangen inne.

Wolfgang Weiße, Prof. Dr., ist Erziehungswissenschaftler mit besonderem Schwerpunkt auf Religionspädagogik und für ökumenische Theologie an der Universität Hamburg.

Ismail Yavuzcan, Dr., ist Soziologe und Lehrer in Osnabrück/Köln.

Hans-Georg Ziebertz, Prof. Dr., ist Professor für Praktische Theologie/Religionspädagogik an der Universität Würzburg.

Weitere Bände dieser Reihe:

V&R unipress

Band 1
Bülent Ucar / Martina Blasberg-Kuhnke / Arnulf von Scheliha (Hg.)
Religionen in der Schule und die Bedeutung des Islamischen Religionsunterrichts
2010. 330 Seiten, gebunden, € 46,90
ISBN 978-3-89971-611-5

Ist Religionsunterricht in der Schule eigentlich noch zeitgemäß? Wären nicht Ethikunterricht, Religionskunde oder ein integrativer Religionsunterricht bessere Alternativen zum bisherigen Modell religiösen Lernens in den Schulen auf Grundlage von Art. 7 III GG? Ist es noch zeitgerecht, Glaubenssätze der verschiedenen Religionen als bestehende, aber gleichsam miteinander konkurrierende Wahrheiten am Lernort Schule zu vermitteln? Der Band greift gesellschaftliche Diskurse zur Rolle von Religion an öffentlichen Schulen auf und untersucht Handlungsfelder religionspädagogischen Handelns am Lernort Schule. Er bringt sich so in die Diskussion zur Verortung von Religionen im Rahmen des Religionsunterrichts in der bundesdeutschen Schullandschaft ein.

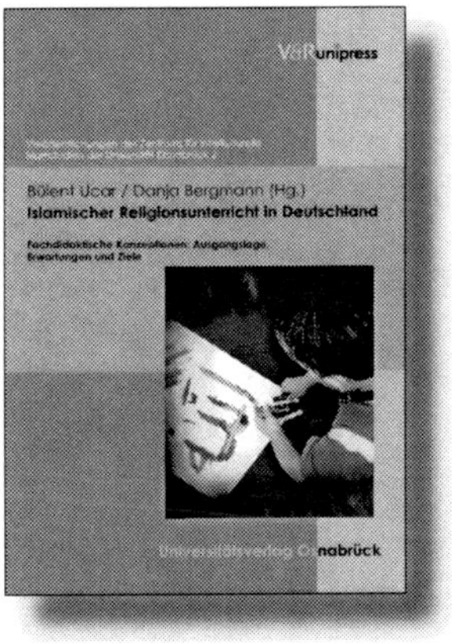

Band 2
Bülent Ucar / Danja Bergmann (Hg.)
Islamischer Religionsunterricht in Deutschland
Fachdidaktische Konzeptionen: Ausgangslage, Erwartungen und Ziele
2010. 316 Seiten, gebunden, ca. € 46,90
ISBN 978-3-89971-663-4

Mit dem Islamischen Religionsunterricht in Deutschland steht ein angesichts der historisch gewachsenen Nachbarfächer ganz junges Schulfach mitten auf dem Weg, sich selbst zu positionieren, seinen Platz zu finden und diesen entsprechend zu füllen – ein Schulfach im Prozess der Selbstfindung. Die Beiträge zur 2009 an der Universität Osnabrück abgehaltenen Tagung »Islamischer Religionsunterricht in Deutschland. Fachdidaktische Konzeptionen: Ausgangslage, Erwartungen und Ziele« führen in das Thema ein, vertiefen es und eröffnen Wege der Umsetzung.

V&R unipress

www.vr-unipress.de | Email: info@vr-unipress.de | Tel.: +49 (0)551/50 84-301 | Fax: +49 (0)551/50 84-333